Mai 1989

49,–

DAS VÄTERBUCH
DES KIEWER HÖHLENKLOSTERS

DAS VÄTERBUCH
DES KIEWER
HÖHLENKLOSTERS

HERAUSGEGEBEN
VON DIETRICH FREYDANK
UND GOTTFRIED STURM
UNTER MITARBEIT
VON JUTTA HARNEY

VERLAG STYRIA
GRAZ–WIEN–KÖLN

Aus dem Altrussisch-Altkirchenslawischen
übersetzt von Waldtraut Förster, Dietrich Freydank,
Sabine Kähler und Gottfried Sturm

Originaltitel: Kievo-Pečerskij paterik

Mit 46 ganzseitigen Holzschnitten der ersten gedruckten
altrussischen Ausgabe von 1661

INHALT

Zum Geleit 11

Vorbemerkung 12

Einleitung 14

DAS VÄTERBUCH DES KIEWER HÖHLENKLOSTERS

Das Väterbuch des Höhlenklosters, von der Errichtung der Kirche, damit alle wissen, wie nach dem Ratschluß und dem Willen des Herrn selbst sowie durch die Fürbitte und auf Wunsch seiner allreinen Mutter die gottgefällige, himmelsgleiche Hauptkirche des Höhlenklosters, die der heiligen Gottesmutter geweiht ist, gebaut und vollendet wurde. Hier ist das Archimandritenkloster für das ganze Russische Land, dies ist das Kloster unseres heiligen und großen Vaters Feodossi.
Die erste Erzählung 29

Die Erzählung von der Ankunft der Kirchenbaumeister aus Zargrad bei Antoni und Feodossi.
Die zweite Erzählung 34

Die Erzählung darüber, wann der Grundstein für die Kirche des Höhlenklosters gelegt wurde.
Die dritte Erzählung 38

Die Erzählung von der Ankunft der Ikonenmaler aus Zargrad beim Abt Nikon.
Die vierte Erzählung 42

Von Ioann und Sergi. Ein außergewöhnliches Wunder, das in der göttlichen Höhlenkloster-Kirche vor der wundertätigen Ikone der Gottesmutter geschehen ist.
Die fünfte Erzählung 46

Die Geschichte vom heiligen Altar
und von der Weihe der großen Kirche der Gottesmutter.
Die sechste Erzählung 48

Die Erzählung des Mönches Nestor vom Höhlenkloster darüber,
weshalb das Kloster Höhlenkloster heißt.
Die siebente Erzählung 52

Am dritten Tage des Monats Mai. Vita
unseres ehrwürdigen Vaters Feodossi, des Abtes vom Höhlenkloster.
Niedergeschrieben von Nestor, Mönch im Höhlenkloster.
Die achte Erzählung 58

Am 14. August. Nestor, Mönch des Höhlenklosters:
Von der Überführung der Gebeine unseres heiligen, ehrwürdigen
Vaters Feodossi Petscherski.
Die neunte Erzählung 131

Wie der Sarg unseres ehrwürdigen Vaters Feodossi
Petscherski beschlagen wurde.
Die zehnte Erzählung 137

Lobpreis unseres ehrwürdigen Vaters Feodossi,
des Abtes vom Höhlenkloster
in der von Gott geschützten Stadt Kiew.
Die elfte Erzählung 141

Über die ersten heiligen und gesegneten Mönche vom Höhlenkloster,
die im Hause der allreinen Gottesmutter
des heiligen Höhlenklosters durch göttliche Tugenden berühmt
wurden, nämlich durch Fasten und Wachen
und durch die Gabe der Prophetie.
Die zwölfte Erzählung 151

Wie dem gesegneten Nifont,
als er Bischof von Nowgorod war,
in einer göttlichen Offenbarung im heiligen Höhlenkloster
der heilige Feodossi erschienen ist.
Die dreizehnte Erzählung 156

Das Sendschreiben des demütigen Bischofs Simon von Wladimir
und Susdal an Polikarp, einen Mönch des Höhlenklosters.
Die vierzehnte Erzählung 159

Eine Erzählung Simons, des Bischofs von Wladimir und Susdal,
über die heiligen Mönche des Höhlenklosters,
weshalb man für die ehrwürdigen Väter Antoni
und Feodossi Petscherski
hingebungsvolle Liebe hegen solle.
Die fünfzehnte Erzählung 166

Vom gesegneten Jewstrati dem Faster.
Die sechzehnte Erzählung 168

Vom demütigen und vielduldenden Mönch Nikon.
Die siebzehnte Erzählung 171

Vom heiligen Kukscha dem Märtyrerpriester
und von Pimin dem Faster.
Die achtzehnte Erzählung 175

Vom heiligen Afanassi dem Klausner, der gestorben war,
am anderen Tag wieder auferstanden ist und
noch zwölf Jahre lebte.
Die neunzehnte Erzählung 177

Vom ehrwürdigen Swjatoscha, dem Fürsten von Tschernigow.
Die zwanzigste Erzählung 180

Vom Mönch Jerasm, der sein Vermögen für heilige Ikonen ausgab
und dafür das Heil fand.
Die einundzwanzigste Erzählung 187

Vom Mönch Arefa, dem von Dieben gestohlene Habe
als Almosen angerechnet wurde und der deshalb das Heil erlangte.
Die zweiundzwanzigste Erzählung 190

Von den zwei Brüdern – Tit dem Popen und Jewagri dem Diakon –,
die einander feind waren.
Die dreiundzwanzigste Erzählung 193

Das zweite Sendschreiben,
geschrieben von Polikarp,
einem Mönch des Höhlenklosters, an den Archimandriten
des Höhlenklosters, Akindin,
über die heiligen und gesegneten Mönche des Höhlenklosters,
unsere Brüder.
Die vierundzwanzigste Erzählung 196

Von Nikita dem Klausner,
der hernach Bischof von Nowgorod wurde.
Die fünfundzwanzigste Erzählung 198

Von Lawrenti dem Klausner.
Die sechsundzwanzigste Erzählung 202

Vom heiligen und gesegneten Agapit,
dem selbstlosen Arzt.
Die siebenundzwanzigste Erzählung 204

Vom heiligen Wundertäter Grigori.
Die achtundzwanzigste Erzählung 211

Von Ioann dem Klausner,
der beflissentlich Leiden auf sich nahm.
Die neunundzwanzigste Erzählung 217

Vom ehrwürdigen Moissi dem Ungarn.
Die dreißigste Erzählung 222

Vom Mönch Prochor, der unter Beten aus einem Kraut,
das Melde heißt,
Brot machte und aus Asche Salz.
Die einunddreißigste Erzählung 230

Vom ehrwürdigen Höhlenmönch Marko,
dessen Weisungen die Toten gehorchten.
Die zweiunddreißigste Erzählung 237

Über die heiligen und ehrwürdigen Väter
Feodor und Wassili.
Die dreiunddreißigste Erzählung 245

Vom ehrwürdigen Spiridon dem Prosphorenbäcker
und von Alimpi dem Ikonenmaler.
Die vierunddreißigste Erzählung 256

Vom ehrwürdigen und vielen Leiden ausgesetzten Vater Pimin
und von denen, die erst vor ihrem Tode
in den Mönchsstand eintreten wollen.
Die fünfunddreißigste Erzählung 267

Vom ehrwürdigen Issaki dem Höhlenmönch.
Die sechsunddreißigste Erzählung 274

Des rechtgläubigen Fürsten Isjaslaw Frage nach den Lateinern.
Die siebenunddreißigste Erzählung 280

Vom Heimgang unseres ehrwürdigen Vaters Polikarp,
des Archimandriten des Höhlenklosters,
und vom Popen Wassili.
Die achtunddreißigste Erzählung 284

ANHANG

Ergänzende Texte 289

Chronikbericht von den Anfängen des Höhlenklosters 289

Chronikbericht von den ersten Mönchen des Höhlenklosters 293

Chronikbericht von der Überführung der Gebeine
Feodossi Petscherskis 299

Chronikbericht von dem Wunder, wie Feodossi Petscherski
dem Bischof Nifont erschienen ist 302

Chronikbericht von der Wahl Wassilis zum Abt
des Höhlenklosters 303

Aufzeichnung über den seligen Simon,
Bischof von Wladimir und Susdal 303

Von den Äbten des Höhlenklosters seit seinen Anfängen 304

Erläuterungen 306

Häufig wiederkehrende Begriffe 306

Zeitangaben 307

Erläuterungen zum Text 308

*Die beiden Krypten des Kiewer
Höhlenklosters* 366

Literaturverzeichnis 368

*Verzeichnis von Äbten des Höhlenklosters
sowie von Metropoliten und (Groß-)Fürsten der Kiewer Rus
des 11. und 12. Jahrhunderts* 373

Personenregister 377

Abbildungsverzeichnis 389

ZUM GELEIT

Die »Taufe Rußlands« vor 1000 Jahren, deren weltweit gedacht wurde, war ein Staatsakt, die Christianisierung des weiträumigen Landes dauerte Jahrhunderte. Die Wirklichkeit dieses zeitlich so fernen Geschehens vermittelt kein anderes überliefertes Zeugnis besser als das Väterbuch des Kiewer Höhlenklosters. Seine Erzählungen in der hagiographischen Tradition der griechischen Kirche bringen uns die Menschen des mittelalterlichen Rußland nahe, nicht nur jene, die das Christentum ganz ernst nahmen und Mönche wurden, sondern auch die anderen, die ein weltliches Leben führten.

Sicher zu Recht hat man in der Entstehung und Entfaltung des Kiewer Höhlenklosters so etwas wie eine erste Reformbewegung in der altrussischen Kirche gesehen. Eine Bewegung, in der das Mönchtum zum Träger der Evangelisierung und einer eigenständig russischen christlich-geistlichen Kultur wurde. Das Kiewer Väterbuch ist ein frühes Produkt dieser Kultur und macht ihr Werden verständlich. Es hat weitergewirkt in der Geschichte der russisch-orthodoxen Kirche, wann immer es um kirchliche Selbstbesinnung und Verinnerlichung des Glaubenslebens ging. Vielleicht wäre es nicht ganz abwegig, in diesem Zusammenhang an die Confessiones des Augustinus als an eine entfernte Parallele zu erinnern.

Es ist kaum ein Zufall, daß dieser wichtige Text so lange unzugänglich blieb und nun zum erstenmal vollständig in deutscher Übersetzung vorliegt. Der traditionellen Historiographie aller Art lagen die Legenden um die Kiewer Väter fern, und die Probleme einer sachgerechten und sinngemäßen Übertragung sind nicht gering. Daß sie endlich in einer Form gelöst werden konnten, die dem Leser alle Verständnishilfen bietet, ist dankbar zu begrüßen. Möge das Kiewer Väterbuch von allen gelesen werden, die daran interessiert sind, den russisch-orthodoxen Teilbereich der europäischen Christenheit in seinen Wurzeln zu verstehen.

Köln   Günther Stökl

VORBEMERKUNG

Die Übersetzung erfolgte auf der Grundlage des von D. Abramovič 1930 herausgegebenen Textes. Waldtraut Förster hat die 2.–7., 12.–19., 21.–24., 26.–29., 31.–33., 35., 37. und 38. Erzählung übersetzt. Dietrich Freydank übertrug die 20., 25., 30., 34. und 36. Erzählung. Sabine Kähler hatte den sich unmittelbar um Feodossi rankenden Kreis der Erzählungen 8–11 übernommen. Gottfried Sturm besorgte die Übersetzung der 1. Erzählung sowie der sieben ergänzenden Teile, die in den Anhang Eingang fanden. Letzterer zeichnet auch für die Erläuterungen verantwortlich, während Jutta Harney das Verzeichnis der Äbte, Metropoliten und Großfürsten sowie das Personenregister zusammenstellte. Die Einleitung schrieb Dietrich Freydank.

In die vorliegende Ausgabe des Väterbuches wurden 46 Abbildungen (etwa in Originalgröße) aufgenommen. Sie entstammen der ersten *gedruckten* altrussischen Ausgabe des Werkes, die 1661 auf Veranlassung des Archimandriten Innokenti Gisel in der Druckerei des Kiewer Höhlenklosters hergestellt worden ist. Im Ausland waren bisher nur wenige dieser künstlerisch wertvollen und aussagekräftigen Arbeiten bekannt, wie auch nur ein Teil der Erzählungen dieses Väterbuches in Übersetzungen vorlag. Für diese Holzschnitte lassen sich fünf Künstler ermitteln, die mit ihren Namen bzw. Initialen zeichneten.

Frau Stephanie Rymarowicz hatte die schwierige Aufgabe der Herstellung des gesamten Manuskripts übernommen. Aufrichtiger Dank gebührt der Zentralbibliothek der Akademie der Wissenschaften und der Staatlichen Historischen Bibliothek der Ukrainischen Sowjetrepublik (beide in Kiew), die uns zu dem historischen Bildmaterial verhalfen. Herrn Prof. Dr. Hubert Faensen und Herrn Alfred M. Molter bin ich für das Zustandekommen des Bandes sowie für die Beratung und aufmerksame Betreuung verbunden.

Berlin   Gottfried Sturm

Titelblatt
der ersten gedruckten altrussischen Ausgabe von 1661

EINLEITUNG

Wenn man heute das Kiewer Höhlenkloster besucht, so wird der erste Eindruck bestimmt von den prachtvollen Kirchenbauten aus der Glanzzeit des ukrainischen Barocks und des Klassizismus. Ein Ensemble erstklassiger Architektur hauptsächlich des 18. Jahrhunderts. Das Kloster war reich geworden, hatte im 18. Jahrhundert einen riesigen Grundbesitz mit über siebzigtausend Leibeigenen, und es zeigte seinen Reichtum.

Die Anfänge sahen anders aus. Der Tourist von heute spürt etwas davon, wenn er mit innerem Schauder durch die Fernen und die Nahen Höhlen geführt wird, die unter dem heutigen Klosterkomplex liegen. Hier war das Kloster, das nicht auf Reichtum, sondern auf »Tränen und Fasten, Beten und Wachen« gegründet war und dessen asketische Traditionen uns das Kiewer Väterbuch so anschaulich schildert. Es beschreibt uns die Entstehungsgeschichte des Höhlenklosters bis zur Übertragung der Reliquien Feodossis in die Hauptkirche des Klosters im Jahre 1091, vor allem aber das geistige Profil der Mönche der Gründergenerationen bis in die Anfänge des 12. Jahrhunderts.

Die Chronisten wie ihre Helden waren sich sehr wohl bewußt, daß sie in einer großen Tradition standen, die bis in die Anfänge des Mönchtums im byzantinischen Raum zurückreicht. Nicht zufällig verweist das Väterbuch mehrfach auf die Väterbücher aus der Frühzeit des Mönchtums. Hier sahen die Kiewer Mönche ihre Vorbilder, hier fanden auch die Verfasser des Kiewer Väterbuchs ihre literarischen Muster.

Wenn wir das Väterbuch in der historischen Perspektive sehen wollen, in der es sich selbst darstellt, müssen wir also weit zurückgreifen. Dabei erscheint uns die Geschichte der Anfänge des Höhlenklosters als eine kurze und schnelle Rekapitulation der Entstehung und Entfaltung des Mönchtums im byzantinischen Raum überhaupt.

Am Anfang standen im 4. Jahrhundert Eremiten, die sich aus dem Getriebe der spätantiken Großstadt zurückzogen und ein asketisches

Lebensideal verwirklichten. Es waren Einzelkämpfer, die sich in den harten Lebensbedingungen der Wüsten Ägyptens und Palästinas dem Kampf mit dem Teufel und mit den Dämonen widmeten. Allmählich fanden sie sich zu Eremitensiedlungen zusammen.

Über dieses Stadium der Entwicklung sind wir nur sehr lückenhaft informiert. Von den ältesten Mönchen in der ägyptischen Wüste haben wir keine vollständigen Biographien. Überliefert sind nach längerer mündlicher Tradition nur einzelne Anekdoten, oft auch nur einzelne Aussprüche der Wüstenväter, die gegen Ende des 5. Jahrhunderts zur Sammlung der »Sprüche der Väter« (Apophthegmata Patrum; siehe im Literaturverzeichnis unter »Weisung der Väter«) zusammengestellt wurden.

Als Beispiel zitieren wir daraus einen Spruch des Antonios (3): »Es fragte einer den Altvater Antonios, was er tun müsse, um Gott zu gefallen. Der Greis gab ihm folgende Antwort: ›Befolge, was ich dir auftrage! Wohin immer du gehst, habe überall Gott vor Augen. Was du auch tust, oder was du auch redest: für alles suche ein Zeugnis in den heiligen Schriften. Wenn du dich an einem Ort niederläßt, dann entferne dich nicht leicht. Diese drei Dinge beobachte, und du wirst das Heil finden.‹«

Bemerkenswert an diesem Spruch ist, daß Antonios dem angehenden Mönch eine recht allgemeine Anweisung zu einem mönchischen Lebenswandel gibt, die alle Einzelheiten offenläßt. Formal wesentlich ist die Dreiteiligkeit des Spruches. Sie ist zwar nicht grundsätzlich charakteristisch für die Apophthegmata Patrum, kommt aber auffallend oft vor. Wir werden später in der 19. Erzählung des Kiewer Väterbuchs einem solchen dreiteiligen Spruch begegnen.

Antonios war eine der herausragenden Gestalten des ägyptischen Mönchtums. Er ist auch der erste Mönchsvater, von dem eine Biographie überliefert ist (Vita Antonii). Sie stammt von Athanasios, dem Patriarchen von Alexandria (gest. 373), und wurde zum Vorbild für spätere Mönchsbiographien.

In Ägypten liegen im 4. Jahrhundert auch die Anfänge des koinobitischen Mönchtums. Waren die Klostergründungen des Antonios lockere Eremitensiedlungen ohne feste Klosterregel, so mußten sich die Mönche der koinobitischen Klöster in einem »gemeinschaftlichen Leben« (Koinobion) nach festen Regeln richten. Diese Entwicklung wurde von Pachomios um 320 eingeleitet und in Palästina weitergeführt. Hier wurden Euthymios, Sabas und Theodosios zu den herausragenden Gründern und Leitern von Klöstern. Ihr Leben hat Kyrillos von Skythopolis in getrennten Biographien um die Mitte des 6. Jahrhunderts beschrieben. Diese Viten wurden ebenso wie die Vita Antonii schon zeitig – wohl noch in Bulgarien – ins Slawische übersetzt.

Es ist mehr als ein Zufall, wenn die beiden Gründer des Kiewer Höhlenklosters, Antoni und Feodossi, die gleichen Namen tragen wie die großen Mönchsväter Antonios und Theodosios. Das haben schon die Chronisten des Höhlenklosters so gesehen, wenn sie (7. Erzählung) Antoni mit »Antonios dem Großen« vergleichen und Feodossi mit seinem Namensvetter Theodosios, »dem Jerusalemer Archimandriten« (8. Erzählung).

Antoni wird wie Antonios der große charismatische Eremit. Fast gegen seinen Willen wird er zum Kristallisationspunkt einer Mönchsgemeinde in den Höhlen, die sich die Mönche in den Lößboden der Berge südlich von Kiew gegraben hatten. Antoni ist der geistige Führer der Gruppe, aber Abt will er nicht werden. Als die Zahl der Mönche die Zwölfzahl, die Zahl der Jünger Christi, übersteigt, setzt er Warlaam als Abt ein und zieht sich in eine Höhle zurück. Bei wichtigen Entscheidungen holen die Brüder auch weiterhin seine Genehmigung ein. Er schlägt auch nach dem Weggang Warlaams Feodossi als Abt vor.

Von nun an ist Feodossi die geistig wie organisatorisch führende Kraft des Klosters. Unter ihm steigt die Zahl der Mönche von zwanzig auf über hundert. Seine entscheidende Leistung ist die Einführung der koinobitischen Klosterregel des Studios-Klosters von Konstantinopel in der Fassung, die ihr der Abt Alexios in der ersten Hälfte des 11. Jahrhunderts gegeben hatte. Bezeichnenderweise wird Antoni diesmal nicht gefragt.

Diese Einführung der koinobitischen Klosterregel ist ein folgenreicher Schritt. Feodossi richtet sich nicht mehr wie Antoni nach dem Vorbild der eremitischen Athos-Klöster, sondern nach dem Modell eines hauptstädtischen Klosters, das auch für andere byzantinische Klöster maßgebend geworden war. Er erreicht damit den Anschluß an die damals modernste Verfassung byzantinischer Klöster. Seine Ordnung wurde ihrerseits bald zum Vorbild für andere Klöster Rußlands.

Die neue Klosterordnung brachte einschneidende Veränderungen für das Leben im Kloster mit sich. Sie gebot strengen Gehorsam gegenüber dem Abt und verbot den Mönchen jede Art von Privat-

Поминáйте настáвники вáша, иже глáша вамъ слóво Бж҃їе, и взирáюще на скончáнїе жи́телствахъ, подражáйте вѣ́рѣ ихъ. Ѐвр: гл҃: гі.

Хр҃тꙋ̀ цр҃вꙋ в рꙋцѣ, дала в сей печати
Книга Живота: Слова Животнаго Мт҃и.
Томꙋжде и мы Книгꙋ Жи́тїй си́хъ врꙋчаемъ:
Книга его да и си подастъ мѣсто, таемъ.

Die ehrwürdigen Feodossi und Antoni

besitz. Feodossi wachte streng darüber, wie wir aus seiner Vita (8. Erzählung) erfahren. Sie regelte den Tagesablauf bis in die Einzelheiten, vom Gottesdienst bis zum Speiseplan. Wir dürfen annehmen, daß diese Neuerungen nicht ohne Widerstand angenommen wurden, aber die Vita spricht darüber nicht.

Vor allem aber ermöglichte diese Ordnung eine Arbeitsteilung. Wir erfahren aus der 20. Erzählung von verschiedenen Funktionen, Stufen, die der Mönch durchlaufen mußte, bevor ihm eine eigene Zelle oder gar ein Leben als Klausner zugestanden wurde: Küchendienst, Dienst an der Klosterpforte, Tischdienst, Krankenpflege usw.

Diese Arbeitsteilung legte den Grund für zwei Entwicklungen, die für das Kloster wie für die Klöster allgemein wesentlich wurden. Einmal konnte sich das Kloster zu einer wirtschaftlichen Macht, zu einem Feudalherrn mit Grundbesitz in eigener Verwaltung und damit auch zu einem politischen Machtfaktor entwickeln. Zum anderen konnten geeignete Mönche für die Pflege des Schrifttums abgestellt werden, darunter für die Funktion, die der Autor aus Demut nicht nennen durfte, die des Chronisten.

Damit übernahm das Kloster eine Aufgabe, die von entscheidender Bedeutung für die russische Kulturgeschichte wurde: die Pflege und Bewahrung des Schrifttums. Von nun an konkurrierten die Bibliotheken und Skriptorien der großen Klöster erfolgreich mit denen der Kathedralkirchen. Wir verdanken ihrer Tätigkeit einen großen Teil der überlieferten Handschriftenbestände. Die Anfänge dieser Entwicklung liegen im Kiewer Höhlenkloster in der Form, die ihm Feodossi gegeben hat. Nicht zufällig ist das Höhlenkloster auch die Wiege der russischen Chronistik geworden. Hier entstand die Nestor-Chronik. Ihre Grundlage ist die nicht erhaltene »Urchronik«, deren Abschluß auf 1095 datiert wird, also etwa zwanzig Jahre nach dem Tode Feodossis.

Nun ist das Höhlenkloster zwar das bedeutendste Kloster in Kiew und in der Kiewer Rus, aber nicht das älteste. Die Nestor-Chronik setzt die Entstehung von Klöstern in die Zeit Jaroslaws und berichtet darüber unter dem Jahr 1037. Erwähnt werden das Georgs-Kloster und das Kloster der heiligen Irene als Gründungen Jaroslaws. Es handelt sich also dabei um sogenannte Ktitor-Klöster nach byzantinischem Vorbild, Stiftungen von Fürsten zur Pflege des Gedächtnisses ihres Namenspatrons – Jaroslaw hatte in der Taufe den christlichen Namen Georgi/Juri erhalten –, die auch als Begräbnisstätte für den Fürsten und seine Familie dienten. Sie erhielten meist reiche Schenkungen ihres Stifters und waren mit ihm eng verbunden.

Ein solches Kloster gründete ebenfalls Jaroslaws Sohn Isjaslaw zur Ehre seines Namenspatrons Demetrios als Konkurrenzunternehmen zu dem schon existierenden Höhlenkloster, »weil er es [das Demetrios-Kloster] höher als dieses Kloster stellen wollte und weil er hoffte, dies durch Reichtum erreichen zu können«. So berichtet die Chronik unter dem Jahr 1051, und diese Stelle finden wir gleichfalls in der 7. Erzählung des Väterbuchs.

Aus diesen Worten spricht der Stolz der Chronisten des Höhlenklosters. Ihr Kloster war nicht durch den Machtspruch eines Fürsten entstanden, sondern leitete seine Legitimation von der Tradition der Athos-Klöster her. Antoni war nach der Überlieferung auf dem Athos Mönch geworden. Schon in der Chronikerzählung zum Jahre 1051 wird berichtet, daß der Abt, der ihn zum Mönch geschoren hatte, ihn mit dem ausdrücklichen Auftrag zu einer Klostergründung in die Rus zurückgeschickt hatte. Die 7. Erzählung des Väterbuchs erweitert diese Tradition noch. Wir spüren das an einer unauffälligen, aber für die mittelalterliche Literatur sehr markanten Kleinigkeit: Die Chronikerzählung nennt den Heiligen Berg (Athos) siebenmal, die 7. Väterbuch-Erzählung dreizehnmal. Außerdem berichtet sie von einem zweimaligen Aufenthalt Antonis auf dem Athos. Dadurch kann sie den Beginn seines Wirkens auf die Zeit Wladimirs des Heiligen und damit vor die Zeit von Jaroslaws Klostergründungen zurückdatieren. Eine fromme Legende, die sich mit anderen Datierungen nicht in Übereinstimmung bringen läßt.

Man hat in dieser Herleitung der Tradition des Höhlenklosters eine gräkophile Tendenz sehen wollen. Sie erklärt sich aber wohl einfacher als Ausdruck der Abgrenzung zu den von Fürsten gestifteten und reich ausgestatteten Ktitor-Klöstern. »Viele Klöster sind von Zaren und Bojaren mit Reichtum errichtet worden, aber diese Klöster sind nicht so wie jene, die unter Tränen und durch Fasten, durch Gebet und Wachen erbaut wurden«, heißt es in der 7. Erzählung. Diese asketischen Leistungen sind der Stolz des Höhlenklosters, und das ist auch das Thema des Väterbuchs.

Das Väterbuch, wie es in unserer Ausgabe vorliegt, ist nicht in einem Zuge entstanden. Wir können das allmähliche Wachsen des Textes noch sehr gut verfolgen. Unsere heutigen Kenntnisse der Textgeschichte verdanken wir hauptsächlich den eingehenden Untersuchungen von D. I. Abramowitsch.

Am Anfang steht danach der Brief Simons an Polikarp (14. Erzählung). Den historischen Kontext des Briefes können wir einigermaßen bestimmen. Simon war zunächst Mönch des Höhlenklosters und wurde später Bischof von Wladimir-Susdal, und als solcher stellt er sich in seinem Brief an Polikarp dar. Da Simon in seinem Brief die von ihm 1222 gegründete und 1225 geweihte Kirche in Susdal erwähnt, können wir seinen Brief in die zwanziger Jahre des 13. Jahrhunderts setzen. Seit dem Tode Feodossis (1074) waren also inzwischen rund hundertfünfzig Jahre ins Land gegangen, und es wurde Zeit, daß die mündliche Überlieferung schriftlich fixiert wurde, um sie der Nachwelt zu erhalten.

Aus Simons Brief erfahren wir, daß Polikarp mit seiner Lage als einfacher Mönch im Höhlenkloster unzufrieden war. Mehrfach hatte er sich um eine Stelle als Abt oder Bischof beworben, wobei er sich auf einflußreiche Gönner stützen konnte. Simon hatte ihm jedoch seine Unterstützung verweigert und begründet das in seinem Brief: Einmal fehle Polikarp eine Reihe von wichtigen Mönchstugenden wie Demut, Gehorsam gegenüber dem Abt, Sanftmut gegenüber den Brüdern. Vor allem aber wisse er offensichtlich die Gnade, im Höhlenkloster leben zu dürfen und hier begraben zu werden, nicht zu schätzen.

Simon schließt diesem Brief eine Reihe von Berichten über Mönche des Höhlenklosters an. Sie erscheinen in der von uns wiedergegebenen Fassung als gesonderte Textstücke mit eigenen Überschriften (15.–23. Erzählung), aber ihre Schlußsätze, in denen regelmäßig Polikarp angesprochen wird, erweisen sich als Anhang und Teil des Briefes an Polikarp.

Auch inhaltlich beziehen sie sich eng auf den Text des eigentlichen Briefes. Simon bietet keine Biographien der Mönche. Die erzählten Anekdoten sind gleichsam nur Exempla für Polikarp. Sie erläutern Simons Ermahnungen: Verzichte auf Reichtum und Ansehen in der Welt (20. Erzählung). Laß dich nicht gereuen, daß du zwei Türen für die Klosterkirche gestiftet hast, denn das dafür ausgegebene Geld gilt für Gott mehr als Almosen (21. Erzählung). Laß dich nicht vom Dämon des Zorns überwinden (23. Erzählung). Vor allem aber ermahnt er ihn: Preise dich glücklich, daß du im Höhlenkloster leben darfst und hier begraben wirst, denn alle, die hier bestattet sind, werden gerettet werden. Diesem Thema sind die ersten Erzählungen Simons gewidmet (15–19).

An der Spitze steht die Geschichte eines Mönchs, der unter der Maske der Tugendhaftigkeit ein liederliches Leben führte. Seine

Lasterhaftigkeit kommt ans Licht, als nach seinem plötzlichen Tode sein Leichnam sofort zu stinken beginnt. Aber Antoni verkündet in einer Vision, er könne sein Versprechen nicht brechen, daß jeder, der in der Höhle bestattet sei, Gnade finden werde, auch wenn er ein Sünder gewesen sei.

Es folgen drei Geschichten von Mönchen, die zu Märtyrern für den christlichen Glauben geworden sind und so zur Heiligkeit des Höhlenklosters besonders beigetragen haben (16.–18. Erzählung).

Dann wird in der 19. Erzählung noch einmal das zentrale Thema deutlich gemacht. Afanassi, nach seinem Tode auf wunderbare Weise wiederbelebt, wird befragt, was er in dem Zustand zwischen Leben und Tod gesehen habe. Die Mönche erwarten wohl einen Bericht, wie wir ihn in den alten Väterbüchern oft finden und wie er auch in dem Kiewer Väterbuch mehrfach erwähnt wird: Beim Tode des Menschen kommen Dämonen und Engel und kämpfen oder rechten um seine Seele. Seine Taten werden abgewogen, bevor er die »Zollstation« (so in der Feodossi-Vita, 8. Erzählung) passieren kann.

Aber Afanassi enttäuscht sie. Er wehrt alle Bitten ab und kleidet seine in der Todesstunde gewonnene Erkenntnis in einen Spruch, wie er in den Apophthegmata Patrum stehen könnte, eine Lebensregel, deren Befolgung zur Rettung der Seele führt, dreiteilig mit einer deutlichen Steigerung zum Schluß hin: Seid eurem Abt gehorsam, übt Buße zu jeglicher Stunde und betet zu Christus, der allreinen Gottesmutter und den ehrwürdigen Antoni und Feodossi, daß ihr hier euer Leben beschließt und gewürdigt werdet, in der Höhle begraben zu werden. Ein Spruch, wie auf Polikarp gemünzt.

Wir erkennen also in der Anordnung der Erzählungen ein klares Gliederungsprinzip. Die erste Gruppe (15.–19. Erzählung) hat die Heiligkeit des Höhlenklosters zum Thema und schließt mit dem Höhepunkt, der Afanassi-Erzählung. Das ausführliche Nachwort zu diesem Text ist gleichermaßen das Schlußwort dieser Gruppe. Die zweite Gruppe (20.–23. Erzählung) bringt Illustrationen zu Simons weiteren Ermahnungen an Polikarp. Der Lobpreis des dreifaltigen Gottes am Ende des Nachworts an Polikarp markiert das Ende des ganzen Zyklus.

Simons Texte sind kurz und recht anspruchslos. Man gewinnt den Eindruck, daß er die überlieferten Erzählungen so wiedergibt, wie er sie gehört oder gelesen hat, ohne sie zu redigieren oder darin auch nur Widersprüche auszugleichen. So wird beispielsweise in der

16. Erzählung erst am Schluß deutlich, daß sich Jewstratis Martyrium in Korsun abgespielt hat, und was es dabei mit Gerassim auf sich hatte, bleibt wohl auch für Simon unklar. Afanassi zieht sich nach seiner Wiedererweckung schweigsam in seine Höhle zurück und spricht zwölf Jahre lang mit niemandem mehr. Offensichtlich tut er Buße. Aber wofür? In den ersten Sätzen wird ausdrücklich gesagt, daß er ein heiliges und gottgefälliges Leben geführt habe. War auch er ein heimlicher Sünder? Aufbereitung des überlieferten Materials und konsequenter Textaufbau war Simons Sache nicht. Aber gerade das Unfertige der Geschichten macht sie so reizvoll, bringt sie uns näher.

Aus der Reihe der kurzen und anspruchslosen Texte fällt nun die Swjatoscha-Erzählung (20) deutlich heraus. Sie ist der mit Abstand längste Text des Zyklus und hat erhebliche literarische Qualitäten. Die langen Dialoge zwischen Swjatoscha und seinem syrischen Arzt verraten einen erfahrenen Autor. Offensichtlich hatte der Mönch, der seinem Fürstenstand freiwillig entsagt hatte, schon zeitig einen Hagiographen gefunden. Er ist auch der einzige, dessen Eintritt in das Kloster genau datiert ist. Die Chronik hatte diesen unerhörten Fall unter dem Jahre 1106 festgehalten.

An diesen Zyklus schließt sich nun eine Reihe von weiteren Erzählungen an (24–35), die Polikarp, Simons Adressaten, zum Verfasser haben. Polikarp eröffnet sie mit einer Widmung an seinen Abt Akindin (24. Erzählung). Er ist also im Kloster geblieben. Aus dem nicht ganz klaren Wortlaut scheint hervorzugehen, daß er Akindin Simons Brief mit dem Zyklus seiner Erzählungen übergeben hat (und noch weitere Stücke?) und von Akindin den Auftrag erhalten hat, die Reihe fortzusetzen. Nun legt er ihm seine Texte vor.

Schon im Einleitungsbrief (24. Erzählung) erweist sich Polikarp als der gewandtere Schriftsteller, der seine Kunst hinter Bescheidenheitstopoi verbirgt. Man beginnt zu verstehen, daß er bei solchen Fähigkeiten zunächst mit seiner bescheidenen Stellung im Höhlenkloster unzufrieden war und nach Höherem strebte. Mit dem Auftrag Akindins hatte er wohl nun seine Aufgabe gefunden.

Seine Texte sind grundsätzlich länger und bewegter als die Simons. Auch thematisch ergänzt er seinen Vorgänger. Simons Thema war die Heiligkeit des Höhlenklosters und die Heilsgewißheit, die dieses Kloster seinen Mönchen vermitteln konnte. Aber Simons Mönche sind zum Teil doch recht fragwürdige Gestalten: der anonyme Heuchler der 15. Erzählung, der verstockte Geizhals Arefa (22. Erzählung), der zornmütige Jewagri (23. Erzählung), der auch am Totenbett des Bruders nicht zur Aussöhnung bereit ist. Die geschilderten Vorgänge und Wunder vollziehen sich *an* ihnen, nicht *durch* sie.

Demgegenüber sind Polikarps Gestalten selbst Handlungsträger: Wundertäter wie Prochor und Grigori oder der Arzt Agapit; Ioann, der heldenhaft gegen seine Begierden kämpft, Moissi, der den Verführungskünsten einer schönen Frau bis zum Martyrium widersteht, Marko, dessen Weisungen selbst die Toten befolgen. Polikarp schließt mit der Geschichte von Spiridon und Alimpi (34. Erzählung), zwei bescheidenen, sympathischen Figuren, die ohne eigentliche asketische Leistungen des Wundertuns gewürdigt wurden, denn »jegliche schlichte Seele ist heilig«. Danach wirkt die Erzählung von Pimin (35), dessen Askese im Ertragen seiner Krankheit besteht, wie ein späterer Nachtrag.

Polikarp kennt die alten Väterbücher (32. Erzählung). Er zitiert sie nicht wie Simon, sondern verwendet sie als literarische Muster. In Vor- und Nachworten unterstreicht er wie Theodoretos von Kyrrhos in seiner »Mönchsgeschichte« (Historia Religiosa) die Lehren, die sich aus den Geschichten ergeben.

Seine Helden wirken auch in die Welt außerhalb des Klosters, und gerade aus seinen Geschichten erfahren wir viel über Kiew, seine Gesellschaft, seine Fürsten. Wir hören von Swjatopolks Konflikten mit der Kiewer Oberschicht, von einer Hungersnot in Kiew und vom Zusammenbruch des Salzhandels, den sich Swjatopolk zunutze machen will, um sich zu bereichern (31. Erzählung), von Mstislaws Habsucht (33. Erzählung), von Rostislaws Hochmut und Zorn (28. Erzählung). Die Geschichte von Moissi (30. Erzählung) führt uns in die Zeit der Wirren nach dem Tode von Boris und Gleb.

Aber so viel wir auch aus der Geschichte Kiews erfahren, so sehr Polikarp darin über Simon hinausgeht, Polikarps Thema ist es nicht. Sein Ziel ist der Ausbau des Ganzen zu einem Väterbuch, zur inneren Geschichte seines Klosters in den Anfangsjahren. Charakteristisch ist, daß er nicht nach Jahren datiert, sondern nach den Amtszeiten der Äbte.

Die weitere Geschichte des Väterbuchs ist dadurch gekennzeichnet, daß neue Stücke aufgenommen werden, größtenteils aus der Chronik, und daß der Text sprachlich redigiert wird. Es bleibt aber bei dem Charakter eines Väterbuchs, also eines Berichts über die *Anfänge* des Klosters und über die Mönche nur der Gründergenerationen.

Irgendwann – vielleicht noch im 13. Jahrhundert – hat ein Redaktor die beiden Zyklen Simons und Polikarps mit den Erzählungen 1–6 (sie scheinen ebenfalls von Simon zu stammen) und Nestors Bericht über die ersten Mönche des Höhlenklosters (12. Erzählung) sowie über Issaki (36. Erzählung), beide aus der Chronik, zu einem Ganzen zusammengefaßt. Man bezeichnet diese Kompilation als »Grundredaktion«.

Auf der Grundlage dieser Fassung entstand Anfang des 15. Jahrhunderts im Auftrag des Bischofs Arseni von Twer (heute Kalinin) eine neue Redaktion. Wir kennen sie aus einer Handschrift vom Jahre 1406. Sie nahm aus der Chronik zusätzlich die 7. Erzählung auf, dazu die Vita Feodossis (8. Erzählung) und die Laudatio auf Feodossi (11. Erzählung).

Die Arseni-Fassung hat versucht, die Erzählungen Simons und Polikarps stärker zusammenzubinden, indem sie die Entstehungsgeschichte des Väterbuchs aus einer quasi persönlichen Korrespondenz zwischen Simon und Polikarp verwischte. Die folgenden Redaktionen sind ihr darin glücklicherweise nicht gefolgt. Sie stammen aus den Jahren 1460 und 1462 und gehen auf die Initiative Kassians, eines Mönchs aus dem Höhlenkloster, zurück. Hier wurden die 9., 13. und 38. Erzählung zusätzlich aufgenommen.

Inzwischen war Kiew Teil des litauischen Staates geworden, und die Orthodoxie sah sich der Konkurrenz mit dem Katholizismus ausgesetzt. Vor diesem Hintergrund wird verständlich, daß in die zweite Kassian-Fassung ein polemischer Traktat gegen die Lateiner (37. Erzählung) aufgenommen wurde, weil man ihn für ein Werk des Klostergründers Feodossi hielt.

Unserer Übersetzung liegt eine Handschrift der zweiten Kassian-Fassung von 1554 zugrunde, die im Auftrag des Archimandriten (diesen Titel führten die Äbte des Höhlenklosters seit dem 12. Jahrhundert) Alexej entstand. Die Datierung am Schluß des Textes deutet die Entwicklung an, die dem Kloster unter der polnischen Herrschaft bevorstand: Ein Jahrzehnt später setzte unter Führung der Jesuiten die massive Gegenreformation ein, mit der sich das Kloster nun auseinanderzusetzen hatte. Ihm wuchs eine neue Aufgabe zu als Bollwerk der Orthodoxie und als Symbol nationaler Identifikation – ein neuer Impuls, sich auf die Tradition zu besinnen.

In diesem Zeichen stehen die Druckfassungen des 17. Jahrhunderts, die in der 1615 gegründeten Druckerei des Höhlenklosters entstanden. Sie beginnen 1635 mit einer Ausgabe in polnischer Sprache, der man wohl damals die größere Verbreitung zutraute. Hinzuweisen ist noch auf die erste Druckausgabe in russisch-kirchenslawischer Sprache von 1661. Aus dieser in barockem Geschmack reich illustrierten Ausgabe haben wir die Abbildungen übernommen. Diese und alle folgenden Ausgaben, die wir hier übergehen können, beruhen auf der zweiten Kassian-Fassung.

Wir haben bisher das längste Stück des Kiewer Väterbuchs, die Vita des Feodossi (8. Erzählung), übergangen. Sie ist zwischen 1074 und 1088 außerhalb des Väterbuchs entstanden und wurde erst in der Arseni-Fassung in das Korpus der Texte des Väterbuchs integriert. Als Verfasser nennt sich Nestor. Es ist aber nicht sicher, ob er mit dem Chronisten Nestor identisch ist. Der Text ist ein Meisterstück altrussischer Erzählprosa, das für sich selbst spricht und das uns über den Verlust der Vita des Antoni hinwegtrösten kann.

Merkwürdigerweise fehlt ja diese Vita im Väterbuch. Vielleicht hängt ihr Verlust mit der Wende zusammen, die Feodossi durch seine Einführung der koinobitischen Klosterregel eingeleitet und die Antoni nicht mitvollzogen hatte. Im Text Simons und Polikarps wird siebenmal auf eine Vita des Antoni verwiesen, aber was wir aus diesen Stellen erfahren, geht kaum über das hinaus, was uns aus den der Chronik entstammenden Stücken des Väterbuchs bekannt ist. Wir wissen somit, was *auch* in der Vita gestanden hat, aber wir erfahren so gut wie nichts über Antoni und vor allem nichts über den Charakter der Vita. Man hat sogar vermutet, daß diese Vita nie existiert habe, sondern nur Materialien dazu. Es war sicher schwierig, den geistigen Kampf dieses Asketen zu beschreiben, dessen äußeres Leben wohl wenig Höhepunkte und schon gar keine Triumphe bot.

Da war Nestor mit seinem Helden Feodossi in einer ganz anderen Lage. Nestor macht deutlich, wie weit Feodossi über seinen Meister hinausgewachsen war. Er wird der erfolgreiche und tatkräftige Leiter eines Großklosters mit über hundert Mönchen. Er hat offensichtlich die Fähigkeiten eines Menschenkenners und Seelenführers, die dem introvertierten Antoni abgingen. Er durchschaut die Absicht seiner Mutter, die ihn aus der Höhle nach Hause holen will, während Antoni auf ihre List hereinfällt. Feodossi steht den Konflikt mit dem

Fürsten Swjatoslaw erfolgreich durch, Antoni dagegen muß zweimal vor dem Zorn eines Fürsten fliehen.

Ein solcher Abt, der in engem Kontakt mit seiner Umwelt lebte und auf sie einwirkte, konnte in kräftigen Farben geschildert werden. Die Vita enthält denn auch eine lange Reihe von prallen Schilderungen, Perlen altrussischer Erzählkunst. Hierher gehören Feodossis Auseinandersetzungen mit seiner Mutter, die Szene seiner Aussöhnung mit Swjatoslaw und die Episode vom Rollentausch mit dem Kutscher des Fürsten Isjaslaw.

Das trifft sogar für die Schilderungen der asketischen Leistungen Feodossis zu. Hier hat Nestor weidlich die schon erwähnte Vita des Sabas von Kyrillos von Skythopolis ausgeschöpft, die ihm in einer altslawischen Übersetzung vorlag. Nestors Leser kannten natürlich die Vita des Sabas ebenso wie er. Der Gleichklang der Schilderungen sollte sie an die Parallele mit Sabas erinnern. So wie der historische Feodossi sich wohl Theodosios und Sabas als Vorbilder gewählt hatte, so orientierte sich Nestor an den Viten dieser Heroen der Frühzeit des Mönchtums.

Es ist mehr als ein literarisches Verfahren. Es ist die Weltsicht der mittelalterlichen Schriftsteller, im eigenen Gegenstand dessen Urbild so weitgehend wiederzuerkennen, daß man ihn mit den überlieferten Worten beschreiben kann.

Halle, im Dezember 1986   Dietrich Freydank

DAS VÄTERBUCH DES KIEWER HÖHLENKLOSTERS

DAS VÄTERBUCH DES HÖHLENKLOSTERS, VON DER ERRICHTUNG DER KIRCHE, DAMIT ALLE WISSEN, WIE NACH DEM RATSCHLUSS UND DEM WILLEN DES HERRN SELBST SOWIE DURCH DIE FÜRBITTE UND AUF WUNSCH SEINER ALLREINEN MUTTER DIE GOTTGEFÄLLIGE, HIMMELSGLEICHE HAUPTKIRCHE DES HÖHLENKLOSTERS, DIE DER HEILIGEN GOTTESMUTTER GEWEIHT IST, GEBAUT UND VOLLENDET WURDE. HIER IST DAS ARCHIMANDRITENKLOSTER FÜR DAS GANZE RUSSISCHE LAND, DIES IST DAS KLOSTER UNSERES HEILIGEN UND GROSSEN VATERS FEODOSSI.

Die erste Erzählung

Gib deinen Segen, Vater!

Im Warägerlande lebte einst Fürst Afrikan, ein Bruder Jakuns des Blinden, der seinen goldenen Mantel zurücklassen mußte, als er gemeinsam mit Jaroslaw gegen den grimmigen Mstislaw gekämpft hatte. Jener Afrikan hatte zwei Söhne – Friand und Schimon. Nach des Vaters Tod vertrieb Jakun die beiden Brüder aus ihrem Gebiet. Und Schimon ging zu unserem frommen Fürsten Jaroslaw. Der empfing ihn mit allen Ehren und teilte ihn seinem Sohn Wsewolod zu, damit er einer von dessen Ältesten werde. Und er [Schimon] gelangte unter Wsewolod zu großem Ansehen.

Der Grund für seine [Schimons] Liebe zu diesem heiligen Ort aber war folgender: Als der fromme Großfürst Isjaslaw in Kiew herrschte, fielen die Polowzer im Jahre 6576 [1068] in das Russische Land ein. Die drei Söhne Jaroslaws – Isjaslaw, Swjatoslaw und Wsewolod, der den Schimon bei sich hatte – zogen ihnen entgegen. Und wie sie zu dem großen heiligen Antoni kamen, um sich seiner Fürbitte und seines Segens zu versichern, öffnete der Starez seine Lippen, über die noch niemals eine Lüge gekommen war, und prophezeite ihnen eindeutig ihren Untergang. Da fiel dieser Waräger dem Starez zu Füßen und flehte ihn an, daß er vor einem solchen Leid bewahrt bleiben möge. Und der Gesegnete sprach zu ihm:

»Mein Sohn, viele werden fallen durch des Schwertes Schärfe, und wenn ihr vor euren Widersachern flieht, werdet ihr überwältigt, verwundet und ertränkt. Du aber wirst errettet und in der Kirche beigesetzt werden, die dereinst hier errichtet werden wird.«

Als sie die Alta erreicht hatten, trafen die beiden Heere aufeinander, und die Christen wurden durch Gottes Zorn besiegt. Auf der Flucht wurden die Heerführer und mit ihnen viele Krieger getötet. Hier, mitten unter ihnen, lag Schimon, der bei dem Treffen verwundet worden war. Als er zum Himmel aufblickte, sah er eine überaus große Kirche, dieselbe, die er schon früher auf dem Meer gesehen hatte. Da gedachte er der Worte des Erlösers und sprach: »Herr, bewahre mich durch die Gebete deiner allreinen Mutter und der ehrwürdigen Väter Antoni und Feodossi vor diesem bitteren Tod!«

Sogleich nahm ihn eine unbekannte Macht aus der Toten Mitte fort, er genas alsbald von seinen Wunden, und auch all die Seinen fand er gesund und wohlauf.

Als er wieder heimgekehrt war, suchte er den gesegneten Antoni auf und berichtete ihm eine wundersame Geschichte:

»Mein Vater Afrikan«, so sagte er, »fertigte ein Kreuz, auf dem er das gottmenschliche Ebenbild Christi in farbiger Gestaltung wiedergab. Es war ein neuartiges Werk, wie es die Lateiner verehren. Seine Größe maß zehn Ellen. Diesem Bildnis erwies mein Vater dadurch seine Verehrung, daß er um dessen Lenden einen Gürtel legte, der ein Gewicht von fünfzig Goldgriwnen hatte, und dessen Haupt mit einer goldenen Krone schmückte. Als mich nun mein Onkel Jakun aus meinem Gebiet vertrieb, nahm ich den Gürtel von Jesus und die Krone von seinem Haupt mit. Da hörte ich eine Stimme von dem Bildnis her, die sich an mich wandte und sprach: ›O Mensch, setze diese Krone nicht auf dein Haupt, sondern bringe sie an den dafür bereiteten Ort, wo zu Ehren meiner Mutter eine Kirche von dem ehrwürdigen Feodossi errichtet werden wird. Ihm händige sie aus, damit er sie über meinen Rüstaltar hänge.‹ Erschrocken fiel ich zu Boden und lag dort starr wie ein Toter. Nachdem ich mich wieder erhoben hatte, bestieg ich alsbald mein Schiff.

Auf unserer Fahrt über das Meer gerieten wir in einen starken Sturm, so daß wir alle schon an unserem Leben verzweifelten. Und ich schrie auf: ›Herr, vergib mir! Dieses Gürtels wegen gehe ich jetzt zugrunde, weil ich ihn von deinem teuren und menschengleichen Bildnis genommen habe.‹ Da erblickte ich hoch droben eine Kirche und überlegte, was dies wohl für eine Kirche sein könne. Und von oben drang eine Stimme zu uns, die sagte: ›Es ist die Kirche, die auf

Simon hat eine Offenbarung
von der Errichtung der Höhlenkloster-Kirche

den Namen der Gottesmutter von einem ehrwürdigen Manne erbaut werden wird und in der du beigesetzt werden wirst.‹ Wie wir sahen, maß sie – wenn man ihre Größe und Höhe mit jenem goldenen Gürtel abgemessen hätte – zwanzig Ellen in der Breite, dreißig in der Länge, ebenfalls dreißig in der Höhe des Gemäuers und mit der Kuppel sogar fünfzig Ellen. Wir alle priesen nun Gott und fanden reichen Trost in der großen Freude, daß wir vor einem bitteren Tod bewahrt blieben.

Bis jetzt aber hatte ich nicht erfahren, wo die Kirche erbaut wird, die mir auf dem Meer gezeigt worden war und ebenso an der Alta, als ich auch schon dem Tode nahe war. Und nun vernahm ich aus deinem redlichen Mund, daß ich in der Kirche, die hier erbaut werden wird, beigesetzt werden soll.«

Darauf zog er [Schimon] den goldenen Gürtel hervor und übergab ihn mit den Worten:

»Dies ist das Maß und der Grund; und dies ist die Krone; sie soll über den heiligen Altar gehängt werden.«

Der Starez pries Gott dafür und sprach zu dem Waräger:

»Mein Sohn, von nun an wird dein Name nicht mehr Schimon lauten, sondern du wirst Simon heißen.«

Antoni rief den gesegneten Feodossi herbei und sagte:

»Simon, der ist es, der diese Kirche errichten wird.«

Ihm [Feodossi] übergab er den Gürtel und die Krone.

Von da an hegte Simon eine große Zuneigung zum heiligen Feodossi und ließ ihm reiche Gaben für den Ausbau des Klosters zukommen.

Einmal war Simon zu dem Gesegneten gekommen, und er wandte sich nach dem üblichen Gespräch an den Heiligen:

»Vater, ich bitte dich um eine einzige Gabe.«

Feodossi sagte darauf zu ihm:

»Mein Sohn, was wünscht sich deine Erhabenheit von unserer Demut?«

Da antwortete Simon:

»Eine große Gabe, die meine Möglichkeiten übersteigt, erbitte ich von dir.«

Feodossi aber sprach:

»Mein Sohn, du weißt um unsere Armut, daß oft nicht einmal Brot zu finden ist für unsere tägliche Speise, und ich wüßte nichts anderes, worüber ich verfügte.«

Da sagte Simon:

»Wenn du es willst, kannst du es mir gewähren. Du vermagst es dank der dir vom Herrn gegebenen Gnade, der dich einen Verehrungswürdigen genannt hat. Als ich nämlich damals die Krone vom Haupte Jesu nahm, sprach er zu mir: ›Bringe sie an den dafür bereiteten Ort und übergib sie dem Ehrwürdigen, der meiner Mutter zu Ehren eine Kirche erbauen wird.‹ Und nun bitte ich dich: Gib mir dein Wort, daß deine Seele mich segnen und preisen möge – im Leben und auch nach deinem sowie nach meinem Tode.«

Der Heilige erwiderte ihm:

»O Simon, deine Bitte übersteigt meine Kraft. Aber wenn du mich aus dieser Welt scheiden siehst und wenn nach meinem Heimgang diese Kirche erbaut sein wird und alle überlieferten Ordnungen darin befolgt werden, dann sollst du wissen, daß ich vor Gott Gnade gefunden habe. Jetzt weiß ich nicht, ob mein Gebet erhört wird.«

Und Simon sagte:

»Der Herr hat mir Zeugnis von dir gegeben, denn ich selbst habe aus dem allreinen Munde seines heiligen Bildnisses von dir erfahren. Deshalb flehe ich dich an: So wie du für deine Mönche betest, so bete auch für mich Sünder, für meinen Sohn Georgi und weiter bis zu den Letzten meines Geschlechts.«

Der Heilige versprach ihm dies und sagte: »Ich bitte nicht allein für jene, sondern für alle, die um meinetwillen diesen heiligen Ort verehren.«

Daraufhin verneigte sich Simon bis zur Erde und sagte:

»Mein Vater, ich gehe nicht fort von dir, wenn du mir dies nicht schriftlich zusicherst.«

So ward der Ehrwürdige von dessen Liebe überwältigt und schrieb folgendes Gebet: »Im Namen des Vaters und des Sohnes und des Heiligen Geistes« – dasselbe Gebet, das man bis heute noch den Verstorbenen in die Hand legt. Und seither wird der Brauch gepflegt, den Verstorbenen ein solches Schriftstück mitzugeben; denn früher hatte niemand in der Rus derartiges getan. Es steht auch das in dem Gebet geschrieben: »Herr, gedenke an mich, wenn du in dein Reich kommst! Und wenn du jedem nach seinen Taten vergelten wirst, dann, mein Gebieter, befinde deine Knechte Simon und Georgi für würdig, dir zur Rechten in deiner Herrlichkeit zu stehen und deine gütige Stimme zu hören: ›Kommt her, ihr Gesegneten meines Vaters, ererbet das Reich, das euch bereitet ist von Anbeginn der Welt!‹«

Und Simon sagte:

»Füge noch hinzu, mein Vater, daß auch die Sünden meiner Eltern und Verwandten vergeben sein mögen.«

Da erhob Feodossi seine Hände zum Himmel und sprach:

»Der Herr wird dich segnen aus Zion, daß ihr seht das Glück Jerusalems euer Leben lang und bis zum letzten Sproß eures Geschlechts!«

Wie eine kostbare Perle empfing Simon von dem Heiligen das Gebet und den Segen zum Geschenk. Früher ein Waräger, war er nun durch die Gnade Christi zu einem [rechtgläubigen] Christen geworden. Er war von unserem heiligen Vater Feodossi unterwiesen worden und der Wunder wegen, die durch die Heiligen Antoni und Feodossi geschahen, hatte er sich von der Irrlehre der Lateiner gelöst und glaubte aufrichtig und wahrhaftig an unseren Herrn Jesus Christus. Und dies tat er mit seinem ganzen Hause – etwa dreitausend Seelen – und mit seinen Priestern.

Dieser Simon ist dann als erster in der Kirche beigesetzt worden. Seitdem hat auch sein Sohn Georgi diesen heiligen Ort sehr liebgewonnen. Diesen Georgi hatte Wladimir Monomach in das Susdaler Land geschickt und ihm seinen eigenen Sohn Georgi anvertraut. Viele Jahre später übernahm Georgi Wladimirowitsch den Fürstensitz in Kiew; da übergab er seinem Tausendschaftsführer Georgi, den er wie einen Vater schätzte, das Gebiet von Susdal.

DIE ERZÄHLUNG VON DER ANKUNFT DER KIRCHENBAUMEISTER AUS ZARGRAD BEI ANTONI UND FEODOSSI.

Die zweite Erzählung

Und nun, Brüder, werde ich von einem erstaunlichen und vielgepriesenen Wunder an dieser von Gott auserwählten Kirche der Gottesmutter berichten.

Es kamen aus Zargrad vier Kirchenbaumeister, sehr reiche Männer, in die Höhle zum großen Antoni und zu Feodossi und fragten: »Wo wollt ihr die Kirche errichten?«

Die beiden antworteten ihnen: »An dem Platz, den der Herr bestimmen wird.«

Jene aber sprachen: »Wie ist das möglich: Ihr habt uns – euren Tod voraussagend – so viel Gold gegeben und den Platz nicht bestimmt?«

Da riefen Antoni und Feodossi alle Brüder zusammen, befragten die Griechen und sprachen: »Sagt die Wahrheit, wie ist das gewesen?«

Die Baumeister berichteten folgendes: »Als wir in unseren Häusern schliefen, kamen am frühen Morgen bei Sonnenaufgang zu jedem von uns Verschnittene von schöner Gestalt und sprachen: ›Die Kaiserin ruft euch in die Blachernen.‹

Wir gingen und nahmen unsere Freunde und Verwandten mit und trafen alle zur gleichen Zeit ein. Wir stellten fest, daß jeder von uns die gleiche Botschaft der Kaiserin erhalten hatte und daß dieselben Gesandten bei jedem von uns gewesen sind. Da sahen wir die Kaiserin und eine große Zahl von Kriegern bei ihr; wir verneigten uns vor ihr, und sie sprach zu uns:

›Ich will mir in der Rus, in Kiew, eine Kirche bauen. Ich gebiete euch, daß ihr Gold für drei Jahre mit euch nehmt.‹

Wir verneigten uns und sprachen: ›O Herrin, o Kaiserin, du sendest uns in ein fremdes Land! Zu wem werden wir dort kommen?‹

Sie antwortete: ›Zu diesen beiden, Antoni und Feodossi, sende ich euch.‹

Wir aber sprachen: ›Warum, Herrin, gibst du uns für drei Jahre Gold? Du weisest diese an, daß wir das Notwendige an Nahrung von ihnen bekommen sollen. Doch du wirst selbst wissen, was du uns gibst.‹

Da sagte die Kaiserin: ›Dieser Antoni wird, sobald er euch gesegnet hat, für immer aus dieser Welt scheiden; dieser Feodossi aber wird etwa zwei Jahre nach ihm zu Gott eingehen. Ihr aber sollt Gold im Überfluß mitnehmen. Was euer Ansehen angeht, so kann euch niemand so ehren wie ich. Ich werde euch geben, was kein Ohr gehört hat und in keines Menschen Herz gekommen ist. Ich werde auch selbst kommen, um die Kirche zu sehen, und ich werde darin meine Wohnstatt haben.‹

Und sie gab uns Reliquien der heiligen Märtyrer, des Artemios und Polyeuktos, Leontios, Akakios, Arethas, Jakobos und Theodoros, und sprach zu uns: ›Diese legt in das Fundament.‹

Da nahmen wir das Gold, mehr, als notwendig gewesen wäre.

Sie aber sagte zu uns: ›Nun gehet nach draußen und sehet die Größe [der Kirche].‹

Die Erlebnisse der Kirchenbaumeister
aus Konstantinopel

Und wir erblickten eine Kirche in den Lüften, kehrten zurück, verneigten uns vor ihr und fragten: ›Herrin, wie ist der Name der Kirche?‹

Sie aber erwiderte, daß sie ihr ihren Namen geben wolle. Wir wagten es nicht, sie zu fragen: ›Wie lautet dein Name?‹

Und sie sprach: ›Es wird eine Kirche der Gottesmutter sein‹ und gab uns diese Ikone und sagte: ›Diese sei die Ortsikone.‹

Wir verneigten uns vor ihr und gingen fort in unsere Häuser und trugen die Ikone, die wir aus der Hand der Kaiserin empfangen hatten, mit uns.«

Danach priesen alle Gott und die, die ihn geboren hat.

Und Antoni antwortete: »O meine Kinder, wir haben doch nie diesen Ort verlassen!«

Die Griechen aber schworen: »Wir haben vor vielen Zeugen das Gold aus euren Händen erhalten. Mit denen [den Zeugen] haben wir euch zum Schiff geleitet. Einen Monat nach eurem Fortgang machten wir uns auf den Weg. Und jetzt ist der zehnte Tag, seit wir von Zargrad aufgebrochen sind. Wir haben die Kaiserin nach der Größe der Kirche gefragt. Und sie hat uns geantwortet: ›Als Maß habe ich den Gürtel meines Sohnes gesandt, auf sein Geheiß hin.‹«

Antoni aber erwiderte: »O meine Kinder, Christus hat euch einer großen Gnade für würdig befunden, denn ihr werdet seinen Willen erfüllen. Jene wohlgestalteten Verschnittenen, die euch gerufen haben, sind hochheilige Engel, und die Kaiserin von den Blachernen ist sie selbst, die euch sichtbar erschienene, hochheilige, reine und makellose Herrin, unsere Gottesmutter und Ewigjungfrau Maria. Die Krieger, die sie umgaben, das sind die körperlosen Heerscharen der Engel. Was die betrifft, die uns beiden ähnelten, und das Gold, das ihr erhieltet, davon weiß Gott, weil er allein es bewirkte und seine beiden Knechte dazu erwählte.

Gesegnet sei eure Ankunft. Ihr habt eine gute Weggefährtin, diese hochgeehrte Ikone der Herrin. Sie wird euch geben, wie sie es versprochen hat, was kein Ohr gehört hat und in keines Menschen Herz gekommen ist. Das vermag niemand zu geben außer ihr, ihrem Sohn, außer Gott, dem Herrn, und unserem Erlöser, Jesus Christus. Sein Gürtel und seine Krone, die uns die Waräger gebracht haben, sind uns das Maß für die Breite, Länge und Höhe dieser hochheiligen Kirche. Eine solche Stimme von großartiger Herrlichkeit war vom Himmel gekommen.«

Die Griechen jedoch verneigten sich vor den Heiligen in Furcht und sprachen: »Wo ist der Ort, daß wir ihn schauen.«

Antoni aber antwortete: »Drei Tage wollen wir im Gebet verharren, dann wird der Herr ihn uns weisen!«

Und in derselben Nacht, während er betete, erschien ihm der Herr und sprach: »Du hast Gnade vor mir gefunden.«

Antoni erwiderte: »Wenn ich, Herr, vor dir Gnade gefunden habe, so sei Tau auf dem ganzen Boden, aber an der Stelle, die du zu heiligen gedenkst, sei es trocken.« Am anderen Morgen fanden sie den Platz trocken, wo heute die Kirche steht. Und überall sonst auf dem Boden war Tau.

In der zweiten Nacht betete er abermals und sprach: »Es sei überall auf der Erde trocken, am heiligen Ort jedoch sei Tau.« Und sie gingen und fanden es so.

Am dritten Tag stellten sie sich auf diesen Platz, beteten und segneten den Ort und maßen ihn mit dem goldenen Gürtel der Breite und der Länge nach aus.

Antoni erhob die Hände gen Himmel und sprach mit lauter Stimme: »Erhöre mich, Herr! Erhöre mich heute durch ein Feuer [-zeichen], damit alle verstehen, daß du es bist, der diesen [Platz] wünscht.«

Und sogleich fiel Feuer vom Himmel und verbrannte alle Bäume und das Dorngestrüpp und leckte den Tau auf und schuf eine Vertiefung, die einer Grube ähnelte. Und alle, die mit den Heiligen waren, fielen in Furcht nieder, als wären sie tot. Und so nahm diese heilige Kirche ihren Anfang.

DIE ERZÄHLUNG DARÜBER, WANN DER GRUNDSTEIN FÜR DIE KIRCHE DES HÖHLENKLOSTERS GELEGT WURDE.

Die dritte Erzählung

Für die heilige Kirche der Gottesmutter ist im Jahre 6581 [1073] der Grundstein gelegt worden. Mit dem Bau dieser Kirche wurde während der Herrschaft des frommen Fürsten Swjatoslaw, des Sohnes von Jaroslaw, angefangen, der mit seinen eigenen Händen begonnen hatte, die Grube auszuheben. Der Christus liebende Fürst

Die Wunder im Zusammenhang mit dem Baubeginn
der Höhlenkloster-Kirche

Swjatoslaw gab dem Gesegneten hundert Goldgriwnen zur Unterstützung und bestimmte, nach der Weisung jener Stimme, die auf dem Meer vom Himmel zu hören gewesen war, mit dem goldenen Gürtel die Maße. In der Vita des heiligen Antoni kann man darüber Ausführliches finden.

In der Vita des Feodossi wird allen kundgetan, daß sich eine Feuersäule von der Erde bis zum Himmel erhob, einmal wie eine Wolke, das andere Mal wie ein [Regen-]Bogen, der sich von der Kuppel jener [alten] Kirche bis zu diesem Ort wölbte. Viele Male ist die Ikone vorübergekommen. Engel trugen sie an den Ort, an dem sie bleiben sollte.

Was gibt es noch Wunderbareres als dieses, Brüder?

Wenn du auch die Bücher des Alten und Neuen Testaments durchgehst, nirgends wirst du solche Wunder an heiligen Gotteshäusern finden wie bei diesem. Von den Warägern und von unserem Herrn Jesus Christus selbst und von seinem verehrungswürdigen, göttlichen und zugleich menschenähnlichen Ebenbild ist die Krone vom heiligen Haupt Christi. Wir haben die göttlich klingende Stimme von Christi Ebenbild gehört, die befohlen hat, sie an den dafür bereiteten Ort zu tragen und, entsprechend der Weisung vom Himmel, mit seinem Gürtel die Maße für sie [die Kirche] abzustecken, die schon vor ihrer Erbauung zu sehen war. Desgleichen ist auch die Ikone aus dem Lande der Griechen mit den Baumeistern gekommen, und auch die Gebeine der heiligen Märtyrer sind unter allen Mauern beigesetzt worden, wo sie selbst [die Heiligen] über den Reliquien an den Wänden dargestellt sind.

Zu preisen sind die, die zuvor bereits dahingegangen sind, die frommen Fürsten, die christgeliebten Bojaren, die ehrwürdigen Mönche und alle rechtgläubigen Christen.

Selig, ja dreimal selig ist der, der für wert befunden wurde, hier begraben zu sein, der der großen Gnade und Barmherzigkeit des Herrn durch die Fürbitte der heiligen Gottesmutter und aller Heiligen würdig war.

Selig, ja dreimal selig ist der, der für würdig befunden wurde, hier aufgeschrieben zu werden, denn er wird die Vergebung der Sünden empfangen und des himmlischen Lohns nicht verlustig gehen.

»Frohlocket«, heißt es, »und freuet euch, daß eure Namen im Himmel aufgeschrieben sind«, denn Gott liebt diese Kirche mehr als den Himmel. Und die, die ihn geboren hat, geruhte, sie zu schaffen, wie sie den Baumeistern in den Blachernen versprochen hatte, als sie sagte: »Ich werde kommen, die Kirche anzusehen, und ich will in ihr meine Wohnstatt haben.«

Es ist gut und sehr wohlgetan, sich in ihrer heiligen und göttlichen Kirche niederzulassen. Und welchen Ruhm und Preis empfängt der, der hier zur Ruhe gebettet und dort in die Bücher des Lebens eingetragen ist! Vor ihren Augen wird seiner immer gedacht werden.

Und noch eine Erzählung will ich euch, ihr Lieben, zu eurer Erbauung vortragen.

Was gibt es Schlimmeres, als sich von solchem Licht abzuwenden, die Finsternis liebzugewinnen und der gottgeweihten Kirche abtrünnig zu werden, die von Gott erbaute Kirche zu verlassen und die zu suchen, welche von Menschen mit Gewalt und Raub erbaut wurde? – wo doch diese selbst zu ihrem Bauherrn ruft.

Ihr Erbauer aber, Architekt, Künstler und Schöpfer ist Gott selbst, der mit seinem göttlichen Feuer Vergängliches – Bäume und Höhen – in Flammen aufgehen ließ und den Weg zum Haus seiner Mutter ebnete, daß sie dorthin von seinen Knechten übergeführt werde.

Begreift, Brüder, ihre [der Kirche] Gründung und ihren Anfang: Der Vater sandte von oben seinen Segen mit dem Tau, mit der Feuersäule und mit der hellen Wolke. Der Sohn schenkte das Maß mit seinem Gürtel; obwohl das Holz seinem Wesen nach erkennbar war, wurde es doch mit Gottes Kraft versehen. Der Heilige Geist aber hob mit geistlichem Feuer die Baugrube für die Errichtung des Fundaments aus. Der Herr erbaute auf einem solchen Felsen diese Kirche. Und die Pforten der Hölle sollen sie nicht überwältigen. Die Gottesmutter gar hat den Baumeistern für drei Jahre Gold gegeben und ihr verehrungswürdiges Bild geschenkt und es zur Ortsikone bestellt. Von ihr gehen viele Wunder aus.

DIE ERZÄHLUNG VON DER ANKUNFT DER IKONENMALER AUS ZARGRAD BEIM ABT NIKON.

Die vierte Erzählung

Und dies ist noch ein erstaunliches Wunder, von dem ich euch erzählen will.

Ikonenmaler kamen aus ebenjener von Gott beschützten Stadt Konstantins zum Abt Nikon und sprachen: »Laßt die herkommen, mit denen wir verhandelt haben, wir wollen Klarheit haben. Sie hatten uns eine kleine Kirche gezeigt, und so sind wir vor vielen Zeugen übereingekommen; aber diese Kirche hier ist sehr groß! So nehmt wieder euer Gold, und wir kehren nach Zargrad zurück!«

Der Abt erwiderte darauf: »Was waren das für Leute, die mit euch verhandelt haben?«

Die Ikonenmaler beschrieben Aussehen und Gestalt und nannten die Namen Antoni und Feodossi.

Da sprach der Abt zu ihnen: »Oh, meine Kinder, wir sind nicht imstande, sie vor euch erscheinen zu lassen; denn sie sind vor zehn Jahren von dieser Welt geschieden und beten nun ständig für uns. Sie behüten unablässig diese Kirche, halten schützend die Hand über ihr Kloster und sorgen sich um die, die darinnen leben.«

Als die Griechen das hörten, erschraken sie ob der Antwort. Sie holten auch viele andere Kaufleute – Griechen und Abchasen – herbei, die von dort zusammen mit ihnen die Reise unternommen hatten, und sprachen: »In deren Beisein haben wir verhandelt. Wir hatten aus ihrer Hand das Gold bekommen. Du aber willst sie uns nicht rufen lassen. Wenn sie schon heimgegangen sind, so zeige uns ihr Bildnis, damit die Leute hier sehen können, ob es die beiden sind.«

Darauf trug der Abt vor allen ihre Ikonen heraus. Als die Griechen und Abchasen ihr Bild erblickten, verneigten sie sich und sprachen: »Das sind sie, wahrhaftig. Und wir glauben, daß sie auch nach ihrem Tode weiterleben und denen, die bei ihnen Zuflucht suchen, helfen können, sie erretten und beschützen.«

Sie überreichten ein Mosaikgemälde, das sie zum Verkauf mitgebracht hatten, und schmückten damit den heiligen Altarraum. Die Ikonenmaler aber begannen, ihre Sünden zu bereuen. Sie sprachen: »Als wir mit den Schiffen nach Kanew kamen, sahen wir diese Kirche auf der Höhe. Wir fragten die, die mit uns waren: ›Was ist das

Die Ankunft
der Ikonenmaler aus Konstantinopel

für eine Kirche?‹ Sie erwiderten uns: ›Die Höhlenkloster-Kirche, deren Ikonenmaler ihr doch seid.‹ Da wurden wir zornig und wollten wieder flußabwärts fahren. In dieser Nacht jedoch erhob sich ein gewaltiger Sturm auf dem Fluß. Am nächsten Morgen aber, als wir aufstanden, befanden wir uns in der Nähe von Trepol, und das Schiff fuhr von allein flußaufwärts, als würde es von irgendeiner Kraft gezogen. Wir hielten es nur mit Mühe an und blieben so den ganzen Tag stehen, wobei wir überlegten, was das sein mochte, da wir – ohne zu rudern – in einer Nacht eine solche Strecke zurückgelegt hatten, wie sie andere unter Mühen kaum in drei Tagen bewältigen. In der anderen Nacht erblickten wir wieder diese Kirche und die wundertätige Ortsikone, von der eine Stimme zu uns sprach: ›Ihr Menschen, was fahrt ihr unnütz hin und her und unterwerft euch nicht dem Willen meines Sohnes und dem meinen? Wenn ihr nicht auf mich hört und fliehen wollt, werde ich euch alle nehmen und mit dem Schiff in meiner Kirche aufstellen. Und auch das sollt ihr wissen, daß ihr von dort nicht mehr fortgehen werdet, sondern daß ihr in meinem Kloster zu Mönchen geschoren werdet und dort euer Leben beendet. Ich werde euch im kommenden Leben gnädig sein, um der Gründer meines Klosters – Antoni und Feodossi – willen.‹

Am anderen Morgen aufgestanden, wollten wir uns jedoch flußabwärts davonmachen, wobei wir uns beim Rudern sehr plagten. Das Schiff aber fuhr gegen die Strömung, flußaufwärts. Da unterwarfen wir uns dem Willen und der Macht Gottes und lieferten uns ihm aus. Und bald legte das Schiff von selbst unterhalb des Klosters an.«

Darauf priesen alle gemeinsam – Mönche und Griechen, Baumeister und Ikonenmaler – Gott in seiner Größe und auch seine allreine Mutter, die wundertätige Ikone und die heiligen Väter Antoni und Feodossi. Und ebenso, wie die beiden ihr Leben im Höhlenkloster beendet hatten, starben auch die Baumeister und Ikonenmaler als Mönche. Sie wurden in der für sie bestimmten Vorhalle der Kirche beigesetzt, und ihre Kittel sowie ihre griechischen Bücher werden heute noch in der Schatzkammer zum Andenken an solch ein Wunder aufbewahrt.

Als der [einstige] Abt Stefan, [jetzt] Domestikos, der aus dem Kloster vertrieben worden war, von den hochgepriesenen Wundern erfahren hatte – wie die Baumeister angekommen sind und die Ikone gebracht haben und wie sie von der Erscheinung der Himmelskaiserin in den Blachernen berichtet haben –, da ließ er selbst deswegen eine Kirche in der Art der Blachernen-Kirche auf dem Klow erbauen.

Der fromme Fürst Wladimir Wsewolodowitsch Monomach aber war in seiner Jugend Augenzeuge jenes seltsamen Wunders, als das Feuer vom Himmel fiel und die Baugrube an der Stelle ausbrannte, wo das Fundament für die Kirche [entsprechend den Messungen] mit dem Gürtel gelegt wurde. Die Kunde davon hatte sich über das ganze Russische Land verbreitet. Darum kam auch Wsewolod mit seinem Sohn Wladimir aus Perejaslawl herbei, um solch ein Wunder zu sehen. Damals wurde Wladimir – der gerade krank war – mit dem goldenen Gürtel gegürtet, und sogleich genas er durch die Fürbitte unserer heiligen Väter Antoni und Feodossi.

Der Christus liebende Wladimir ließ während seiner Fürstenherrschaft, nachdem er die Maße dieser heiligen Höhlenkloster-Kirche genommen hatte, in der Stadt Rostow eine Kirche errichten, die ihr in allem glich: in Höhe, Breite und Länge. Und er ließ schriftlich auf Pergament festhalten, wo, an welcher Stelle der Kirche, welches Fest dargestellt ist; und in allem richtete er sich dabei nach dem Ritual und dem Vorbild der großen von Gott auserwählten Kirche.

Als sein Sohn, der Fürst Georgi, alles, was es mit jener Kirche auf sich hatte, vom Vater Wladimir erfuhr, ließ er auch während seiner Herrschaft in der Stadt Susdal eine Kirche nach den gleichen Maßen erbauen.

Alle diese [Kirchen] aber sind mit den Jahren ganz verfallen. Allein diese, die Gottesmutter-Kirche, aber bleibt in Ewigkeit!

VON IOANN UND SERGI.
EIN AUSSERGEWÖHNLICHES WUNDER,
DAS IN DER GÖTTLICHEN HÖHLENKLOSTER-KIRCHE
VOR DER WUNDERTÄTIGEN IKONE
DER GOTTESMUTTER GESCHEHEN IST.

Die fünfte Erzählung

Es gab einst zwei Männer unter den Angesehenen dieser Stadt, Ioann und Sergi, die einander freund waren. Diese kamen einmal in die von Gott erwählte Kirche und sahen ein Licht – heller als die Sonne – auf der wundertätigen Ikone der Gottesmutter; und sie gingen eine geistliche Bruderschaft ein.

Nach vielen Jahren erkrankte Ioann und mußte seinen fünf Jahre alten Sohn Sacharija verlassen. Er rief den Abt Nikon und verteilte sein Hab und Gut an die Armen. Des Sohnes Anteil aber gab er Sergi: tausend Silbergriwnen und hundert Goldgriwnen. Auch seinen kleinen Sohn Sacharija übergab er in die Obhut seines Freundes als seines treuen Bruders, wobei er ihm gebot: »Wenn aus meinem Sohn ein Mann wird, dann gib ihm das Gold und das Silber.«

Als Sacharija fünfzehn Jahre alt war, wollte er das Gold und das Silber seines Vaters von Sergi haben. Der aber war vom Teufel angestiftet und hatte im Sinn, reich zu werden; er war willens, Leib und Seele dafür zugrunde zu richten.

Zu dem Jüngling sagte er: »Dein Vater hat all sein Hab und Gut Gott gegeben. Ihn bitte um das Gold und das Silber. Er ist es dir schuldig, falls er sich deiner erbarmt. Ich bin weder deinem Vater noch dir auch nur eine einzige Goldmünze schuldig. Das hat dein Vater dir in seiner Unvernunft angetan, der das Seine als Almosen weggab und dich arm und bedürftig zurückließ.«

Als der Jüngling das hörte, begann er, sein Unglück zu beklagen. Dann wandte er sich bittend an Sergi mit den Worten: »Gib mir wenigstens die eine Hälfte, und die andere Hälfte sei dein.«

Sergi aber machte seinem Vater und ihm selbst in harten Worten Vorwürfe. Sacharija bat dann um den dritten Teil und schließlich nur um ein Zehntel.

Als er aber sah, daß er alles verloren hatte, sagte er zu Sergi: »Komm und leiste mir [darauf] den Eid in der Höhlenkloster-Kirche vor der wundertätigen Ikone der Gottesmutter, wo du auch mit meinem Vater die Bruderschaft eingegangen bist.«

Sergi und das Wunder vor der Gottesmutter-Ikone

Da ging dieser in die Kirche, trat vor die Ikone der Gottesmutter und gab unter Eid an: »Ich habe weder tausend Silbergriwnen noch hundert Goldgriwnen empfangen.« Darauf wollte er die Ikone küssen. Aber er konnte sich der Ikone nicht nähern. Und als er zur Tür hinausschritt, fing er an zu rufen:

»Oh, ihr Heiligen Antoni und Feodossi, befehlt nicht diesem unbarmherzigen Engel, mich zu verderben! Fleht doch die heilige Gottesmutter an, daß sie die vielen Dämonen, denen ich ausgeliefert bin, von mir wegjagt. Nehmt das Gold und das Silber, das in meinem Haus versiegelt ist.«

Und Furcht überkam alle. Seitdem wird niemandem mehr erlaubt, bei der [Ikone der] heiligen Gottesmutter zu schwören.

Die aber gesandt worden waren, nahmen ein versiegeltes Gefäß und fanden in ihm zweitausend Silbergriwnen und zweihundert Goldgriwnen. So hatte also der Herr, der die Barmherzigen belohnt, [das Vermögen] des Almosenspenders verdoppelt! Sacharija übergab alles dem Abt Ioann, damit der es verwende, wie er wolle. Er selbst aber ließ sich zum Mönch scheren und beendete hier sein Leben. Von seinem Gold und Silber wurde die Kirche des heiligen Johannes des Täufers gebaut – dort, wo man zur Schatzkammer hinaufgeht – zum Gedenken an den Bojaren Ioann und seinen Sohn Sacharija, denn ihnen beiden gehörte das Gold und das Silber.

DIE GESCHICHTE VOM HEILIGEN ALTAR UND VON DER WEIHE DER GROSSEN KIRCHE DER GOTTESMUTTER.

Die sechste Erzählung

Die Höhlenkloster-Kirche wurde im Jahre 6597 [1089] geweiht – das war das erste Jahr unter dem Abt Ioann. Es gab aber keine Steinplatte für den Aufbau des Altars. Lange trachtete man danach, daß ein steinerner Altar angefertigt würde. Aber es fand sich kein einziger Meister, und so machten sie eine Holzplatte, die hingelegt wurde. Der Metropolit Ioann aber wollte nicht, daß in einer solchen großen Kirche der Altar aus Holz sei. Darüber war der Abt sehr traurig, und es vergingen einige Tage, ohne daß eine Weihe stattgefunden hätte.

Am 13. August betraten die Mönche die Kirche, um, wie gewohnt, den Abendgottesdienst zu halten. Da sahen sie, daß an der Altarschranke eine steinerne Platte hingelegt worden war und auch kleine Säulen für den Aufbau des Altars. Schnell setzten sie den Metropoliten von dieser Sache in Kenntnis. Da lobte er Gott und gab Weisung, daß man die Weihe und den Abendgottesdienst halte. Man versuchte lange festzustellen, woher und von wem diese Platte herbeigebracht und wie sie in die verschlossene Kirche gelangt war. Überall fragte man nach, woher sie gebracht worden sein könnte, ob zu Wasser oder zu Lande; nirgends fand man eine Spur oder eine Fährte von denen, die sie gebracht hatten. Man schickte drei Silbergriwnen dorthin, wo solche Dinge gefertigt werden, damit der Meister sie für seine Arbeit bekommen sollte. Obwohl das Angebot überallhin erging, fand sich keiner, der sie gemacht hatte. Doch Gott der Schöpfer, der sich um alle sorgt, er hatte auch hier gewirkt, er hatte sie [die Platte] mit seinen hohepriesterlichen Händen gefertigt und hingelegt und für die Wandlung seines allreinen Leibes und seines heiligen Blutes bestimmt, mit dem Wunsche, daß sie auf diesem heiligen Altar, den er selbst gestiftet hatte, für die ganze Welt und an allen Tagen zum Opfer dargebracht werden.

Am folgenden Tage kamen mit dem Metropoliten Ioann der Bischof Ioann von Tschernigow, Issaija von Rostow, der Bischof Antoni von Jurjew und der Bischof Luka von Belgorod, die jedoch von niemandem eingeladen worden waren. Sie fanden sich zum Zeitpunkt der Weihe ein.

Da fragte sie der gesegnete Metropolit: »Weshalb seid ihr gekommen, da euch doch niemand gerufen hat?«

Und die Bischöfe erwiderten: »Es kam einer, den du, o Herr, gesandt hattest, und sagte zu uns: ›Am 14. August wird die Höhlenkloster-Kirche geweiht. Seid alle bereit, während der Liturgie bei mir zu sein.‹ Wir wagten nicht, deiner Weisung keine Folge zu leisten, und da sind wir nun.«

Und Antoni, der Bischof von Jurjew, antwortete: »Ich war krank, da kam in dieser Nacht ein Mönch zu mir herein und sprach zu mir: ›Morgen wird die Höhlenkloster-Kirche geweiht, sei also dort.‹ Kaum hatte ich das vernommen, da wurde ich sogleich gesund, und nun bin ich hier auf dein Geheiß.«

Der Metropolit wollte diejenigen Leute ausfindig machen, die jene herbeigerufen hatten, als plötzlich eine Stimme ertönte: »Diejenigen, die Nachforschungen anstellen, sind verschwunden.« Da er-

Die Weihe der Kirche

hob er [der Metropolit] die Hände zum Himmel und sprach: »Allerheiligste Gottesmutter! Wie du bei deinem Hinscheiden die Apostel von allen Enden der Welt zu Ehren deines Begräbnisses versammelt hattest, so hast du auch jetzt zur Weihe deiner Kirche deren Nachfolger und die, die mit uns den Dienst versehen, versammelt.«

Und alle erschraken ob der großen Wunder. Sie umschritten die Kirche dreimal und begannen zu singen: »Machet die Tore weit für euren Fürsten!« Und es gab niemanden, der in der Kirche als Entgegnung gesungen hätte: »Wer ist dieser König der Ehre?«, denn es war nicht ein einziger in der Kirche geblieben, weil sich alle über das Kommen der Bischöfe wunderten.

Nach langem Schweigen ertönte eine engelgleiche Stimme aus dem Innern der Kirche: »Wer ist dieser König der Ehre?« Da ging man dem Klang nach, wer es sei und was sich dahinter verberge. Sie gingen in die Kirche hinein, da alle Türen geschlossen blieben. Es war aber kein Mensch in der Kirche zu finden. Nun wurde allen klar, daß bei dieser heiligen und göttlichen Kirche alles durch göttlichen Ratschluß geschieht.

Also sprechen auch wir: »O welch eine Tiefe des Reichtums, der Macht und der Erkenntnis [Gottes]! Wer hat des Herrn Sinn erkannt, oder wer ist sein Ratgeber gewesen?« Möge der Herr euch beschützen und an allen Tagen eures Lebens behüten auf Grund der Fürbitte der allreinen Gottesmutter und auch unserer ehrwürdigen und seligen Väter vom Höhlenkloster, Antoni und Feodossi, und auf Grund der Gebete der heiligen Mönche dieses Klosters. Dadurch mögen auch wir in diesem und im künftigen Leben der Gnade Jesu Christi, unseres Herrn, teilhaftig werden! Er sei gepriesen mit dem Vater und dem Heiligen Geist, jetzt und immerdar und von Ewigkeit zu Ewigkeit. Amen.

DIE ERZÄHLUNG DES MÖNCHES NESTOR VOM HÖHLENKLOSTER DARÜBER, WESHALB DAS KLOSTER HÖHLENKLOSTER HEISST.

Die siebente Erzählung

Zu der Zeit, in welcher der fromme Großfürst Wladimir Swjatoslawitsch allein über das Russische Land herrschte, gefiel es Gott, dem Russischen Lande den Erleuchter und den Mönchen einen Lehrer zu geben. Von ihm soll hier die Rede sein:

Es war da ein frommer Mann aus der Stadt Ljubetsch. Von Jugend an wohnte Gottesfurcht in ihm. So wünschte er denn, das Mönchsgewand anzulegen. Der Herr, der uns Menschen liebt, erlegte ihm auf, in das Land der Griechen zu ziehen und sich dort zum Mönch scheren zu lassen.

Er machte sich unverzüglich auf den weiten Weg, pilgerte in der Nachfolge unseres Herrn, der auch gepilgert ist und um unserer Erlösung willen Leiden auf sich genommen hat, und erreichte Zargrad. Und er kam zum Heiligen Berg und suchte nacheinander die heiligen Klöster auf dem Athos auf. Und als er die Klöster dort auf dem Heiligen Berg und den Lebenswandel jener Väter sah, der über die menschliche Natur hinausging – obwohl von menschlicher Gestalt, ahmten sie die Lebensweise von Engeln nach –, da entbrannte er noch stärker in Liebe zu Christus und wünschte, der Lebensweise dieser Väter nachzueifern.

Er kam in eins der dortigen Klöster und bat den Abt, daß er ihn in den Mönchsstand aufnehme. Und der Abt, der vorhersah, welche Tugenden in ihm sein würden, erhörte ihn, schor ihn zum Mönch und gab ihm den Namen Antoni, nachdem er ihm Unterweisung und Belehrung über die Lebensweise der Mönche erteilt hatte. Antoni war in allem Gott gefällig und wandelte von da an in Demut und Gehorsam, so daß sich alle über ihn freuten.

Da sprach der Abt zu ihm: »Antoni, geh wieder in die Rus, damit du dort anderen eine wirksame Stütze [im Glauben] seiest. Der Segen vom Heiligen Berge sei mit dir!«

Antoni kam in die Stadt Kiew und erwog, wo er leben sollte. Und er ging durch die Klöster, aber keines gefiel ihm so, daß er dort hätte bleiben mögen, da Gott es nicht wollte. Er begann, durch Wälder und über Berge und überallhin zu ziehen. Und er kam nach Berestowo und fand eine Höhle und ließ sich in ihr nieder. Diese hatten erstmals Waräger gegraben. Er lebte dort in großer Enthaltsamkeit.

Später, als der Großfürst Wladimir heimgegangen war, übernahm der gottlose und verruchte Swjatopolk die Macht. Er ließ sich in Kiew auf dem Fürstenthron nieder und begann, seine Brüder zu vernichten, und ließ die Heiligen Boris und Gleb töten. Antoni aber suchte wieder seine Zuflucht auf dem Heiligen Berge, als er dieses Blutvergießen sah, das der verfluchte Swjatopolk angerichtet hatte.

Nachdem der gottesfürchtige Fürst Jaroslaw den Swjatopolk besiegt hatte, ließ er sich auf dem Kiewer Fürstensitz nieder. Der Gott liebende Fürst Jaroslaw fand nun Gefallen an Berestowo und der Kirche der heiligen Apostel, weshalb er für viele Priester sorgte.

Unter ihnen war ein Priester mit Namen Ilarion, der ein frommer Mann war, sich in der Heiligen Schrift auskannte und oft fastete. Der zog von Berestowo zum Dnepr hin auf die Anhöhe, wo heute das alte Höhlenkloster ist, und verrichtete da seine Gebete. Dort war nämlich ein großer Wald. Er grub hier eine kleine Höhle von zwei Klaftern. Wenn er von Berestowo kam, sang er Psalmen und betete in der Abgeschiedenheit zu Gott.

Bald darauf gefiel es Gott, dem frommen Großfürsten Jaroslaw dies ans Herz zu legen: Er rief im Jahr 6559 [1051] die Bischöfe zusammen, und sie setzten ihn [Ilarion] zum Metropoliten bei der heiligen Sophia ein. Seine kleine Höhle aber blieb erhalten.

Antoni lebte auf dem Heiligen Berge in dem Kloster, in welchem er zum Mönch geschoren worden war. Da wurde dem Abt von Gott verkündet: »Schicke Antoni in die Rus. Dort brauche ich ihn.«

Der [Abt] rief ihn zu sich und sprach zu ihm: »Antoni, gehe wieder in die Rus! Gott will es so. Der Segen vom Heiligen Berge sei mit dir, denn viele werden durch dich Mönche werden.« Er entließ ihn, nachdem er ihn gesegnet hatte, mit den Worten: »Gehe hin in Frieden.«

Als Antoni nach Kiew zurückgekehrt war, kam er auch auf die Anhöhe, wo Ilarion die kleine Höhle gegraben hatte, fand Gefallen an diesem Platz und ließ sich hier nieder. Und er begann unter Tränen zu Gott zu beten und sprach: »Herr, bestimme mir diesen Platz [zur Bleibe]! Mögen der Segen vom Heiligen Berge und die Fürbitte meines Vaters, der mich zum Mönch geschoren hat, diesem Platz gelten.«

Und so begann er, hier zu leben und zu Gott zu beten. Seine Speise war trockenes Brot, und Wasser nahm er in Maßen zu sich. Er grub

Der ehrwürdige Antoni vom Höhlenkloster

eine Höhle und gönnte sich keine Ruhe, weder bei Tage noch in der Nacht. In Mühsal, im Wachen und im Beten harrte er aus.

Als später die Menschen von ihm erfuhren, kamen sie zu ihm und brachten ihm, was er brauchte. Und er wurde berühmt ebenso wie Antonios der Große. Und die zu ihm kamen, erbaten seinen Segen.

Nach dem Tode des Großfürsten Jaroslaw übernahm sein Sohn Isjaslaw die Herrschaft und ließ sich in Kiew als Fürst nieder. Antoni war da schon im Russischen Land berühmt.

Fürst Isjaslaw aber kam mit seiner Drushina zu ihm, als er von seiner Lebensweise erfahren hatte, und bat ihn um Segen und Fürbitte. Der große Antoni ward bei allen bekannt und von allen verehrt. Und etliche Gott Liebende [Menschen] begannen, ihn aufzusuchen, um Mönche zu werden. Er nahm sie auf und schor sie zu Mönchen.

Es versammelten sich Brüder bei ihm – zwölf an der Zahl. Zu ihm war auch Feodossi gekommen und hatte sich zum Mönch scheren lassen. Sie gruben eine große Höhle mit Kirche und Zellen, die sich bis zum heutigen Tage unter dem alten Kloster in der Höhle befinden.

Als einst die Brüder versammelt waren, sprach der große Antoni zu ihnen: »Sehet, Brüder, Gott hat uns zusammengeführt, und ihr seid hier unter dem Segen des Heiligen Berges, weil mich der Abt des Heiligen Berges zum Mönch geschoren hat und ich auch euch in den Mönchsstand aufgenommen habe. So ruhe auf euch einmal der Segen Gottes und der allreinen Gottesmutter und zum anderen der vom Heiligen Berge.«

Und er sprach zu ihnen: »Lebt nun für euch. Ich werde euch einen Abt bestimmen. Selbst aber will ich auf jenen Berg gehen und mich dort allein niederlassen, wie es auch früher gewohnt war, mich in die Einsamkeit zurückzuziehen.«

Und er setzte für sie einen Abt mit Namen Warlaam ein. Er selbst ging auf den Berg und grub eine Höhle, die sich unter dem neuen Kloster befindet. Und er beschloß sein Leben, nachdem er in ihr vierzig Jahre tugendhaft gelebt hatte, ohne sie zu verlassen. Hier liegen auch seine heiligen Gebeine, die bis zum heutigen Tage Wunder wirken.

Der Abt und die Bruderschaft lebten weiter in der Höhle. Weil die Zahl der Brüder zunahm und sie keinen Platz in der Höhle finden konnten, dachten sie daran, ein Kloster außerhalb der Höhle zu bauen. So ging der Abt mit den Brüdern zum heiligen Antoni, und sie sprachen zu ihm: »Vater, die Bruderschaft ist sehr zahlreich geworden. Wir können in der Höhle keinen Platz mehr finden. Mögen doch Gott und die allreine Gottesmutter und deine Fürbitte veranlassen, daß wir ein Kirchlein außerhalb der Höhle errichten.«

Das erlaubte ihnen der Ehrwürdige. Sie verneigten sich vor ihm bis zur Erde und gingen fort. Sie erbauten eine kleine Kirche über der Höhle zu Ehren der Himmelfahrt der heiligen Gottesmutter.

Ob der Fürbitte der allreinen Gottesmutter und des ehrwürdigen Antoni vermehrte Gott die Zahl der Mönche. Nachdem die Brüder sich mit dem Abt über den Bau eines Klosters beraten hatten, gingen sie wieder zu Antoni und sprachen: »Vater, die Zahl der Brüder wird größer, deshalb möchten wir ein Kloster erbauen.«

Antoni freute sich darüber und erwiderte: »Gepriesen sei Gott in allem! Und die Fürbitte der heiligen Gottesmutter und der Väter vom Heiligen Berge sei mit euch!«

Nach diesen Worten schickte er einen von den Brüdern zum Fürsten Isjaslaw und ließ sagen: »O gottesfürchtiger Fürst, Gott läßt die Zahl der Brüder wachsen, und die Stätte ist nur klein. Wir bitten dich, uns den Berg zu geben, der sich über der Höhle befindet.«

Fürst Isjaslaw war voll großer Freude, als er das vernahm. Er schickte einen seiner Bojaren zu ihnen und übergab ihnen den Berg.

Der Abt und die Brüder legten den Grundstein zu einer großen Kirche und zu einem Kloster, umgaben dies mit einer Einfriedung und bauten viele Zellen. Sie errichteten die Kirche und schmückten sie mit Ikonen aus. Und von da an begann man, es das Höhlenkloster zu nennen, weil die Mönche vorher in einer Höhle gelebt hatten. Also nannte man es das Höhlenkloster, und auf ihm ruht der Segen vom Heiligen Berge.

Als das Kloster während Warlaams Abtszeit vollendet worden war, ließ Fürst Isjaslaw das Kloster des heiligen Demetrios erbauen und holte Warlaam als Abt [für das Kloster] des heiligen Demetrios. Er wollte nämlich sein Kloster – kraft seines Reichtums – über das Höhlenkloster stellen. Viele Klöster sind von Zaren und Bojaren mit Reichtum errichtet worden. Aber diese Klöster sind nicht so wie jene, die unter Tränen und durch Fasten, durch Gebet und Wachen erbaut wurden. Antoni hatte weder Gold noch Silber, sondern erlangte [alles] mit Tränen und Fasten, wie ich bereits erwähnte.

Als Warlaam ins Kloster des heiligen Demetrios weggegangen war, berieten sich die Brüder, gingen dann zum Starzen Antoni und sprachen zu ihm: »Vater, setz einen Abt für uns ein.«

Er aber fragte sie: »Wen wollt ihr haben?«

Sie erwiderten ihm: »Denjenigen, den Gott wünscht und die allreine Gottesmutter und auch du, ehrwürdiger Vater.«

Und der große Antoni sprach zu ihnen: »Wer unter euch kommt dem gottgefälligen Feodossi in Gehorsam, Sanftmut und Demut gleich? Er soll euer Abt sein.«

Da freuten sich alle Brüder, verneigten sich vor ihm bis zur Erde und bestimmten Feodossi zum Abt. Es waren aber damals der Brüder zwanzig an der Zahl.

Als Feodossi das Kloster übernommen hatte, begann er, strenge Enthaltsamkeit zu üben, zu fasten und unter Tränen zu beten. Er holte viele Mönche zusammen und hatte schließlich insgesamt hundert Brüder versammelt. Auch trachtete er nach einer Mönchsregel.

Da fand sich ein ehrwürdiger Mönch, Michael vom Studios-Kloster. Der war mit dem Metropoliten Georgi aus dem Lande der Griechen gekommen. Er [Feodossi] erbat von ihm die Ordnung der Väter des Studios-Klosters. Er erhielt sie von ihm und schrieb sie ab. Und er legte in seinem Kloster fest, wie die gottesdienstlichen Gesänge im Kloster zu singen seien, wie es mit dem Verneigen [beim Gebet] zu halten sei, wie die Lesungen vorzutragen seien, wie man in der Kirche zu stehen habe und wie es mit der ganzen Ordnung in der Kirche sein solle, wie es mit dem Sitzen an der Tafel sei, was es an welchen Tagen zu essen geben solle – alles gemäß der Vorschrift. Feodossi hat dies festgelegt und in seinem Kloster eingeführt. Diese Ordnung haben alle russischen Klöster vom [Höhlen-]Kloster übernommen. Darum wurde das Höhlenkloster sehr geehrt, weil es das erste von allen ist und im Ansehen über allen steht.

Während Feodossi im Kloster lebte, Anleitungen zu einem tugendhaften Leben nach den Mönchsregeln gab und einen jeden aufnahm, der zu ihm kam, bin auch ich, der elende und unwürdige Knecht Nestor, zu ihm gekommen. Er hat mich, als ich siebzehn Jahre alt war, aufgenommen. Ich habe nun aufgeschrieben und dargelegt, in welchem Jahre das Kloster seinen Anfang genommen hat und weshalb es das Höhlenkloster heißt. Vom Leben des Feodossi aber werden wir nochmals berichten.

AM DRITTEN TAGE DES MONATS MAI.
VITA UNSERES EHRWÜRDIGEN VATERS FEODOSSI,
DES ABTES VOM HÖHLENKLOSTER.
NIEDERGESCHRIEBEN VON NESTOR,
MÖNCH IM HÖHLENKLOSTER.

Die achte Erzählung

Ich danke dir, Herr, mein Gebieter Jesus Christus, daß du mir Unwürdigem vergönnt hast, von deinen heiligen Gerechten zu erzählen. Denn nachdem ich zuerst das Leben, die Ermordung und die Wunder der beiden heiligen und seligen Leidensdulder Boris und Gleb beschrieben hatte, fühlte ich mich ermuntert, nun an einen anderen Bericht zu gehen. Zwar übersteigt das meine Kraft, und ich bin dessen auch nicht würdig, da ich ungeschliffen und unverständig bin und auch gar nicht in solcher Kunst unterwiesen wurde. Aber ich besann mich auf dein Wort, Herr, das da sagt: »Wenn ihr Glauben habt wie ein Senfkorn und sagt zu diesem Berge: Hebe dich von hinnen und wirf dich ins Meer, so wird er nicht zögern und euch gehorsam sein.« Dieses im Sinn, rüstete ich, der sündige Nestor, mich also mit dem Glauben und der Hoffnung, daß vor dir alle Dinge möglich sind, und begann mit dem Bericht über das Leben unseres ehrwürdigen Vaters Feodossi. Dieser war Abt vom Höhlenkloster unserer heiligen Gebieterin, der Gottesmutter, Archimandrit und Haupt für die ganze Rus.

Da ich bedachte, Brüder, daß noch niemand das Leben des Ehrwürdigen beschrieben hatte, war ich alle Tage voll Trauer und betete zu Gott, er möge mich würdig machen, alles über das Leben seines Gerechten, unseres Vaters Feodossi, der Reihe nach aufzuschreiben. Denn auch die nach uns kommenden Mönche werden, wenn sie diese Schrift nehmen und lesen, die Tugenden dieses Mannes erkennen, Gott preisen und, indem sie seinen Gerechten rühmen, selbst zu weiterem Ringen gestärkt werden, vor allem, weil nun auch in diesem Lande ein solcher Mann erschienen ist, ein Gerechter Gottes.

Denn darüber hat der Herr gesagt: »Viele werden kommen vom Osten und vom Westen und mit Abraham und Isaak und Jakob im Himmelreich sitzen.« Und wiederum: »Aber viele, die da sind die Letzten, werden die Ersten sein.« So ist nun auch dieser Letzte größer als die ersten Väter geworden, da er mit seinem Leben dem

Der ehrwürdige Feodossi vom Höhlenkloster

heiligen Begründer des Mönchsstandes nacheiferte – ich meine Antonios den Großen – und seinem eigenen Namensvetter Theodosios, dem Jerusalemer Archimandriten, ähnlich wurde. Denn auch an diesem hatte sich das gleiche erfüllt. Beide lebten sie als geistige Kämpfer und dienten der Gebieterin, der Gottesmutter, beide haben sie auch den Lohn dessen empfangen, den sie geboren hat, und beten für uns, ihre Kinder, zum Herrn immerdar.

Es ist wundersam: In den Väterbüchern steht geschrieben: »Das letzte Geschlecht wird schwach werden.« Und darum hat Christus sich in diesem letzten Geschlecht einen solchen Streiter gemacht, einen Hirten für die Mönche, einen Lenker und Lehrer für die geistlichen Schafe der ganzen Erde. Denn dieser war von Jugend an mit einem reinen Leben und guten Werken, vor allem aber mit Glauben und Verstand geschmückt.

Nun will ich hier das Leben des seligen Feodossi von Kindheit an erzählen. Hört ihr es aber, Brüder, mit aller Aufmerksamkeit an; denn diese Geschichte ist voll von Nutzen für alle, die darauf hören. Ich bitte euch, meine Lieben, verachtet meine Unbildung nicht; denn die Liebe zu dem Ehrwürdigen hat mich erfaßt, und darum bin ich versucht, alles über den Heiligen niederzuschreiben. Zudem muß ich mich auch hüten, daß nicht zu mir gesagt werde: »Du böser und fauler Knecht, so solltest du mein Geld zu den Wechslern getan haben, und wenn ich gekommen wäre, hätte ich das Meine zu mir genommen mit Zinsen.« So ist es denn auch nicht recht, Brüder, die göttlichen Wunder zu verbergen, um so mehr, da der Herr zu seinen Jüngern gesagt hat: »Was ich euch sage in der Finsternis, das redet im Licht; und was euch gesagt wird in das Ohr, das predigt in den Häusern.«

Also will ich dies zu Nutz und Frommen derer, die sich damit befassen, niederschreiben; und ihr werdet Gott rühmen um des Gelesenen willen und Gaben zum Lohn empfangen. Ich will nun den Anfang machen mit dem Bericht und zu erzählen beginnen, doch zuvor bete ich zu dir, Herr, und spreche:

Gebet: »Mein Gebieter, Herr, du Allerhalter, Geber des Guten, du Vater unseres Herrn Jesus Christus, komm mir zu Hilfe und erleuchte mein Herz, auf daß ich deine Gebote verstehe, und öffne meine Lippen zum Bericht deiner Wunder und zum Lobe deines Gerechten. Gepriesen werde dein heiliger Name; denn du bist allen, die auf dich hoffen, ein Helfer in Ewigkeit. Amen.«

1. Von der Geburt des heiligen Feodossi

Es gibt, fünfzig Stadien von der Hauptstadt Kiew entfernt, eine Stadt mit Namen Wassiljew. Und dort lebten im christlichen Glauben und mit aller Frömmigkeit geschmückt die Eltern des Heiligen. Als sie nun das gesegnete Kind zur Welt gebracht hatten, trugen sie es am achten Tage zum Priester Gottes, wie es unter Christen Brauch ist, um dem Kinde einen Namen zu geben. Der Priester aber sah das Kind und schaute mit den Augen seines Herzens, was mit ihm geschehen und daß es sich von Kindheit an Gott hingeben würde, und er nannte es Feodossi. Als das Kind vierzig Tage alt war, wurde es durch die Taufe geweiht. Der Knabe aber wuchs unter der Obhut seiner Eltern heran, und Gottes Gnade lag auf ihm; denn der Heilige Geist hatte von Anbeginn in ihm Wohnung genommen.

Wer vermag Gottes Barmherzigkeit zu beschreiben! Denn siehe, nicht aus den allerweisesten Philosophen noch aus den Mächtigen der Städte hat er den Hirten und Lehrer für die Mönche erwählt, sondern ein Ungebildeter und Unwissender ward weiser als die Philosophen, auf daß der Name des Herrn um seinetwillen gepriesen werde. O tiefstes Geheimnis! Gerade von dort, woher nichts zu hoffen war, erglänzte uns der allerhellste Morgenstern. Und in allen Landen sah man seinen Schein und eilte zu ihm, der alles erleuchtet hatte, um sich an diesem einzigen Licht zu ergötzen. O göttliche Gnade! Von Anbeginn hat sie die Stätte bezeichnet und gesegnet und die Flur bereitet, wo die Herde der geistlichen Schafe weiden sollte, bis daß der Hirte ausgewählt wäre.

Die Eltern des Gesegneten mußten in eine andere Stadt ziehen, welche Kursk genannt wird, da der Fürst es so befohlen hatte, besser gesagt, da es Gott gefiel, des edlen Knaben Leben auch dort leuchten zu lassen. Uns aber ging der Morgenstern, wie es in der Ordnung ist, vom Osten her auf und sammelte um sich viele andere Sterne in der Erwartung der Sonne der Gerechtigkeit, des Gottes Christus, und sprach: »Hier bin ich, Gebieter, und hier sind die Kinder, die ich mit deiner geistlichen Speise aufgezogen und gelehrt habe, alles Irdische zu verachten und dich, Gott den Herrn, allein zu lieben. Hier, o Gebieter, ist die Herde deiner geistlichen Schafe, zu deren Hirten du mich gemacht hast und die ich auf deiner göttlichen Flur gehütet und rein und makellos hierhergebracht habe, o Herr.«

Der Herr aber sprach also zu ihm: »Du frommer Knecht hast das dir übergebene Talent treu vermehrt, darum nimm nun den dir bereiteten Kranz und gehe ein zu deines Herren Freude.«

Und zu seinen Schülern sprach er: »Komm her, du brave Herde, kommt, ihr geistlichen Lämmer des edlen Hirten, die ihr um meinetwillen gehungert und Mühsal getragen habt, und ererbet das Reich, das euch bereitet ist von Anbeginn der Welt.«

So laßt nun auch uns, Brüder, danach streben, unserem ehrwürdigen Vater Feodossi und seinen Schülern, welche er damals vor sich zum Herrn geschickt hat, im Lebenswandel getreulich nachzueifern, auf daß auch wir gewürdigt werden, jene Stimme des Gebieters und Allmächtigen zu hören: »Kommt her, ihr Gesegneten meines Vaters, ererbet das Reich, das euch bereitet ist von Anbeginn der Welt!«

2. Von den frommen Taten des heiligen Feodossi in der Kindheit

Wir aber, Brüder, kommen auf den Bericht über den heiligen Knaben zurück. Er wuchs nun auf, mit Leib und Seele von der Liebe Gottes ergriffen, ging alle Tage in die Kirche Gottes und lauschte voller Andacht den Worten der göttlichen Schriften. Auch nahte er sich niemals den spielenden Kindern, wie es Knaben gewöhnlich tun, sondern er verabscheute ihre Spiele. Seine Kleidung war geflickt. Oft ermahnten ihn seine Eltern, reine Kleider anzulegen und zum Spielen mit den Kindern hinauszugehen. Doch er gehorchte ihnen darin nicht, sondern es gefiel ihm besser, wie einer von den Armen zu sein. Seine Eltern bat er, sie sollten ihn zu einem Lehrer geben, damit er in den göttlichen Büchern unterwiesen werden könne, und sie taten es. Bald kannte er die ganze Heilige Schrift, so daß alle über die große Weisheit und den Verstand des Kindes und über sein schnelles Lernen erstaunten. Wer vermag seine Demut und seinen Gehorsam zu beschreiben, die er bei der Unterweisung nicht allein seinem Lehrer, sondern auch allen mit ihm Lernenden entgegenbrachte!

Zu jener Zeit ging das Leben seines Vaters zu Ende. Der gesegnete Feodossi war damals dreizehn Jahre alt, und von nun an nahm er noch eifriger Mühen auf sich. So ging er mit den eigenen Knechten zur Arbeit aufs Feld in aller Demut. Doch seine Mutter wollte ihn von solchem Tun abhalten und verbot es ihm. Sie bat ihn immer wieder, reine Kleider anzulegen und so mit seinen Altersgenossen zum Spielen zu gehen. »Denn«, pflegte sie zu sagen, »wenn du so herumläufst, bringst du Schande über dich und deine Familie.«

Da er ihr aber darin nicht gehorchte, wurde sie oft sehr zornig auf ihn und schlug ihn. Sie war nämlich von kräftigem Wuchs und stark wie ein Mann, und wenn man sie mit jemandem reden hörte, ohne sie zu sehen, so hielt man sie für einen Mann.

3. Vom Auszug des Heiligen auf Pilgerfahrt

Stets dachte der gesegnete Jüngling darüber nach, auf welche Weise er das Heil finden könnte. Da er nun von den heiligen Stätten gehört hatte, wo unser Herr in seinem irdischen Leben gewandelt war, wünschte er, dorthin zu gehen und sich dort ehrfürchtig zu verneigen.

Er betete zu Gott und sprach:

Gebet: »Mein Herr Jesus Christus, erhöre mein Gebet und gewähre mir, auszuziehen zu deinen heiligen Stätten und mich dort zu verneigen.«

Und als er so betete, siehe, da kamen Pilger in jene Stadt. Der gesegnete Jüngling erblickte sie, lief freudig hin, begrüßte sie und küßte sie liebevoll. Und er fragte sie, woher sie kämen und wohin sie gingen.

Jene aber sprachen: »Wir kommen von den heiligen Stätten, und so Gott will, kehren wir dorthin zurück.«

Der Heilige bat sie, sie mögen ihn mit sich nehmen und zu ihrem Weggenossen machen. Sie versprachen auch, ihn mitzunehmen und ihn bis zu den heiligen Stätten zu geleiten. Als der gesegnete Feodossi vernommen hatte, was sie ihm versprachen, ging er frohen Mutes heim.

Ehe die Pilger nun weiterzogen, taten sie denn auch dem Jüngling ihren Aufbruch kund. Er aber erhob sich bei Nacht und ging heimlich ohne jemandes Wissen von Hause fort; nichts hatte er bei sich außer den Kleidern, die er trug, und die waren schlecht. So folgte er den Pilgern.

Der gütige Gott aber ließ ihn nicht fort aus dem Lande; denn er hatte ihn von Mutterleibe an zum Hirten seiner geistlichen Schafe in diesem Lande bestimmt, auf daß nicht die Weide, die Gott gesegnet hat, veröde, weil der Hirt sie verlassen hat, und Dornen und Disteln darauf wüchsen und die Herde sich zerstreue.

Nach drei Tagen erfuhr dann seine Mutter, daß er mit den Pilgern fortgezogen war, und eilte ihm nach. Nur den einen ihr noch verbliebenen Sohn nahm sie mit, welcher jünger war als der gesegnete Feodossi. Nachdem die beiden nun einen weiten Weg zurückgelegt hatten, holten sie sie ein und ergriffen ihn. Da nahm ihn die Mutter vor Zorn und großer Wut bei den Haaren, warf ihn zur Erde und trat ihn mit ihren Füßen. Die Pilger aber beschimpfte sie tüchtig, bevor sie sie ziehen ließ und selbst nach Hause zurückkehrte, ihren Sohn gebunden führend wie einen Verbrecher. Sie war so voll Zorn, daß sie ihn, zu Hause angekommen, schlug, bis ihr die Kräfte versagten. Danach brachte sie ihn in eine Kammer, band ihn dort, schloß ihn ein und ging fort.

Der gesegnete Jüngling aber nahm all das mit Freuden hin und betete zu Gott dankbar für dies alles.

Als seine Mutter nach zwei Tagen wiederkam, band sie ihn los und gab ihm zu essen. Sie war aber noch so zornig, daß sie seine Füße in schwere Ketten legte und ihm befahl, darin zu gehen, aus Sorge, er könnte ihr wieder entfliehen. Und er tat es und ging in Ketten viele Tage. Später dann jammerte es sie, so daß sie ihn mit Bitten zu bereden begann, er möge ihr nicht wieder fortlaufen. Denn sie liebte ihn mehr als die anderen und konnte darum nicht ohne ihn sein. Da er versprach, sie nicht zu verlassen, nahm sie die Ketten von seinen Füßen und gestattete ihm zu tun, was ihm beliebte. Der gesegnete Feodossi aber kehrte zu seinem früheren Ringen im Glauben zurück und ging alle Tage zur Kirche.

4. Wie der Heilige Prosphoren buk

Er sah aber, daß die Liturgie oftmals nicht gehalten werden konnte, weil keine Prosphoren gebacken waren, und darüber grämte er sich sehr. In seiner Demut beschloß er, sich selbst dieser Arbeit zu unterziehen, was er auch tat. Er begann also, Prosphoren zu backen und zu verkaufen, und wenn ihm über den Kaufpreis hinaus etwas blieb, gab er es den Armen; vom Erlös selbst aber kaufte er wieder Korn, mahlte es mit eigenen Händen und buk neue Prosphoren.

Denn solches geschah nach Gottes Willen, auf daß reine Prosphoren in die Kirche Gottes gebracht würden von einem makellosen und unbefleckten Knechte. Solches tat er zwei Jahre lang oder länger. Alle Jünglinge in seinem Alter aber beschimpften und schmähten ihn um dieses Tun willen; der Feind hatte es ihnen eingegeben. Der Gesegnete nahm das alles jedoch mit Freuden schweigend hin. Aber der Feind, welcher das Gute haßt, sah sich von der Demut des gottbegnadeten Jünglings besiegt und ruhte nicht, da er ihn von jener Arbeit abbringen wollte. Und siehe, er begann seine Mutter gegen ihn zu hetzen, daß sie ihm ein solches Tun verbiete. Denn seine Mutter wollte es nicht dulden, daß ihr Sohn so erniedrigt war, und sie fing an, liebevoll zu ihm zu sprechen:

»Ich bitte dich, mein Kind, laß ab von solcher Arbeit, denn du bringst Schande über deine Familie. Ich kann es nicht mehr hören, wie alle dich wegen dieses Tuns schmähen, und es ist für dich Knaben nicht gut, derlei Dinge zu tun.«

Da antwortete ihr der gesegnete Feodossi in Demut und sprach: »Höre mir zu, o Mutter, ich bitte dich. Unser Herr und Gott Jesus Christus ward selbst arm und demütig, um uns ein Beispiel zu geben, daß auch wir uns um seinetwillen demütigten. Und er wurde noch beschimpft und bespien und geschlagen, und er hat alles erlitten um unserer Erlösung willen: Wie sehr gut ist es also für uns zu dulden, um Christus zu gewinnen. Was aber mein Tun betrifft, so höre: Als unser Herr Jesus Christus sich mit seinen Jüngern zum Abendmahl niedergelassen hatte, nahm er das Brot, dankte und brach's und gab's den Jüngern und sprach: ›Nehmet, esset, das ist mein Leib, welcher für euch und für viele gebrochen wird zur Vergebung der Sünden.‹ Wenn nun unser Herr das Brot seinen Leib genannt hat, wie sehr muß ich mich dann freuen, daß der Herr mich für würdig befunden hat, seinen Leib zu bereiten!«

Als seine Mutter dies vernommen hatte, wunderte sie sich über die Weisheit des Jünglings und ließ ihn von da an gewähren.

Allein, der Feind ruhte nicht in dem Bestreben, sie dahin zu bringen, daß sie dem Knaben diese seine Demut verbiete. Denn ein Jahr darauf, als sie sah, wie er Prosphoren buk und ganz schwarz ward von der Ofenhitze, tat er ihr sehr leid, und sie begann seitdem wieder, ihn davon abzuhalten: einmal freundlich, einmal böse, manchmal aber gar mit Schlägen, damit er von der Arbeit ablasse. Der gesegnete Jüngling war ganz traurig darüber und wußte nicht, was tun.

Da stand er auf bei Nacht, verließ heimlich sein Haus und ging in eine andere Stadt, die nicht weit von dort lag. Er nahm bei einem Priester Wohnung und verrichtete sein Werk wie gewohnt. Seine Mutter aber suchte ihn in ihrer Stadt, fand ihn nicht und sorgte sich gar sehr um ihn. Nachdem sie viele Tage später erfahren hatte, wo er lebte, machte sie sich eilends in großem Zorn auf den Weg, um ihn zu holen. Und als sie in die zuvor genannte Stadt gekommen war, fand sie ihn nach einigem Suchen im Hause des Priesters. Sie nahm ihn, schleppte ihn mit Hieben in ihre Stadt zurück und brachte ihn nach Haus. Dort vermahnte sie ihn und sprach: »Du darfst nie wieder von mir fortlaufen, und wenn du irgendwohin läufst und ich komme und finde dich, dann führe ich dich gefesselt heim.« Der gesegnete Feodossi aber betete zu Gott und ging alle Tage in das Gotteshaus.

5. Vom Dienste beim Stadthauptmann und von der Demut des Heiligen

Und er war demütigen Herzens und allen gehorsam. Darum gewann ihn auch der Stadthauptmann sehr lieb, denn er sah, wie der Jüngling in Demut und Gehorsam lebte; und er befahl ihm, er möge in der Kirche immer bei ihm sein. Auch gab er ihm schöne Kleidung zu tragen. Der Gesegnete aber ging darin wenige Tage umher, und es war, als trüge er eine Last. Und so zog er sie aus, gab sie den Armen, kleidete sich selbst in schlechte Gewänder und behielt sie an. Der Stadthauptmann aber, da er ihn so umhergehen sah, gab ihm wieder andere Kleider, besser als die vorigen, und bat ihn, sie zu tragen. Er aber entledigte sich auch dieser und gab sie fort. Solches tat er viele Male. Und als der Richter davon erfuhr, begann er ihn noch mehr zu lieben, da er sich über seine Demut verwunderte.

Später ging der gesegnete Feodossi zu einem Schmied und hieß ihn eine Eisenkette schmieden. Die nahm er, legte sie sich um die Lenden und ging darin. Das Eisen war eng und schnitt in seinen Körper, er aber harrte aus, als empfinge er keinerlei Beschwerde an seinem Leib davon.

Als so viele Tage vergangen waren und ein Feiertag herankam, begann seine Mutter in ihn zu dringen, er möge schöne Kleider anlegen zum Dienste. Denn an jenem Tage kamen alle Vornehmen zur Tafel des Stadthauptmanns, und dem gesegneten Feodossi war befohlen worden, dabei aufzuwarten und zu dienen. Darum nun forderte ihn seine Mutter auf, reine Kleider anzuziehen, um so mehr, da sie gehört hatte, der Stadthauptmann habe gebeten, daß die Vornehmen der Stadt zu ihm zur Tafel kämen. Und da er begann, sich in das reine Gewand zu kleiden – der Jüngling war einfältigen Herzens und hütete sich nicht vor ihr –, sah sie ihn an mit Fleiß und bemerkte Blut an seinem Hemd. Sie wollte es genauer wissen und erfuhr, daß das Blut vom Einschneiden des Eisens herkam. Da entflammte sie in

Zorn gegen ihn und stand wütend auf, zerriß ihm das Hemd auf dem Leibe, nahm ihm das Eisen von den Lenden und schlug ihn.

Der gesegnete Jüngling aber ging hin, nachdem er sich angekleidet hatte, als sei ihm nichts Böses widerfahren, und bediente jene, die sich zur Tafel niedergelassen hatten, in aller Ruhe und Gelassenheit.

6. Wie der Heilige von seiner Mutter fort nach Kiew ging

Wieder einige Zeit darauf vernahm er die Worte des Herrn aus dem Evangelium: »Wer nicht Vater und Mutter verläßt und mir nachfolgt, der ist mein nicht wert.« Und weiter: »Kommet her zu mir alle, die ihr mühselig und beladen seid; ich will euch erquicken. Nehmet auf euch mein Joch und lernet von mir; denn ich bin sanftmütig und von Herzen demütig; so werdet ihr Ruhe finden für eure Seelen.« Da er dieses gehört hatte, entflammte der gottbegeisterte Feodossi in Gottesliebe und wurde von Eifer nach Gott erfüllt. Alle Tage und jede Stunde gedachte er, wie oder wo er Mönch werden und sich vor seiner Mutter verbergen könne.

Durch eine göttliche Fügung ging seine Mutter fort auf ein Dorf, wo sie viele Tage bleiben mußte. Der Gesegnete aber war froh und verließ, nachdem er zu Gott gebetet hatte, heimlich sein Haus, ohne etwas mitzunehmen außer Kleidern und etwas Brot für die Notdurft des Leibes. So machte er sich auf nach der Stadt Kiew, denn er hatte von den Klöstern gehört, die dort sind. Da er aber den Weg nicht kannte, betete er zu Gott, er möge Weggenossen finden, die ihm die gewünschte Richtung wiesen. Und siehe, durch Gottes Fügung reisten Kaufleute auf dem Wege mit schwerbeladenen Wagen. Als der Gesegnete nun sah, daß sie nach jener Stadt zogen, freute er sich im Geiste und pries Gott, der den Wunsch seines Herzens erfüllt hatte. Von ferne folgte er ihnen und offenbarte sich ihnen nicht. Und wenn sie zum Nachtlager haltmachten, ruhte der Gesegnete, ohne sich ihnen zu nahen, dort, wo er sie gerade noch mit seinen Augen erkennen konnte; und Gott allein behütete ihn. Und als er drei Wochen so gegangen war, kam er in die zuvor genannte Stadt.

Da er aber angekommen war, ging er von Kloster zu Kloster; denn er wollte Mönch werden. Er bat, sie sollten ihn aufnehmen. Sie aber mochten ihn nicht nehmen, als sie des Jünglings Einfalt und seine schlechte Kleidung gesehen hatten. Denn siehe, solches geschah nach Gottes Willen, auf daß er an jenen Ort geführt werde, wohin er von Jugend an von Gott berufen war.

7. Wie der Heilige beim großen Antoni ankam und zum Mönch geschoren wurde

Damals hörte er von dem gesegneten Antoni, der in einer Höhle lebte. Beflügelten Sinnes eilte er nach der Höhle und kam zu dem ehrwürdigen Antoni. Als er seiner gewahr wurde, fiel er nieder, verneigte sich vor ihm und bat ihn unter Tränen, er möge ihn aufnehmen. Der große Antoni aber belehrte ihn und sprach: »O Kind, siehst du diese Höhle, wie bedrückend sie ist, wie eng der Raum? Du aber bist jung. Ich meine, du wirst die Leiden an dieser Stätte nicht ertragen können.«

Solches sprach er nicht allein, um ihn zu prüfen, sondern auch, weil er mit seinen vorausschauenden Augen erkannt hatte, daß jener den Ort aufbauen und ein ruhmreiches Kloster schaffen würde, wo sich viele Mönche sammeln sollten. Der gottbegeisterte Feodossi aber antwortete ihm demütig: »Wisse, verehrter Vater, der alles im voraus bedenkende göttliche Christus hat mich zu deiner Heiligkeit geführt und mich durch dich zu retten befohlen. Was also du mir zu tun gebietest, das werde ich tun.«

Und der gesegnete Antoni sprach zu ihm: »Gelobt sei Gott, mein Kind, der dich zu solchem Streben und für diese Stätte gefestigt hat. So bleibe hier.«

Feodossi aber fiel wiederum nieder und verneigte sich vor ihm. Da segnete ihn der Starez und hieß den großen Nikon, welcher ein Priester und erfahrener Mönch war, ihn zum Mönch zu scheren. Und der nahm den gesegneten Feodossi auf, schor ihn nach dem Brauch der heiligen Väter und kleidete ihn in ein Mönchsgewand. Dies geschah im Jahre 6540 [1032] unter dem frommen Fürsten Jaroslaw Wladimirowitsch.

Unser Vater Feodossi aber hatte sich Gott und dem ehrwürdigen Antoni ganz ergeben und unterzog sich von nun an schwerer körperlicher Arbeit und wachte jede Nacht im Lobpreis Gottes. Die müde Trägheit überwand er im Mühen um fleischliche Enthaltsamkeit, mit der Arbeit seiner Hände und im alltäglichen Gedenken an jenes Psalmenwort: »Sieh an meinen Jammer und mein Elend und vergib mir alle meine Sünden.«

So beugte er seine Seele auf jegliche Art durch Zurückhaltung, den Leib aber züchtigte er mit Arbeit und strenger Enthaltsamkeit, so daß der ehrwürdige Antoni und der große Nikon ob seiner demütigen Ergebenheit erstaunten wie auch ob seiner Gesittung in so jungen

Jahren, seiner Standhaftigkeit und Tapferkeit. Und sie priesen den allgnädigen Gott gar sehr um seinetwillen.

8. Von der Ankunft seiner Mutter in Kiew

Seine Mutter aber hatte ihn in ihrer Stadt und den nahe gelegenen Orten lange gesucht, und da sie ihn nicht zu finden vermochte, weinte sie bitterlich um ihn und schlug sich an die Brust, als wäre er tot. Und es ward verkündigt in der ganzen Gegend, daß, wer einen solchen Jüngling irgendwo sähe, kommen und es der Mutter des Knaben wieder sagen sollte. Für seine Nachricht bekäme er eine Belohnung.

Und siehe, aus Kiew kamen Leute und berichteten ihr: »Vor vier Jahren haben wir ihn gesehen. Er lief durch unsere Stadt und wollte sich in einem der Klöster zum Mönch scheren lassen.«

Da sie das gehört hatte, zögerte die Frau nicht, dorthin zu gehen; und ohne die Länge des Weges zu scheuen, machte sie sich sofort auf in die zuvor genannte Stadt, um ihren Sohn zu suchen.

In jener Stadt angekommen, ging sie in jedes Kloster und fragte nach ihm. Endlich sagte man ihr, er sei in der Höhle beim ehrwürdigen Antoni. Und sie ging dorthin, um ihn zu finden. Mit einer List rief sie den Starzen und sprach: »Sagt dem Ehrwürdigen, auf daß er herauskäme: ›Ich bin eilends einen weiten Weg gekommen, um mit dir zu sprechen, mich vor deiner Heiligkeit zu verneigen und von dir gesegnet zu werden.‹« Und es ward dem Starzen über sie Nachricht gegeben, und er ging hinaus zu ihr. Sie aber, da sie seiner gewahr wurde, verneigte sich bis zur Erde vor ihm. Da sprach der Starez ein Gebet und segnete sie, und als sie sich nach dem Gebet niedersetzten, begann die Frau, ihm viel und breit zu erzählen und endlich auch den Grund zu enthüllen, weshalb sie gekommen war.

Und sie sprach: »Vater, ich bitte dich, sage mir, ob mein Sohn hier ist; denn ich gräme mich sehr um seinetwillen, da ich nicht weiß, ob er am Leben ist.«

Der Starez aber, welcher schlichten Sinnes war und ihre Listen nicht durchschaute, sagte ihr denn auch: »Dein Sohn ist hier. Gräme dich seinetwegen nicht; denn er lebt.«

Da sprach sie zu ihm: »Was denn, Vater, und ich soll ihn nicht sehen? Einen weiten Weg bin ich gegangen, bin in diese Stadt gekommen, einzig um meinen Sohn zu sehen und dann zurückzukehren in meine Stadt.«

Der Starez aber sprach zu ihr: »Da du ihn also sehen willst, so gehe jetzt in deine Herberge, und ich werde gehen und ihn bereden; denn er will niemanden sehen. Wenn du morgen kommst, dann wirst du ihn sehen.«

Da sie das gehört hatte, ging die Frau fort in der Hoffnung, ihn am nächsten Tage zu sehen. Der ehrwürdige Antoni aber kehrte in die Höhle zurück und berichtete all das dem gesegneten Feodossi. Der war sehr betrübt, als er davon hörte, weil er es nicht vermocht hatte, vor ihr verborgen zu bleiben.

Am anderen Tage kam die Frau wieder. Der Starez beredete den Gesegneten sehr, er möge zu ihr hinausgehen und seine Mutter sehen, allein er wollte nicht gehen. Da ging der Starez hinaus und sprach zu ihr: »Ich habe ihn inständig gebeten, daß er zu dir käme, aber er will es nicht.«

Sie aber sprach nun nicht mehr demütig zu ihm, sondern schrie in großem Zorn: »Welche Not habe ich mit diesem Starzen, der meinen Sohn genommen und in der Höhle verborgen hat und ihn mir nicht zeigen will! Führe meinen Sohn zu mir heraus, Starez, auf daß ich ihn sehe! Denn ich kann nicht am Leben bleiben, ohne ihn zu sehen. Bringe mir meinen Sohn, daß ich nicht eines üblen Todes sterbe! Denn ich werde mich vor der Tür dieser Höhle selbst töten, wenn du ihn mir nicht zeigst!«

Darauf ging Antoni tief betroffen in die Höhle und flehte den Gesegneten an, zu ihr hinauszugehen. Dieser wollte nun dem Starzen nicht ungehorsam sein und ging zu ihr. Da sie aber ihren Sohn in solchem Elend sah – sein Gesicht war verändert von vieler Mühsal und Enthaltsamkeit –, fiel sie ihm um den Hals und weinte lange Zeit bitterlich. Kaum hatte sie sich ein wenig beruhigt, begann sie auch schon auf den Diener Christi einzureden und sprach: »Komm nach Hause, mein Sohn! Alles, was du brauchst und was zur Rettung deiner Seele dient, kannst du daheim nach deinem Willen tun, nur verlaß mich nicht! Und wenn ich sterbe, begräbst du meinen Leib und kehrst dann in diese Höhle zurück, wenn du magst. Denn ich kann nicht leben, wenn ich dich nicht sehe.«

Der Gesegnete aber sprach zu ihr: »Mutter, wenn du mich alle Tage sehen willst, so komm in diese Stadt, tritt in ein Frauenkloster ein und laß dich dort scheren. So kannst du hierherkommen und mich sehen, und dabei erfährst du noch Rettung für deine Seele. Wenn du dieses aber nicht tust, wahrlich, ich sage dir: dann wirst du mein Angesicht nicht mehr sehen.«

Mit solcherlei und vielen anderen Belehrungen suchte er nun alle Tage auf das dringlichste seine Mutter umzustimmen. Sie aber wollte seine Worte keinesfalls beherzigen. Und jedesmal, wenn sie ihn verließ, ging der Gesegnete in die Höhle und betete inbrünstig zu Gott um die Rettung seiner Mutter und um eine Wandlung ihres Herzens, auf daß sie seinem Rat folgen möge. Gott aber erhörte das Gebet seines Gerechten. Denn so hat auch der Prophet gesprochen: »Der Herr ist nahe allen, die ihn in Wahrheit anrufen. Er tut, was die Gottesfürchtigen begehren, und er hört ihre Bitten.«

Eines Tages nun kam seine Mutter und sprach zu ihm: »Siehe, mein Sohn, ich will alles tun, was du mir befiehlst. Darum kehre ich nicht in meine Stadt zurück, sondern gehe in ein Frauenkloster, wie Gott es will, lasse mich scheren und werde meine letzten Tage dort verbringen. Denn durch deine Belehrungen habe ich verstanden, daß diese kurze Zeit währende Welt nichtig ist.«

Da er dieses gehört hatte, freute sich der gesegnete Feodossi von Herzen und ging hinein, um es dem großen Antoni zu sagen. Der Ehrwürdige aber hörte es an und pries Gott, der ihr Herz zu solcher Reue gewandelt hatte. Und der große Antoni ging zu ihr und belehrte sie lange darüber, was der Seele nützlich sei, und er unterrichtete die Fürstin über sie. Dann schickte er sie in das Frauenkloster des heiligen Nikolaus, wo sie geschoren wurde und Nonnenkleider bekam. Sie lebte viele Jahre im rechten Glauben und entschlief friedlich im Herrn.

Dies also ist das Leben des gesegneten Feodossi, unseres Vaters, von Jugend an bis zu der Zeit, da er in die Höhle kam. Seine Mutter hat es einem der Brüder namens Feodor erzählt, welcher Kellermeister bei unserem Vater Feodossi war. Ich aber habe alles von ihm gehört, was er mir zu erzählen hatte, und es aufgeschrieben zur Erinnerung für alle, die es achten.

Nun aber will ich weiter von dem Jüngling berichten; vollenden aber wird meine Rede Gott, der alles recht zu Ende bringt – so auch diese Erzählung.

Unser heiliger Vater Feodossi bewies sich in der Höhle als Sieger über böse Geister. Nachdem seine Mutter Nonne geworden war und er alle irdische Trübsal von sich werfen konnte, begann er, sich in seinem Eifer nach Gott noch größeren Mühen zu unterwerfen.

Und man sah in der Höhle ein Dreigestirn, das die Finsternis der Dämonen mit Gebet und Fasten vertrieb: Ich meine den ehrwürdigen Antoni, den gesegneten Feodossi und den großen Nikon.

Diese beteten in der Höhle zu Gott, und Gott war mit ihnen: »Denn«, so heißt es, »wo zwei oder drei versammelt sind in meinem Namen, da bin ich mitten unter ihnen.«

9. Von Warlaam, dem Sohne des Bojaren Ioann

Zu jener Zeit war der angesehenste Bojar beim Fürsten ein Mann namens Ioann. Dessen Sohn besuchte die Ehrwürdigen oft und erquickte sich an den honigfließenden Worten, die von den Lippen dieser Väter ausgingen. Er gewann sie so lieb, daß er mit ihnen leben und alles in diesem Leben verachten wollte – Ruhm und Reichtum sah er für nichts an. Denn des Herrn Wort hatte ihn angerührt, das da sagt: »Es ist leichter, daß ein Kamel durch ein Nadelöhr gehe, als daß ein Reicher ins Reich Gottes komme.«

Da offenbarte er seinen Wunsch einzig Antoni und sprach: »Ich möchte, so Gott will, Vater, Mönch werden und mit euch leben.«

Und der Starez sprach zu ihm: »Gut ist dein Wunsch, mein Sohn, und deine Absicht ist segensreich. Aber siehe zu, daß nicht der Reichtum und Ruhm dieser Welt dich wieder zurückziehen. Der Herr spricht: ›Wer seine Hand an den Pflug legt und sieht zurück, der ist nicht geschickt zum Reich Gottes.‹ So auch der Mönch. Wenn er seinen Sinn zurück auf die Welt richtet und sich um Irdisches bekümmert, so wird er nicht zum ewigen Leben gelangen.«

Noch vieles andere mehr redete der Starez zu dem Jüngling, und dessen Herz entflammte heftig in der Liebe Gottes. So ging er denn heim.

Am andern Tage aber bestieg er, kostbar und festlich gekleidet, ein Pferd und ritt zum Starzen. Viele Gefolgsleute geleiteten ihn zu Pferde und führten andere schön aufgeputzte Rosse vor ihm her. In solch großer Pracht kam er zur Höhle jener Väter. Sie traten heraus und verneigten sich vor ihm, wie es vor den Vornehmen Sitte ist, er aber verneigte sich wiederum vor ihnen bis zur Erde. Darauf entledigte er sich seiner Bojarenkleider und legte sie vor dem Starzen nieder. Desgleichen stellte er auch die geschmückten Rosse vor ihn hin und sprach: »Dies alles, Vater, sind schöne Verlockungen dieser Welt. Tue damit, was du willst; denn ich verachte all das schon lange. Ich möchte Mönch werden und mit euch in dieser Höhle wohnen, und nach Hause werde ich nicht zurückkehren.«

Der Starez aber sprach zu ihm: »Siehe zu, mein Sohn, wem du dich verpflichtest und wessen Streiter du sein willst. Denn unsichtbar stehen hier die Engel Gottes und nehmen dein Versprechen entgegen. Wenn aber dein Vater mit großer Kriegsmacht kommt und dich von hier fortführt, werden wir dir nicht helfen können, und du erscheinst vor Gott als ein Lügner und von ihm Abgefallener.«

Und der Jüngling sagte zu ihm: »Ich vertraue auf meinen Gott, Vater, daß ich nicht gehorchen werde, wenn mein Vater es auch unternehmen sollte, mich zu quälen, um mich zu dieser Welt zurückzubringen. Ich bitte dich, Vater, du mögest mich bald zum Mönch scheren.«

Da hieß der ehrwürdige Antoni den großen Nikon, ihn zu scheren und in das Mönchsgewand zu kleiden. Dieser aber betete nach seiner Gewohnheit, schor ihn dann und kleidete ihn als Mönch ein. Er gab ihm den Namen Warlaam.

10. Von dem Verschnittenen

Zur selbigen Zeit kam ein Verschnittener aus dem Hause des Fürsten, welcher beim Fürsten in Gunst stand und alles bei ihm verwaltete, und auch der bat den Starzen Antoni, Mönch werden zu dürfen. Der Starez belehrte ihn über die Rettung der Seele und übergab ihn Nikon, daß der ihn schere. Er schor also auch diesen, legte ihm das Mönchsgewand an und nannte ihn Jefrem.

Es wäre unrecht, davon zu schweigen, daß um dieser beiden willen der Feind Leiden über die Ehrwürdigen brachte. Denn der Feind, der das Gute haßt, der Teufel, sah sich von der heiligen Herde besiegt; und da er verstanden hatte, daß jener Ort von nun an gerühmt werden würde, weinte er ob seiner Niederlage. Er begann aber mit seinen bösen Ränken das Herz des Fürsten gegen die Ehrwürdigen einzunehmen, auf daß er so die heilige Herde zerstreue. Allein, er vermochte es nicht, sondern ward selbst beschämt durch ihre Gebete und fiel in die Grube, die er gegraben hatte: »Seine Pein wird auf seinen Kopf kommen und sein Frevel auf seinen Scheitel fallen.«

11. Vom Unheil, welches über die Heiligen kam

Da der Fürst Isjaslaw erfuhr, was mit seinem Bojaren und seinem Verschnittenen geschehen war, wurde er gar zornig und befahl, einen von denen, die solches zu tun gewagt hatten, ihm vorzuführen. Und sogleich gingen sie und brachten eilends den großen Nikon vor ihn.

Der Fürst aber sah ihn wütend an und sprach zu ihm: »Warst du es, der den Bojaren und den Verschnittenen ohne meinen Befehl zu Mönchen geschoren hat?«

Nikon aber antwortete: »Durch Gottes Güte habe ich sie auf Befehl des himmlischen Herrschers und Jesu Christi geschoren, welcher sie zu solch einem großen und schweren Werk berufen hat.«

Der Fürst sprach: »Dann sage ihnen, sie sollen nach Hause gehen, sonst lasse ich dich und die bei dir sind in den Kerker werfen und eure Höhle zuschütten!«

Darauf antwortete Nikon: »Du, Herr, tue, was in deinen Augen recht ist. Mir aber steht es nicht wohl an, einen Streiter vom himmlischen Herrscher fortzuführen.«

Antoni aber und die Seinen nahmen ihre Kleider und verließen ihre Stätte; denn sie wollten in eine andere Gegend ziehen. Während der Fürst nun noch zürnte und Nikon beschimpfte, siehe, da trat einer aus dem Gefolge ein und meldete, Antoni und die Seinen zögen fort von der Stadt in eine andere Gegend.

Darauf sprach seine Frau zu ihm: »Höre, Herr, und zürne nicht. Gerade so ist es auch einmal in unserem Lande geschehen: Die Mönche flohen aus irgendeinem Grunde, und es geschah um ihretwillen viel Unglück im Land. Siehe zu, Herr, daß es so nicht auch in deinem Gebiet werde!«

Da er dieses vernommen hatte, befiel auch den Fürsten Furcht vor dem Zorn Gottes. Er entließ den großen Nikon und befahl ihm, in die Höhle zu gehen. Jenen aber sandte er nach und ließ ihnen sagen, er bitte sie zurückzukehren. Nach drei Tagen ließen sie sich bewegen, in ihre Höhle zurückzugehen, wie Helden aus der Schlacht, die ihren Widersacher und Feind, den Teufel, besiegt hatten; und sie beteten stets zu Gott, Tag und Nacht. Allein, der Feind bekämpfte sie und ruhte nicht.

12. Von der Standhaftigkeit des seligen Warlaam

Als nun der Bojar Ioann erfuhr, daß der Christus liebende Fürst Isjaslaw ihnen kein Leids getan hatte, entflammte er in Zorn auf sie wegen seines Sohnes. Und er nahm viele Gefolgsleute und zog gegen die heilige Herde. Da er sie denn auch zerstreut hatte, ging er in die Höhle, nahm seinen Sohn, den gesegneten Warlaam, und zog ihn nach draußen. Er nahm ihm auch den geweihten Umhang ab und warf ihn in einen tiefen Graben. Desgleichen nahm er auch den

Der ehrwürdige Warlaam vom Höhlenkloster

Helm des Heils, welchen jener auf dem Kopfe trug, und warf ihn fort. Dann kleidete er ihn in festliche und kostbare Kleider, wie es den Vornehmen geziemt. Der aber warf sie zu Boden und wollte sie nicht sehen. Solches tat er mehrere Male. Da befahl sein Vater, ihm die Hände zu binden und ihn in die eben genannten Gewänder zu kleiden. So mußte er durch die Stadt nach Hause gehen. Er aber, wahrhaft heißen Herzens in der Liebe Gottes – ein rechter Warlaam –, ging des Wegs und erblickte eine schmutzige Pfütze. Sogleich stieg er hinein, warf mit Gottes Hilfe die Kleider von sich und trat sie mit Füßen in den Schmutz. So trat er damit auch die bösen Pläne des listigen Feindes.

Als sie heimgekommen waren, hieß ihn der Vater, sich mit ihm gemeinsam zur Tafel setzen. Jener aber setzte sich und aß nichts von den Speisen, sondern saß mit gesenktem Kopf und blickte zu Boden. Nach dem Essen entließ er ihn in seine Gemächer; und er stellte Leute hin, die auf ihn achthaben sollten, daß er nicht fliehe. Er wies aber auch dessen Frau an, sie möge sich mit allerlei Putz schmücken, um den jungen Mann zu verführen, und viele Knechte sollten ihm zu Diensten sein.

Der wahre Gerechte Christi, Warlaam, ging in eine Kammer und setzte sich in eine Ecke. Seine Frau aber lief vor ihm auf und ab, wie ihr befohlen war, und bat ihn, sich auf sein Lager zu setzen. Allein, er sah das unwahrhaftige Gehabe seiner Frau und verstand, daß der Vater sie zu seiner Verführung bereit gemacht hatte, und er begann, ohne Unterlaß im Innern seines Herzens zu dem allbarmherzigen Gott zu beten, der die Macht hat, ihn vor dieser Versuchung zu retten. Und er blieb auf diesem Platz drei Tage lang sitzen; weder erhob er sich, noch nahm er Speise zu sich, noch kleidete er sich an. Bloß im Hemd blieb er sitzen.

Der ehrwürdige Antoni aber und die um ihn, zusammen mit dem gesegneten Feodossi, waren in großer Sorge seinetwegen und beteten zu Gott für ihn. Und Gott erhörte ihr Gebet. Denn es steht geschrieben: »Wenn die Gerechten schreien, so hört der Herr und errettet sie aus all ihrer Not. Der Herr ist nahe denen, die zerbrochenen Herzens sind, und hilft denen, die ein zerschlagenes Gemüt haben.«

Denn als der gütige Gott die Duldsamkeit und Demut des jungen Mannes sah, wandelte er das grausame Herz seines Vaters zur Gnade mit seinem Sohn. Solches berichteten ihm seine Leute und sagten: »Siehe, schon den vierten Tag hat er weder Speise zu sich genommen noch sich angekleidet.«

Da er das gehört hatte, erfaßte den Vater großes Mitleid mit ihm, und er sorgte sich, daß er vor Hunger und Kälte sterben könnte. Er ließ ihn rufen, küßte ihn liebevoll und erlaubte ihm zu gehen.

Darauf hat sich die Sache so zugetragen: Ein großes Wehklagen hob an wie um einen Toten. Die Knechte und Mägde weinten um ihren Herrn, da er sie verlassen wollte; auch seine Frau, die den Mann verlor, kam bitterlich schluchzend heran; Vater und Mutter weinten um ihren Sohn, der sie verließ; und alle geleiteten ihn mit Wehklagen. Da zog der Streiter Christi aus seines Vaters Haus: Wie ein Vogel, der sich aus dem Netz befreit hat, oder wie ein Reh aus der Falle, so kam er eilends zu der Höhle. Als sie seiner ansichtig wurden, freuten sich die Väter gar sehr, und sie erhoben sich und priesen Gott, da er ihr Gebet erhört hatte. Darum kamen von jener Zeit an viele in die Höhle um des Segens dieser Väter willen, und einige unter jenen blieben als Mönche da durch die Gnade Gottes.

13. Vom Fortgehen des heiligen Nikon

Der große Nikon und ein anderer Mönch aus dem Kloster des heiligen Menas, ein Bulgare, wie man sagte, kamen zu dieser Zeit überein, für sich allein zu leben, und sie gingen fort. Und als sie ans Meer gekommen waren, gingen sie auseinander, wie es nach der Apostelgeschichte die Apostel Paulus und Barnabas zur Verkündigung Christi getan hatten. Der Bulgare zog gen Konstantinopel und fand eine Insel im Meer, auf der er sich niederließ. Dort lebte er viele Jahre, erduldete Kälte und Hunger und entschlief so in Frieden. Und siehe, bis heute heißt diese Insel Bolgarow.

Der große Nikon aber ging auf die Insel von Tmutorokan, fand dort einen freien Platz nahe der Stadt und ließ sich daselbst nieder. Durch die Gnade Gottes ward dieser Ort größer, er erbaute dort eine Kirche der heiligen Gottesmutter; und es entstand nach dem Muster des Höhlenklosters ein ruhmreiches Kloster, welches noch heute besteht. Alsdann machte sich auch Jefrem der Verschnittene auf nach Konstantinopel, wo er in einem Kloster lebte. Später aber holte man ihn ins Land zurück, und er ward zum Bischof in Perejaslawl ernannt.

Wir haben nun schon viele Geschichten weitererzählt, aber jetzt kehren wir zu der vorigen Erzählung zurück:

Jefrem, der Bischof von Perejaslawl

14. Von der Priesterweihe des Heiligen

Nach dem Auszug dieser heiligen Väter ward unser gesegneter Vater Feodossi auf Weisung des ehrwürdigen Antoni zum Priester geweiht. Jeden Tag hielt er den Gottesdienst in aller Demut; denn er war sanften Gemütes, ruhigen Sinnes, ohne Falsch und erfüllt von aller geistlichen Weisheit und hegte reine Liebe zu allen Brüdern. Es waren nämlich schon fünfzehn Brüder zusammengekommen.

15. Vom Fortgehen des großen Antoni

Der ehrwürdige Antoni, der es gewohnt war, allein zu leben, und keinerlei Unruhe und Gerede ertragen konnte, schloß sich in einer Zelle der Höhle ein, nachdem er an seiner Statt den gesegneten Warlaam, den Sohn des Bojaren Ioann, eingesetzt hatte. Von da zog der ehrwürdige Antoni auf eine andere Anhöhe, grub eine Höhle und wohnte darin, ohne sie zu verlassen. Dort liegt noch heute sein heiliger Leib.

Der gesegnete Warlaam erbaute alsbald über der Höhle ein kleines Kirchlein zu Ehren der heiligen Gottesmutter, auf daß sich dort die Brüder zum Lobpreis Gottes versammelten. Seitdem war der Ort für jedermann sichtbar; denn zuvor hatten viele ihn nicht gekannt.

Das Leben in der Höhle von Anbeginn und die vielen Leiden und die Mühsal, die von der Enge des Raumes herrührten, kennt Gott allein, Menschenlippen aber sind nicht fähig, davon zu berichten. Noch dazu war ihre Speise nur Brot und Wasser. An den Sonnabenden und Sonntagen aber aßen sie Linsen; allein, oft waren auch an diesen Tagen keine Linsen da, und sie kochten Kräuter und aßen einzig die. Auch arbeiteten sie mit ihren Händen: Die einen flochten Schuhe und Mützen, andere machten andere Handarbeiten, und sie trugen sie in die Stadt, verkauften sie und kauften Korn dafür. Das verteilten sie, auf daß ein jeder bei Nacht sein Teil ausmahle zum Backen der Brote. Dann hielten sie den Morgengottesdienst, und danach machten sie ihre Handarbeit. Manchmal gruben sie wohl auch vor dem Morgengottesdienst im Garten zum Anbau von Kräutern. Und so versammelten sich alle zu den Stundengebeten in der Kirche, hielten die heilige Liturgie, und dann, nachdem sie ein wenig Brot gegessen hatten, ging ein jeder wieder seiner Arbeit nach. So mühten sie sich alle Tage und blieben in der Liebe Gottes.

Unser Vater Feodossi aber übertraf mit seinem demütigen Sinn und seinem Gehorsam alle in Mühen, seelischem Ringen und körperlicher Arbeit; er war wohlgebaut und kräftig und diente allen mit großem Eifer. Wasser trug er und schleppte Holz aus dem Walde heran, und allnächtlich wachte er im Lobpreis Gottes. Manchmal, wenn die Brüder gerade ruhten, nahm der Gesegnete das verteilte Korn, mahlte einem jeden sein Teil aus und stellte es wieder auf seinen Platz. Manchmal wiederum, wenn es viele Bremsen und Mücken gab bei Nacht, kam er aus der Höhle, entblößte seinen Körper bis zum Gürtel und setzte sich nieder, um Wolle zu spinnen und den Psalter Davids zu singen. Von den vielen Bremsen und Mücken aber war sein ganzer Leib bedeckt, und sie fraßen sein Fleisch und tranken sein Blut. Allein, unser Vater Feodossi rührte sich nicht und erhob sich nicht vom Platze, bis die Zeit für den Morgengottesdienst herangekommen war. Dann fand er sich vor allen anderen in der Kirche ein, und bewegungslos und ungetrübten Geistes hielt er den Lobpreis Gottes. Als letzter von allen pflegte er die Kirche danach wieder zu verlassen. Darum liebten ihn alle gar sehr und verwunderten sich seiner Demut und seines Gehorsams.

16. Von der Einsetzung des heiligen Feodossi als Abt

Später ward der gesegnete Warlaam, welcher Abt bei den Brüdern in der Höhle gewesen war, auf Befehl des Fürsten in das Kloster des heiligen Märtyrers Demetrios gesandt und dort als Abt eingesetzt. Da versammelten sich die Brüder, die hier in der Höhle lebten, und verkündeten dem ehrwürdigen Antoni, daß sie nach ihrer aller Wunsch den gesegneten Vater Feodossi zu ihrem Abt ernannt hätten, da er nach den Mönchsregeln lebte und die göttlichen Gebote genau kannte.

Unser Vater Feodossi aber änderte nicht seine Demut noch seine Gewohnheiten, ob er gleich die Abtswürde auf sich genommen hatte; denn er gedachte stets des Herrn, welcher gesagt hat: »Wer groß sein will unter euch, der sei geringer als alle und aller Diener.« Darum verhielt er sich demütig, erniedrigte sich vor allen, diente allen und gab selbst allen ein Beispiel. Als erster ging er zum Arbeiten hinaus und auch zum Dienst in der heiligen Liturgie.

Und seit jener Zeit blühte und gedieh die Stätte durch das Gebet des Gerechten: »Der Gerechte wird grünen wie ein Palmbaum, er wird wachsen wie eine Zeder auf dem Libanon.«

Seitdem wurden also der Brüder immer mehr, und der Ort blühte durch ihre gute Gesittung, ihre Gebete und all ihre Frömmigkeit. Viele Reiche kamen um seines Segens willen zu ihm und brachten ihnen ein wenig von ihrem Vermögen.

Unser ehrwürdiger Vater Feodossi, wahrhaftig ein irdischer Engel und himmlischer Mensch, sah, daß es eine bedrückende Stätte war, eng und ärmlich außerdem für alle, daß der Brüder immer mehr wurden und die Kirche zu klein ward, um sie aufzunehmen. Allein, er verfiel darum nicht in Traurigkeit, noch grämte er sich darüber, sondern tröstete die Bruderschaft alle Tage und lehrte sie, sich niemals um das leibliche Wohl zu sorgen, sondern er rief ihnen Gottes Wort ins Gedächtnis, das da lautet: »Darum sollt ihr nicht sorgen und sagen: Was werden wir essen? Was werden wir trinken? Womit werden wir uns kleiden? Denn euer himmlischer Vater weiß, daß ihr des alles bedürfet. Trachtet am ersten nach dem Reich Gottes, so wird euch solches alles zufallen.« So dachte der Gesegnete. Gott aber gab ihm reichlich, was vonnöten war.

17. Von der Errichtung des Höhlenklosters

Da fand der große Feodossi einen freien Platz, der war nahe bei der Höhle, und er erkannte, daß er zum Bau eines Klosters ausreichen würde. Reich an göttlicher Gnade, gerüstet mit Glauben und Hoffnung und erfüllt vom Heiligen Geiste, begann er das Werk und besiedelte die Stätte. Da aber Gott ihm half, hatte er binnen kurzem an jener Stelle eine Kirche zu Ehren der heiligen und hochgerühmten Gottesmutter und Ewigjungfrau Maria erbaut. Und als er einen Zaun und viele Zellen errichtet hatte, zog er mit den Brüdern im Jahre 6570 [1062] nach jener Stätte um. Und diese gedieh durch Gottes Gnade und ward ein ruhmreiches Kloster, welches bis heute besteht, genannt das Höhlenkloster, das von unserem heiligen Vater Feodossi gegründet ward.

Danach sandte der Gesegnete einen der Brüder nach Konstantinopel zu Jefrem, dem Verschnittenen, auf daß er das ganze Typikon des Studios-Klosters abschreibe und mitbringe. Und er tat, wie ihn unser ehrwürdiger Vater geheißen hatte, schrieb das ganze Typikon des Klosters ab und schickte es ihm. Als unser Vater Feodossi es nun empfangen hatte, gebot er, es vor den Brüdern zu verlesen. Und von da an begann er, in seinem Kloster alles nach der Ordnung des heiligen Studios-Klosters zu regeln, so wie es seine Schüler bis heute tun.

Keinen, der Mönch werden wollte und zu ihm kam, wies er ab, weder arm noch reich, sondern er nahm alle bereitwillig auf. Denn er hatte das am eigenen Leibe erfahren, als er – wie oben erwähnt – aus seiner Stadt gekommen war, mit dem Wunsche, Mönch zu werden, und von Kloster zu Kloster gezogen war, ohne daß man ihn aufnehmen wollte: Gott hatte dies getan, um ihn zu prüfen. An all das erinnerte sich der Ehrwürdige stets – wie groß der Kummer eines Menschen ist, der zum Mönch geschoren zu werden begehrt und zurückgestoßen wird. Darum nahm er jeden, der kam, mit Freuden auf.

Allein, er schor ihn nicht sogleich, sondern gebot ihm, seine eigene Kleidung zu tragen, bis er sich die ganze Klosterordnung zu eigen gemacht habe. Erst dann kleidete er ihn in das Mönchsgewand, prüfte ihn in allen Diensten und schor ihn darauf. Er kleidete ihn in das Mantion, bis er ein im reinen Leben erfahrener Mönch war, und alsdann würdigte er ihn, das große Engelsgewand zu empfangen, und setzte ihm das Kukullion auf.

Alle Jahre in den Tagen der heiligen Fastenzeit zog sich unser Vater Feodossi in die Höhle zurück, wo auch sein heiliger Leib begraben ward, und schloß sich dort einsam ein bis zur Palmwoche. Und am Freitag dieser Woche kam er zur Stunde des Abendgottesdienstes zu den Brüdern, stellte sich in die Kirchentür und belehrte sie alle und tröstete sie wegen ihrer Selbstüberwindung beim Fasten. Sich selbst aber stellte er als unwürdig dar, gerade als könne er sich auch nicht eine Woche lang mit ihren Mühen messen.

18. Wie der Heilige die unreinen Geister besiegte

Viel Leiden und Trugbilder bereiteten ihm die bösen Geister in der Höhle, sogar Wunden fügten sie ihm zu, wie es auch über den heiligen Antonios den Großen geschrieben steht. Doch der jenem erschienen war und ihm gebot, kühn auszuharren, der verlieh auch diesem unsichtbar vom Himmel die Kraft, sie zu besiegen.

Wer wird sich des Gesegneten nicht verwundern, welcher in solch dunkler Höhle allein verharrte, sich vor vielen Legionen unsichtbarer Dämonen nicht fürchtete! Vielmehr blieb er standhaft wie ein kühner Recke und rief Gott und den Herrn Jesus Christus im Gebet um Hilfe an. So besiegte er sie denn durch die Kraft Christi, daß sie es nicht mehr wagten, ihm nahe zu kommen, und ihm nur noch von ferne Trugbilder zeigten. Wenn er sich nach dem Abendgottesdienst niedersetzte, um auszuruhen – denn er pflegte sich niemals niederzulegen, sondern wenn er ausruhen wollte, so setzte er sich auf eine Bank, schlief so ein wenig und stand wieder auf zum Nachtgottesdienst und fiel auf die Knie –, wenn er sich also niedersetzte, wie ich schon sagte, so hörte er es in der Höhle rappeln von den vielen Dämonen, gleich als ob ihrer einige auf Wagen führen, andere die Trommeln schlügen und wieder andere die Schalmeien bliesen, und alle schrien derart, daß gar die Höhle erzitterte von all dem Lärm der bösen Geister. Unser Vater Feodossi aber ließ den Mut nicht sinken, wenn er das alles hörte, erschrak nicht in seinem Herzen, sondern wappnete sich mit dem Kreuz, erhob sich und begann, den Psalter Davids zu singen, und sogleich pflegte der ganze Lärm zu verstummen.

Wenn er sich aber nach einem Gebet wieder niedersetzte, waren abermals Geräusche von unzähligen Dämonen zu hören, wie schon zuvor. Der Ehrwürdige aber stand wiederum auf und begann, jene Psalmen zu singen, und aufs neue verstummten die Geräusche.

Solches taten ihm die bösen Geister über viele Tage und Nächte hin. Sie ließen ihn nicht einmal ein wenig zur Ruhe kommen, bis er sie durch die Gnade Christi besiegte und von Gott die Macht über sie bekam, so daß sie von nun an nicht mehr wagen durften, sich der Stätte zu nahen, da der Gesegnete betete.

Auch in dem Raum, wo die Brote für die Brüder gebacken wurden, trieben Dämonen ihr Unwesen: Einmal verstreuten sie Mehl, ein andermal ließen sie den zum Brotbacken bestimmten Sauerteig auseinanderlaufen und richteten vielen anderen Schaden an. Da ging der Älteste unter den Bäckern und berichtete dem gesegneten Feodossi von dem Unfug der unreinen Dämonen. Und dieser – voll Zuversicht, da er von Gott Macht über sie erlangt hatte – stand auf, ging am Abend in die Kammer und machte die Tür hinter sich zu. Dort blieb er betend bis zum Morgengottesdienst, und von Stund an erschienen keine Dämonen mehr an jenem Ort, und sie konnten dank der bannenden Gebete des Ehrwürdigen kein Unwesen mehr treiben.

19. Wie er Aufsicht über seine Schüler führte und sie belehrte

Der große Feodossi hatte aber solches zur Gewohnheit: Allnächtlich ging er sämtliche Zellen der Mönche ab; denn er wünschte, eines jeden Lebenswandel und Eifer dem Herrn gegenüber zu kennen. Und wenn er einen beten hörte, blieb er stehen und pries Gott um seinetwillen. Wenn er hingegen Gespräche vernahm, wo sich zwei oder drei nach dem Abendgebet versammelt hatten, so klopfte er dort mit der Hand an die Tür und ging dann fort, nachdem er so angezeigt hatte, daß er dagewesen war.

Am anderen Tage rief er sie zu sich, stellte sie aber nicht etwa sogleich bloß, sondern redete umschreibend und belehrend in Gleichnissen zu ihnen, da er ihren Eifer Gott gegenüber erkennen wollte. Wenn nun ein Bruder ehrlichen Herzens und voll inbrünstiger Liebe zu Gott war, sah er bald seine Schuld ein, fiel nieder und verneigte sich und bat so darum, Vergebung von ihm zu empfangen. Hatte aber ein Bruder ein Herz, welches von der Finsternis der Dämonen bedeckt war, so seufzte er, als sei von einem anderen die Rede, und stellte sich unschuldig, bis der Gesegnete ihn entlarvte und ihn, nachdem er eine Strafe über ihn verhängt hatte, entließ.

So lehrte er alle, mit Fleiß zu Gott zu beten, nach dem Abendgebet nicht mehr zu sprechen und nicht von einer Zelle zur anderen zu gehen, sondern in der eigenen Zelle zu Gott zu beten, wie ein jeder es vermochte, auch mit ihren Händen alle Tage zu arbeiten, die Psalmen Davids auf den Lippen. Solches pflegte er ihnen zu sagen: »Ich bitte euch sehr, Brüder, laßt uns in Fasten und Beten uns selbst überwinden und uns um die Rettung unserer Seelen sorgen! Kehren wir um von unseren Bosheiten und von den Abwegen, die da sind: Buhlerei, Diebstahl, Verleumdungen, leeres Geschwätz, Fehden, Trunksucht, Völlerei und Bruderhaß. Von diesen, Brüder, laßt uns fortstreben, diese laßt uns verabscheuen und unsere Seelen nicht damit beflecken. Laßt uns vielmehr den Weg des Herrn gehen, der uns ins Paradies führt! Suchen wir Gott mit Schluchzen und Tränen, mit Fasten und Wachen, mit Demut und Gehorsam, auf daß wir so Gnade vor ihm finden mögen. Auch laßt uns diese Welt verachten und stets bedenken, was der Herr gesagt hat: ›Wer nicht verläßt Vater und Mutter, Frau und Kinder und Äcker um meinetwillen und um des Evangeliums willen, der ist mein nicht wert.‹ Und wiederum: ›Wer sein Leben findet, der wird's verlieren; und wer sein Leben verliert um meinetwillen, der wird's erhalten.‹ Darum wollen wir, Brüder, die wir der Welt entsagt haben, uns auch von allem lösen, was darinnen ist: alle Unwahrheit hassen, nichts Schlechtes tun und nicht zu den früheren Sünden zurückkehren wie ein Hund zu dem, was er gespien hat. ›Denn‹, so spricht der Herr, ›wer seine Hand an den Pflug legt [und sieht zurück], der ist nicht geschickt zum Reich Gottes.‹ Wie wollen wir denn den ewigen Qualen entrinnen, wenn wir die Zeit dieses Lebens in Trägheit und ohne Reue zu Ende bringen? Uns, Brüder, die wir uns Mönche nennen, ziemt es, alle Tage unsere Sünden zu bereuen; denn Reue ist der Schlüssel zum Himmelreich, und niemand kann ohne sie leben. Reue ist der Weg, der ins Paradies führt. An diesen Weg, Brüder, wollen wir uns halten, daran wollen wir unsere Füße und Fußsohlen heften. Diesem Weg nahet sich die böse Schlange nicht; denn jetzt ist das Gehen darauf mühselig, später aber wird es freudenvoll sein. Darum, Brüder, ringen wir mit uns selbst bis zu dem Tag, da wir jene Güter empfangen sollen, fliehen wir alle, die unbekümmert sein wollen und ohne Reue leben.«

Solches tat dieser heilige Lehrer und lehrte es die Brüder. Sie aber nahmen seine Worte auf wie die dürstende Erde das Wasser, und sie brachten die Früchte ihrer Arbeit vor Gott, der eine hundert, der andere sechzig, der dritte dreißig. Und auf Erden sah man Menschen, die in ihrem Lebenswandel Engeln glichen; und dem Himmel ward jenes Kloster ähnlich, da unser gesegne Vater Feodossi durch gute Werke, wovon ich euch erzähle, heller als die Sonne strahlte.

20. Wie der Heilige verherrlicht wurde und göttliches Licht schien

Solches nun erschien dem Abt mit Namen Sofroni vom Kloster des heiligen Erzengels Michael: Da er bei Nacht unterwegs zu seinem Kloster war – die Nacht war finster –, siehe, da erblickte er ein Licht einzig über dem Kloster des gesegneten Feodossi, und er erstaunte, lobte Gott und sprach: »O wie groß ist deine Gnade, Herr, daß du eine solche Leuchte an dieser heiligen Stätte gezeigt hast, den ehrwürdigen Mann, welcher derart strahlend sein Kloster erhellt!« So haben es auch viele andere, die es gesehen hatten, gar oft erzählt.

Und siehe, Fürsten und Bojaren hörten von ihrem rechten Lebenswandel, kamen zum großen Feodossi, um ihm ihre Sünden zu bekennen, und gingen mit großem Gewinn wieder fort. Und so brachten sie ihm wiederum von ihrem Besitz zur Versorgung der Brüder und für die Ausstattung des Klosters. Andere aber schenkten dem Kloster und den Brüdern Äcker für den Bedarf der Kirche. Am meisten aber war dem Gesegneten der Christus liebende Fürst Isjaslaw zugetan, welcher den Thron seines Vaters innehatte. Oft rief er ihn zu sich, aber er kam auch viele Male selbst zu ihm, erquickte sich so an dessen geistlichen Worten und ging wieder fort.

Seit jener Zeit erhöhte Gott die Stätte und mehrte alle Güter daselbst durch die Gebete seines Gerechten.

Nun hatte unser Vater Feodossi dem Pförtner geboten, nach dem Mittagessen niemandem das Tor zu öffnen und niemanden bis zum Abendgottesdienst ins Kloster hineinzulassen, damit die Brüder während der Mittagszeit für die nächtlichen Gebete und den Morgengottesdienst ausruhen könnten.

21. Vom Besuch des Fürsten Isjaslaw

Eines Tages kam nun zur Mittagszeit der Christus liebende Fürst Isjaslaw wie gewöhnlich mit einem kleinen Gefolge. Denn immer, wenn er zum Gesegneten reiten wollte, schickte er alle Bojaren nach Hause und kam so zu ihm. Er ritt also, wie gesagt, heran, stieg vom Pferd – denn er kam niemals zu Pferde auf den Klosterhof –, trat ans Tor und gebot zu öffnen, da er eintreten wolle.

Jener Pförtner aber antwortete ihm: »Auf Geheiß unseres großen Vaters darf ich das Tor niemandem öffnen, bis die Zeit für den Abendgottesdienst gekommen ist.«

Da erklärte ihm der Christus liebende Fürst, wer er sei, damit der es erfahre, und sprach: »Das bin doch ich, nur mir allein öffne!«

Er aber begriff nicht, daß es der Fürst war, und antwortete ihm also: »Ich habe dir gesagt, mir ist's vom Abt befohlen: ›Mach das Tor nicht auf, und wenn gleich der Fürst kommt‹; aber wenn du willst, warte ein wenig, bis die Zeit für den Abendgottesdienst kommt.«

Jener aber antwortete: »Ich bin der Fürst. Willst du denn auch mir nicht öffnen?«

Und der schaute heraus, erkannte, daß es der Fürst war, und öffnete das Tor nicht, sondern eilte zu dem Gesegneten und berichtete es ihm.

Jener aber stand vor dem Tor und wartete, gerade wie der heilige Petrus, der erste unter den Aposteln: Als diesen nämlich der Engel aus dem Gefängnis geführt hatte und er zu dem Hause kam, da die Jünger waren, und ans Tor klopfte, da sah auch eine Magd heraus und sah Petrus stehen. Und sie tat das Tor nicht auf vor Freuden, sondern eilte, den Jüngern sein Kommen anzusagen.

Gerade so öffnete auch jener vor Schreck nicht das Tor, sondern lief eilends und berichtete dem Gesegneten von der Ankunft des Christus liebenden Fürsten.

Nun ging der Gesegnete hinaus, und da er des Fürsten ansichtig wurde, verneigte er sich vor ihm. Darauf sprach der Christus liebende Fürst Isjaslaw zu ihm: »Wie denn, Vater, hast du wirklich geboten, wie dieser Mönch sagt, wenn gleich der Fürst käme, auch den nicht einzulassen?«

Der Gesegnete aber antwortete: »Dieses Gebot, gütiger Herr, ist darum ergangen, daß die Brüder während der Mittagszeit das Kloster nicht verlassen, sondern zu dieser Zeit ausruhen sollen für den nächtlichen Lobpreis. Dein von Gott gelenkter Eifer zu unserer heiligen Gebieterin, der Gottesmutter, ist recht und deiner Seele dienlich; und wir freuen uns sehr, daß du gekommen bist.«

Und da sie in die Kirche gegangen waren, betete der Gesegnete, und sie setzten sich nieder. So erquickte sich der Christus liebende Fürst an den honigfließenden Worten, welche von unserem ehrwürdigen Vater Feodossi ausgingen, und nachdem er großen Nutzen von ihm empfangen hatte, kehrte er heim und pries Gott.

Und von jenem Tage an war er ihm noch mehr zugetan und verehrte ihn wie einen der ersten heiligen Väter, gehorchte ihm ganz und tat alles, was unser großer, ehrwürdiger Vater Feodossi von ihm verlangte.

22. Wie der gesegnete Warlaam verschied

Der gesegnete Warlaam, Sohn des Bojaren Ioann, Abt vom Kloster des heiligen Demetrios, welches der Christus liebende Fürst Isjaslaw hatte errichten lassen, zog in die heilige Stadt Jerusalem. Und als er dort die heiligen Stätten besucht hatte, kehrte er heim in sein Kloster. Wieder einige Zeit später ging er nach Konstantinopel, und nachdem er alle Klöster dort besucht und einiges gekauft hatte, was in seinem Kloster gebraucht wurde, machte er sich auf in sein Land. Da er auf dem Wege und schon im eigenen Lande war, befiel ihn eine schlimme Krankheit. So kam er bis zu der Stadt Wladimir und ging in ein nahe der Stadt gelegenes Kloster, welches Heiliger Berg genannt wird. Dort entschlief er im Frieden des Herrn und empfing seines Lebens Ende.

Die, welche mit ihm waren, hatte er gebeten, seinen Leib in das Kloster des gesegneten Feodossi zu bringen und ihn dort beizusetzen. Und alles, was er in Konstantinopel gekauft hatte, Ikonen und anderes Notwendige, sollten sie dem Gesegneten übergeben. Sie taten, wie er es ihnen geboten hatte, und so brachten sie seinen Leib und setzten ihn im Kloster des gesegneten Feodossi rechts von der Kirche bei, wo bis heute sein Grab ist, und gaben alles, was ihnen anbefohlen war, dem Ehrwürdigen in die Hände.

23. Vom Auszug des gesegneten Issaija

Darauf wählte der Christus liebende Fürst Isjaslaw aus dem Kloster des großen Feodossi einen der Brüder mit Namen Issaija aus, der für seinen mönchischen Lebenswandel berühmt war, und führte ihn fort, um ihn in seinem Kloster des heiligen Demetrios als Abt einzusetzen. Später wurde dieser wegen seiner guten Gesittung zum Bischof von Rostow ernannt. Dort wird er wie ein Heiliger verehrt, da er von Gott die Gabe empfangen hatte, Wunder zu tun.

24. Von der Ankunft des heiligen Nikon

Damals war Rostislaw, der Fürst jener Insel, gestorben, und die Leute beredeten den großen Nikon, zum Fürsten Swjatoslaw zu gehen und ihn zu bitten, er möge seinen Sohn senden, daß der jenen Thron einnehme. Als Nikon nun in die Stadt kam, ging er auch zum Kloster des gesegneten Feodossi. Und da die beiden einander sahen, fielen sie zu gleicher Zeit nieder und verneigten sich, dann wieder umarmten sie einander und weinten viel, denn sie hatten sich lange Zeit nicht gesehen. Darauf bat ihn der gesegnete Feodossi, sich nicht mehr von ihm zu trennen, solange sie beide am Leben seien. Das versprach ihm der große Nikon und sagte: »Ich will nur gehen, in meinem Kloster alles regeln und gleich zurückkehren.« So tat er es denn auch. Er kam also mit dem Fürsten Gleb auf die Insel, der nahm den Fürstensitz in dieser Stadt ein, Nikon aber kehrte um.

So kam er in das Kloster unseres großen Vaters Feodossi und gab all sein Eigentum dem Gesegneten in die Hände. Er selbst aber unterwarf sich ihm mit großer Freude. Der gesegnete Feodossi liebte ihn sehr und ehrte ihn wie seinen Vater, so daß er ihm, wenn er einmal irgendwohin fortging, die Brüder anvertraute, sie zu lehren und zu hüten, da er der Älteste von allen war. Wenn er aber selbst in der Kirche die Brüder mit geistlichen Worten belehrte, so gebot er dem großen Nikon auch, aus den Büchern vorzulesen und so den Brüdern Belehrung angedeihen zu lassen.

Eben das trug er gleichfalls unserem ehrwürdigen Vater Stefan auf, welcher damals Ekklesiarch war, später aber, nach dem Tode des ge-

Der heilige Issaija,
Abt des Demetrios-Klosters auf dem Klow
und später Bischof von Rostow,
der für die Armen und die Witwen sorgte

segneten Feodossi, Abt desselben Klosters und darauf Bischof von Wladimir wurde.

So habe ich nun von diesen berichtet, weiter aber werde ich durch Gottes Gnade einzig von unserem gesegneten Vater Feodossi und von seinen herausragenden Werken reden.

25. Von der Liebe des Heiligen zur Arbeit und von seinem Eifer

Ich will nun von jener Leuchte erzählen, von unserem heiligen, großen Vater Feodossi. Denn er war ein wahrer Mann Gottes, ein Lichtträger, der in der Welt zu sehen war, der allen Mönchen durch demütigen Sinn und Gehorsam leuchtete. Auch weitere mühevolle Werke vollbrachte er; er arbeitete alle Tage mit seinen Händen. Mehr noch, oft ging er in die Backstube und arbeitete mit den Bäckern frohen Mutes, rührte Teig und buk Brote. Denn er war, wie ich schon früher sagte, kräftig gebaut und stark und gab allen Leidenden Kraft, tröstete und lehrte sie, in ihren Werken nicht nachzulassen.

Eines Tages wollten sie ein Fest der heiligen Gottesmutter feiern, und es fehlte Wasser. Der schon erwähnte Feodor, derselbe, welcher mir viel von diesem weitgerühmten Manne erzählt hat, war damals Kellermeister. Der ging hin und meldete dem gesegneten Feodossi, es sei keiner da zum Wassertragen. Da stand der Gesegnete eilends auf und fing an, Wasser vom Brunnen zu holen. Und siehe, einer der Brüder, welcher ihn Wasser tragen sah, lief gar bald und sagte es einigen Brüdern. Die kamen eifrig herbei und brachten mehr Wasser, als man brauchte.

Ein andermal war nicht genug Kleinholz zum Kochen bereit, und Feodor, der Kellermeister, kam zu dem gesegneten Feodossi und sagte: »Vater, du mögest einem Bruder, welcher gerade frei ist, befehlen, daß er gehe und Holz schaffe, soviel gebraucht wird.«

Darauf sprach der Gesegnete: »Nun, ich bin frei, so werde ich gehen.«

Es war aber zur Mittagszeit, also gebot der Gesegnete der Bruderschaft, in die Trapesa zu gehen, selbst aber nahm er das Beil und begann, Holz zu spalten. Als nun die Brüder nach dem Essen herauskamen und ihren ehrwürdigen Abt Holz hacken und sich solchermaßen mühen sahen, nahm ein jeglicher sein Beil, um gleichfalls Holz zu spalten. So hatten sie genug für viele Tage.

So groß war der Eifer unseres gesegneten geistlichen Vaters Feodossi für Gott; denn ihm waren wahre Demut und große Sanftmut zu eigen. Darin eiferte er Christus, dem wahren Gotte, nach, welcher gesagt hat: »Lernet von mir; denn ich bin sanftmütig und von Herzen demütig.« Auf diese Lehre schaute er, demütigte sich und machte sich zum Letzten von allen. So arbeitete und diente er, ging als erster von allen zur Arbeit hinaus und fand sich auch in der Kirche als erster von allen ein. Oftmals, wenn der große Nikon saß und Bücher band, setzte sich der Gesegnete zu ihm und spann Fäden, welche zu solchem Werke nötig sind. So demütig und schlicht war er.

Und niemand hat je gesehen, daß er sich niedergelegt oder Wasser über seinen Leib gegossen hätte, sondern er wusch sich einzig die Hände. Sein Gewand aber war ein härenes Hemd, rauh am Leibe, und darüber ein anderes Hemd, und auch dieses war gar ärmlich. Das zog er darum über das erste, daß man das härene Hemd nicht sehen sollte, welches er trug. Um dieser ärmlichen Kleider willen tadelten und rügten ihn viele Unverständige. Der Gesegnete aber nahm ihren Tadel mit Freuden hin und dachte stets an des Herrn Wort, womit er sich tröstete und erfreute. Denn es steht geschrieben: »Selig seid ihr, wenn sie euch um meinetwillen schmähen und reden allerlei Übles wider euch, so sie daran lügen. Seid fröhlich und getrost an jenem Tage; es wird euch im Himmel wohl belohnt werden.« Darauf besann sich der Gesegnete und tröstete sich über jene und duldete Schimpf und Schmach von allen.

26. Von dem Kutscher, der den Heiligen fuhr

Eines Tages nun war der große Feodossi um irgendeiner Sache willen zu dem Christus liebenden Fürsten Isjaslaw gegangen. Der war weit von der Stadt, als jener kam, und wegen der Sache verweilte er sich bis zum Abend. Der Christus Liebende aber befahl, ihn mit einer Kutsche zum Kloster zu bringen, auf daß er schlafen könne in der Nacht.

Auf der Fahrt sah ihn nun der Kutscher in solcher Kleidung und meinte, es sei einer der Armen. Und er sprach zu dem Gesegneten: »Du, Mönch, du hast alle Tage nichts zu tun, ich aber habe mich müde gearbeitet. Sieh, ich kann nicht mehr zu Pferde sitzen. Laß mich im Wagen schlafen, so kannst du reiten. Steig aufs Pferd!«

Da stand der Gütige in aller Demut auf, setzte sich aufs Pferd, und jener legte sich in den Wagen. Und so ritt er des Weges, freute sich und pries Gott. Und wenn er einzunicken drohte, stieg er vom Pferde und lief neben ihm her, bis er müde ward und wieder aufsaß.

So kam die Dämmerung, und die Würdenträger, die zum Fürsten unterwegs waren, erkannten den Gesegneten von weitem, saßen ab und verneigten sich vor ihm.

Da sprach er zu dem Knecht: »Siehe, mein Sohn, es ist schon hell. Setz dich auf dein Pferd!«

Der Knecht aber, da er sah, wie sich alle vor ihm verneigten, erschrak in seinem Sinn und stand zitternd auf, bestieg das Pferd und ritt weiter; der ehrwürdige Feodossi aber saß in der Kutsche. Und alle Bojaren, die ihm begegneten, verneigten sich vor ihm, so daß dem Kutscher noch mehr angst ward.

Dann kam er zum Kloster, und siehe, alle Brüder traten heraus und verneigten sich bis zur Erde vor ihm. Da erschrak der Knecht gar sehr und dachte bei sich: »Wer ist dieser, daß sich alle so vor ihm neigen?«

Doch der Ehrwürdige nahm ihn bei der Hand, führte ihn in die Trapesa und gebot, ihm Essen und Trinken zu geben, soviel er wolle. Und nachdem er ihm noch Kunen gegeben hatte, entließ er ihn. Davon hat dieser Knecht den Brüdern selbst erzählt, der Gesegnete aber ließ es niemanden wissen.

Auf solche Art lehrte er die Brüder alle Tage, daß der Mönch sich mitnichten erheben dürfe, sondern er müsse demütig sein, sich geringer als alle schätzen und dürfe sich nicht erhöhen, sondern müsse sich allen unterwerfen.

»Und gehet«, pflegte er ihnen zu sagen, »mit auf der Brust gekreuzten Händen einher, und keiner übertreffe euch in eurer Demut; sondern verneiget euch voreinander, wie es Mönchen gebührt. Und laufet nicht von einer Zelle zur anderen, sondern es bete ein jeglicher in seiner Zelle zu Gott.« Mit diesen und vielen anderen Worten belehrte er sie ohne Unterlaß alle Tage.

Wenn er hörte, daß einer der Brüder unter Anfechtungen von dämonischen Erscheinungen litt, so rief er ihn zu sich und belehrte ihn, da er selbst allen Versuchungen ausgesetzt gewesen, und gebot, den teuflischen Ränken mit aller Kraft zu widerstehen, keineswegs auszuweichen, noch angesichts der Trugbilder und der dämonischen Angriffe schwach zu werden, auch nicht das Feld zu räumen, sondern sich mit Fasten und Gebet zu wappnen und immer wieder Gott anzurufen, um den bösen Dämon zu besiegen.

Er sprach folgendes zu ihnen: »Gerade so ist es auch mir zuerst ergangen. So sang ich eines Nachts in der Zelle die üblichen Psalmen, als plötzlich ein schwarzer Hund vor mir stand, so daß ich mich nicht verneigen konnte. Er stand lange Zeit vor mir, und als ich gereizt nach ihm schlagen wollte, ward er unsichtbar vor mir. Da ergriff mich Zittern und Zagen, daß ich von der Stätte fliehen wollte, hätte der Herr mir nicht geholfen. Als ich mich ein wenig von dem Schrecken erholt hatte, da betete ich mit Fleiß zu Gott und verneigte mich gar oft; und so wich diese Angst von mir, daß ich jene seit der Zeit nicht mehr fürchten mußte, auch wenn sie vor meinen Augen erschienen.«

Auch pflegte er ihnen noch viele andere Worte zu sagen, um sie gegen die bösen Geister zu stärken, und so entließ er sie. Sie aber waren froh und priesen Gott ob solcher Unterweisungen ihres standhaften Meisters und Lehrers.

27. Von Ilarion

Das Folgende hat mir einer der Brüder mit Namen Ilarion erzählt. Er sprach: »In der Zelle fügten mir böse Dämonen viel Unheil zu: Jedesmal, wenn ich mich auf mein Lager niederlegte, kamen viele Dämonen, nahmen mich bei den Haaren, stießen und zogen mich. Andere hoben die Wand an und sagten: ›Zieht ihn hierher, daß wir ihn mit der Wand erdrücken!‹ Solches taten sie mit mir jede Nacht.

Da ich es nun nicht mehr ertragen konnte, ging ich und berichtete dem großen Feodossi von der Dämonenplage. Ich wollte fort von dem Platz in eine andere Zelle ziehen. Der Gesegnete aber bat mich und sprach: ›Bruder, weiche ja nicht von der Stelle, sonst rühmen sich die bösen Dämonen, sie hätten dich besiegt und dir große Not bereitet, und dann werden sie dir noch mehr Böses tun, weil sie Macht über dich gewonnen haben. Bete lieber mit Fleiß in deiner Zelle zu Gott. Und wenn Gott dein Ausharren sieht, wird er dir den Sieg über sie schenken, so daß sie nicht mehr wagen sollen, dir nahezukommen.‹

Darauf sprach ich zu ihm: ›Ich bitte dich, Vater, ich kann jetzt nicht mehr in dieser Zelle bleiben wegen der vielen Dämonen!‹

Da bekreuzigte mich der Gesegnete und sprach zu mir: ›Gehe in die Zelle. Von nun an werden die arglistigen Dämonen dir kein Ungemach mehr bereiten, auch wirst du sie nicht mehr sehen.‹

So glaubte ich, verneigte mich vor dem Heiligen und ging. Und in jener Nacht war es still in meiner Zelle, und ich schlief sanft. Seitdem wagten es die heimtückischen Dämonen nicht mehr, sich der Stätte zu nahen; von den Gebeten unseres ehrwürdigen Vaters Feodossi vertrieben, waren sie eilends geflohen.«

Und auch dieses hat mir der Mönch Ilarion erzählt: Er war nämlich des Bücherschreibens kundig, und so schrieb er alle Tage und Nächte in der Zelle unseres gesegneten Vaters Feodossi Bücher, während dieser mit seinen Lippen leise den Psalter sang und mit den Händen Wolle spann oder eine andere Arbeit verrichtete.

Eines Abends nun, als sie beide bei ihrer Arbeit waren, kam der Ökonom und sprach zu dem Gesegneten: »Ich habe nichts, womit ich den Brüdern für den morgigen Tag zu essen kaufen könnte und wes sie sonst bedürfen.«

Da sprach der Gesegnete zu ihm: »Wie du siehst, ist es Abend, und der morgige Tag ist noch fern. Also geh und gedulde dich ein wenig und bete zu Gott. Es mag sein, er erbarmt sich unser und sorgt für uns, wie es ihm gefällt.«

Und als er das gehört hatte, ging der Ökonom. Darauf erhob sich der Gesegnete und ging ins Innere seiner Zelle, um nach der Regel seine Psalmen zu singen, und nach dem Gebet kam er, setzte sich und tat wieder seine Arbeit.

Da kam der Ökonom aufs neue herein und sagte noch einmal dasselbe. Und der Gesegnete antwortete ihm: »Habe ich dir nicht gesagt: Bitte Gott. Morgen aber gehst du in die Stadt und borgst bei den Händlern, was die Brüder brauchen, und später geben wir die Schuld zurück, wenn Gott uns seine Wohltaten erwiesen hat. Denn treu ist, der da spricht: ›Sorget nicht für den andern Morgen, denn der morgende Tag wird für das Seine sorgen.‹ Er wird uns in seiner Gnade nicht verlassen.«

28. Vom gottgesandten Golde

Und als der Ökonom gegangen war, siehe, da kam ein lichter Jüngling im Gewande eines Kriegers, verneigte sich und legte, ohne etwas zu reden, eine Griwna Goldes auf den Tisch und ging schweigend hinaus. Der Gesegnete aber stand auf, nahm das Gold und betete bei sich zu Gott, dem Herrn, unter Tränen.

Dann rief er den Pförtner und fragte ihn, ob jemand diese Nacht ans Tor gekommen sei. Der versicherte mit einem Schwur: »Das Tor ist schon geschlossen worden, als es draußen noch hell war, und seitdem habe ich es nicht geöffnet, da keiner hingekommen ist.«

Darauf rief der Gesegnete den Ökonomen, gab ihm die Griwna Goldes und sprach: »Wie sagst du, Bruder Anastas: ›Ich habe nichts, um für die Brüder das Nötigste zu kaufen?‹ Geh nur, kaufe, was die Brüder brauchen. Am andern Morgen aber wird Gott wiederum für uns sorgen.«

Da fiel der Ökonom vor ihm auf die Knie und bat den Ehrwürdigen um Vergebung; denn er hatte die Gnade Gottes erkannt.

Und der Gesegnete belehrte ihn und sprach: »Bruder, höre nimmer auf zu hoffen, sondern stärke dich im Glauben und wirf alle deine Sorge auf den Herrn; denn er sorget für uns, wie es ihm gefällt. Richte heute ein großes Festmahl für die Bruderschaft aus: Dies ist ein Zeichen von Gottes Segen.«

Und Gott beschenkte die gottgesammelte Herde weiter reichlich mit allem Nötigen durch die Gebete des Ehrwürdigen.

Der Gesegnete aber blieb darum alle Nächte schlaflos, betete unter Tränen zu Gott und beugte oftmals seine Knie zur Erde.

Die in der Kirche ihren Dienst taten, haben das viele Male vernommen, wenn die Zeit zum Morgengottesdienst herankam und sie den Segen von ihm holen wollten: Einer von ihnen trat leise hinzu, blieb stehen und lauschte. Da hörte er ihn beten und bitterlich weinen und oftmals auch mit dem Kopfe auf die Erde schlagen. Wenn jener dann wieder ein kleines Stück fortgegangen war und fest aufzutreten begann, so daß die Schritte zu hören waren, verstummte er und tat vor jenem, als ob er schliefe.

Der klopfte dann und sprach: »Gib den Segen, Vater!«, und der Gesegnete schwieg, so daß der andere bis zu dreimal klopfen und »Gib den Segen, Vater!« sagen mußte, ehe er, wie vom Schlaf erwachend, sagte: »Unser Herr Jesus Christus segne dich, mein Sohn.« Und dann fand er sich als erster in der Kirche ein. Man sagte, so habe er es jede Nacht gehalten.

29. Von Damian, dem Priester

Es lebte ein Starez im Kloster des Gesegneten, seinem Range nach ein Priester, Damian mit Namen, welcher in seinem Eifer und seiner Demut danach strebte, ähnlich dem ehrwürdigen Vater Feodossi zu leben. Viele bezeugen sein wohlgefälliges Leben und seinen Gehorsam und daß er sich allen unterwarf. Besonders die mit ihm in einer Zelle wohnten sahen, wie sanftmütig er war und wie er ganze Nächte hindurch wachte, mit Hingabe die heiligen Bücher las und oftmals aufstand zum Gebet. Auch noch vieles andere berichten sie von diesem Manne.

Einmal war Damian krank, und da sein Ende nahte, betete er unter Tränen zu Gott und sprach:

Gebet: »Mein Herr Jesus Christus, mache mich würdig, am Ruhme deiner Heiligen teilzuhaben und mit ihnen zu deinem Reich zu gehören. Und ich bitte dich, mein Gebieter, trenne mich nicht von meinem Vater und Lehrer, dem ehrwürdigen Feodossi, sondern nimm mich mit ihm in jene Welt auf, welche du deinen Gerechten bereitet hast!«

Als er noch so betete, siehe, da stand plötzlich der gesegnete Feodossi an seinem Lager, der fiel ihm an die Brust, küßte ihn liebevoll und sprach zu ihm: »Siehe, mein Sohn, der Herr hat mich heute gesandt, um dir zu sagen: Worum du ihn gebeten hast, das wird dir nach deiner Bitte geschehen: Du wirst zu seinen Heiligen gezählt werden und mit ihnen im Reich des himmlischen Herrschers sein. Und wenn Gott, der Herr, dir befehlen wird, von dieser Welt zu scheiden und zu ihm zu kommen, so werden wir beide uns auch dann nicht trennen, sondern gemeinsam in jener Welt sein.« Da er das gesagt hatte, ward er unsichtbar vor ihm.

Er aber verstand, daß er eine Vision von Gott gehabt hatte; denn er hatte ihn [Feodossi] weder zur Tür hereinkommen noch wieder zur Tür hinausgehen sehen, sondern er war ihm an diesem Ort erschienen und dann vor ihm unsichtbar geworden.

Sogleich rief er einen herbei, der für ihn sorgte, und schickte nach dem gesegneten Feodossi. Der kam bald, und Damian sprach zu ihm mit froher Miene: »Nun, Vater, wird es so kommen, wie du mir versprochen hast, als du heute vor mir erschienen bist?«

Der Gesegnete antwortete, da er nichts davon wußte: »Mein Sohn, ich weiß nichts von dem Versprechen, von dem du redest.«

Da erzählte er ihm, wie er gebetet hatte und ihm der Ehrwürdige selbst erschienen war. Als der gottbegeisterte Feodossi das hörte, sprach er unter Tränen lächelnd zu ihm: »Freilich, mein Sohn, wird es so kommen, wie ich es dir versprochen habe. Denn ein Engel ist in meiner Gestalt erschienen. Wie könnte ich, sündig wie ich bin, der Verkünder jener Herrlichkeit sein, welche den Gerechten bereitet ist?« Jener aber freute sich, da er das Versprechen des Heiligen gehört hatte.

Und da sich [einige] Brüder versammelt hatten, küßte er alle und gab so in Frieden seine Seele in die Hände des Herrn, als die Engel ge-

Der ehrwürdige Damian, Priester und Heilkundiger

kommen waren, um ihn zu holen. Da gebot der Gesegnete, ans Schlagbrett zu schlagen, auf daß sich auch die übrige Bruderschaft einfände. Und so bestatteten sie mit großen Ehren und mit Gesängen den teuren Leib dieses Gottwohlgefälligen dort, wo alle Brüder bestattet werden.

Danach wuchs die Zahl der Brüder, und unser ruhmreicher Vater Feodossi mußte das Kloster erweitern, um Zellen für die vielen zu errichten, welche gekommen und Mönche geworden waren. Er arbeitete auch selbst mit den Brüdern gemeinsam und umzäunte den Klosterhof.

30. Wie Räuber kamen und ein Wunder geschah

Und als der [alte] Zaun abgerissen war und niemand Wache hielt, siehe, da kamen eines Nachts, als eine große Finsternis war, Räuber über sie. Die meinten aber, in den Kirchenräumen sei ihr Besitz verborgen, und darum gingen sie in keine der Zellen, sondern wollten zur Kirche. Und siehe, da hörten sie Gesang in der Kirche. Sie glaubten, die Brüder sängen das Abendgebet, und gingen fort. Als sie ein wenig im dichten Walde gewartet hatten und meinten, nun sei das Singen wohl zu Ende, kamen sie wieder zur Kirche, und sie hörten denselben Gesang und sahen ein höchst seltsames Licht in der Kirche, und Wohlgeruch entströmte ihr; denn es sangen Engel darin. Sie aber dachten, die Brüder wären beim Mitternachtsgottesdienst und gingen wieder fort, um abzuwarten, bis diese mit dem Gesang zu Ende wären, und dann zu kommen und alles, was in der Kirche sei, zu rauben. Und so kamen sie viele Male und hörten immer den Gesang der Engel.

Dann war es Zeit für den Morgengottesdienst, und der Kirchendiener rief das gewohnte »Gib den Segen, Vater!«, und als er den Segen erbeten hatte, rief er zum Morgengottesdienst.

Da gingen sie ein Stück fort in den Wald, setzten sich nieder und sprachen untereinander: »Was tun? Wir haben wohl eine Erscheinung in der Kirche gehabt. Aber wenn sie jetzt alle in die Kirche gehen, so können wir kommen, die Tür verstellen und sie alle erschlagen. So kriegen wir ihren Besitz.«

Dazu hatte der Feind sie angestiftet, weil er gedachte, die heilige Herde auf solche Weise von dieser Stätte zu vertreiben. Allein, es gelang ihm keineswegs, sondern er ward selbst von ihnen mit Gottes Hilfe besiegt durch die Gebete unseres ehrwürdigen Vaters Feodossi.

Die bösen Menschen warteten dann abermals eine Weile, und die ehrwürdige Herde mit ihrem gesegneten Lehrer und Hirten Feodossi versammelte sich in der Kirche. Und als sie die Morgenpsalmen sangen, stürzten jene auf sie zu wie wilde Tiere. Sie kamen an, und plötzlich geschah ein erschreckliches Wunder: Die Kirche mit denen, die darin waren, löste sich vom Boden und schwebte in die Luft empor, so daß sie sie mit keinem Pfeil erreichen konnten. Und die mit dem Gesegneten darin waren, gewahrten dies nicht, noch hörten sie etwas. Jene aber, welche das Wunder sahen, fürchteten sich und kehrten zitternd heim, und seitdem wurden sie friedfertig und taten niemandem mehr Böses. Ihr Hauptmann kam sogar mit noch dreien zu unserem gesegneten Vater Feodossi, um Buße dafür zu tun und das Geschehene zu beichten. Und der Gesegnete, da er es gehört hatte, pries Gott, der sie vor einem solchen Tode bewahrt hatte. Auch belehrte er sie über die Rettung der Seele, und so entließ er sie, daß sie Gott lobten und für alles dankten.

31. Wie ein ebensolches Wunder an der gleichen Höhlenkloster-Kirche geschehen ist

Ein andermal sah sie ein Bojar des Christus liebenden Fürsten Isjaslaw. Als er einmal bei Nacht über freies Feld ritt, etwa fünfzehn Stadien vom Kloster des gesegneten Feodossi entfernt, siehe, da erblickte er eine Kirche in den Wolken und erschrak gar sehr. Er eilte mit seinen Leuten, um zu sehen, was das für eine Kirche sei. Und als er zum Kloster des Gesegneten kam, da fuhr die Kirche vor seinen Augen nieder und stellte sich an ihren Platz. Er aber klopfte ans Tor, der Pförtner öffnete, und er ging hinein zu dem Gesegneten und berichtete, was geschehen war. Und seitdem besuchte er ihn oft, erquickte sich an seinen geistlichen Worten und gab dem Ehrwürdigen auch von seinem Besitz für die Ausstattung des Klosters.

32. Vom Bojaren Kliment

Wieder ein anderer Bojar desselben Christus ergebenen Fürsten Isjaslaw zog einmal mit seinem Fürsten in den Kampf gegen die Feinde. Ehe sie nun die Schlacht schlugen, legte er bei sich ein Gelübde ab und sprach: »Wenn ich heil heimkehre, will ich der heiligen Gottesmutter im Kloster des gesegneten Feodossi zwei Griwnen Goldes geben und einen Strahlenkranz für die Ikone der heiligen

Gottesmutter schmieden lassen.« Dann kam es zur Schlacht, und viele aus beiden Heeren fielen im Kampf. Endlich aber waren die Feinde besiegt, und wer gerettet war, kehrte heim.

Der Bojar aber hatte vergessen, was er der heiligen Gottesmutter versprochen hatte. Und siehe, einige Tage darauf, als er mittags in seinem Gemach schlief, vernahm er eine furchterregende Stimme, die ihn beim Namen rief: »Kliment!«

Er erwachte und setzte sich im Bett auf, und da sah er die Ikone der heiligen Gottesmutter aus dem Kloster des Gesegneten vor seinem Bette stehen, und eine Stimme kam von ihr: »Warum hast du mir das Versprochene nicht gegeben, Kliment? Wohlan, ich sage dir jetzt: Eile dich, dein Gelübde zu erfüllen!«

Als sie das gesagt hatte, wurde die Ikone unsichtbar vor ihm. Da befiel den Ggeujewitsch Sdeislaw – denn so hieß er früher – große Angst, und er nahm das Versprochene, brachte es ins Kloster und übergab es dem gesegneten Feodossi. Auch den Strahlenkranz für die Ikone der heiligen Gottesmutter ließ er schmieden.

Und wiederum einige Tage später beschloß der Bojar, dem Gesegneten ein Evangelium für das Kloster zu schenken. Er kam zu dem großen Feodossi ins Kloster – das heilige Evangelium trug er an der Brust verborgen –, und als sie sich nach dem Gebet setzen wollten und er das heilige Evangelium noch nicht gezeigt hatte, sprach der Gesegnete zu ihm: »Gib zuerst das heilige Evangelium heraus, Bruder Kliment, das du an deiner Brust trägst und der heiligen Gottesmutter zu geben versprochen hast. Dann wollen wir uns setzen.«

Jener hörte es und erschrak ob der Hellsichtigkeit des Ehrwürdigen. Denn noch hatte er niemandem davon erzählt. Und so zog er das heilige Evangelium hervor und gab es dem Gesegneten in die Hände. Darauf setzte er sich, und als er sich am geistlichen Gespräch erbaut hatte, ging er heim. Seitdem hegte er eine große Zuneigung zum gesegneten Feodossi und besuchte ihn oft, jedesmal mit großem Gewinn.

Wenn jemand zu ihm kam, so pflegte der Gesegnete ihm nach der göttlichen Unterweisung ein Mahl mit Klosterspeisen vorzusetzen: Brot und Linsen. Oftmals aß auch der Christus liebende Fürst Isjaslaw von diesen Speisen, und da er Gefallen daran fand, sprach er zu dem gesegneten Feodossi:

»Wie du weißt, Vater, ist mein Haus voll von allen Gütern dieser Welt. Gleichwohl habe ich niemals so wohlschmeckende Speisen gegessen wie jetzt hier. Oft haben meine Knechte verschiedene und teure Speisen bereitet, aber sie sind nicht so köstlich wie diese. Nun bitte ich dich, Vater, sage mir, woher kommt es, daß eure Speise so gut schmeckt?«

Da sprach unser gottbegeisterter Vater Feodossi, der ihn in seiner Liebe zu Gott stärken wollte, zu ihm: »Wenn du das zu wissen begehrst, guter Herrscher, so höre, ich werde es dir sagen. Wenn nämlich die Brüder dieses Klosters kochen oder Brot backen oder einen anderen Dienst tun wollen, so haben sie diesen Brauch: Zuerst geht einer von ihnen und holt den Segen vom Abt, dann verneigt er sich vor dem heiligen Altar dreimal bis zur Erde und entzündet eine Kerze am heiligen Altar. Mit dieser Kerze entfacht er das Feuer. Und wenn er dann Wasser in den Kessel gießt, sagt er zum Ältesten: ›Gib den Segen, Vater!‹, und jener spricht: ›Gott segne dich, Bruder.‹ – Und so geschieht all ihr Dienst unter dem Segen. Deine Knechte aber arbeiten, wie man erzählt, in ständigem Zank und Spott und aufeinander fluchend. Oftmals werden sie gar von den Aufsehern geschlagen, und so geschieht all ihr Dienst in Sünde.«

Als er das gehört hatte, sprach der Christus Ergebene: »Wahrlich, Vater, es ist so, wie du sagst.«

33. Wie der Heilige Aufsicht führte

Unser ehrwürdiger Vater Feodossi war wahrhaftig vom Heiligen Geist erfüllt und hat das Talent Gottes gemehrt, da er den Ort mit einer Menge von Mönchen besiedelte: Dort, wo früher alles öde war, hat er nun ein berühmtes Kloster geschaffen. Darum aber wollte er darin nichts Überflüssiges anhäufen, sondern sich in Vertrauen und Hoffnung auf Gott verlassen und nichts mehr vom Besitz erwarten.

So ging er deshalb oftmals durch die Zellen seiner Schüler, und wenn er bei einem etwas fand – etwa eine Speise oder Kleider, über die festgesetzten hinaus, oder irgendwelchen anderen Besitz –, so nahm er es und warf es in den Ofen als Teufelszeug und sündhaften Ungehorsam.

So aber sprach er zu ihnen: »Uns als Mönchen, die wir dem Irdischen entsagt haben, geziemt es nicht, Brüder, wiederum Besitz in unserer Zelle zu horten. Wie können wir Gott ein reines Gebet darbringen, wenn wir einen Schatz in unserer Zelle zu eigen haben? Ihr habt gehört, was der Herr darüber gesagt hat: ›Denn wo euer Schatz ist, da wird auch euer Herz sein.‹ Und über die, welche etwas ansammeln: ›Du Narr! Diese Nacht wird man deine Seele von dir fordern; und wes wird's sein, das du bereitet hast?‹ Darum, Brüder, lassen wir es uns genügen, uns um die nach der Klosterordnung festgesetzten Kleider zu kümmern und um die Speisen, welche uns an der Tafel vom Kellermeister vorgesetzt werden, und in der Zelle kein Eigentum dergleichen zu haben, auf daß wir so in aller Inbrunst und mit ganzem Herzen Gott unser reines Gebet darbringen mögen.«

Dieses und vieles andere brachte er ihnen bei; er lehrte alle in jeglicher Demut und unter Tränen. Niemals war er heftig noch zornig, noch schaute er jemanden böse an, sondern er war barmherzig und sanft und jedermann gewogen.

Wenn jemand aus der heiligen Herde schwach ward im Herzen und das Kloster verließ, so war der Gesegnete voll großer Trauer und Sorge um seinetwillen und betete zu Gott, er möge das von seiner Herde getrennte Schaf zurückbringen. So brachte er alle Tage weinend zu und Gott für ihn bittend, bis jener Bruder zurückkehrte. Dann nahm ihn der Gesegnete freudig auf und lehrte ihn, keinesfalls durch die Ränke des Teufels schwach zu werden, noch sie an sich heranzulassen, sondern fest zu stehen. »Denn«, sprach er, »eine mannhafte Seele wird von solchen bedauerlichen Anfechtungen nicht schwach.« Wenn er dies und vieles andere gesprochen und jenen getröstet hatte, entließ er ihn in Frieden in seine Zelle.

34. Von einem, der oft das Kloster verließ

Es war aber da ein Bruder, dem fiel das Dulden schwer, und er lief oftmals aus dem Kloster des Gesegneten fort. Und immer, wenn er wiederkam, nahm ihn der Gesegnete mit Freuden auf. Denn er pflegte zu sagen: »Gott wird ihn nicht so umherirren lassen, daß er fern vom Kloster stürbe. Wenn er auch oftmals von uns fortgegangen ist, so wird er doch in diesem Kloster seines Lebens Ende empfangen.« Und er betete unter Tränen für ihn zu Gott und bat um Geduld für ihn.

Als jener, nachdem er viele Male fortgelaufen war, wieder einmal ins Kloster zurückkehrte, bat er den großen Feodossi, daß er ihn aufnehme. Der, welcher wahrhaft barmherzig war, empfing ihn wie ein aus der Verirrung heimgekehrtes Schaf gar freudig und reihte ihn ein in seine Herde. Der Mönch aber hatte einiges Gut mit seinen Händen erarbeitet – er war nämlich ein Schneider –, und das brachte er und legte es vor dem Gesegneten hin.

Darauf sprach der Heilige zu ihm: »Willst du ein vollkommener Mönch sein, so nimm dieses – denn es kommt vom Ungehorsam – und wirf es in den brennenden Ofen!«

Er aber, sich heiß nach Glauben sehnend, trug es auch hin auf das Geheiß des Gesegneten, warf es in den Ofen, und so verbrannte es. Er aber lebte seitdem im Kloster, verbrachte seine übrigen Tage und starb dort, wie es der Gesegnete vorhergesagt hatte, in Frieden mit Gott.

So groß war die Liebe des Gesegneten, und solche Barmherzigkeit hegte er gegen seine Schüler, auf daß sich auch nicht einer von seiner Herde trenne, sondern er alle gemeinsam hüte als ein guter Hirt: sie weide und lehre, tröste und mit Worten bessere, ihre Seele nähre mit der Speise des unvergänglichen ewigen Lebens und sie ohne Unterlaß tränke aus der Wasserquelle. Dadurch hat er viele zur Erkenntnis Gottes gebracht und ihnen den Weg zum Himmelreich gewiesen.

Nun aber wollen wir weitererzählen von unserem Vater Feodossi.

35. Vom Mangel an Nahrung

Eines Tages kam der Kellermeister zum Gesegneten und sprach: »Heute habe ich nichts, was ich den Brüdern zum Essen vorsetzen kann; denn ich habe nichts zu kochen.«

Und der Gesegnete sprach zu ihm: »Geh, hab Geduld und bete zu Gott, er wird schon für uns sorgen. Wenn aber nicht, dann koche Weizen und mische ihn mit Honig und setze das den Brüdern zu Tische vor. Aber hoffen wir auf Gott, welcher den ungehorsamen Menschen in der Wüste Brot vom Himmel gegeben hat und Wachteln hat regnen lassen. Der hat auch heute die Macht, uns Speise zu geben.«

Und da er das gehört hatte, ging der Kellermeister. Der Gesegnete aber betete ohne Unterlaß darum zu Gott. Und siehe, dem schon genannten Bojaren Ioann gab es Gott in den Sinn, drei Wagen mit Speisen zu beladen: Brot und Käse und Fisch, auch Linsen und Hirse und dazu noch Honig. Die schickte er zu dem Gesegneten ins Kloster.

Als der Gesegnete das sah, pries er Gott und sprach zum Kellermeister: »Siehst du, Bruder Feodor, daß uns Gott nicht verlassen wird, wenn wir von ganzem Herzen auf ihn hoffen? Aber gehe hin und bereite den Brüdern heute ein großes Fest; denn dies ist ein Zeichen von Gottes Segen.«

Und so ergötzte sich der Gesegnete mit den Brüdern bei Tische in geistlicher Freude; denn er selbst aß trocken Brot und gekochte Kräuter ohne Fett und trank Wasser. Das war immer seine Speise. Aber niemals sah man ihn trübsinnig oder mürrisch an der Tafel sitzen, und er leuchtete durch die Gnade Gottes.

36. Von der Barmherzigkeit des heiligen Feodossi

Man brachte einmal Räuber in Fesseln zu dem Gesegneten, welche in einem Klosterdorfe gefangen worden waren, da sie stehlen wollten. Als nun der Gesegnete sah, wie sie gebunden und in solcher Bedrängnis waren, hatte er großes Mitleid mit ihnen. Er brach in Tränen aus und gebot, sie loszumachen und ihnen Essen und Trinken zu geben. Dann belehrte er sie lange, daß sie niemandem Leid oder Unrecht antun sollten. Auch gab er ihnen genügend Gut, soviel sie brauchten; und so entließ er sie in Frieden.

Sie aber gingen hin und priesen Gott und den gesegneten Feodossi. Seitdem haben sie sich bekehrt und niemandem mehr etwas Böses getan, sondern sie waren zufrieden mit den Früchten ihrer Arbeit.

So demütig war unser großer Vater Feodossi: Wenn er einen Bettler oder Armen sah, bedrückt und in schlechten Kleidern, so war er gar traurig um seinetwillen und grämte sich um ihn, und er erbarmte sich seiner unter Tränen. Darum ließ er auch nahe seinem Kloster ein Haus errichten und dort eine Kirche auf den Namen des heiligen Stephanos, des ersten Märtyrers, bauen. Er hieß die Armen, Blinden und Lahmen und die Kranken dort verweilen; und er gab ihnen vom Kloster, was sie brauchten. Von allem, was das Kloster hatte, gab er ihnen den zehnten Teil. Auch sandte er jeden Sonnabend einen Wagen voll Brote für die, welche in den Gefängnissen waren und in Fesseln lagen.

37. Vom Priester, welcher um Wein bat

Eines Tages kam ein Priester aus der Stadt zum ehrwürdigen Feodossi und bat um Wein für die heilige Liturgie. Sogleich rief der Gesegnete einen Kirchendiener herbei und trug ihm auf, das Gefäß, welches jener mitgebracht hatte, mit Wein zu füllen und ihm zu geben.

Der antwortete und sagte: »Es ist zuwenig Wein da. Nur noch für zwei oder drei oder vier Tage zur heiligen Liturgie.«

Der Gesegnete aber antwortete ihm: »Gieße diesem Manne alles ein; für uns wird Gott sorgen.«

Der ging und übertrat des Heiligen Gebot: Er goß jenem nur ein wenig Wein in den Krug und behielt etwas für den Gottesdienst am folgenden Tage zurück.

Der Priester brachte das wenige, welches er ihm gegeben hatte, und zeigte es dem gesegneten Feodossi.

Dieser rief den Kirchendiener abermals zu sich und sprach zu ihm: »Habe ich dir nicht gesagt, du sollst alles eingießen und dich nicht um den morgenden Tag sorgen? Denn Gott wird diese Kirche morgen nicht ohne Gottesdienst lassen. Noch heute wird er uns Wein im Überfluß schenken.« Da ging der Kirchendiener, goß dem Priester allen Wein ein, und so entließ er ihn.

Und als sie sich am Abend nach dem Essen niedersetzten, siehe, da geschah es, wie der Gesegnete vorausgesagt hatte, daß drei Wagen voll Weinkrüge gebracht wurden. Eine Frau hatte sie geschickt, welche allem im Hause des frommen Fürsten Wsewolod vorstand. Da der Kirchendiener es sah, pries er Gott und erstaunte über die Prophezeiung des heiligen und gesegneten Feodossi, welcher gesagt hatte, am selbigen Tage würde Gott ihnen Wein im Überfluß senden, und geradeso ist es auch gewesen.

38. Vom Ungehorsam des Kellermeisters

Einst – es war der Tag des heiligen Großmärtyrers Demetrios, an welchem er das Ende seiner Leiden um Christi willen empfangen hatte – ging der ehrwürdige Feodossi mit einigen Brüdern in das Kloster des heiligen Demetrios.

Da wurden ihm von irgendwem sehr helle Brote gebracht, und er gebot dem Kellermeister, sie bei Tische den daheimgebliebenen Brüdern zum Essen zu reichen. Dieser nun gehorchte ihm nicht, sondern dachte bei sich: Morgen, wenn alle Brüder wiedergekommen sind, will ich ihnen die Brote zu essen geben, heute aber diesen Brüdern Klosterbrote. Und wie er gedacht, so machte er's auch.

Am andern Tage setzten sie sich zu Tisch, da waren jene Brote aufgeschnitten. Und der Gesegnete schaute auf und sah, welche Brote es waren. Er rief den Kellermeister und fragte ihn, woher die Brote kämen.

Der aber gab zur Antwort: »Es sind die, die gestern gebracht wurden. Gestern aber habe ich sie nicht aufgetischt, weil nur wenige

Brüder da waren und ich sie heute der ganzen Bruderschaft zum Essen vorsetzen wollte.«

Der Gesegnete sprach zu ihm: »Es wäre besser gewesen, dich nicht um den kommenden Tag zu sorgen, sondern nach meinem Gebot zu handeln. Auch heute hätte sich unser Herr, welcher ständig für uns sorgt, gar wohl um uns gekümmert und uns gegeben, was wir nötig haben.«

Darauf gebot er einem der Brüder, die Brotstücke in einen Korb zu sammeln, zum Fluß zu tragen und hineinzuschütten. Jenem aber erlegte er eine Strafe auf, da er ungehorsam gewesen war.

Gerade so hielt er es, wenn er hörte, daß etwas bereitet worden sei, ohne zuvor den Segen zu erbitten. Denn er wollte nicht, daß die heilige Herde solche Speisen esse, welche ohne Segen bereitet waren und vom Ungehorsam stammten, sondern er gebot dann, sie als Teufelszeug bald in den brennenden Ofen, bald auch in den reißenden Strom zu werfen.

39. Wie ein Gebot des Heiligen übertreten wurde

Die folgende Geschichte hat sich nach dem Tode unseres seligen Vaters Feodossi zugetragen und ist aus Ungehorsam entstanden. Zwar paßt es nicht, sie hier zu erzählen, allein, wir haben gerade an derlei erinnert und fügen nun noch einen ähnlichen Bericht hinzu:

Das war nach der Vertreibung unseres ehrwürdigen Vaters, des Abtes Stefan, aus dem Kloster, als der große Nikon die Abtswürde angenommen hatte. Die Tage der heiligen Großen Fasten waren gekommen. Und in der ersten Woche dieser Enthaltsamkeit, so war es von unserem ehrwürdigen Vater Feodossi festgesetzt worden, sollten sie als gute Streiter, welche sich in dieser Woche gemüht hatten, am Freitag ganz helle Brote bekommen, einige davon mit Honig und Butter gebacken. Dem Kellermeister ward aufgetragen, diese wie gewohnt zu bereiten. Er aber war ungehorsam und log: »Ich habe kein Mehl, um solche Brote zu backen.«

Aber Gott verachtete die Mühsal und das Gebet seiner Ehrwürdigen nicht, damit die Regeln des gesegneten Feodossi nicht wieder gebrochen würden. Denn siehe, als sie nach der heiligen Liturgie zum Fastenmahl gingen und es von keiner Seite zu erhoffen war, da wurde ein Wagen voll solcher Brote herangefahren. Da die Brüder das sahen, priesen sie Gott und den heiligen Feodossi; und sie verwunderten sich darüber, wie Gott immer für sie sorgt und ihnen durch die Gebete ihres ehrwürdigen Vaters und Lehrers Feodossi alles schenkt, was sie brauchen.

Und wiederum zwei Tage später gebot der Kellermeister, daß die Brüder wie gewohnt Brote backen sollten aus jenem Mehl, von dem er zuvor gesagt hatte, er habe es nicht. Als die Backenden nun bei den Vorbereitungen waren, den Teig schon mischten und heißes Wasser hinzugossen, siehe, da fand sich darin ein Frosch, als sei er in dem Wasser gekocht worden. Und damit ward das aus Ungehorsam entstandene Werk besudelt. So hat es Gott zum Schutze der heiligen Herde gefallen, welche so Großes in der heiligen Woche getan hatte, daß sie keine solchen Brote essen sollte, sondern Gott hat diese als Teufelszeug mit dem Scheusal verunreinigt, auf daß solches auch künftig beachtet werde.

Möge mir keiner von euch darum zürnen, daß ich dieses hier niedergeschrieben und die Erzählung unterbrochen habe. Denn ich habe es aufgeschrieben, auf daß ihr verstehen möget: Wir sollen unserem Lehrer, dem Abt, in keinerlei Weise ungehorsam sein und sollen erkennen, daß, wenn wir auch etwas vor ihm verbergen können, doch nichts vor Gott verborgen ist. Und dieser wird gar bald für den eintreten, welchen er uns zum Ältesten und Hirten eingesetzt hat, so daß alle ihm gehorchen und wir alles nach seinem Gebote tun werden.

Aber nun laßt uns auf unsere vorige Erzählung über den gesegneten Feodossi zurückkommen.

40. Vom Mangel an Olivenöl

Einmal war das Fest des Entschlafens der heiligen Gottesmutter herangekommen, und es war kein Olivenöl da, es in die Lampen zu gießen an jenem Tag. Der Kirchendiener gedachte deshalb, aus Leinsamen Öl zu pressen und damit die Lampen zu füllen und anzuzünden. Er fragte den gesegneten Feodossi darum, und der hieß ihn tun, wie er es sich ausgedacht hatte. Als er nun das Öl in die Lampen gießen wollte, da sah er eine tote Maus, die hineingefallen war, darin schwimmen. Er ging eilends, berichtete es dem Gesegneten und sprach: »Mit aller Sorgfalt habe ich das Gefäß mit dem Öl darin zugedeckt, und ich weiß nicht, wie dieses Scheusal hineingekommen und ertrunken sein kann.«

Der gesegnete Feodossi aber hielt es für ein göttliches Zeichen, beklagte seinen Unglauben und sprach zu jenem: »Bruder, wir sollten auf Gott hoffen und vertrauen, daß er die Macht hat, uns zu geben, was wir wollen, soviel nötig ist, und nicht so ungläubig handeln. Das war nicht recht. Aber gehe hin und gieße das Öl auf die Erde. Wir wollen ein wenig warten und Gott bitten. Er wird uns heute Olivenöl im Überfluß geben.«

Da aber die Stunde des Abendgottesdienstes gekommen war, siehe, da ließ einer der Reichen einen großen Krug bringen, ganz voll mit Olivenöl. Das sah der Gesegnete und pries Gott, daß er so bald ihr Gebet erhört hatte.

So füllten sie alle Lampen, und es blieb ein großer Teil übrig, so daß sie am kommenden Tage ein glänzendes Fest der heiligen Gottesmutter feiern konnten.

Der Gott liebende Fürst Isjaslaw, welcher wahrhaft eifrig im Glauben an unseren Herrn Jesus Christus und seine allreine Mutter war und später nach dem Wort des Herrn sein Leben für seinen Bruder hingab, hegte eine außergewöhnliche Zuneigung zu unserem Vater Feodossi, wie schon berichtet worden ist. Und er kam oft zu ihm und sättigte sich an dessen göttlich-geistlichen Worten.

41. Wie sich das Metfaß auf das Geheiß des Heiligen füllte

Und so kam er eines Tages, und sie setzten sich in der Kirche zu einem geistlichen Gespräch nieder. Es war die Stunde des Abendgottesdienstes, und so fand sich der Christus Liebende zusammen mit dem Gesegneten und den frommen Brüdern dort zum abendlichen Lobpreis ein. Durch Gottes Willen ging plötzlich ein starker Regen nieder. Der Gesegnete sah, wie der Regen andauerte, und er rief den Kellermeister und sagte ihm, er möge ein Abendessen für den Fürsten bereiten.

Da trat der Beschließer zu ihm und sagte: »Herr und Vater, ich habe keinen Met, welchen der Fürst und seine Begleiter zum Abend trinken könnten.«

Der Gesegnete fragte ihn: »So hast du auch nicht ein wenig?«

Und er antwortete: »Eben nicht, Vater, ich habe kein bißchen. Ich habe doch«, sprach er, »die leeren Gefäße umgedreht und verkehrt herum hingestellt.«

Und der Gesegnete sprach wiederum zu ihm: »Geh und sieh richtig nach, ob nicht doch ein wenig davon übriggeblieben sein mag.«

Er aber antwortete und sagte: »Glaube mir, Vater, ich habe das Gefäß, darin das Getränk gewesen ist, umgedreht und so verkehrt herum hingestellt!«

Da sprach der Gesegnete, welcher wahrhaftig vom Heiligen Geist und von geistlicher Gnade erfüllt war, zu ihm: »So gehe hin; du wirst auf mein Geheiß im Namen unseres Herrn Jesu Christi Met in dem Gefäß finden.«

Und er glaubte dem Gesegneten, ging hin und kam in den Raum, und wie es unser heiliger Vater Feodossi gesagt hatte, fand er das Faß wieder aufgerichtet und voll Met. Er aber erschrak und ging eilends, dem Gesegneten das Geschehene zu melden.

Und der Gesegnete entgegnete ihm: »Schweige, mein Sohn, und sage niemandem ein Wort davon, sondern gehe hin und bringe dem Fürsten und seinen Begleitern, soviel sie brauchen, und gib auch den Brüdern davon, daß sie's trinken; denn es ist ein Zeichen von Gottes Segen.«

Der Regen hörte wieder auf, und der Fürst zog heim. In jenem Hause aber war so reicher Segen eingekehrt, daß sie viele Tage genug daran hatten.

42. Von der Dämonenaustreibung

An einem anderen Tage kam ein Mönch aus einem der Klosterdörfer zu unserem gesegneten Vater Feodossi und sprach: »Im Stalle, wo wir das Vieh einsperren, haben Dämonen Wohnung genommen. Darum richten sie auch viel Unheil dort an und lassen es nicht fressen. Oft schon hat der Priester gebetet und Weihwasser versprengt, allein vergebens. Die bösen Dämonen sind geblieben und schaden dem Vieh noch immer.«

Da rüstete sich unser Vater Feodossi mit Fasten und Gebet gegen sie nach dem Wort des Herrn, wie geschrieben steht: »Aber diese Art fährt nur aus durch Beten und Fasten.« Deshalb vertraute der Gesegnete darauf, daß er sie von jenem Orte vertreiben werde wie schon früher aus der Backstube.

Er kam eines Abends in das Dorf und ging in den Stall, wo die Dämonen sich eingenistet hatten. Und nachdem er die Tür geschlossen hatte, verharrte er betend darin bis zum Morgengottesdienst. Seit jener Zeit sind keine Dämonen mehr an dem Ort erschienen, und sie haben seitdem auch niemandem im Dorf mehr Unheil zugefügt. Von den Gebeten unseres ehrwürdigen Vaters

Feodossi waren die Dämonen gleichsam wie von einer Waffe aus jenem Dorfe ausgetrieben worden. Und so kehrte der Gesegnete in sein Kloster zurück als ein starker Held nach dem Siege über die bösen Geister, welche im Gebiet des Heiligen Unheil angerichtet hatten.

43. Wie das Mehl nach der Verheißung des Heiligen mehr wurde

Wieder einmal kam eines Tages zu unserem gesegneten und ehrwürdigen Vater Feodossi der Älteste der Brotbäcker und sagte: »Ich habe kein Mehl, um für die Brüder Brote zu backen.«

Und der Gesegnete antwortete ihm: »Geh und sieh in der Kornkammer nach, ob du vielleicht ein wenig Mehl dort findest, bis Gott wieder für uns sorgen wird.«

Er aber wußte, daß er die Kornkiste sogar ausgefegt und nur in einer Ecke ein wenig Kleie gefunden hatte, und sagte darum zu dem Ehrwürdigen: »Ich sage dir die Wahrheit, Vater. Ich habe dort selbst gefegt, und es ist gar nichts da außer ein wenig Kleie.«

Darauf sprach der Vater: »Glaube mir, mein Sohn, daß Gott die Macht hat, uns auch von dieser wenigen Kleie die Stätte mit Mehl zu füllen. Er hat es ja auch bei Elia für jene Witwe getan und aus einer Handvoll Mehl eine Menge gemacht, so daß sie mit ihren Kindern in der Hungerszeit davon leben konnte, bis wieder bessere Zeiten bei den Menschen herrschten. Dieser ist auch jetzt noch derselbe und hat Macht, geradeso auch für uns aus wenigem viel zu machen. Aber geh hin und sieh nach, ob Gottes Segen an dem Orte sei.«

Da er das gehört hatte, ging er, und als er in die Kammer kam, sah er die Kiste, welche zuvor leer gewesen, durch die Gebete unseres ehrwürdigen Vaters Feodossi mit Mehl gefüllt, so daß es durch die Wand auch auf den Boden gestäubt war. Und er erschrak, da er solch ein gewaltiges Wunder gesehen hatte, kehrte um zu dem Gesegneten und berichtete davon.

Da sprach der Heilige zu ihm: »Geh hin, mein Sohn, und entdecke es niemandem, sondern backe den Brüdern die Brote wie gewohnt. Denn durch die Gebete unserer ehrwürdigen Brüder hat Gott seine Gnade zu uns gesandt und uns alles geschenkt, wes wir bedürfen.«

So groß war der Eifer des Gesegneten zu Gott, die Hoffnung unseres ehrwürdigen Vaters Feodossi, und solches Vertrauen setzte er auf unseren Herrn Jesus Christus, daß er auf gar nichts Irdisches hoffte und sich auf nichts in dieser Welt verließ, sondern sich mit allen Gedanken und ganzer Seele auf Gott stützte, alles Vertrauen auf ihn richtete und sich keinesfalls um den morgigen Tag sorgte. Alle Tage bewahrte er im Innersten seines Herzens des Herrn Wort, das da heißt: »Sorget nichts. Sehet die Vögel unter dem Himmel an: sie säen nicht, sie ernten nicht, sie sammeln nicht in die Scheunen; und euer himmlischer Vater nährt sie doch. Seid ihr denn nicht viel mehr als sie?« Und so betete er Nacht für Nacht unter Tränen.

Gebet: »Herr, du hast uns an diesem Orte versammelt. Wenn es deiner heiligen Güte gefällt, daß wir hier leben sollen, so sei uns ein Helfer und Geber aller guten Gaben. Denn auf den Namen deiner heiligen Mutter ward dieses Haus errichtet, wir aber sind darinnen versammelt in deinem Namen. Und du, Herr, behüte und bewahre uns vor jeglichem üblen Rat des allbösen Feindes und mache uns würdig, das ewige Leben zu empfangen. Pflanze die Gottesfurcht auf ewig in unsere Herzen, daß wir dadurch jene Güter erben mögen, welche du den Ehrwürdigen bereitet hast.«

So lebte er alle Tage, unterwies, lehrte und tröstete die Brüder und mahnte sie, niemals schwach zu werden, sondern sich allmählich immer mehr zu festigen. Und so hütete er mit Fleiß seine Herde und gab acht, daß nicht der arglistige Wolf käme und die göttliche, heilige Herde zerstreue.

44. Vom Lichte, das Gott gezeigt hat

Nun wollen wir berichten, wie einem Christus liebenden und gottesfürchtigen Manne ein Gesicht offenbar ward über unseren gesegneten und ehrwürdigen Vater Feodossi und sein allreines, makelloses Gebet und über das heilige Kloster und wie hierdurch ein anderer Ort gewiesen wurde, wohin sie umsiedeln sollten.

Es ist nämlich eine kleine Anhöhe, oberhalb dieses Klosters gelegen, und jener Mann ritt bei Nacht dorthin und sah ein Wunder, das ihn mit Schrecken erfüllte. Denn die Nacht war finster, aber ein höchst wundersames Licht lag allein über dem Kloster des Gesegneten. Und als er aufschaute, sah er den ehrwürdigen Feodossi in diesem Lichte mitten im Kloster vor der Kirche stehen, die Hände zum Himmel erhoben und andächtig zu Gott betend. Jener schaute noch und verwunderte sich dessen, siehe, da erschien ihm ein anderes Wunder: Eine sehr große Flamme ging von der Kirchenkuppel aus, wölbte sich gleich einem Bogen und reichte bis auf einen anderen Hügel. Und sie hörte an jener Stelle auf, welche unser gesegneter Vater Feodossi für die Kirche bestimmt hatte, die er später zu bauen begann. Und siehe, bis heute ist dort ein berühmtes Kloster.

Jenem aber erschien solch eine Flamme; die stand gleich einem Bogen mit dem einen Ende auf der Kirchenkuppel und mit dem anderen an der genannten Stätte, bis daß jener hinter dem Berge verschwunden war und sie nicht mehr sehen konnte. Er aber hat es, wie er es selbst gesehen hatte, auch einem der Brüder im Kloster des Gesegneten erzählt. Und es ist die Wahrheit. Darum sollen wir mit dem göttlichen Patriarchen Jakob sprechen: »Der Herr ist an dieser Stätte; heilig ist diese Stätte! Hier ist nichts anderes als Gottes Haus, und hier ist die Pforte des Himmels.«

Hierzu wiederum muß man sagen, daß es so in der Vita des heiligen großen Sabas geschrieben steht. Denn auch der war eines Nachts zum Gebet aus seiner Zelle getreten, als ihm eine Feuersäule erschien, die bis zum Himmel reichte. Darauf ging er hin zu dem Ort und fand da eine Höhle, und dort schuf er in wenigen Tagen ein berühmtes Kloster. Geradeso ist es auch hier zu verstehen: Gott hatte die Stelle bezeichnet, wo bald darauf ein berühmtes Kloster zu sehen sein sollte, welches auch heute noch durch seine [Feodossis] Gebete gedeiht.

Solcherart war das Gebet unseres gesegneten Vaters Feodossi zu Gott für seine Herde und für diese Stätte, und so wachte er Nacht für Nacht und schlief nicht und strahlte wie eine gar helle Leuchte in diesem Kloster. Durch seine Gebete zeigte der barmherzige und gnädige Gott noch ein anderes Wunder über diesem heiligen Ort.

45. Von der ungewöhnlichen Erscheinung der heiligen Engel

Die Leute, die in der Nähe wohnten, erzählten der ganzen Bruderschaft später dieses Geschehen: Eines Nachts hörten sie unzählige Stimmen singen, und als sie diesen Gesang vernahmen, standen sie auf von ihren Lagern, kamen aus ihren Häusern und stellten sich auf einen erhöhten Platz und hielten Ausschau, woher der Gesang käme. Auch da schien ein großes Licht über dem Kloster des Gesegneten, und sie erblickten eine Menge Mönche, die kamen aus der alten Kirche und gingen zu der bestimmten Stätte. Sie trugen die Ikone der heiligen Gottesmutter, und alle, die ihr nachfolgten, sangen, und alle hatten brennende Kerzen in den Händen. Vor ihnen aber schritt ihr ehrwürdiger Vater und Lehrer Feodossi. So kamen sie an jenen Ort, und nachdem sie dort gesungen und gebetet hatten, kehrten sie wieder um. Und während jene noch schauten, zogen sie singend wieder in die alte Kirche ein. Das haben nicht einer oder zwei gesehen, sondern viele Menschen. Und da sie es gesehen hatten, erzählten sie davon. Es waren aber Engel, wie leicht zu verstehen ist, welche so erschienen waren. Und von den Brüdern hatte sie keiner bemerkt: So gefiel es Gott, dieses Geheimnis vor ihnen zu verbergen. Als sie später davon hörten, priesen sie Gott, der große Wunder tut und diese Stätte berühmt gemacht und geheiligt hat durch die Gebete unseres ehrwürdigen Vaters Feodossi. Wir aber, Brüder, sollten, nachdem wir hiervon Kunde gegeben haben, zum weiteren Lobpreis des Seligen die Erzählung fortsetzen und, wie es ihm gebührt, von seinem Eifer zu unserem Herrn Jesus Christus in Wahrhaftigkeit berichten.

46. Wie der Heilige den christlichen Glauben vor den Juden bekannte

Der Gesegnete hatte aber folgenden Brauch: Oftmals stand er in der Nacht auf und ging vor allen verborgen zu den Juden, um mit ihnen über Christus zu streiten, sie zu tadeln und zu schelten, und er nannte sie Abtrünnige und Gesetzlose. Denn er wünschte, um des Bekenntnisses zu Christus willen getötet zu werden.

47. Von den starken Glaubenstaten und vom Fasten des Heiligen

Wenn er in den Fastentagen in die zuvor genannte Höhle zog, stand er auch oftmals auf bei Nacht und ging von dort ohne jemandes Wissen, einzig von Gott behütet, allein in ein Klostergut, wo an einem verborgenen Ort, welchen niemand kannte, eine Höhle bereitet war. Da blieb er allein bis zur Palmwoche. Dann kam er von dort wiederum des Nachts in die erstgenannte Höhle, und am Freitag der Palmwoche ging er hinaus zu den Brüdern, so daß diese meinten, er verbringe da die Fastenzeit.

Und so lebte er, ohne sich Ruhe zu gönnen, in Wachen und nächtelangem Beten. Er betete zu Gott für seine Herde und rief ihn an, er möge ihnen in all ihrem Ringen zur Seite stehen, und ging jede Nacht rund um den Klosterhof, betete und umzäunte ihn damit wie mit einer festen Einfriedung. Und er wachte darüber, daß nicht die listige Schlange eindringe und einen seiner Schüler fange. So behütete er das ganze Klostergelände.

Einmal waren Männer, welche auf Raub aus waren, von Leuten, die ihr Haus bewachten, gefaßt worden. Gebunden führte man sie zur Stadt vor den Richter. Und siehe, durch eine göttliche Fügung geschah es, daß sie durch ein Klostergut kamen.

Und einer von diesen gefesselten Bösewichtern deutete mit dem Kopfe auf das Gut und sprach: »Eines Nachts kamen wir zu diesem Gut, um zu rauben und alles, was da war, zu stehlen. Und wir sahen eine sehr hohe Einfriedung, so daß wir nicht näher herankommen konnten.«

Denn so hatte der gütige Gott unsichtbar alles, was darinnen war, beschützt durch die Gebete des gerechten und ehrwürdigen Mannes. Solches hatte schon der selige David vorhergesagt, da er sprach: »Die Augen des Herrn [merken] auf die Gerechten und seine Ohren auf ihr Gebet.« Ständig neigt der Herr, der uns geschaffen hat, sein Ohr, zu hören die, welche ihn wahrhaftig anrufen. Und wenn er ihr Gebet erhört, errettet er sie; nach ihrem Willen und ihrem Bitten tut er alles denen, die auf ihn vertrauen.

So weidete unser ehrwürdiger und mit aller Gnade gesegneter Vater Feodossi seine Herde mit aller Frömmigkeit und Reinheit und führte sein Leben in Enthaltsamkeit und Selbstüberwindung, so daß er jedermann auf den rechten Weg brachte.

48. Vom Mut und von der Festigkeit des Heiligen

Zu jener Zeit kam durch den allbösen Feind Zwietracht unter den drei Fürsten auf, welche leibliche Brüder waren. So traten zwei Brüder an zum Streit gegen einen, ihren ältesten Bruder, den Christus liebenden Fürsten Isjaslaw; und er ward aus der Thronstadt Kiew vertrieben. Als jene in die Stadt gekommen waren, schickten sie nach unserem gesegneten Vater Feodossi und wollten ihn überreden, zum Essen zu ihnen zu kommen und an dieser unrechten Verschwörung teilzuhaben.

Der Ehrwürdige aber war erfüllt vom Heiligen Geiste und verstand, daß die Vertreibung des Christus Liebenden unrecht gewesen war. Und er sprach zu dem Abgesandten: »Ich werde nicht zum Tische Isebels gehen und von diesen Speisen essen, welche voll Bluts und Mordes sind.« Und nachdem er noch vieles andere gesagt hatte, entließ er ihn mit den Worten: »Sage das alles denen wieder, die dich gesandt haben!«

Sie aber hörten es zwar an, konnten sich aber nicht im Zorn gegen ihn wenden; denn sie sahen, daß er ein Gerechter und ein Mann Gottes war. Dennoch hörten sie nicht auf ihn, sondern suchten ihren Bruder zu vertreiben. Und als sie ihn aus dem ganzen Gebiet vertrieben hatten, kehrten sie wieder zurück. Einer setzte sich auf den Thron seines Vaters und seines Bruders, und der andere ging wieder in sein Gebiet.

Unser ehrwürdiger Vater Feodossi, welcher vom Heiligen Geiste erfüllt war, begann nun jenen zu tadeln, weil er Unrecht getan und gegen das Gesetz den Thron eingenommen und seinen älteren Bruder als seinen Vater verjagt hatte. Und er hörte nicht auf, ihn zu vermahnen: Einmal schrieb er Sendbriefe und schickte sie ihm, dann wieder tadelte er ihn vor dessen Würdenträgern, welche zu ihm kamen, wegen der ungerechten Vertreibung des Bruders und trug denen auf, sie sollten es ihm sagen. So schrieb er ihm später auch einen sehr langen Sendbrief, worin er ihn mit den Worten anklagte: »Die Stimme des Blutes deines Bruders schreit zu Gott wie des Abels über Kain.« Und er führte noch viele andere frühere Verfolger und Mörder und Bruderhasser an. In Gleichnissen wies er ihm alles, was ihn anging, und als er es so niedergeschrieben hatte, sandte er's zu ihm.

Da nun der Fürst diesen Brief gelesen hatte, ward er sehr zornig, brüllte wie ein Löwe und warf ihn zu Boden. Seitdem ging das Gerücht um, der Gesegnete solle zur Verbannung verurteilt werden. Da waren die Brüder in großer Sorge und baten den Gesegneten, von den Beschuldigungen gegen ihn abzulassen. Ebenso kamen auch viele Bojaren und berichteten ihm, daß er den fürstlichen Zorn auf sich geladen habe, und sie baten ihn, sich jenem nicht zu widersetzen. »Denn«, so sagte man, »er will dich in die Verbannung schicken.«

Und da der Gesegnete vernahm, daß man von seiner Verbannung sprach, ward er frohen Sinnes und sprach zu ihnen: »Das erfreut mich gar sehr, Brüder, denn nichts in diesem Leben ist mir lieber. Bringt mich etwa Reichtum in Bedrängnis, der Verlust von Hab und Gut? Oder sollte ich mich grämen, weil ich von Kindern scheiden muß oder von Äckern? Nichts von alldem haben wir mitgebracht auf diese Welt, sondern sind nackt geboren, und so sollen wir auch nackt diese Welt verlassen. Darum bin ich bereit zur Verbannung wie zum Tode.«

Und von da an begann er, jenen des Bruderhasses zu beschuldigen; denn ihn verlangte sehr danach, verbannt zu werden. Allein jener, wenn er gleich höchst zornig auf den Gesegneten war, wagte ihm doch keinerlei Leids zu tun. Denn er sah, daß der ein ehrwürdiger und gerechter Mann war, so daß er wohl auch früher oftmals seinen Bruder um seinetwillen beneidet hatte, da dieser eine solche Leuchte in seinen Landen besaß. Das pflegte der Mönch Pawel zu erzählen, welcher in einem Kloster in seinem Gebiet Abt war und es von ihm [Swjatoslaw] gehört hatte.

Unser gesegneter Vater Feodossi aber ward gar inständig von den Brüdern und von den Würdenträgern gebeten und erkannte endlich, daß er mit solchen Worten bei jenem nichts ausrichten würde. Er ließ von ihm ab und tadelte ihn seitdem nicht mehr deswegen; denn er dachte bei sich: Es ist besser, ihn mit Bitten zu bereden, daß er seinen Bruder in sein Gebiet zurückhole.

49. Vom Einlenken des Fürsten Swjatoslaw gegenüber dem Heiligen

Der fromme Fürst, der nach wenigen Tagen die Abkehr des gesegneten Feodossi von seinem Zorn bemerkt und auch aus dessen Belehrung Zuspruch erfahren hatte, freute sich sehr; denn er hegte schon lange den Wunsch, mit ihm zu sprechen und sich an seinen geistlichen Worten zu erbauen. Er schickte zum Gesegneten, ob er ihm gestatte, in sein Kloster zu kommen, oder nicht. Der ermunterte ihn zu kommen, und er machte sich freudig auf und kam mit Bojaren zum Kloster des Gesegneten.

Der große Feodossi aber trat mit den Brüdern aus der Kirche, empfing ihn dem Brauche gemäß, sie verneigten sich, wie es sich vor einem Fürsten gebührt, und dieser küßte den Gesegneten. Dann sprach der fromme Fürst zu ihm: »Siehe, Vater, ich wagte nicht, zu dir zu kommen. Ich meinte, wenn du so zornig auf mich bist, würdest du uns nicht in dein Kloster einlassen.«

Der Gesegnete aber sprach: »Was vermag denn, gütiger Gebieter, unser Zorn gegen deine Macht? Allein, es ist unsere Pflicht, zu ermahnen und euch zu sagen, was zur Rettung eurer Seele dient. Euch aber stände es wohl an, darauf zu hören.«

So gingen sie in die Kirche, beteten, und nach dem Gebet setzten sie sich nieder. Der gesegnete Feodossi begann, ihm von den heiligen Schriften zu sprechen, und erteilte ihm viele Lehren, wie man seinen

Bruder lieben solle. Der aber beschuldigte seinen Bruder wiederum schwer und wollte darum mit ihm keinen Frieden machen. Nach einem langen Gespräch darüber zog der Fürst dann wieder heim und pries Gott, daß er ihn gewürdigt hatte, mit einem solchen Manne zu reden.

Und seitdem besuchte er ihn oft, um sich an dieser geistlichen Speise zu ergötzen; denn die Worte des Gesegneten, die seinen honigfließenden Lippen entströmten, waren süßer als Honig und Honigseim. Oftmals kam auch der große Feodossi zu ihm und gemahnte ihn an Gottesfurcht und Bruderliebe.

Eines Tages besuchte ihn unser gesegneter, Gott im Herzen tragender Vater Feodossi. Und als er in den Raum trat, darin der Fürst saß, da sah er viele, die ihm aufspielten: Die einen spielten Gusli, andere brachten Flöten zum Tönen, wieder andere Maultrommeln; und so spielten und vergnügten sich alle, wie es bei einem Fürsten Brauch ist.

Der Gesegnete aber setzte sich zu ihm, senkte den Kopf und blickte zu Boden, und sich ein wenig aufrichtend, sprach er zu jenem: »Wird es so sein in der kommenden, anderen Welt?«

Und der Fürst nahm sich das Wort des Gesegneten zu Herzen, weinte ein wenig und gebot jenen innezuhalten.

Seitdem befahl er ihnen jedesmal, wenn er sie spielen geheißen hatte und vom Kommen des gesegneten Feodossi hörte, aufzuhören und zu schweigen.

Oftmals, wenn ihm der Besuch des Gesegneten angesagt ward, ging er auch hinaus und empfing ihn freudig vor der Zimmertür, und so gingen sie zusammen in den Raum.

In seiner Freude sprach er zu dem Ehrwürdigen: »Siehe, Vater, ich sage dir die Wahrheit: Wenn man mir meldete, mein Vater sei auferstanden von den Toten, so würde ich mich nicht so freuen wie über dein Kommen, und ich würde ihn nicht so fürchten und nicht so unruhig vor ihm sein wie vor deiner ehrwürdigen Seele.«

Der Gesegnete aber sprach: »Wenn du mich also fürchtest, so tue meinen Willen und hole deinen Bruder zurück auf den Thron, welchen ihm dein frommer Vater übergeben hat.«

Jener verstummte darauf, da er nicht wußte, was er antworten sollte; denn der Feind hatte ihn so sehr zum Zorn gegen seinen Bruder entflammt, daß er auch nicht ein Wort über ihn hören wollte. Unser Vater Feodossi aber betete alle Tage und Nächte zu Gott für den Christus liebenden Fürsten Isjaslaw. Auch gebot er, in der Fürbitte seiner zu gedenken als des herrschenden und ältesten Fürsten. Dessen dagegen, welcher den Thron, wie gesagt, wider das Gesetz eingenommen hatte, gebot er, in seinem Kloster nicht zu gedenken. Kaum konnten ihn die Brüder dazu bringen, die beiden zusammen nennen zu lassen, zuerst aber den Christus Liebenden und danach diesen Frommen.

Da der große Nikon solche Zwietracht unter den Fürsten sah, zog er mit zwei Mönchen auf die schon genannte Insel, wo er ein Kloster gegründet hatte. Der gesegnete Feodossi bat ihn inständig, er möge sich nicht von ihm trennen, solange sie beide am Leben seien, und ihn nicht verlassen. Er jedoch gehorchte ihm darin nicht und ging, wie schon gesagt, an seinen Ort.

50. Vom Bau der großen Höhlenkloster-Kirche

So begann unser vom Heiligen Geist erfüllter Vater Feodossi, sich durch Gottes Gnade zu mühen, um an eine andere Stätte zu ziehen. Mit der Hilfe des Heiligen Geistes ging er daran, eine große steinerne Kirche der heiligen Gottesmutter und Ewigjungfrau Maria zu bauen; denn die erste Kirche war von Holz und zu klein, um die Brüder aufzunehmen.

Da das Werk nun seinen Anfang nahm, versammelte sich viel Volks, und die einen rieten zu diesem Bauplatz, die anderen zu jenem; keine von allen Stätten aber kam der Flur des Fürsten gleich, die in der Nähe gelegen war. Und siehe, durch göttliche Fügung ritt der fromme Fürst Swjatoslaw dort vorbei, sah die Volksmenge und fragte, was sie da machten. Als er es erfahren hatte, wendete er sein Pferd und ritt zu ihnen heran. Und wie auf Gottes Eingebung zeigte er ihnen einen Platz auf seiner Flur und befahl, die Kirche dort zu erbauen. Als sie gebetet hatten, ward denn auch diese heilige Stätte durch Tau vom Himmel und wiederum durch Trockenheit und durch Feuer, das Dornen verbrannte, deutlich für den Bau der Kirche bezeichnet, wie schon zuvor gesagt worden ist. Nach dem Gebet machte der fromme Fürst selbst beim Graben den Anfang.

Auch der gesegnete Feodossi mühte und plagte sich selbst alle Tage beim Bau dieses Hauses. Wenn er ihn gleich nicht zu seinen Lebzeiten vollenden konnte, so ward doch das Werk nach seinem Tode, als Stefan die Abtswürde übernommen hatte, mit Gottes Hilfe durch die Gebete unseres ehrwürdigen Vaters Feodossi zu Ende gebracht und das Haus erbaut. Darauf zogen die Brüder um; ihrer einige aber blieben zurück und mit ihnen ein Priester und ein Diakon, so daß auch dort alle Tage die heilige Liturgie gehalten wird.

So habe ich nun das Leben unseres ehrwürdigen, gesegneten Vaters Feodossi von Kindesbeinen an bis hierher niedergeschrieben – von vielem weniges. Denn wer könnte recht das ganze gute Wirken dieses gesegneten Mannes der Reihe nach aufschreiben, und wer wäre fähig, seinen edlen Sinn genugsam zu preisen? Wenn ich gleich versuchte, seine Werke würdig zu loben, so kann ich's doch nicht; denn ich bin ungeschliffen und unwissend. Aber soviel in meinen Kräften steht, will ich von dem Heiligen erzählen.

Oftmals wollten Fürsten, Bojaren und Bischöfe diesen Gesegneten prüfen und ins Netz locken, allein, sie vermochten's nicht; und als seien sie auf einen Stein gestoßen, prallten sie zurück. Denn er war mit Glauben und Hoffnung auf unseren Herrn Jesus Christus gerüstet und hatte dem Heiligen Geist in sich eine Wohnstatt bereitet. Er war ein Beschützer der Witwen, ein Helfer der Waisen und eine Hoffnung der Armen. Kurz gesagt, er entließ jeden, der zu ihm kam, belehrt und getröstet und gab den Armen, was sie zum Leben und zum Essen brauchten.

Viele Unverständige tadelten ihn deswegen, er aber nahm das alles freudig hin. Sogar von seinen Schülern mußte er oft Vorhaltungen und Beleidigungen hinnehmen, aber er fuhr fort, weiter für alle zu Gott zu beten. Auch wegen seiner schlechten Kleider verspotteten und tadelten ihn viele Toren, allein, er grämte sich nicht darüber, sondern freute sich, wenn er geschmäht und getadelt wurde, und pries Gott darum voll großer Freude. Wer ihn nicht kannte und ihn in diesen Kleidern sah, der meinte wohl, es sei nicht der Abt selbst, sondern einer der armen Bediensteten des Klosters.

51. Vom Beistand für die arme Witwe

Eines Tages ging der Gesegnete zu den Arbeitern, welche an der Kirche bauten. Da traf er eine arme Witwe, der war vom Richter Unrecht getan worden.

Und sie sprach zu dem Gesegneten: »Sage mir, Mönch, ist euer Abt im Kloster?«

Der Gesegnete erwiderte ihr: »Was willst du von ihm, ist er doch ein sündiger Mensch?«

Und die Frau sagte zu ihm: »Ob er sündig ist, das weiß ich nicht. Ich weiß nur, daß er vielen aus Not und Bedrängnis hilft. Darum bin auch ich gekommen, auf daß er auch mir helfe; denn ich bin um mein Recht betrogen worden von einem Richter.«

Da nun der Gesegnete ihren Kummer erfahren hatte, jammerte sie ihn, und er sprach zu ihr: »Gehe jetzt heim, Weib. Wenn unser Abt kommt, will ich ihm von dir berichten, und er wird dich von deiner Not befreien.« Als sie das hörte, ging die Frau heim.

Der Gesegnete aber ging zum Richter, redete ihm von ihr und half ihr gegen dessen Bedrückung, so daß der Richter ihr alles schicken und zurückgeben mußte, worum er sie betrogen hatte.

Unser gesegneter Vater Feodossi ist wahrlich vielen ein Beistand und Helfer vor Fürsten und Richtern gewesen. Sie mußten dabei wohl auf ihn hören, da sie ihn als einen Gerechten und Heiligen kannten. Denn ihn ehrte man nicht wegen seiner guten Kleider oder kostbaren Gewänder oder um seines großen Reichtums willen, sondern wegen seines guten Lebenswandels, seiner kostbaren Seele und seiner reichen Lehren, welche durch den Heiligen Geist von seinen Lippen strömten. Ziegenfelle waren ihm ein teures und kostbares Gewand und das härene Hemd ein kaiserliches Ehrenkleid von Purpur, und so trug er sie mit Stolz.

52. Wie der heilige Feodossi zu Gott heimgerufen ward

Als er sein Leben Gott wohlgefällig verbracht hatte und es sich zum Ende neigte, sah er sein Eingehen zu Gott und den Tag seiner Ruhe voraus; denn für die Gerechten ist der Tod die Ruhe.

Da hieß er alle Brüder sich versammeln, und als er alle zusammengerufen hatte – auch die, welche zu den Landgütern oder in anderen Geschäften ausgegangen waren –, begann er die niederen Kleriker, die Verwalter und die Knechte anzuweisen, daß jeder bei dem ihm aufgetragenen Dienste mit aller Hingabe und Gottesfurcht, in Gehorsam und Liebe bleibe. Und so belehrte er abermals alle unter Tränen über die Rettung der Seele und ein Gott wohlgefälliges Leben, über das Fasten und den Eifer zur Kirche und wie man mit Furcht darin zu stehen habe, über die Bruderliebe und den Gehorsam und wie man nicht allein Älteren, sondern auch seinen Altersgenossen Liebe und Gehorsam bezeigen solle. Und da er von alldem geredet hatte, entließ er sie.

Darauf kam der fromme Fürst Swjatoslaw, den Gesegneten zu besuchen. Dieser tat seine nimmerlügenden Lippen auf und begann, ihn in der Frömmigkeit zu unterweisen, auch wie er den rechten

Glauben bewahren und für die heiligen Kirchen Sorge tragen müsse. Ferner sprach er: »Ich bete zu Gott, dem Herrn, und zum Lichte seiner gänzlich unbefleckten Mutter für deine Frömmigkeit und für deine Herrschaft, auf daß sie dir eine friedliche Herrschaft ohne Unruhe schenke. Und siehe, ich vertraue dieses heilige Höhlenkloster deiner Frömmigkeit an, das Haus der heiligen Gottesmutter, welches sie selbst zu stiften geruht hat. Möge weder der Erzbischof noch ein anderer Geistlicher von der Sophien-Kathedrale darüber herrschen, sondern deine starke Hand soll es leiten und nach dir deine Kinder bis zu den Letzten deines Geschlechts.«

Darauf begann der Gesegnete vor Kälte zu frieren und vor schlimmem Fieber zu glühen; und da er nichts dagegen vermochte, legte er sich auf sein Bett und sprach also: »Gottes Wille geschehe, und wie er's mit mir beschlossen hat, so mache er's auch mit mir. Aber ich bitte dich, mein Herr Jesus Christus, sei meiner Seele gnädig, daß nicht der Feinde Bosheit sie empfange, sondern deine Engel sie aufnehmen, durch die Zollstationen der Finsternis führen und sie zum Lichte deiner Barmherzigkeit geleiten.«

Und da er so gesprochen hatte, verstummte er. Die Brüder aber waren voll großer Sorge und Trauer um ihn. Darauf vermochte er drei Tage lang nicht zu sprechen noch die Augen zu erheben, so daß viele meinten, er stürbe schon, nur wenig bemerkten sie noch von der Seele in ihm.

Nach drei Tagen stand er auf, nachdem er alle Brüder zusammengerufen hatte, und sprach zu ihnen: »Meine Brüder und Väter, die Zeit meines Lebens geht nun zu Ende. Wie Gott mir verkündigt hat, da ich in der Höhle war, muß ich diese Welt verlassen. Ihr aber überlegt untereinander, wen ich euch an meiner Statt zum Abt einsetzen soll.«

Da sie das gehört hatten, brachen die Brüder in großes Trauern und Weinen aus. Sie gingen dann hinaus, berieten untereinander und bestimmten sich nach aller Willen Stefan, den Chorleiter, zum Abt.

53. Vom Scheiden des heiligen Feodossi

Am nächsten Tage rief unser gesegneter Vater Feodossi wiederum alle Brüder zu sich und sprach zu ihnen: »Was habt ihr miteinander beschlossen, meine Kinder, wer ist würdig, Abt zu werden?«

Sie antworteten alle: »Stefan ist würdig, nach dir die Abtswürde zu empfangen.«

Der Gesegnete schickte nach ihm, segnete ihn und setzte ihn an seiner Statt als Abt ein. Die anderen aber mahnte er dringlich, ihm zu gehorchen. So entließ er sie, nachdem er ihnen noch den Tag seines Scheidens genannt hatte. »Am Sonnabend«, sprach er, »nach Sonnenaufgang wird sich meine Seele vom Körper lösen.«

Dann rief er Stefan allein zu sich und lehrte ihn, wie er die heilige Herde hüten solle, und dieser ging nicht mehr von ihm und diente ihm in Demut; denn er war schon sehr krank.

Und als der Sonnabend angebrochen war und es tagte, da schickte der Gesegnete nach allen Brüdern. Er küßte jeden einzelnen innig, und sie weinten und wehklagten laut um des Abschieds von einem solchen Hirten willen.

Der Gesegnete aber sprach also zu ihnen: »Meine geliebten Kinder, meine Brüder! In Liebe habe ich euch alle geküßt, da ich nun zu unserem Gebieter, dem Herrn Jesus Christus, fortgehe. Sehet, da ist euer Abt, welchen ihr selbst gewählt habt. Ehret ihn als euren geistlichen Vater und fürchtet ihn und tut alles auf sein Geheiß. Gott aber, welcher alles durch sein Wort und seine Allweisheit geschaffen hat, segne euch und behüte euch ohne Schaden vor dem Übel! Bewahret euren Glauben an ihn fest und ohne Wanken. Bleibet eines Sinnes und in einiger Liebe beieinander bis zum letzten Atemzuge. Er schenke euch die Gnade, ihm ohne Fehl zu dienen und in einem Leibe und einem Geiste zu sein, demütig und gehorsam, auf daß ihr vollkommen werdet, gleichwie euer himmlischer Vater vollkommen ist. Der Herr sei mit euch! – Um eines aber bitte ich euch und beschwöre euch, daß ihr mich in denselben Kleidern, welche ich jetzt trage, in jene Höhle legen mögt, wo ich die Fastenzeit zuzubringen pflegte. Und wascht meinen armseligen Leib nicht und laßt niemanden von den Leuten mich sehen, sondern ihr allein sollt diesen Leib an der eben bezeichneten Stätte begraben.«

Und die Brüder hörten dies von den Lippen des heiligen Vaters und wehklagten, und Tränen rannen aus ihren Augen.

54. Vom Auftrag und von der Verheißung des Heiligen an seine Schüler

Der Gesegnete tröstete sie abermals und sprach: »Ich verspreche euch, meine Brüder und Väter, wenn ich gleich im Leibe von euch gehe, werde ich doch im Geiste ewig unter euch sein. Und für jeden von euch, der in diesem Kloster stirbt oder vom Abt irgendwohin ausgesandt wird, werde ich, möge er auch Sünden begangen haben, vor Gott einstehen. Wenn aber einer von sich aus diesen Ort verläßt, so habe ich mit dem nichts zu schaffen. Daran nun sollt ihr erkennen, ob ich freien Zugang zu Gott habe: Wenn ihr sehen werdet, wie alle Güter sich im Kloster mehren, so wisset, daß ich nahe beim himmlischen Herrscher bin. Wenn ihr aber Verarmung sehen werdet und alles verelendet, so erkennt, daß ich fern von Gott bin und mich nicht erdreisten darf, ihn um etwas zu bitten.«

Nach diesen Worten schickte er sie alle hinaus und behielt keinen einzigen bei sich. Einer der Brüder aber, der ihm immer gedient hatte, machte einen kleinen Spalt und beobachtete ihn dadurch. Und siehe, der Gesegnete erhob sich, fiel nieder auf die Knie und bat den barmherzigen Gott unter Tränen um die Rettung seiner Seele. Alle Heiligen rief er um Hilfe an, besonders aber unsere heilige Herrin, die Gottesmutter. Und durch sie betete er zu Gott, dem Herrn, unserem Heiland Jesus Christus für seine Herde und für diese Stätte.

Nach dem Gebet legte er sich wieder auf seine Lagerstatt. Und als er kurze Zeit gelegen hatte, blickte er auf zum Himmel und sprach mit lauter Stimme und fröhlicher Miene: »Gelobt sei Gott! Wenn es denn so ist, so fürchte ich mich nicht, sondern scheide mit Freuden von dieser Welt.«

Denn er hatte, wie zu erkennen ist, eine Vision gehabt, da er solches sprach. Darauf legte er sich zurecht, streckte die Beine aus und kreuzte die Arme über der Brust. Und er gab seine heilige Seele in Gottes Hand und ging ein zu den heiligen Vätern im Jahre 6582 [1074], am dritten Tage des Monats Mai, an einem Sonnabend nach Sonnenaufgang, wie er es selbst vorhergesagt hatte.

Da hielten sie eine große Klage um ihn, hoben ihn auf und trugen ihn in die Kirche und sangen nach dem Brauch über ihm die heiligen Gesänge.

Es hatten sich aber – wie auf ein Zeichen Gottes – viele Gläubige eingefunden, die waren voller Teilnahme gekommen und saßen nun vor dem Tore und warteten, daß man den Seligen hinaustrage.

Der fromme Fürst Swjatoslaw stand nicht weit vom Kloster des Seligen, und siehe, er erblickte eine Feuersäule über dem Kloster, die reichte von der Erde bis zum Himmel. Das hat niemand sonst gesehen, nur der Fürst allein. Und weil er dadurch das Scheiden des Seligen erkannt hatte, sprach er zu seinen Begleitern: »Mir scheint, heute ist der gesegnete Feodossi heimgegangen.«

Denn er war am Tage zuvor bei ihm gewesen und hatte gesehen, daß seine Krankheit gar schwer war. Da ließ er fragen, ob er wirklich heimgegangen sei, und es war so, und er weinte sehr um ihn.

55. Vom Begräbnis des heiligen Feodossi

Die Brüder aber hatten, wie es ihnen vom Seligen aufgetragen war, das Tor geschlossen und ließen niemanden ein. Sie setzten sich zu ihm und warteten, daß sich das Volk zerstreue und sie ihn dann begraben könnten, wie der Selige es geboten hatte. Es waren aber auch viele Bojaren gekommen, und auch die standen vor dem Tor. Und siehe, durch eine Fügung Gottes bewölkte sich der Himmel, und ein Regen ging nieder, so daß jene auseinanderliefen. Da hörte der Regen sogleich wieder auf, und die Sonne kam hervor. So trugen sie ihn nun in die schon genannte Höhle, begruben ihn und versiegelten sie. Darauf kehrten sie um und blieben den ganzen Tag ohne Speise.

In jenem Jahre mehrten sich durch die Gebete unseres seligen Vaters Feodossi alle Güter im Kloster, und sogar im ganzen Gebiet gab es reiche Ernte und Fruchtbarkeit unter dem Vieh wie nie zuvor. Seine Schüler verstanden das zu deuten, und da sie an die Verheißung des heiligen Vaters dachten, priesen sie Gott, daß ihr Lehrer und Meister einer so großen Gnade für würdig befunden worden war. Man weiß ja, daß bis heute alles in seinem Kloster durch seine Gebete gedeiht: Denn obgleich alle Lande vom Kriege verheert sind, gedeiht das Kloster des Seligen durch die Gebete unseres Vaters Feodossi.

Es ist wahr, was der Herr, unser Herrscher, gesagt hat: »Wer mich ehrt, den will ich auch ehren.« Und, wie es die Heilige Schrift sagt: »Wenn ein Gerechter stirbt, so wird er ewig leben; keine Qual wird ihn anrühren, und vom Herrn ist sein Lohn und seine Hoffnung vom Höchsten.« Und wahrlich, unser ehrwürdiger Vater Feodossi ist zwar mit seinem Leibe von uns gegangen, aber, wie er selbst gesagt hat: »Im Geiste werde ich ewig unter euch sein.«

Nun werden wir davon erzählen, welches Wunder sich nach dem Tode des Seligen zugetragen hat:

56. Das Wunder des Heiligen an dem Bojaren

Ein Bojar hatte großen Zorn des Fürsten auf sich geladen, so daß viele, die zu ihm kamen, ihm sagten, der Fürst wolle ihn in die Verbannung schicken. Da betete er inbrünstig zu Gott, rief unseren heiligen Vater um Hilfe an und sprach: »Ich weiß, Vater, daß du heilig bist; die Zeit ist heran, tritt für mich ein und bitte den Herrscher des Himmels, er möge mich aus dieser Not erlösen.«

Und siehe, eines Tages, als er am Mittag schlief, erschien ihm unser ehrwürdiger Vater Feodossi und sprach: »Was bist du so betrübt? Meinst du etwa, ich hätte euch verlassen? Wenn ich gleich im Leibe von euch gegangen bin, werde ich doch im Geiste ewig unter euch sein. Und siehe, morgen wird der Fürst dich rufen lassen. Er wird nicht den geringsten Zorn mehr gegen dich hegen und dich wieder in deine Stelle einsetzen.«

Das hatte der Würdenträger nicht wie im Traum gesehen, sondern als er erwachte, sah er den Seligen noch von hinten, wie der zur Tür hinausging. Und dieses Wort ward Wirklichkeit: Wie es ihm der Selige gesagt hatte, so traf es auch ein, so daß jener seitdem noch größere Liebe zum Kloster des seligen Feodossi hegte.

57. Das Wunder des Heiligen an dem gestohlenen Silber

Ein Mann wollte eine Reise machen. Da er aber ein Kästchen voll Silber hatte, brachte er es ins Kloster unseres seligen Vaters Feodossi und gab es einem Mönch mit Namen Konon, daß der's bewahre; denn er war sein Freund und Vertrauter.

Einer der Brüder namens Nikola hatte das gesehen, und ein Dämon verleitete ihn, so daß er's stahl und verbarg. Konon aber, da er in seine Zelle ging und danach sah, konnte es nicht finden und ward sehr betrübt darum. Unter Tränen betete er zu Gott und rief oftmals unseren heiligen Vater Feodossi an, daß er nicht in Schande falle vor dem, welcher es ihm zu bewahren gegeben hatte.

Als er danach ein wenig schlummerte, sah er im Traume den seligen Feodossi, der sprach zu ihm: »Das, worum du dich bekümmerst, hat der Mönch Nikola, vom Teufel verleitet, genommen und in einer Höhle verborgen.«

Und er wies ihm den Ort und sprach: »Gehe hin, ohne es jemandem zu sagen, und nimm das Deinige.«

Jener aber erwachte und freute sich. Eilends stand er auf, und mit einer brennenden Kerze ging er an den bezeichneten Platz und fand es, wie der heilige Vater gesagt hatte. Er nahm's, brachte es in seine Zelle, Gott lobend und rühmend, und pries seinen Gerechten, den seligen Feodossi.

58. Von dem kranken Geistlichen

Und wiederum erzählte man, daß einer vom Klerus der heiligen großen Sophien-Kathedralkirche schwer krank und von einem fiebrigen Leiden befallen war. Als der Kranke ein wenig zu sich kam, bat er Gott und unseren heiligen Vater Feodossi um Linderung der Krankheit. Darauf schlief er wieder ein, und da sah er den seligen Feodossi, der gab ihm seinen Stab und sprach: »Nimm den und gehe damit.« Und er nahm ihn und spürte, wie die Krankheit ihn verließ und das Fieber aufhörte.

Da erzählte er allen, die dort waren, von der Erscheinung des Seligen und wie er danach genesen war. Und er ging ins Kloster des Seligen und sagte es auch den Brüdern, wie er von der Krankheit geheilt worden durch die Gebete unseres seligen Vaters zu Gott, der seinem seligen Knechte solche Gnade geschenkt hat.

Wir aber wollen allmählich zum Ende der Geschichte kommen.

59. Vom Abt Stefan

Als Stefan nach dem Entschlafen unseres seligen Vaters Feodossi Abt geworden war, mühte er sich um den Bau der Kirche, welche der Selige zu errichten begonnen hatte. So ward durch die Gnade Christi und die Gebete unseres ehrwürdigen Vaters Feodossi in wenigen Jahren die Kirche erbaut und das Kloster angelegt. Und als alle Brüder dorthin gezogen waren, blieben einige, wie schon berichtet wurde, an der anderen Stätte, und sie pflegten die verstorbenen Brüder dort zu begraben.

Die beiden Klöster liegen nahe beieinander, und dazwischen ist das Haus, welches unser seliger Vater Feodossi zur Aufnahme der Armen geschaffen hat. Das alles ist mit einer einzigen Befestigung umzäunt, aber die Häuser stehen für sich.

Unser Vater Stefan wiederum hat es eingeführt, daß in der alten Kirche alle Tage ein heiliger Gottesdienst für die verstorbenen Brüder gehalten wird.

Der ehrwürdige Stefan, Abt des Höhlenklosters

Gott schenkte alles, was vonnöten war, und so gedieh die Stätte durch Gottes Gnade um der Gebete unseres heiligen Vaters Feodossi willen.

60. Von der Vertreibung Stefans, welcher später Bischof von Wladimir ward

Der Feind, der das Gute haßt und ewig gegen die Knechte Gottes kämpft, der sie nicht in Frieden leben läßt, sondern stets aufs neue mit seinen bösen Ränken gegen sie aufsteht, hatte Zwietracht unter ihnen entfacht. Wo aber Kampf ist, da ist auch immer viel Sieg. Der Feind reizt durch den Sieg zu neuem Kampf; denn er hört nicht zu kämpfen auf.

Solche Verwirrung stiftete der Satan unter ihnen, daß sie einen Aufruhr machten und Stefan als Abt aus dem Amte jagten. Sie vertrieben ihn ohne jede Habe aus dem Kloster, so sehr hatte der Teufel ihren Zorn entflammt. Davon erfuhren viele der Bojaren, die als seine geistlichen Kinder diesem Gesegneten ergeben waren. Es jammerte sie gar sehr, daß ihr geistlicher Vater so viel gelitten hatte und aus dem Kloster vertrieben worden war, welches er von unserem ehrwürdigen Vater Feodossi übernommen hatte. Und so gaben sie ihm von ihrem Besitz, was er brauchte, und nahmen sich auch sonst seiner an. Er aber, der niemals vergessene Stefan, fand auch hier die Hilfe Gottes durch die Gebete seines ehrwürdigen Lehrers Feodossi: Er gründete für sich ein Kloster auf dem Klow und erbaute eine Kirche zu Ehren der heiligen Gottesmutter und benannte sie nach ihrem Vorbild in Konstantinopel, der Blachernen-Kirche. Alle Jahre beging er das hohe Fest der heiligen Gottesmutter am zweiten Tage des Monats Juli.

61. Vom Abt Nikon

Als nun jener vertrieben worden war, setzten die Mönche im Kloster des ehrwürdigen Feodossi, nachdem sie alle zusammen Rat gehalten hatten, den großen Nikon als ihren Abt ein. Denn dieser war nach dem Scheiden des Seligen von seiner Stätte ins Kloster zurückgekommen. Und siehe, ich meine, er wurde nach Gottes Willen eingesetzt, weil er der Älteste war und weil unserem ehrwürdigen Vater Feodossi von seiner Hand die Ehre zuteil ward, zum Mönch geschoren und in das heilige Engelsgewand der Mönche gekleidet zu werden.

Der ehrwürdige Nikon, Abt des Höhlenklosters

Der Feind versuchte oftmals, auch diesem Steine in den Weg zu legen und Aufruhr gegen ihn zu entfachen, allein, er vermochte es nicht. Wir aber wollen nun, nachdem wir vieles von diesem erzählt haben, mit dem Bericht zu Ende kommen. Was oben von unserem gesegneten und großen Vater Feodossi geschrieben steht, das habe ich bei meinen Nachforschungen von den früheren Vätern erfahren, die vor mir zu jener Zeit gelebt haben. Ich, der sündige Nestor, der Geringste von allen im Kloster unseres ehrwürdigen Vaters Feodossi, habe es aufgeschrieben. Darin aufgenommen ward ich vom ehrwürdigen Abt Stefan, und er hat mich auch geschoren und der Mönchskleider gewürdigt. Später ward ich auch von ihm in den Stand eines Diakons erhoben, obgleich ich dessen nicht wert war, ungeschliffen und ungebildet, wie ich bin, vor allem aber voller vieler Sünden von Jugend auf. Er aber hat es gleichwohl nach Gottes Willen und aus Liebe getan.

Da ich nun, o Brüder, oftmals von dem guten und reinen Lebenswandel unseres ehrwürdigen und Gott im Herzen tragenden Vaters hörte – ich spreche von Feodossi –, war ich sehr froh und dankbar, daß er sich so sehr gemüht und ein solches Leben geführt hatte am Ende der Zeiten. Ich sah aber, daß es von niemandem beschrieben worden war, und Trauer und Leid umfingen darum meine Seele. Weil mich nun die Liebe zu unserem heiligen, großen Vater Feodossi ergriffen hatte, so wagte ich es trotz der Torheit meines Herzens und schrieb das auf, was ich über ihn gehört hatte – von vielem weniges – zu Ruhm und Ehre des großen Gottes und unseres Heilands Jesus Christus; gepriesen sei er und der Vater zusammen mit dem Heiligen Geist jetzt und immerdar und von Ewigkeit zu Ewigkeit. Amen.

AM 14. AUGUST.
NESTOR, MÖNCH DES HÖHLENKLOSTERS: VON DER ÜBERFÜHRUNG DER GEBEINE UNSERES HEILIGEN, EHRWÜRDIGEN VATERS FEODOSSI PETSCHERSKI.

Die neunte Erzählung

Der weise Salomo sprach: »Wenn das Andenken der Gerechten in Ehren gehalten wird, freut sich das Volk.« Bei der göttlichen Feier des Festes ist es bei dem Gottesvolke Brauch, geistlich zu frohlocken – nach den Worten des weisen Salomo: »Wenn ein Gerechter stirbt, so wird er leben, und die Seelen der Gerechten sind in Gottes Hand.« Denn der Herr wird die auch ehren, die ihn ehren, wie auch wahrhaftig diesen seligen, wackeren Mann, herausragend in seinem Lebenswandel, wunderbar in seinen Tugenden und außergewöhnlich in seinen Wundern, den seligen Feodossi.

Gott hat es in seiner Gnade gefallen, seinen Gerechten zu offenbaren; solches hat Gott wahrhaftig getan, achtzehn Jahre nach dem Scheiden des Ehrwürdigen.

Im Jahre 6599 [1091] versammelten sich viele Mönche im göttlichen Höhlenkloster mit ihrem Lehrer, dem Abte, gemeinsam, und sie beschlossen einmütig, die Gebeine des ehrwürdigen Feodossi zu überführen.

An euch ist es, ihnen zuzurufen: »Wahrhaft gesegnet seid ihr, Väter, und euer Ratschluß ist gut. O von Gott zusammengeführte Menge! O erhabener Rat von Fastenden! O Schar voll höchster Ehren! O gesegnete Versammlung, für euch hat sich die Verheißung von Gottvater aus dem Lied erfüllt: ›Siehe, wie fein und lieblich ist's, wenn Brüder einträchtig beieinander wohnen.‹ Wahrhaft gut ist euer Rat, ihr Väter, lauter als Trompeten dröhnen die Worte eures Beschlusses: Ihr sehntet euch nach eurem wahren Hirten, wie hätte man da nicht sprechen sollen: ›Wir haben unseren Vater und Lehrer verloren‹?«

Und alle sprachen wie aus einem Munde: »Laßt uns die heiligen Gebeine unseres geliebten Vaters Feodossi aufnehmen. Denn es ist ungebührlich, daß wir ohne den Hirten sind, und auch dem Hirten steht es nicht wohl an, die ihm von Gott anvertrauten Schafe zu verlassen, damit nicht ein wildes Tier komme und die Herde der geistlichen Schafe Christi zerstreue, sondern der Hirt zu seinen Hürden komme und fromm die geistliche Flöte blase und die Schalmei des Hirten den Angriff des geistigen Tieres abwehre.«

Und sie rufen den Beschützer unseres Lebens und die Schutzengel an, und alle verkündigen einander einmütig: »Es ziemt sich für uns, Brüder, den heiligen Sarg unseres Vaters Feodossi immer vor unseren Augen zu haben und ihm als einem wahren Vater und Lehrer stets die gebührende Verehrung zu bezeigen; denn es ist nicht recht, daß unser ehrwürdiger Vater Feodossi außerhalb des Klosters und seiner Kirche bleibe, da er es begründet und die Mönche versammelt hat.«

Und da sie es beschlossen hatten, ließen sie sogleich die Stätte herrichten, dahin die Gebeine des Heiligen gelegt werden sollten, und stellten einen steinernen Sarg bereit.

Ein Feiertag, das hohe Fest des Entschlafens unserer heiligen Gebieterin, der Gottesmutter, kam heran; und drei Tage vor dem Fest der Gottesmutter sandte der Abt nach der Höhle, auf daß die Stätte bezeichnet werde, wo die Gebeine unseres heiligen Vaters Feodossi waren.

Da nun ward auch mir, dem sündigen Nestor, die Gunst zuteil, auf Geheiß des Abtes als erster Zeuge seine heiligen Gebeine zu sehen. Ihr sollt wissen, daß ich euch hier die Wahrheit sage; denn das habe ich nicht von anderen gehört, sondern ich bin selbst der Gewährsmann dafür.

Der Abt kam nämlich und sprach zu mir: »Mein Kind, laß uns beide in die Höhle zu unserem ehrwürdigen Vater Feodossi gehen!«

Und wir kamen ohne jemandes Wissen in die Höhle. Da wir bestimmt hatten, wo zu graben wäre, und die Stelle zum Graben bezeichnet hatten – neben dem Eingang –, sagte der Abt zu mir: »Sprich zu niemandem davon, sondern hole dir zu Hilfe, wen du willst. Sonst aber soll es niemand von den Brüdern erfahren, bis wir die Gebeine des Heiligen vor die Höhle hinaustragen werden.«

Ich aber bereitete am selben Tage eine Hacke vor, damit zu graben. Der Tag aber war ein Dienstag, und spät am Abend nahm ich zwei Mönche mit mir, Männer, bewundernswert in ihren Tugenden. Aber weiter wußte es niemand. Und als wir in die Höhle gekommen waren, in Gebet und Bitten uns verneigt und Psalmen gesungen hatten, wandten wir uns der Arbeit zu. Ich begann zu graben, und nachdem ich mich sehr gemüht hatte, übergab ich es dem zweiten Bruder. Wir gruben bis Mitternacht und konnten die Gebeine des Heiligen nicht finden. Da wurde uns gar traurig zumute, und Tränen rannen uns aus den Augen. Ich meinte, der Heilige wolle sich nicht zeigen; und ferner kam mir noch der Gedanke, daß wir womöglich nach der [falschen] Seite graben. Ich nahm nun die Hacke auf und grub wiederum eifrig. Der eine Mönch, der mit mir war, stand vor der Höhle, und als er das Schlagbrett an der Kirche für den Frühgottesdienst hörte, rief der Bruder mir zu: »Sie haben das Schlagbrett an der Kirche geschlagen!«

Ich aber war beim Graben zu den Gebeinen des Heiligen vorgedrungen, und als jener mir vom Ertönen des Schlagbretts sprach, antwortete ich ihm: »Ich bin schon durch, Bruder!«

Als ich aber beim Graben auf die Gebeine des Heiligen gestoßen war, erfaßte mich sogleich großer Schrecken, und ich rief aus: »Um des ehrwürdigen Feodossi willen, Herr, erbarme dich meiner!«

Zur selben Zeit waren zwei Mönche im Kloster, die wachten und paßten auf, ob etwa der Abt, der es geheimgehalten hatte, mit einigen die Gebeine des Ehrwürdigen heimlich überführen würde. Und die beiden schauten aufmerksam nach der Höhle hin. Da nun das Schlagbrett an der Kirche für den Frühgottesdienst geschlagen ward, sahen sie drei Säulen wie leuchtende Bögen, die standen eine Zeit und zogen danach zur Kuppel der allreinen Kirche, wo der ehrwürdige Feodossi dann beigesetzt wurde. Das haben alle Mönche gesehen, die zum Frühgottesdienst gingen, und ebenso viele Gottesfürchtige in der Stadt. Denn ihnen war die Überführung der Gebeine des Heiligen zuvor bekannt geworden, und sie sprachen: »Siehe, das bedeutet: Die geheiligten Gebeine des ehrwürdigen Feodossi werden aus der Höhle gebracht.«

Als aber der Morgen kam und der Tag dämmerte, hörte man es denn auch in der ganzen Stadt, und eine Menge Volks kam mit Kerzen und mit Weihrauch.

Der bewundernswerte und berühmte Stefan aber – von dem schon in der Vita des Seligen geredet worden, daß er an seiner Stelle Abt ward, dann, nachdem er aus dem Kloster fortgegangen war, ein eigenes Kloster auf dem Klow gründete und danach durch Gottes gütigen Willen Bischof der Stadt Wladimir ward –, der war zu jener Zeit [gerade] in seinem Kloster und sah bei Nacht hinter dem freien Felde ein großes Leuchten über der Höhle. Er meinte, daß die geheiligten Gebeine des heiligen Feodossi übergeführt würden; denn einen Tag zuvor war ihm das bekannt geworden. Und er grämte sich sehr, weil ohne ihn die Gebeine des Heiligen übergeführt wurden. Noch zur selben Stunde setzte er sich aufs Pferd und ritt geschwind nach der Höhle. Kliment, den er an seiner Statt zum Abte eingesetzt hatte, nahm er mit sich. Unterwegs sahen sie das große Leuchten über der Höhle; und als sie näher zur Höhle herankamen, sahen sie nichts mehr. Da verstanden sie, daß es ein Engelslicht gewesen war. Und sie kamen zum Eingang der Höhle, wir aber saßen bei den Gebeinen des Heiligen.

Denn ich hatte, da ich zu ihnen vorgedrungen war, zum Abte geschickt und ihm sagen lassen: »Komm, Vater, daß wir die Gebeine des Ehrwürdigen heraustragen!«

Und der Abt kam mit zwei Brüdern. Ich hatte genug gegraben, und als wir uns niederbeugten, sahen wir seine Gebeine liegen, wie es bei einem Heiligen sein muß: Auch alle seine Gelenke waren heil und von Verwesung unberührt, das Haupthaar lag fest an seinem Kopfe an, das Antlitz des Ehrwürdigen aber war hell, die Augen waren geschlossen, und die einst wohlredenden Lippen lagen aufeinander.

Und so betteten wir seine heiligen und verehrungswürdigen Gebeine auf eine Bahre und trugen sie vor die Höhle hinaus. Anderentags aber versammelten sich durch Gottes Willen alle Bischöfe und kamen gemeinsam zu der Höhle. Ihre Namen sind: Jefrem von Perejaslawl, Stefan von Wladimir, Ioann von Tschernigow, Marin von Jurjew und Antoni von der Ros. Es kamen alle Äbte aus sämtlichen Klöstern mit einer Menge von Mönchen und fromme Leute. Und sie holten die höchst verehrungswürdigen Gebeine des heiligen Feodossi mit vielen Kerzen und mit Weihrauch von der Höhle.

Wie schon gesagt worden, kamen auch aus der Stadt die Leute, Kerzen in den Händen haltend, den Heiligen zu empfangen. Und da er in die von Gott begründete und allreine Kirche getragen wurde, freute sich auch die allreine Kirche; denn sie nahm ihren Diener auf. In der Kirche ward das Tageslicht vom Lichte der Kerzen überstrahlt. Die Bischöfe berührten und küßten die Gebeine des Heiligen, die Priester fielen nieder mit liebevollen Küssen, mit dem Volke strömten die Mönche herbei, berührten, was von den Kleidern des Heiligen geblieben war, und sandten geistliche Lieder zu Gott empor, worin sie dem Heiligen dankbaren Lobpreis darbrachten.

So bestatteten sie ihn nun in seiner Kirche der Gottesmutter, auf der rechten Seite, am vierzehnten Tage des Monats August, an einem Donnerstag, um die erste Tagesstunde; und glänzend ward dieser Tag gefeiert.

Im Jahre 6616 [1108] unternahm es der Abt Feoktist, den frommen Großfürsten Swjatopolk darum zu ersuchen, daß der Name unseres heiligen und ehrwürdigen Vaters Feodossi, des Abtes vom Höhlenkloster, im Synodikon genannt werde. Dies geschah nach dem Willen Gottes. Swjatopolk aber versprach freudig, daß es getan werden sollte; denn ihm war seine Vita bekannt, und Swjatopolk begann, jedermann das Leben des ehrwürdigen Feodossi zu erzählen. Solches tat auch der Metropolit und gebot, ihn ins Synodikon einzutragen. Der Metropolit befahl auch allen Bischöfen, den Namen des heiligen Feodossi ins Synodikon aufzunehmen. Alle Bischöfe aber schrieben mit Freuden den Namen unseres heiligen, ehrwürdigen Vaters Feodossi hinein und gedenken seiner bis heute auf allen Zusammenkünften.

Von der Weissagung des Heiligen

An einigem aber sollte man nicht schweigend vorübergehen, sondern ich will euch davon erzählen, worin sich eine Weissagung unseres heiligen Vaters Feodossi erfüllt hat:

Als nämlich der große Feodossi noch am Leben war, die Abtswürde innehatte und die ihm von Gott anvertraute Herde leitete, kümmerte er sich nicht allein um die Mönche, sondern auch um die Laien, daß ihre Seelen das Heil finden mögen. Seine geistlichen Söhne aber, welche zu ihm kamen, tröstete und lehrte er, ging wohl auch ab und zu in ihre Häuser und segnete sie.

Es war aber ein gottesfürchtiger Würdenträger, Jan geheißen, ein geistlicher Sohn des Heiligen. Dieser kam einmal zu Jan und seinem Weibe Marija nach Haus. Beide waren sie fromm und lebten in Reinheit und hielten so, getreu dem göttlichen Paulus, die Ehe in Ehren. Darum liebte sie der selige Feodossi, weil sie nach Gottes Geboten lebten und untereinander in der Liebe blieben.

Und als er nun zu ihnen kam, belehrte er sie über die Mildtätigkeit gegen die Armen und über das Himmelreich, das die Gerechten empfangen werden – die Sünder aber Qual –, und auch über die Stunde des Todes. Noch vieles andere mehr sprach er zu ihnen aus den göttlichen Schriften. Und schließlich sagte er den beiden noch einige Worte über die Grablegung ihrer Leiber.

Die fromme Frau Jans aber hatte die Rede des Ehrwürdigen gehört und sprach zu ihm: »Verehrungswürdiger Vater Feodossi, wer weiß, wo mein Leib begraben sein wird?«

Der gottbegeisterte Feodossi aber, erfüllt von der Gabe der Weissagung, sprach zu ihr: »Wahrlich, ich sage dir, dort, wo mein Leib begraben sein wird, dort wirst auch du ruhen, wenn eine Zeit vergangen ist.«

Dieses hat sich auch achtzehn Jahre nach dem Hinscheiden des Heiligen erfüllt. Der ehrwürdige Feodossi war nämlich achtzehn Jahre vor der Überführung seines Leibes gestorben. Als nun die Reliquien des Heiligen übergeführt wurden, starb zu dieser Zeit, im selben Jahr und Monat, Jans Weib, mit Namen Marija, am sechzehnten Tage des Monats August. Und die Mönche kamen, sangen die üblichen Lieder, brachten sie [Marija] und bestatteten sie in der Kirche der heiligen Gottesmutter vom Höhlenkloster, gegenüber dem Grabe Feodossis, auf der linken Seite. Der Ehrwürdige ward am vierzehnten August beigesetzt und sie am sechzehnten. Sehet nun diesen wunderwürdigen Mann, den ehrwürdigen Feodossi, da sich seine Prophezeiung erfüllt hat, den wackeren Hirten, der seine geistlichen Schafe weidete ohne Falsch, sie mit Sanftmut und Umsicht hütete und für sie wachte, der für die ihm anvertraute Herde, für alle rechtgläubigen Christen und für das Russische Land betete. Auch nachdem er aus diesem Leben geschieden ist, betet er für die Gläubigen und für seine Schüler, welche auf seinen verehrungswürdigen Sarg schauen und im Gedenken an seine Lehren und seine Enthaltsamkeit Gott preisen.

Ich aber, sein sündiger und unwürdiger Knecht und Schüler Nestor, weiß nicht, wie sein guter Lebenswandel und seine Enthaltsamkeit zu rühmen seien, allein, dieses wenige will ich sagen:

Freue dich, unser Vater und Lehrer, der du die Unrast der Welt abgeworfen und das Schweigen erwählt hast! Freue dich, der du Gott dientest in der Stille und im Leben eines Mönchs alles Göttliche, was dir gegeben war, wieder dargebracht hast! Freue dich, Vater, der du im Fasten dich hervortatest, die fleischlichen Leidenschaften verachtetest und die Schönheit der Welt von dir warfst samt dem Verlangen dieser Zeit! Freue dich, der du den Spuren hoher Gesinnung folgtest, den Vätern nacheifernd, herausragtest im Schweigen und mit Demut geschmückt dich ergötztest an den Worten der Bücher! Freue dich, der du an der Hoffnung auf die ewigen Güter dich stärktest, welche du nun empfangen hast! Freue dich, der du die fleischlichen Gedanken getötet, Gesetzlosigkeit aufgedeckt und Aufruhr besänftigt hast, Ehrwürdiger! Freue dich, der du den Ränken des Teufels und seinen Netzen entronnen bist! Freue dich, Vater, der du mit den Gerechten die Ruhe gefunden, den Lohn deiner Mühen empfangen hast! Freue dich, der du den Vätern ein Lehrer wurdest, welchen du nachfolgtest in Lehre und Gesittung, in Enthaltsamkeit und in ihrer Hinwendung zu Gott beim Gebet; der du vor allem dem großen Theodosios nachgeeifert hast, in Gewohnheiten und Lebensweise seinem Leben gleichkamst; in der Nachfolge seiner Art von einer Tat zum bessern Werke schreitend, sandtest du Gott nach dem Brauch die Gebete empor in wohlriechendem Duft, brachtest das Rauchopfer der Gebete dar, den wohlduftenden Weihrauch! Freue dich, der du die Begierden der Welt besiegt hast und ihren Herrscher, den Fürsten der Finsternis dieser Zeit! Freue dich, der du den Feind, den Teufel, besiegtest und seinen Ränken trotztest; du stelltest dich seinen Pfeilen entgegen, und starken Sinns widerstandest du! Freue dich, der du mit der Waffe des Kreuzes dich rüstetest und mit dem unbesiegbaren Glauben, mit Gottes Hilfe! Darum, o verehrungswürdiger Hirte der Herde Christi, gottweiser Feodossi, bitte für uns und auch für mich, deinen Knecht Nestor, daß wir befreit werden aus dem feindlichen Netze, und behüte uns vor dem bösen Feind mit deinen Gebeten durch Jesus Christus, unsern Herrn. Ihm gebührt Ehre und Ruhm und Anbetung mit seinem Vater, der ohne Anfang ist, und seinem hochheiligen, guten und lebenspendenden Geiste immerdar und von Ewigkeit zu Ewigkeit. Amen.

WIE DER SARG UNSERES EHRWÜRDIGEN VATERS FEODOSSI PETSCHERSKI BESCHLAGEN WURDE.

Die zehnte Erzählung

Nach einiger Zeit wünschte Georgi, Simons Sohn, der Enkel des Afrikan, den Sarg des ehrwürdigen Vaters Feodossi beschlagen zu lassen, was er auch tun ließ. Er sandte also einen seiner Bojaren, welche ihm untertan waren, mit Namen Wassili, aus der Stadt Susdal in die christliche Stadt Kiew zum Höhlenkloster, auf daß er den Sarg des ehrwürdigen Feodossi beschlagen lasse. Und Georgi gab jenem fünfhundert Griwnen Silbers und fünfzig Griwnen Goldes zum Beschlagen des Sarges des Ehrwürdigen.

Wassili nun nahm sie entgegen und machte sich unwillig auf den Weg. Er verfluchte sein Leben und den Tag seiner Geburt und sprach bei sich in Gedanken: »Was hat sich der Fürst dabei gedacht, solchen Reichtum zu vergeuden, und was für einen Lohn wird er davon haben, einer Leiche den Sarg beschlagen zu lassen? Aber was umsonst gewonnen ist, das wirft man freilich auch umsonst fort. Weh mir allein, denn ich war nicht Manns genug, dem Herrn ungehorsam zu sein. Wozu habe ich mein Haus verlassen, und für wen gehe ich diesen bitteren Weg? Und wer wird mir wiederum Ehre erweisen? Zu einem Fürsten bin ich nicht gesandt, noch zu einem anderen Würdenträger. Was werde ich sprechen – oder soll ich etwa mit diesem steinernen Sarge reden? Und wer wird mir antworten? Wer wird nicht über meinen törichten Besuch lachen?«

So sprach er zu seinen Begleitern und noch vieles andere von gleicher Art.

Der Heilige aber erschien ihm im Traume und sprach sanft: »O mein Sohn, ich wollte dich für deine Mühe belohnen, doch wenn du nicht Buße tust, wirst du viel Übles empfangen.«

Wassili aber hörte nicht auf zu murren, und großes Leid brachte der Herr um seiner Sünden willen über ihn: Denn alle Pferde starben, und was sie sonst bei sich hatten, ward gestohlen; alles nahmen ihnen die Diebe, außer dem ihnen mitgesandten Schatz. Wassili öffnete nun den ihm mitgegebenen Schatz, wovon der Sarg des Heiligen beschlagen werden sollte, und nahm den fünften Teil des Goldes und Silbers heraus, um es für sich und für Pferde auszugeben. Und er sah nicht ein, daß der Zorn um seiner Lästerung willen auf ihn gekommen war.

Als er nun nach Tschernigow kam, fiel er vom Pferde und verletzte sich so sehr, daß er nicht die Kraft hatte, auch nur die Hand zu bewegen. Die mit ihm waren, legten ihn in ein Boot und brachten ihn nach Kiew.

Das war am Abend. In derselben Nacht aber erschien ihm der Heilige und sprach: »Wassili, hast du den Herrn nicht gehört, der da gesagt hat: ›Machet euch Freunde mit dem ungerechten Mammon, auf daß, wenn es damit zu Ende ist, sie euch aufnehmen in die ewigen Hütten.‹ Mein Sohn Georgi dagegen hat recht bedacht, was der Herr sprach: ›Wer einen Gerechten aufnimmt darum, daß er ein Gerechter ist, der wird eines Gerechten Lohn empfangen.‹ Du solltest für deine Mühe reich belohnt werden. Niemand hat noch solchen Ruhm empfangen, wie er dir und ihm [Georgi] zugedacht war. Nun hast du alles verloren. Allein, verzweifle nicht an deinem Leben. Doch nicht anders kannst du geheilt werden, als wenn du Buße für diese Sünde tust. Drum befiehl, daß man dich ins Höhlenkloster, in die Kirche der heiligen Gottesmutter trage und dich auf meinen Sarg lege; so wirst du gesund werden und auch das von dir ausgegebene Gold und Silber unversehrt finden.«

Dieses aber war Wassili in jener Nacht im Wachen und nicht im Traume geschehen; an jenem Abend war ihm der ehrwürdige Feodossi erschienen.

Am andern Morgen kam der Fürst Georgi Wladimirowitsch mit allen Bojaren. Und da er ihn arg zerschunden sah, ward er gar traurig um seinetwillen und ging wieder fort.

Wassili glaubte der Erscheinung des Heiligen und ließ sich ins Höhlenkloster bringen.

Als sie aber am Ufer waren, kam ein Unbekannter zum Abte und sprach: »Geh sogleich zum Ufer, bringe Wassili herauf und lege ihn auf den Sarg des ehrwürdigen Feodossi. Und wenn er dir den Schatz gibt, so beschuldige ihn vor allen, daß er den fünften Teil davon genommen habe. Wenn er aber bereut, so gib ihn ihm zurück.« Da er dieses gesprochen hatte, ward er unsichtbar. Als aber der Abt nach einem solchen Menschen suchte, wie er ihm erschienen war, hatte ihn niemand hinein- noch herausgehen sehen.

Er ging also zum Dnepr, brachte Wassili herauf, und sie legten ihn auf den Sarg des Heiligen. So stand er geheilt auf und ward gesund am ganzen Leibe. Und er übergab dem Abte die vierhundert Griwnen Silbers und vierzig Griwnen Goldes.

Der Abt aber sprach zu ihm: »Und wo, mein Sohn, sind die übrigen hundert Griwnen Silbers und die zehn Goldes?«

Da bereute Wassili und sagte: »Ich habe sie genommen und ausgegeben. Gib mir Zeit, Vater, ich werde dir alles zurückgeben. Eigentlich wollte ich es verschweigen und nicht offenbar werden lassen; ich glaubte, ich könne es vor dem alles sehenden Gott verbergen.«

Sodann schütteten sie das Gefäß aus, darin es [das Geld] versiegelt war, und als sie es vor allen zählten, fanden sie alles vollständig: fünfhundert Griwnen Silbers und fünfzig Goldes. Und alle priesen Gott und den heiligen Feodossi. Da begann Wassili alles der Reihe nach zu berichten – die Erscheinung des Heiligen und sein Wirken.

Am andern Morgen kam der Fürst mit Ärzten zu der zuvor genannten Stätte, Wassili zu heilen, und er fand ihn nicht. Er erfuhr aber, daß man ihn ins Höhlenkloster gebracht habe; und da er meinte, er sei schon tot, ritt er eilends zum Kloster. Er fand ihn gesund, als sei er nie verletzt gewesen. Und da der Fürst von ihm die erstaunlichen Wunder vernahm, erschrak er, ward aber auch von geistlicher Freude erfüllt. Er ging hin, verneigte sich vor dem wundertätigen Sarge des großen Feodossi und zog wieder fort.

Als Georgi Simonowitsch, der Tausendschaftsführer, davon hörte, neigte sich seine Seele der heiligen Gottesmutter und dem heiligen Feodossi zu, und er gab zu seinem reichlichen Geschenk noch den Halsschmuck, welchen er zu tragen pflegte. Der war hundert Griwnen Goldes schwer. Und solches schrieb er dazu:

»Ich, Georgi, Sohn des Simon, Knecht der allheiligen Gebieterin, der Gottesmutter, und des heiligen Feodossi, bin von seiner heiligen Hand gesegnet worden. Als ich einmal drei Jahre lang krank an den Augen war und nicht einen Sonnenstrahl zu sehen vermochte, ward ich durch ein Wort von ihm geheilt: Ich hörte von seinen Lippen ›Werde sehend!‹, und ich ward sehend.

Darum nun schreibe ich diesen Brief für die Letzten meines Geschlechts, auf daß keiner von dem Hause der allheiligen Gebieterin, der Gottesmutter, und der ehrwürdigen Antoni und Feodossi getrennt sei. Sollte aber einer in höchste Armut fallen, so daß er nichts mehr zu geben imstande wäre, so soll der wenigstens auf dem Boden dieser Kirche begraben werden; denn überall beschützt [uns] das Gebet Antonis und Feodossis.

Als ich nämlich mit den Polowzern gegen Isjaslaw Mstislawitsch zog, sahen wir von ferne eine hohe Befestigung, und sogleich gingen wir darauf los. Niemand aber wußte zu sagen, was das für eine Befestigung sei. Die Polowzer schlugen sich davor, und als viele verwundet waren, flohen wir von jener Befestigung. Endlich aber erfuhren wir, daß dies eine Siedlung vom Höhlenkloster der heiligen Gottesmutter war. Eine Befestigung ist niemals dort gewesen. Nicht einmal jene, die selbst in der Siedlung lebten, verstanden, was geschehen war. Aber als sie am andern Morgen heraustraten, sahen sie, daß dort Blut vergossen worden war, und sie verwunderten sich des Geschehenen.

Darum nun schreibe ich euch, daß ihr alle in das Gebet des heiligen Feodossi eingeschlossen seid; denn er hat meinem Vater Simon versprochen, für uns geradeso wie für seine Mönche zu beten. Im Vertrauen auf das Versprechen des Heiligen befahl mein Vater, ihm dieses Gebet in die Hand zu legen, da er in den Sarg gebettet werden sollte. Davon hat er auch einem jener Gott im Herzen tragenden Väter Kunde gegeben und solches zu ihm gesprochen: ›Sage meinem Sohne Georgi, daß ich alle Güter durch die Gebete des Heiligen empfangen habe. Trachte auch du, mein Sohn, mir nachzufolgen mit guten Werken.‹ Wer aber das Gebet und den Segen des heiligen Vaters Feodossi verschmäht und von ihm abfällt, um dem Fluche zu huldigen, über den möge er kommen.«

Und darum hegen seine Urenkel Liebe zu dem heiligen Demetrios; denn sie haben ihren Platz dort bei ihm. Wer aber von ihnen den verliert, der ist von seinen Ahnen und Vätern verflucht, da er sich nach seinem eigenen Willen von dem Gebet des Heiligen und dem Segen und der Verheißung des ehrwürdigen Vaters Feodossi losgesagt hat.

LOBPREIS UNSERES EHRWÜRDIGEN VATERS FEODOSSI, DES ABTES VOM HÖHLENKLOSTER IN DER VON GOTT GESCHÜTZTEN STADT KIEW.

Die elfte Erzählung

Wenn der Gerechte gepriesen wird, freut sich das Volk. Denn es ist ein Tag der Freude und des Frohlockens, wenn ein gerechter und ehrwürdiger Mann des Lebens Ende empfängt; wenn er seine Mühen ruhen sieht; wenn er die Trauer hinter sich läßt und zum Frohlocken schreitet; wenn er die Erde und alles Irdische zurückläßt und in die Himmel eingeht; wenn er die Menschen läßt und bei den Engeln Wohnung nimmt und gewürdigt wird, Gott zu schauen.

An diesem Tage ist ja unser Lehrer, der Lenker und Hirte, zum ewigen Leben eingegangen, der Große unter den Vätern, der Vater Feodossi, die erste Leuchte, der Beschützer und Wundertäter im Russischen Lande.

Wo ist eine größere Freude als die, die wir erfahren durften – das Eingehen unseres Vaters und Lehrers zum Herrn und daß er den Kranz der Unsterblichkeit empfangen hat, immer nahe dem Herrscherthrone steht und die Gunst genießt, den Gebieter für uns zu bitten? Denn es freuen sich nicht allein der Sohn, sondern auch die Knechte, da sie ihren Herrn in Gnade beim Herrscher der Welt stehen sehen nach vielen Mühen und Siegen über die Feinde des Herrschers. Wir aber, die Söhne und Knechte unseres Herrn, wollen jauchzen und feiern voll Freuden, sein Überwinden und seinen Sieg über die unreinen Geister preisen, auch daß er viel Ehre vom Herrn, dem Allmächtigen, erhalten und vielen das ewige Leben erworben hat.

Wer aber kann den irdischen Engel und himmlischen Menschen würdig preisen oder erhöhen? Denn das Volk, das im Finstern saß und ferne im Schatten, hat durch unseren von Gott gesandten Apostel, den Fürsten Wladimir, das Licht des Glaubens gesehen. Da er selbst Gott in der heiligen Taufe erkannt und ihn uns gezeigt hatte, nahm er den Mantel der Blindheit von unseren Seelen, so daß wir vom Lichte der dreieinigen Gottheit erleuchtet wurden.

Ein anderer Weg aber ist der, welchen Christus seinen Jüngern wies, als er sprach: »Und wer Vater und Mutter, Städte und Äcker verläßt, der wird hundertfältig empfangen jetzt in dieser Zeit und in der zukünftigen Welt das ewige Leben.« Durch wen aber haben wir von diesem Wege und dem leichten Joch Christi Kunde, und wer hat gezeigt, wie man das Kreuz auf sich nimmt und Christus nachfolgt, wenn nicht gerade dieser unser ehrwürdiger Vater Feodossi? Denn es gab wohl auch Menschen vor diesem, welche sich von der Welt abgewandt hatten und auf dem schmalen Wege wandelten; von diesem aber sind Satzung und Ordnung für alle Klöster in der Rus überliefert worden.

Niemand anders auch hat vor ihm so vollkommenes Ersterben gezeigt wie dieser mit seinem Lehrer, dem seligen Antoni; denn er hat das Wort des Herrn erfüllt, das da heißt: »Wenn das Weizenkorn nicht in die Erde fällt und erstirbt, so bleibt's allein; wenn es aber erstirbt, so bringt es viel Frucht.« Denn er tötete sich für diese ganze Welt ab und lebte in Christus wieder auf, und er trug viel Frucht, welche er durch den Geist hervorbrachte. Er hütete seine Herde in Ehrwürdigkeit und Gerechtigkeit und hat das Talent, welches ihm von Gott gegeben war, vermehrt. Nun hört er, was der Herr gesagt hat: »Du frommer und getreuer Knecht, du bist über wenigem getreu gewesen, ich will dich über viel setzen.« Denn von diesem hat Christus gesagt: »Viele, die da sind die Ersten, werden die Letzten, und die Letzten werden die Ersten sein.« Dieser, wenn er gleich im letzten Geschlecht gefunden ward, übertraf doch an Stärke und göttlicher Liebe, welche in ihm leuchtete, viele, die vor ihm waren.

Als er noch im zarten Alter war, verabscheute er schon das Irdische und richtete seinen Sinn aufs Himmlische von Jugend auf. Von Mutterleibe an war er ein reines Gefäß für den Heiligen Geist, gewann den Ruhm dieser Welt nicht lieb, ward freiwillig arm und in allem seinem Herrn ähnlich. Die vergänglichen Güter sah er für nichts an und hegte nur den einen Wunsch, hinzutreten und vor

Gottes Angesicht zu erscheinen, um mit ihm allein im Gebet zu sprechen. Von seiner Mutter empfing er viele und harte Strafen; unser böser Feind gedachte dadurch den heiligen Jüngling von seinem guten Vorsatze abzubringen. Denn der verfluchte Betrüger sah, daß er von diesem besiegt werden würde, und darum brachte er viel Leids über ihn. Die göttliche Gnade aber führte ihn dorthin, wo er erstrahlte wie die Sonne am Himmelszelt, mit seinen Strahlen die ganze Welt erleuchtete und das Versprochene empfing. Er verlor die Gabe des Sehens nicht, da er jeden Tag seinen Sinn auf das Bessere richtete – nach dem Worte des Apostels: »Ich vergesse, was dahinten ist, und strecke mich nach dem, das da vorne ist.« Er wußte der, die ihn geboren hatte, wohl zu gehorchen, doch mehr noch fügte er sich den göttlichen Befehlen. Denn er hatte durch die Weisheit des Heiligen Geistes verstanden, daß die Sorge um irdische Dinge beim Erfüllen der göttlichen Gebote hinderlich sei. Alles von sich werfend, gab er sich Gott hin und dachte bei sich: ›Es ist besser, die Mutter für kurze Zeit zu betrüben, bis ihr der Herr die Vernunft schenkt, sich vom Nichtigen zu lösen, denn das Reich des Herrn zu verlieren.‹

Da er in die Stadt Kiew kam, suchte er einen Führer und Lenker, auf daß der ihm den göttlichen Weg, auf dem man nicht irregehen kann, zeige. Und nach langem Suchen fand er ihn auch. Denn der Herr verläßt die nicht, die das Nützliche wollen. Er fand nun einen wundervollen Mann, gar vollkommen an Geist und höchst verständig, der auch die Gabe der Prophezeiung besaß; Antoni war er genannt. Zu diesem kam der gesegnete Feodossi, jung an Jahren, aber mit dem Verstande des Alters. Alles, was ihm der Lehrer auftrug, führte er beflissen aus, tat noch ein übriges zu dem Befohlenen und war, um es mit Hiob zu sagen, »des Blinden Auge und des Lahmen Fuß«. Stets trug er das Wort des Apostels im Herzen, das da lautet: »Einer trage des andern Last, so werdet ihr das Gesetz Christi erfüllen.« Dieser Gesegnete aber trug nicht die Last eines oder zweier, sondern nahm den Dienst an der ganzen Bruderschaft auf sich und schaffte selbst allen Erleichterung. Viele von ihnen haben Ruhe gefunden durch sein Mühen. Da Gott ihm half und ihm die Kraft des Leibes schenkte, tat er dies alle Tage, fehlte niemals beim Kirchgang und übertrat auch nie die Zellenregeln. Der Ordnung der Väter, welche er für die, die zu guter Mühe und rechtem Gehorsam hierherkommen, aufgeschrieben hat, kam er in großem Eifer nach. Darum hat ihn der Herr auch erhöht.

Denen aber, welchen er diente, als sei er der Letzte und Schlechteste von allen – er vermeinte ja, allen ein Knecht zu sein –, diesen nun ward er zum Hirten, Vater und Lehrer gegeben. Denn als Warlaam, der Abt, vom Fürsten fortgeschickt und anderwärts eingesetzt worden war, wollte Feodossi keineswegs [die Abtswürde], konnte aber seinem Lehrer Antoni nicht ungehorsam sein. Und da er erkannte, daß es Gottes Ratschluß war, schickte er sich gegen seinen Willen drein und gab sich noch größerer Mühe hin; denn er dachte: »Wenn ich mich gleich viel um das leibliche Wohl gesorgt habe, soll doch mehr für das geistliche getan werden.«

Und der heilige Feodossi sprach bei sich: »Häufe Mühen auf Mühen und Taten auf Taten im Glauben! Wie willst du vor deinem Gebieter erscheinen, wenn du seine Herde nicht recht gehütet hast? Oder wie willst du sagen: ›Siehe, hier bin ich und die Kinder, die du mir gegeben hast, o Gott‹?« Darum blieb er schlaflos alle Nächte, einmal im Gebet dienend, einmal von Zelle zu Zelle schreitend und die Brüder zum Beten ermahnend. Auch in der Würde als Ältester gab er seine guten Werke nicht auf: Manchmal trug er Wasser, ein andermal wieder hackte er Holz, und so gab er selbst der ganzen Bruderschaft ein Beispiel.

Und wenn die Großen Fasten herankamen, verabscheute der Streiter Christi Feodossi alle irdischen Dinge, trennte sich von der Menge und zog von den Brüdern fort. Allein schloß er sich in der Höhle ein, verblieb dort die ganzen vierzig Tage und sprach im Gebet allein mit dem Einen. Wer vermag die Mühen und Schmerzen, das tränenreiche Schluchzen und starke Fasten und den Kampf mit den bösen Geistern zu beschreiben?

Wenn aber der lichte Tag der Auferstehung unseres Herrn Jesus Christus nahte, so kam der Ehrwürdige – gleich Mose vom Berge Sinai –, und seine Seele leuchtete heller als das Angesicht des Mose. All die Jahre lang hat er diesen Brauch gehalten.

Als er nun der göttlichen Offenbarung gewürdigt ward und seinen Ausgang erfuhr, da ihm befohlen ward, aus dieser Welt in die unendliche zu gehen, hat er es nicht vor seinen Freunden und Schülern verborgen, daß er zu Gott gehen werde. Und er versprach, Gott für das Haus der allreinen Gottesmutter und für die Herde seiner Kinder zu bitten, bis zur Wiederkunft des Herrn, unseres Gottes. Und wie er's versprochen hat, so hat er's auch gehalten.

Und so große Gaben ihm von Gott verliehen worden, so große Liebe des Herrn schenkt er uns für alle Zeiten und Jahre durch sein

Kommen und Besuchen, durch seinen Schutz und sein Eintreten [für uns], und er behütet seine Herde vor dem Feinde unserer Seelen. Wem wäre nicht, wenn er am Sarge des Heiligen um etwas dem Heile Dienendes gebeten hat, Hoffnung widerfahren, oder wer wäre nicht, wenn er im Glauben seinen heiligen Namen gerufen hat, von dem Leiden der Seele erlöst und von den Krankheiten des Leibes geheilt worden? Er ist unser Apostel und Prediger, dieser ist uns Hirte und Lehrer, ist uns Führer und Lenker, ist uns Mauer und Wehr, unser großer Lobgesang und unsere Zuversicht vor Gott.

Heute, Brüder, ist es an uns, fröhlich zu sein und zu frohlocken im Geiste, uns schön zu schmücken und voll Freuden zu feiern; denn stets haben wir dabei den Sarg unseres ehrwürdigen Vaters Feodossi vor Augen, wohinein heute sein vielgequälter heiliger Leib gelegt worden ist, welcher Wunderstrahlen aussendet bis an alle Enden des Russischen Landes. Dieser Sarg birgt einen Schatz, den niemand stehlen kann, ein Gefäß des Heiligen Geistes, ein Instrument Gottes – den heiligen Leib unseres Vaters und Lehrers. Wenn wir darauf sehen, ist es, als schauten wir ihn selbst; denn wenn der Heilige gleich ins Grab gelegt ward, so ist er doch im Geiste immer bei uns und sieht uns. Wenn wir nach seinem Gebote leben und halten, was er befohlen hat, so freut er sich und nahet sich uns gnädig, schützt und behütet uns als seine geliebten Kinder. Wenn wir aber nachlassen im Eifer um unser Heil und nicht halten, was seine Worte uns gewiesen haben, so bringen wir uns selbst um seine Hilfe. Gib aber selbst, o heiliger Vater Feodossi, wo wir unzulänglich sind, deine Tugenden hinzu; denn ohne deine Hilfe sind wir ohnmächtig, etwas Gutes zu tun.

Am Tage deines Hinscheidens nun, da wir uns aus Liebe zusammengefunden haben, rufen wir dir zu: Freue dich, du Erleuchtung des Russischen Landes; denn wie der Morgenstern bist du im Westen erschienen und erstrahltest vom Osten her und hast das ganze Russische Land erleuchtet! Freue dich, du Wegweiser und Muster des wahren Weges, Führer, Lenker und Lehrer des mönchischen Lebens! Freue dich, du Begründer und Verteidiger, Helfer und Unterstützer derer, die das Heil suchen! Freue dich, der du die Herde der geistlichen Schafe im Hause der Gottesmutter vermehrt hast, wie es nicht einer vor dir noch nach dir in unserem Lande vermochte! Freue dich, du Pflanzer des Weinstockes Christi, daß seine Triebe bis zum Meere reichen und seine Zweige bis an die Flüsse; denn es ist keine Gegend und kein Ort, da nicht eine Rebe deines Weinstocks wäre! Freue dich, der du die göttliche Offenbarung aufgenommen und das Haus der allreinen Gottesmutter erbaut hast, es errichtet und mit Größe geschmückt und der Gottesmutter zum Geschenk gemacht hast! Freue dich, der du das Talent deines Herrn vermehrt hast: Du hast zehn Talente empfangen und tausend damit erworben! Freue dich, der du auf der Flur des Weingartens Christi geistliche Schafe im Überfluß geweidet hast; auch Schafe aus fremden Landen kosteten davon und fanden Zuflucht im Hause der Gottesmutter, mit deinen treuen Kindern vereint! Freue dich, du süße Quelle, daraus ganze Scharen von Mönchen tranken und göttliche Erquickung empfingen und mühelos den schmalen Weg durchschritten; und sie siedelten sich an den Quellen des himmlischen Wassers an. Freue dich, du Hirte und Lehrer, der du die Herde vor dem geistigen Wolf behütet, unbefleckt und ohne Schaden dem obersten Hirten, Christus, zugeführt hast! Freue dich, du Feuersäule, heller noch als die einst bei Mose! Diese nämlich leuchtete sichtbar, jene aber erleuchtete geistig das neue Israel.

Du führtest durch die Wüste der Versuchungen eitlen Lebens, schrecktest den geistigen Amalek ab mit den Strahlen des Geistes und führtest zum Gelobten Lande – besser gesagt, zu paradiesischen Freuden, wo deine Schüler frohlocken. Freue dich, du irdischer Engel und himmlischer Mensch, du Knecht und Diener der allreinen Gottesmutter; denn sie fand keinen Erbauer für ihr Haus wie dich, welchen sie liebgewann und dem sie Gnade durch den Segen ihrer Gaben verheißen hat, wie sich's denn auch erfüllte! Freue dich, Vater Feodossi, du unser Lobgesang und unsere Hoheit!

Dein Kloster wird gepriesen um deinetwillen, und an den Enden des Weltalls ward sein Name berühmt. Die Lande verwundern sich der Väter, die darin wohnten: Sie leuchteten gleich Sternen an der Feste der Kirche, erschienen als Männer, welche nach den göttlichen Geboten handelten, zeigten sich als Wundertäter und wurden von Gott gewürdigt zu prophezeien; vom Heiligen Geiste empfingen sie die Sehergabe und wurden Lehrer des Wortes Gottes. Kaiser kamen, und Fürsten verneigten sich, Würdenträger zeigten sich demütig, und Mächtige erzitterten, Fremdländische erschraken, da sie himmlische Menschen auf Erden wandeln sahen. Und wie vor dem Throne des Herrn sangen die im Hause der Gottesmutter Versammelten ohne Unterlaß das Engelslied und nahmen zusammen mit den Engeln Wohnung am Altar des Herrn.

Manche aber haben Engelerscheinungen genau gesehen; und andere sprachen im Geiste und in ihrer Seele mit ihnen und erkannten es mit dem Herzen, wenn Engel Gottes kamen. Wieder andere vertrieben leibhaftige böse Geister, und es sind ihnen schlimme erschienen.

So sind die Zweige von deinem Weinstock, dies sind die Sprosse von deiner Wurzel, so sind die Säulen von deinem Tempel, so sind die Kinder von deinem Stamme, dies sind die Väter von deinem Kloster! Denn, Vater, Schüler eines solchen Lehrers müssen so sein; von deinen Lippen strömte ja wahrlich der Fluß des Heiligen Geistes, welchen Christus, der Gottessohn, selbst bezeichnet hat, da er, die Judäer lehrend, sprach: »Wer an mich glaubt, von des Leibe werden Ströme lebendigen Wassers fließen.« Das sagte er aber von dem Geist, welchen empfangen sollten, die an ihn glaubten. – Derselbe Fluß bleibt nirgends stehen und tränkt deine Kinder immerdar und in Ewigkeit. Diesen Fluß verströmend, führten die Apostel alle Völker zu Gott; diesen Strom trinkend, achteten die Märtyrer nicht ihrer Leiber, sondern setzten sie Wunden und allerlei Qualen aus; diesen Fluß trinkend, verließen die Väter Städte und Dörfer, Reichtum und Häuser und siedelten sich an auf den Bergen, in Grotten und Erdhöhlen; diesen Fluß trinkend, verachteten deine Schüler das Irdische und richteten all ihren Sinn auf den Himmel. Und sie empfingen, wonach sie sich sehnten, und ließen sich im göttlichen Lichte nieder, wo die Chöre der Körperlosen sind.

Ihnen aber sind wir nachgefolgt, kamen zum Hause der Gottesmutter, unter deine Verheißungen und deinen Schutz. Alle Hoffnung haben wir auf die allreine Jungfrau, die Gottesmutter, und auf dich gerichtet, allerseligster Vater Feodossi!

Wenn wir's gleich nicht erlangen werden, auf den Wegen deiner früheren Schüler zu wandeln, so behalten wir doch im Gedächtnis, was deine heiligen Lippen sprachen: »Wer sein Leben im Hause der allreinen Gottesmutter und in der Hoffnung auf mich beschließt, wenn er gleich im geistlichen Ringen nicht vollkommen war, dem will ich das Fehlende hinzufügen und Gott für ihn bitten.« So hoffen wir auf dieses Wort und rufen dich an mit Bitten. Du weißt es selbst, Ehrwürdiger, auch wenn wir schweigen, daß unsere Tage in den Eitelkeiten dieser Welt entschwanden; und da wir uns ein wenig aufrafften, nahmen wir das Joch Christi auf uns und flüchteten uns zum Hause unserer allreinen Gebieterin, der Gottesmutter, und unter deinen heiligen Schutz. Liefere uns nicht den Feinden unserer Seelen aus; denn sie haben sich gegen uns gerüstet und bedrängen uns allezeit. Sie zielen auf unsere Herzen mit allerlei bösen Gedanken,

Часть перваѧ

въ нѥйже ѡбрѣтаютсѧ
жи́тїѧ ст҃ы́хъ
прпⷣбныⷯ и бг҃оно́сныⷯ ѿц҃ъ нашиⷯ
ПЕЧЕ́РСКИХЪ.

Прпⷣбнымъ ѿц҃емъ на́шимъ
Несторомъ лѣтописцемъ Россійскимъ
Написаннаѧ.

Между́ ни́ми же, и҆ сказа́нїе
ѡ҆ ст҃о́й чꙋдотво́рной цр҃кви
ПЕЧЕ́РСКОЙ,

Написанное бл҃же́нныⷨ Сі́мѡномъ
Еппⷭомъ Владищерскиⷨ и҆ Сꙋ́ждалскиⷨ:
ѿ негѡже и҆ прочаѧ здѣ̀
исполнѧ́ютсѧ.

Къ си́мъ же приложена̀ сꙋ́ть
и҆ похвалнаѧ словеса̀,
Прпⷣбныⷨ и бг҃оно́сныⷨ ѿц҃емъ нашиⷨ
Первоначалникѡⷨ Печерскимъ

А҆нтѡ́нїю и҆ Ѳео́досїю.

bringen uns von der Erkenntnis Gottes ab und nötigen uns, das Vergängliche und Verwesliche zu lieben, und sie ziehen uns gänzlich hinab in den Abgrund der Sünden.

Aber wir haben dich, unseren Steuermann, gefunden. Lenke uns zum ruhigen Hafen und stille den inneren Sturm! Bitte auch den Allherrscher für uns, daß er uns Wort und Rede, Sinn und Taten gebe, alle seine Gebote zu erfüllen. Wenn wir gleich abgewichen sind vom Wege der Gebote des Herrn und die von dir gegebene Ordnung aus Nachlässigkeit nicht gehalten haben, so möge er uns allein durch unseren Glauben an die allreine Jungfrau und an dich, heiliger Vater Feodossi, in die Zahl deiner Kinder aufnehmen, welche makellos die Pfade der Gerechtigkeit wandelten. Möge er uns nicht vom Anblick seines lichten Antlitzes trennen, wenn er uns von hier zu sich nimmt.

Komme du zu uns, solange wir noch in diesem Leben sind, und behüte uns vor allen feindlichen Ränken und vor allen Werken, welche von Gott fortführen. Schenke uns durch dein Gebet ein reines und Gott wohlgefälliges Leben, erhebe unseren Sinn, welcher durch Trägheit zur Erde gefallen ist, gib Tapferkeit und innere Wachsamkeit und Vergebung der alten Sünden! Denn die Achtlosigkeit unseres Sinnes ist zwar übergroß, aber da wir dich, der du bei deinem Kloster bleibst, zum Unterstützer und Helfer haben, hoffen wir durch dich frei vor Gott zu erscheinen und nicht von sichtbaren oder unsichtbaren Feinden beherrscht. Du hast ja selbst zu deinen Schülern gesagt, da dir von Gott befohlen ward, von hier zu scheiden: »Ihr sollt wissen, meine Kinder: Wenn nach meinem Hingehen zum Herrn dieser Ort gedeiht, Mönche und notwendige Güter reichlich vorhanden sind, so möget ihr daran erkennen, daß ich freien Zugang zu Gott habe und mein Gebet ihm angenehm ist.«

Wir aber, ehrwürdiger Vater, wissen gewiß durch dein engelgleiches Leben und dein märtyrerhaftes Ringen, daß du vor deinem Fortgehen bei dem allmächtigen Gott Gnade gefunden hattest. Um wieviel mehr nach deinem Fortgang! Hat sich doch die Weissagung erfüllt, daß dieser Ort der allreinen Gottesmutter und dein heiliges Kloster erhöht werden und zunehmen werden an Ruhm und Größe. Du hast gesagt, du wollest ohne Unterlaß für die heilige Stätte, die unter deinem Schutz steht, beten; und dein wahrhaftiges Versprechen ohne Falsch hat sich auch erfüllt. Nach deinem Hinscheiden ward

---

Titelblatt des ursprünglichen ersten Teils des Väterbuches

deine Stätte von niemandem erobert oder zerstört, sondern wuchs seitdem und ward herrlich.

Als aber unsere Sünden sich mehrten, das Maß unserer Gesetzlosigkeiten voll war und unsere Bosheit Gott erzürnte, da ließ Gott es um unserer Sünden willen zu, daß die Gotteshäuser und Klöster zerstört und verheert wurden, die Städte eingenommen und die Dörfer verwüstet von einem unbekannten Volke – von einem unbarmherzigen Volke, von einem Volke voller Schande, das Gott nicht fürchtet und gar nichts Menschenfreundliches an sich hat. Darum sind wir auch noch immer von ihnen versklavt; und in harter Erniedrigung und bitterer Qual fallen wir vor dir nieder und bringen die Bitte vor: Erhebe deine Hände für uns zur Jungfrau Gebieterin und allreinen Gottesmutter, auf daß sie sich ihrer früheren Gnade zu diesen Hürden entsinne, welche sie ihnen geschenkt hat! Sie möge uns das bittere Leiden mildern, die bösen Feinde und Lästerer unseres rechten Glaubens vertreiben und ihre heilige Kirche unüberwindlich machen, welche sie sich selbst zur Wohnung errichtet hat! Sie möge die Herde deiner Hürden vermehren und ihr wie zuvor Gnade erweisen, sie behüten und befestigen, erhalten und beschützen vor sichtbaren und unsichtbaren Feinden, auf daß wir, frei an Seele und Leib befunden, in dieser gegenwärtigen Welt Gott wohlgefällig leben, ohne jemandem zu gehören als der allreinen Gottesmutter und dir, ehrwürdiger Feodossi, wie es auch früher bei unseren Vätern war.

Ich kenne deine Barmherzigkeit und habe darum gewagt, meine Stimme zu deinem Lobpreis zu erheben, nicht um dir ein würdiges Lob darzubringen, sondern in der Hoffnung, von dir Nutzen für mich zu empfangen, Vater, auch Lossprechung von meinen Sünden, daß ich's künftig beachte und über meine Fehler belehrt werde.

Denn dich haben die himmlischen Mächte gepriesen und die Apostel haben dich aufgenommen, und die Propheten sehen dich als einen der Ihren an; die Märtyrer haben dich in die Arme geschlossen, und die Bischöfe freuen sich mit dir; Scharen von Mönchen haben dich begrüßt, selbst die allreine Gebieterin hat dich erhöht, die Mutter des Herrn, und hat dich gar sehr verherrlicht, hat dich bekannt gemacht von den Enden des Alls bis zu den Enden der Erde, du treuer Knecht des Herrn!

Wie also könnte ich dich würdig genug preisen, da ich sündige Lippen habe und eine unreine Zunge? Doch ich habe nichts, was ich dir zum Tage deines Hinscheidens darbringen könnte, als diesen kleinen Lobpreis. Der ergießt sich wie ein kleiner, stinkender Bach in die Weite des Meeres, nicht um das Meer aufzufüllen, sondern auf daß er von seinem Gestank gereinigt werde. Darum, o ruhmreiches Haupt, heiliger Vater, ehrwürdiger Feodossi, zürne mir Sünder nicht, sondern bitte für mich, deinen Knecht, daß mich unser Herr Jesus Christus am Tage seiner Wiederkunft nicht verurteilen möge. Er sei gepriesen mit seinem Vater, welcher ohne Anfang ist, und dem hochheiligen, guten und lebenspendenden Geiste jetzt und immerdar.

ÜBER DIE ERSTEN HEILIGEN UND GESEGNETEN MÖNCHE VOM HÖHLENKLOSTER, DIE IM HAUSE DER ALLREINEN GOTTESMUTTER DES HEILIGEN HÖHLENKLOSTERS DURCH GÖTTLICHE TUGENDEN BERÜHMT WURDEN, NÄMLICH DURCH FASTEN UND WACHEN UND DURCH DIE GABE DER PROPHETIE.

Die zwölfte Erzählung

Es war, Brüder, ein wirklich außergewöhnliches Wunder zu sehen, da der Herr solche Mönche im Kloster seiner Mutter versammelt hatte. Wie sehr helle Himmelsleuchten erstrahlten sie im Russischen Lande: Die einen fasteten, die anderen wachten; diese beugten ihre Knie im Gebet, jene fasteten einen oder zwei Tage; manche ernährten sich nur von Brot und Wasser, andere von gekochtem Gemüse, wieder andere von rohen Kräutern. Und alle lebten in Frieden miteinander. Die Jüngeren fügten sich den Älteren und wagten nicht, in ihrer Gegenwart zu sprechen. Und alles taten sie voller Demut und mit großem Gehorsam. Ebenso waren die Älteren den Jüngeren auch zugetan, unterwiesen sie und trösteten sie wie die eigenen Kinder, die man liebt. Und wenn ein Bruder in irgendeine Sünde geriet, so standen sie ihm bei und teilten sich aus großer Liebe zu dritt oder viert in die Buße dieses einen. Solcherart waren die göttliche Liebe, die Enthaltsamkeit und die Sanftmut in dieser heiligen Bruderschaft. Und wenn irgendein Bruder das Kloster verlassen hatte, empfanden alle Brüder große Trauer um ihn. Sie schickten nach ihm und forderten ihn auf, ins Kloster zurückzukehren. Wenn der Bruder zurückkam, gingen sie zum Abt, verneigten sich vor ihm, baten beim

Abt für den Bruder um Barmherzigkeit und nahmen den Bruder mit Freuden sogleich wieder ins Kloster auf. Von solcher Art waren damals die Mönche: Sie hielten die Fastengebote ein und waren enthaltsam. Einiger dieser bewundernswerten Männer will ich gedenken.

So zuerst des Priesters Damian. Er hat so gefastet, daß er bis zu seinem Todestag nichts als Brot und Wasser zu sich nahm. Und wenn einmal jemand ein krankes Kind, das von irgendeinem Leiden befallen war, zum ehrwürdigen Feodossi ins Kloster brachte, forderte er Damian auf, ein Gebet über dem Kranken zu sprechen. Kaum, daß er dies getan und ihn mit heiligem Öl gesalbt hatte, genasen die, die zu ihm gekommen waren.

Als einmal der gesegnete Damian erkrankt war und in Ohnmacht darniederliegend sein Ende erwartete, erschien ihm ein Engel in der Gestalt des Feodossi und versprach ihm das Himmelreich für seine Mühsal.

Später aber besuchte ihn der große Feodossi mit den Brüdern. Sie setzten sich bei ihm nieder, während er noch geschwächt war. Er sah den Abt an und sagte: »Vater, vergiß nicht, was du mir in dieser Nacht versprochen hast.«

Der große Feodossi begriff, daß er eine Erscheinung gehabt hatte, und erwiderte ihm: »Bruder Damian, was ich dir versprochen habe, das wird in Erfüllung gehen.«

Er aber schloß seine Augen und gab seinen Geist in Gottes Hand. Der Abt und alle Brüder bestatteten seinen Leib mit allen Ehren.

So gab es auch einen anderen Bruder, Jeremija mit Namen, der sich noch an die Taufe des Russischen Landes erinnerte. Ihm war von Gott die Gabe verliehen, vorauszusehen, was geschehen wird. Wenn er jemanden in schlimmen Gedanken versunken sah, überführte er ihn in aller Stille und bedeutete ihm, sich vor dem Teufel zu hüten. Und wenn ein Bruder daran dachte, das Kloster zu verlassen, so ging er sogleich zu ihm, deckte die Gedanken des Bruders auf und stand ihm bei. Und wenn er jemandem etwas sagte – sei es Gutes oder Schlimmes –, immer ging das Wort des Starzen in Erfüllung.

Es gab noch einen Starzen, Matwej mit Namen, der war mit Seherkraft begabt. Als er einst auf seinem Platz in der Kirche stand, hob er die Augen und schaute auf die Brüder, die zu beiden Seiten singend standen. Da sah er einen Dämon, wie er in Gestalt eines Polen umherging und Blumen unter dem Rockschoß trug, die Kletten

Der ehrwürdige Jeremija,
der mit Seherkraft begabt war

Der ehrwürdige Matwej,
der mit Seherkraft begabt war

heißen. Der nahm eine Blüte aus dem Schoß hervor und warf sie auf irgendeinen. Und wenn die Blüte an einem der Brüder, die dort standen, hängen blieb, verharrte er noch ein Weilchen, während seine Geisteskräfte ermatteten, und verließ, nachdem er sich einen Vorwand ausgedacht hatte, die Kirche, ging schlafen und kam nicht mehr zum Gottesdienst zurück. Warf der [Dämon] aber die Blüte auf einen anderen von denen, die da standen, und haftete sie nicht an ihm, so blieb der ruhig stehen und sang, bis der Frühgottesdienst beendet war und dann ein jeder in seine Zelle ging.

Dieser gesegnete Starez hatte die Gewohnheit, als letzter nach dem Ende des Frühgottesdienstes die Kirche zu verlassen, wenn die Brüder schon zu ihren Zellen gingen. Einmal war er auf dem Wege und setzte sich unter das Schlagbrett, weil er sich ausruhen wollte, denn seine Zelle war weit weg von der Kirche. Da sah er, wie eine große Menge Volks vom Tor her kam; er hob die Augen und erblickte einen Dämon, der auf einem Schwein saß und sich brüstete, während viele andere um ihn herumliefen.

Der Starez fragte sie: »Wohin geht ihr?«

Der Dämon, der auf dem Schwein saß, antwortete: »Michal Tobolkowitsch holen.«

Der Starez bekreuzigte sich und ging in seine Zelle.

Und als der Tag anbrach, begriff der Starez, was er gesehen hatte, und sagte zu seinem Schüler: »Geh und frag nach, ob Michal in seiner Zelle ist.«

Man sagte ihm: »Unlängst, nach dem Frühgottesdienst, hat er das Klostergelände verlassen.«

Der Starez berichtete nun dem Abt und den Ältesten der Brüder von der Erscheinung, die er gehabt hatte. Und der Abt ließ den Bruder [Michal] rufen und ermahnte ihn nachdrücklich.

Zu Lebzeiten ebendieses ehrwürdigen Matwej war der selige Abt Feodossi heimgegangen, und an seiner Stelle wurde Stefan Abt und nach ihm Nikon; und der Starez war noch immer am Leben. Er hatte noch viele andere Erscheinungen gesehen. Nach aufrichtiger Buße entschlief der Starez im Frieden des Herrn im heiligen Höhlenkloster.

WIE DEM GESEGNETEN NIFONT, ALS ER BISCHOF VON NOWGOROD WAR, IN EINER GÖTTLICHEN OFFENBARUNG IM HEILIGEN HÖHLENKLOSTER DER HEILIGE FEODOSSI ERSCHIENEN IST.

Die dreizehnte Erzählung

Der gesegnete Nifont war Mönch des Höhlenklosters und eiferte dem Leben der heiligen Väter nach. Wegen seiner großen Tugend wurde er als Bischof von Nowgorod eingesetzt. Er war von tiefem Glauben und von Liebe zur hochheiligen Gottesmutter und zu Antoni und Feodossi, den ehrwürdigen Vätern des Höhlenklosters, erfüllt.

Einst war ihm zu Ohren gekommen, daß der Metropolit Konstantin vom ökumenischen Patriarchen in die Rus kommen werde. Voll frommer Freude dachte er bei sich, daß er zwei Dinge zugleich tun könne: Er würde im Hause der Allreinen [Gottesmutter] weilen und sich vor den Ehrwürdigen verneigen und zugleich den Segen des hohen Geistlichen empfangen. Aus ebendiesem Grunde ist er im Jahre 6664 [1156] in die Stadt Kiew gekommen, um auf die Ankunft des Metropoliten zu warten. Er hatte nämlich sichere Nachricht, daß der Metropolit Zargrad bereits verlassen hatte.

Damals bekleidete Klim das hohe geistliche Amt des Metropoliten ohne den Segen des Patriarchen von Zargrad. Und Klim nötigte den gesegneten Bischof, mit ihm Gottesdienst zu halten. Der aber sagte zu ihm: »Weil du nicht den Segen des heiligen ökumenischen Patriarchen von Zargrad empfangen hast, deshalb werde ich weder Gottesdienst mit dir halten noch deiner im heiligen Gottesdienst gedenken, sondern ich werde des heiligen Patriarchen von Zargrad gedenken.«

Und obwohl Klim ihm sehr zusetzte und den Fürsten Isjaslaw und seine Anhänger gegen ihn aufbrachte, vermochte er doch nichts gegen ihn auszurichten.

Der Patriarch von Zargrad hörte von ihm und schickte ihm ein Sendschreiben, in dem er seine große Klugheit und Festigkeit lobte und ihn zu den alten Heiligen zählte, die fest im rechten Glauben gestanden hatten.

Als er dieses Schreiben des Patriarchen gelesen hatte, verstärkte sich seine ohnehin schon sehr große Standhaftigkeit. Die beiden waren nämlich auch in Freundschaft mit dem Fürsten Swjatoslaw

Nifont, Bischof von Nowgorod

Olgowitsch verbunden, denn Swjatoslaw hatte vorher in Nowgorod den Fürstensitz inne.

Während dieser gesegnete Bischof Nifont im heiligen Höhlenkloster weilte und – wie schon vorher erzählt – fest an die Ehrwürdigen glaubte, befiel ihn nach kurzer Zeit eine Krankheit. Und er berichtete von einer wundersamen Erscheinung:

»Als ich drei Tage vor meiner Krankheit aus dem Frühgottesdienst kam« – so sagte er – »und ein wenig ausruhte, fiel ich sogleich in einen sanften Schlummer. Ich fand mich in der Höhlenkloster-Kirche auf dem Platz Swjatoschas. Unter Tränen betete ich inständig zur allreinen Gottesmutter, daß ich dort den heiligen und ehrwürdigen Vater Feodossi sähe. Als sich viele Brüder in der Kirche versammelt hatten, trat einer von den Brüdern an mich heran und fragte mich: ›Möchtest du unseren heiligen Vater Feodossi sehen?‹ Ich antwortete: ›Sehr gern möchte ich das. Wenn es dir möglich ist, so zeige ihn mir.‹ Da nahm er mich an die Hand und führte mich in den Altarraum und zeigte mir dort den heiligen Vater Feodossi. Ich erblickte den Ehrwürdigen, eilte voller Freude zu ihm hin, fiel ihm zu Füßen und verneigte mich bis zur Erde vor ihm. Er aber hob mich auf und segnete mich. Er nahm mich in die Arme, küßte mich liebevoll und sprach zu mir: ›Gut, daß du gekommen bist, mein Bruder und Sohn Nifont, von nun an bist du mit uns eng verbunden.‹ Da der Ehrwürdige eine Schriftrolle in den Händen hielt, bat ich ihn darum, sie mir zu geben. Ich entrollte sie und las. Zu Beginn war da folgendes geschrieben: ›Siehe, hier bin ich und die Kinder, die mir Gott gegeben hat.‹ Da wachte ich auf, und jetzt weiß ich, daß diese Krankheit eine Gnade Gottes ist.«

Er lag dreizehn Tage krank und entschlief in Frieden am 8. April in der Osterwoche. Er wurde würdig in der Höhle des Feodossi bestattet. Er ist damit zu dem Hochverehrten gekommen, wie es der ehrwürdige Feodossi ihm versprochen hatte. Gemeinsam stehen sie vor unserem Herrn Christus. Sie erquicken sich an jener unaussprechlichen himmlischen Herrlichkeit und bitten für uns, ihre Kinder.

Solcherart sind die bewundernswerten Männer im heiligen Höhlenkloster gewesen, so daß viele von ihnen Nachfolger der Apostel und ihre Stellvertreter auf dem Thron waren, wie die nachfolgende Erzählung in diesem Sendschreiben uns anschaulich zeigt.

DAS SENDSCHREIBEN
DES DEMÜTIGEN BISCHOFS SIMON VON WLADIMIR
UND SUSDAL AN POLIKARP,
EINEN MÖNCH DES HÖHLENKLOSTERS.

Die vierzehnte Erzählung

Bruder! Da du das asketische Schweigen gewählt hast, sammle deine Gedanken und sage dir: »Du armseliger Mönch du! Hast du nicht um des Herrn willen die Welt und deine leiblichen Eltern verlassen?« Wenn du doch hierhergekommen bist um deiner Erlösung willen, aber keine geistlichen Werke tust, weshalb hast du dann den Mönchsnamen angenommen? Auch das schwarze Gewand wird dich nicht vor Pein bewahren. Wisse, daß du hier von Fürsten und Bojaren und allen deinen Freunden gepriesen wirst! Sie sagen: »Selig ist er! Er haßt diese Welt und ihren Ruhm und kümmert sich deshalb nicht um Irdisches, sondern sehnt sich nach dem Himmlischen.« Du aber führst gar kein Mönchsleben! Deinetwegen überfällt mich große Scham, wenn nun die, die uns hier preisen, uns ins Himmelreich vorangehen und Ruhe finden werden, während wir in bitteren Qualen laut schreien. Wer wird sich deiner erbarmen, der du dich selbst zugrunde gerichtet hast? Raff dich auf, Bruder, und sorge dich in Gedanken um deine Seele, diene dem Herrn in Furcht und in jeglicher demütiger Weisheit. Sei nicht heute sanft und bescheiden und morgen heftig und böse! Ein kleines Schweigen – und erneut Murren wider den Abt und seine Diakone! Werde nicht zum Lügner! Entferne dich nicht unter dem Vorwand einer körperlichen Schwäche aus dem Gottesdienst! Wie der Regen den Samen zum Wachsen bringt, so drängt die Kirche unsere Seele zu guten Taten.

Alles, was du in der Zelle tust, ist bedeutungslos: Ob du den Psalter liest oder zwölf Psalmen singst – das ist nicht mit einem »Herr, erbarme dich« im Gottesdienst vergleichbar. Begreife doch, Bruder, als Petrus, der erste unter den Aposteln, der selbst die Kirche des lebendigen Gottes war, von Herodes ergriffen und ins Gefängnis geworfen worden war, haben ihn da nicht die Gebete der Kirche aus der Hand des Herodes befreit? Und David betete mit den Worten: »Eines bitte ich vom Herrn, das hätte ich gerne: daß ich im Hause des Herrn bleiben könne mein Leben lang, zu schauen die Herrlichkeit des Herrn und seine heilige Kirche aufzusuchen.« Der Herr selbst aber spricht: »Mein Haus wird ein Bethaus heißen.« Er spricht: »Denn wo zwei oder drei versammelt sind in meinem Namen, da bin ich mitten unter ihnen.« Wenn aber die Kirchenversammlung so groß ist, daß sich mehr als hundert Brüder zusammenfinden, so sei um so fester überzeugt, daß unser Gott da ist. Und ihre Speise wird mit göttlichem Feuer bereitet; und ich möchte lieber eine von diesen Brosamen haben denn das ganze Mahl, das vor mir steht. Der Herr ist mein Zeuge, daß ich keiner anderen Speise teilhaftig werden wollte als eines Stücks Brot und einiger Linsen, zubereitet für die heilige Bruderschaft.

Sieh zu, Bruder, daß du nicht heute die lobst, die zu Tische liegen, und morgen den Bruder schmähst, der kocht und bedient. Damit richtest du für den Ältesten Unheil an und wirst dem gleich, der Unrat aß, wie es im Väterbuch geschrieben steht. Denn einst hatte jener Starez die Gabe zu sehen, wie die gleiche Speise von den Mäkelnden als Unrat und von denen, die sie lobten, als Honig gegessen wurde, als sei dies verschiedene Nahrung. Wenn du ißt oder trinkst, preise Gott, denn der Schmähende schafft sich den Untergang, wie der Apostel verkündet: »Ihr esset nun oder trinket, so tut es alles zu Gottes Ehre.« Ertrage, Bruder, auch eine Kränkung; denn wer sie bis zur Neige ausgekostet hat, der wird errettet, ein solcher wird ohne Mühe errettet werden.

Wenn es aber geschieht, daß du gekränkt wurdest, und einer kommt, dir zu sagen, daß jener dich so schwer gekränkt habe, so erwidere ihm: »Wenn er mich auch beleidigt hat, so ist es doch mein Bruder, und ich habe dies verdient. Er tut solches nicht von sich aus, sondern der Teufel hat ihn dazu angestiftet, um Feindschaft zwischen uns zu säen. Möge der Herr den Bösen verjagen, sich des Bruders aber erbarmen.« Du sagst: »Er hat mich vor allen geschmäht.« Gräme dich nicht darob, mein Sohn, ergib dich nicht jähem Zorn, sondern falle nieder, verneige dich vor dem Bruder bis zur Erde und sprich: »Vergib mir, Bruder.«

Erkenne deine Versündigung, und so wirst du alle Macht des Bösen überwinden. Wenn du den Vorhaltungen widersprichst, wirst du dir doppelten Verdruß bereiten. Oder bist du größer als König David? Ihn hatte Simeï vor allen Leuten beleidigt. Einer der Knechte des Königs ertrug die Beleidigung seines Königs nicht und sprach: »Ich will hingehen und ihm den Kopf abhauen! Sollte dieser tote Hund meinem Herrn, dem König, fluchen dürfen?« Doch was sprach David zu ihm? »Oh, du Sohn der Zeruja! Laß ihn David verfluchen! Vielleicht wird der Herr meine Demut ansehen und mir mit

Gutem vergelten sein heutiges Fluchen.« Bedenke darüber hinaus, mein Sohn, wie unser Herr sich selbst erniedrigte und seinem Vater gehorsam ward bis zum Tode, »welcher nicht widerschalt, da er gescholten ward«, er hörte, »du bist vom Teufel besessen«. Ihm wurde ins Gesicht geschlagen, er wurde geohrfeigt und angespien, er erzürnte sich nicht, sondern betete noch für die, die ihn kreuzigten. So hat er auch uns gelehrt: »Betet für eure Feinde«, sagt er, »tut wohl denen, die euch hassen, und segnet, die euch fluchen.«

Höre auf, Bruder, mit der von dir geübten Geringschätzung. Du solltest darüber in Klagen ausbrechen, daß du das heilige und hochgeehrte Höhlenkloster der heiligen Väter Antoni und Feodossi Petscherski und der heiligen Mönchsväter, die mit ihnen sind, verlassen hattest und daß du dich anschicktest, im Kloster der Heiligen Kosmas und Damian, die ohne Entgelt Kranke heilten, Abt zu sein. Doch hast du wohl daran getan, von einem solch eitlen Unterfangen Abstand zu nehmen. Du hast deinem Feind nicht nachgegeben. Denn es war das Verlangen des Feindes, dich zu vernichten.

Weißt du nicht, daß ein Baum, der häufig nicht gegossen und oft umgesetzt wird, bald verdorrt? Du wärest bald umgekommen, wenn du dem Vater und deinen Brüdern den Gehorsam aufgesagt und deinen Platz verlassen hättest. Denn das Lamm, das in der Herde ist, bleibt unversehrt; aber das, das sich entfernt hat, kommt um und wird von den Wölfen gefressen. Das hättest du dir früher überlegen sollen, weshalb du die heilige, hochgeehrte und der Erlösung schon teilhaftig gewordene Stätte des Höhlenklosters verlassen wolltest, wo es für jeden wunderbar ist, der sein Seelenheil sucht. Ich glaube, Bruder, Gott selbst hatte es so eingerichtet, da er deinen Hochmut nicht ertrug. Er hat dich hinabgeschleudert wie ehedem den Satan mit den Heerscharen der Abtrünnigen, weil du nicht einem Heiligen, deinem Herrn und unserem Bruder Akindin, dem Archimandriten des Höhlenklosters, dienen wolltest. Denn das Höhlenkloster ist wie ein Meer. Es behält nichts Verwestes, sondern stößt es aus.

Und was du mir über deine Beleidigung geschrieben hast – wehe dir! Du hast deine Seele zugrunde gerichtet! Ich frage dich, wie willst du dich erretten? Magst du auch fasten oder allenthalben enthaltsam und arm sein und ohne Schlaf leben – wenn du jedoch Beleidigungen nicht erträgst, wirst du keine Erlösung erfahren. Doch nun sind wir froh über dich, der Abt und alle Brüder und wir, die wir von dir gehört haben. Alle freuen sich über dich und deine Rückkehr, da du doch verloren warst und wieder zurückgekehrt bist.

Und ich ließ auch noch zu, daß es nach deinem Willen gehe und nicht nach dem des Abtes: Du wolltest wiederum Abt im Kloster des heiligen Demetrios sein. Weder der Fürst noch ich hätten dich dazu gezwungen – du bist in Versuchung geraten. Begreif doch, Bruder, wie wenig Gott dein hoher geistlicher Rang genehm war! Deshalb hat der Herr dein Augenlicht schwächer werden lassen. Aber du hast in keiner Weise davon Abstand genommen, zumal es sich gehört hätte zu sagen: »Es ist gut für mich, daß du mich gedemütigt hast, damit ich deine Gebote lerne.« Ich habe erkannt, daß du ruhmsüchtig bist und Ehre von den Menschen, nicht von Gott suchst. Glaubst du denn nicht, Verfluchter, was da geschrieben steht? »Niemand nimmt sich selbst eine Würde, sondern er wird berufen von Gott.« Wenn du dem Apostel nicht glaubst, so glaubst du auch Christus nicht. Weshalb suchst du Anerkennung bei den Menschen und nicht bei Gott? Du willst dich nicht den von Gott Eingesetzten unterordnen, und dein Sinnen geht hoch hinaus. Solche sind früher vom Himmel gestürzt worden! »Bin ich denn« – sagst du – »der Übernahme eines solchen Ranges nicht würdig, daß man ihn mir nicht anvertrauen könnte? Bin ich denn geringer als dieser Ökonom oder als der Bruder, der ihm hilft?« Da dein Wunsch sich nicht erfüllt hat, stiftest du Unruhe, willst oft von einer Zelle in die andere gehen und die Brüder gegeneinander aufbringen, indem du gefährliches Zeug redest. »Meinen der Abt und der Ökonom etwa«, sagst du, »daß sie nur hier gottgefällig leben und anderswo keine Erlösung finden können, und von uns glauben sie, daß wir keine Ahnung hätten?« Das ist ein teuflisches Unterfangen – deine beflissene Überheblichkeit. Wenn du selbst Erfolg haben und einen recht hohen Rang einnehmen solltest, so vergiß niemals der bescheidenen Weisheit und Demut, und wenn du den Rang verlieren solltest, so finde deinen Weg in Demut und falle nicht in Kümmernis und Trübsal.

Rostislaws Fürstin, Werchuslawa, schreibt mir, daß sie dich als Bischof in Nowgorod auf Antonis Stelle oder in Smolensk auf Lasars Stelle oder in Jurjew auf Alexejs Stelle einsetzen wolle. »Ich will bis zu tausend Silberlinge für dich und Polikarp ausgeben«, schreibt sie. Ich aber erwiderte ihr: »Meine Tochter Nastasja! Du willst etwas tun, was Gott nicht gefällig ist! Wenn er ununterbrochen im Kloster gelebt hätte, mit reinem Gewissen, dem Abt und allen Brüdern gehorsam, in völliger Enthaltsamkeit, so sollte ihm nicht nur das Bischofsgewand angelegt werden, sondern er wäre auch des Himmelreichs würdig.«

Aber du, Bruder, du wolltest die Bischofswürde haben? Eine feine Sache, die du da betreibst! Aber höre, was Paulus zu Timotheus sagt. Wenn du das gelesen hast, wirst du ermessen, ob du etwas von dem getan hast, was sich für einen Bischof· geziemt. Wenn du eines solchen Ranges würdig gewesen wärest, dann hätte ich dich nicht von mir fortgelassen, sondern persönlich hätte ich dich zu meinem Mitbischof in den beiden Bistümern Wladimir und Susdal eingesetzt, wie Fürst Georgi es wollte. Aber ich habe ihn angesichts deines Kleinmuts daran gehindert. Wenn du mir nicht gehorchst und nach irgendwelcher Macht strebst, dich an der Bischofs- oder Abtswürde vergreifst, sollst du verflucht und nicht gesegnet sein! Danach wirst du nicht an den heiligen und verehrungswürdigen Ort zurückkehren, an dem du zum Mönch geschoren wurdest. Du bist dann wie ein unnützes Gefäß fortgeworfen und wirst später vergebens klagen.

Nicht das ist die Erfüllung, Bruder, von allen gepriesen zu werden, sondern sein Leben recht zu führen und sich seine Reinheit zu bewahren. Deshalb, Bruder, sind viele aus dem Höhlenkloster der allreinen Gottesmutter als Bischöfe eingesetzt worden, so wie die Apostel von Christus selbst, unserem Gott, in alle Welt ausgesandt wurden. Wie strahlende Leuchten erhellten sie das ganze Russische Land durch die heilige Taufe. Der erste von ihnen war Leonti, der Bischof von Rostow, ein bedeutender Geistlicher. Gott machte ihn durch Unverweslichkeit berühmt. Er war der erste Würdenträger, den die Ungläubigen unsagbar gequält und geschlagen haben. Er war der dritte [Himmels-]Bürger vom Volke der Rus, der mit den beiden Warägern die Krone [des ewigen Lebens] empfangen hat von Christus, um dessentwillen er gelitten hatte. Über den Metropoliten Ilarion hast du selbst in der Vita des heiligen Antoni gelesen, daß er ihn zum Mönch schor und des geistlichen Standes für würdig befand. Ferner: Nikolai und Jefrem in Perejaslawl, Issaja in Rostow, German in Nowgorod, Stefan in Wladimir, Nifont in Nowgorod, Marin in Jurjew, Mina in Polozk, Nikola in Tmutorokan, Feoktist in Tschernigow, Lawrenti in Turow, Luka in Belgorod, Jefrem in Susdal. Wenn du alle kennenlernen willst, so lies die alte Rostower Chronik. Es sind ihrer im ganzen mehr als dreißig und danach bis zu uns Sündern, denke ich, an die fünfzig. Sieh doch, Bruder, welch Ruhm und Ehre für dieses Kloster! Entsage, bereue und ziehe das Leben in der Stille und Abgeschiedenheit vor, zu dem der Herr dich berufen hat. Ich würde gern mein Bistum aufgeben und dem Abt im heiligen Höhlenkloster dienen. Ich sage dir das nicht, Bruder, aus

Der heilige Simon,
Bischof von Susdal und Wladimir

Eitelkeit, sondern nur, um dir zuzureden. Die Macht unseres Bischofsamtes kennst du selbst. Wer kennt mich Sünder nicht, den Bischof Simon, und wer kennt nicht die Kathedralkirche, die Zierde von Wladimir, und die andere Kirche in Susdal, die ich habe errichten lassen? Wie viele Städte und Dörfer gehören zu beiden [Kirchen]; auch ziehen sie im ganzen Lande den Zehnten ein. Und über dies alles hat meine Wenigkeit die Verfügungsgewalt. Das alles würde ich aufgeben! Doch du weißt, welch hohes geistliches Amt mir übertragen ist. Ich bete zum Herrn, er möge mir eine gute Zeit für meine Tätigkeit gewähren.

Der Herr kennt das Verborgene. Wahrlich, ich sage dir, daß ich den ganzen Ruhm und die Ehre sogleich für einen Dreck erachten würde. Wenn ich doch nur als Kehricht im Höhlenkloster verstreut sein könnte und von den Menschen mit Füßen getreten würde, oder wenn ich einer von den Armen vor dem Tor dieser ehrwürdigen Lawra sein könnte, die um Almosen betteln! Das wäre besser als meine derzeitigen Ehren. Ein einziger Tag im Hause der Gottesmutter ist mehr als [sonst] tausend Jahre; dort würde ich viel lieber verweilen, als in den Siedlungen der Sünder leben zu müssen. Wahrlich, ich sage dir, Bruder Polikarp, wo hast du von noch erstaunlicheren Wundern gehört als denen, die sich in diesem heiligen Höhlenkloster zugetragen haben? Gibt es etwas Gottgefälligeres als diese Väter, die den Sonnenstrahlen gleich das Licht auch in den letzten Winkel der bewohnten Erde brachten? Von ihnen berichte ich getreu über das hinaus, was ich dir schon gesagt habe, im folgenden Schreiben. Auch das werde ich dir, Bruder, erläutern, worin meine Hingabe und mein Vertrauen auf die Heiligen Antoni und Feodossi begründet sind.

EINE ERZÄHLUNG SIMONS, DES BISCHOFS VON WLADIMIR UND SUSDAL, ÜBER DIE HEILIGEN MÖNCHE DES HÖHLENKLOSTERS, WESHALB MAN FÜR DIE EHRWÜRDIGEN VÄTER ANTONI UND FEODOSSI PETSCHERSKI HINGEBUNGSVOLLE LIEBE HEGEN SOLLE.

Die fünfzehnte Erzählung

Ich habe eine außergewöhnliche Geschichte von den gesegneten Starzen erfahren. Wie sie sagten, haben sie sie von Augenzeugen dieses Wunders gehört, das sich zu der Zeit zugetragen hat, als Pimin im heiligen Höhlenkloster Abt war.

Da gab es einen Mann mit Namen Onissifor, der in allen Tugenden vollkommen war. Seines Amtes war er Priester, und Gott hatte ihm die Sehergabe verliehen, so daß er die Versündigungen eines jeden Menschen zu sehen vermochte. Man erzählte noch andere Dinge über ihn, ich aber will nur von einem berichten.

Der gesegnete Onissifor hatte ein Beichtkind, einen bestimmten Mönch, der ihm als Freund lieb geworden war. Der eiferte in Wirklichkeit der Lebensweise dieses Heiligen nicht nach; lügnerisch gab er vor, ein Faster zu sein, und gab sich als keusch aus. Doch insgeheim aß und trank er, lebte unzüchtig und verbrachte so seine Jahre. Das blieb dem heiligen Manne verborgen, und nicht ein einziger von den Brüdern wußte davon. Eines Tages starb er, der völlig gesund war, ganz plötzlich. Und niemand vermochte sich seinem Leichnam zu nähern wegen des Gestanks, der von ihm ausging. Furcht hatte alle ergriffen. Nur unter großen Mühen schleppten sie ihn heraus, aber das Totenamt konnten sie bei ihm wegen des Gestanks nicht halten. Sie legten ihn abseits nieder und sangen die üblichen Gesänge, nachdem sie sich in einiger Entfernung aufgestellt hatten. Manche hielten sich dabei die Nase zu. Und als man ihn in die Höhle getragen und dort niedergelegt hatte, stank es auch dort so sehr, daß sogar die Tiere aus der Höhle flüchten mußten. Oftmals war auch ein jämmerliches Geschrei zu hören, als ob ihn jemand quälte.

Da erschien der heilige Antoni dem Priester Onissifor, drohte ihm und sprach: »Weshalb hast du das getan? Du hast einen so Unwürdigen, Lasterhaften, einen Gesetzesbrecher und vielfachen Sünder bestattet, wie noch kein solcher hier bestattet worden ist. Der hat nun diesen heiligen Ort entweiht.«

Er kam aus der Vision zu sich, fiel auf sein Antlitz, wandte sich im Gebet zu Gott und sprach: »Herr, weshalb hast du vor mir die Taten dieses Menschen verborgen?«

Ein Engel trat zu ihm und sagte: »Das ist geschehen zur Belehrung für alle, die sündigen und keine Reue zeigen, auf daß sie, wenn sie es erkannt haben werden, Buße tun.« Nachdem er das gesagt hatte, ward er nicht mehr gesehen.

Darauf ging der Priester und berichtete das alles dem Abt Pimin. Dieselbe Erscheinung hatte er wieder in der folgenden Nacht. »Wirf ihn schnellstens hinaus«, sprach er [Antoni], »den Hunden zum Fraß, denn er ist es nicht wert, hier zu bleiben.«

Der Priester begann wieder zu beten. Da war plötzlich eine Stimme, die sagte zu ihm: »Wenn du willst, hilf ihm.«

Er beriet mit dem Abt, gewaltsam jemanden zu holen, um ihn herauszuschleppen und ins Wasser zu werfen; denn freiwillig mochte sich wohl niemand dem Hang nähern, wo die Höhle war.

Abermals erschien ihnen der heilige Antoni und sprach: »Es dauert mich die Seele dieses Bruders. Deshalb möchte ich mein Versprechen nicht brechen, in dem ich euch zugesagt habe, daß jeder, der hier bestattet wird, Gnade findet, sei er auch ein Sünder. Denn die Väter, [die] hier in der Höhle mit mir [liegen], sind doch nicht schlechter als die, die vor dem Gesetz und nach dem Gesetz gelebt und vor Gott Gefallen gefunden haben. Ich habe Gott, meinen Herrn, angefleht und seine allreine Mutter, daß kein einziger aus diesem Kloster zu Qualen verurteilt wird. Der Herr sprach zu mir, und ich hörte seine Stimme: »Ich bin der, der zu Abraham gesagt hat: Ich werde wegen der zwanzig Gerechten diese Stadt nicht verderben – erst recht werde ich um deinetwillen und um derentwillen, die mit dir sind, barmherzig sein und den Sünder erretten. Wenn einen hier der Tod ereilt, wird er seine Ruhe finden.«

Als Onissifor das von dem Heiligen vernommen hatte, berichtete er all das Gesehene und Gehörte dem Abt und allen Brüdern. Einem von ihnen bin auch ich begegnet, und er hat mir diese Begebenheit von den ersten Mönchen mitgeteilt.

Der Abt Pimin aber war in großem Zweifel wegen dieser schrecklichen Geschichte. Er bat unter Tränen Gott um die Seelenrettung des Bruders. Und ihm erschien Gott und sprach also: »Weil hier viele Sünder bestattet worden sind und allen um der mir wohlgefälligen Heiligen in der Höhle willen vergeben worden ist, so will ich mich auch der Seele dieses Verdammten erbarmen, um Antonis und Feodossis, meiner beiden Knechte, und der heiligen Mönche willen, die auf Grund der Fürbitte mit den beiden hier sind. Und das sei dir das Zeichen für die Veränderung: Der Gestank hat sich in Wohlgeruch verwandelt.«

Freude erfüllte den Abt, als er das vernahm. Er rief alle Brüder zusammen, erzählte ihnen von der Erscheinung und ging mit ihnen zur Höhle, um zu sehen, was geschehen war. Sie alle nahmen den Wohlgeruch auf, der von seinem Leichnam ausging; den widerlichen Gestank aber und das Wehgeschrei nahm niemand mehr wahr. Alle genossen den Wohlgeruch, priesen Gott und seine heiligen Knechte, Antoni und Feodossi, wegen der Errettung des Bruders.

Ich Sünder, der Bischof Simon, gräme mich, bin traurig und weine deswegen, weil auch ich in der göttlichen Erde bestattet sein und so ein wenig Vergebung für meine vielen Sünden empfangen möchte – auf Grund der Gebete der heiligen Väter zu Jesus Christus, unserem Herrn, der auch jetzt gepriesen sei.

VOM GESEGNETEN JEWSTRATI DEM FASTER.

Die sechzehnte Erzählung

Es kam einmal ein Mann aus Kiew in die Höhle. Er wollte Mönch werden. All sein Hab und Gut hatte er an die Armen verteilt und nur ein wenig seinen nächsten Verwandten gelassen, damit sie es für ihn verteilten. Dieser Mönch Jewstrati war ein Faster und einer, der allen gegenüber gehorsam war.

Dieser Gesegnete wurde mit anderen Christen gefangengenommen und mit vielen anderen an einen Juden verkauft. Lehrend und bittend forderte er [Jewstrati] die Gefangenen mit folgenden Worten auf: »Brüder, die ihr getauft seid und an Gott glaubt, wir wollen unserem Gelübde, das wir in der heiligen Taufe eingegangen sind, nicht untreu werden. ›Christus aber hat uns erlöst von dem Fluch‹ und uns mit dem Wasser und dem Geist zu neuen Menschen gemacht, hat uns zu Kindern und Erben erwählt: also – ›sterben wir, so sterben wir dem Herrn; leben wir‹, so tun wir das, was in diesem Leben nottut; wenn wir für Christus sterben, erkaufen wir mit dem Tod das Leben, und er wird uns das ewige Leben geben.«

Dieser Jewstrati also war von den gottlosen Hagarianern gefangengenommen und an den Juden verkauft worden. Nach wenigen Tagen nun starben sie [die Gefangenen] der Reihe nach, von Hunger und Durst ausgezehrt: die einen nach drei Tagen, andere nach vier Tagen, wieder andere nach sieben Tagen, die Kräftigeren erst nach zehn Tagen, sie alle gingen an Hunger und Durst zugrunde. Es waren ihrer fünfzig an der Zahl: dreißig von den Klosterknechten und zwanzig aus Kiew.

Als vierzehn Tage verflossen waren, war allein der Mönch [Jewstrati] am Leben geblieben; er war nämlich seit früher Jugend ein Faster. Als der Jude sah, daß dieser Mönch die Schuld am Verlust seines Geldes trug, das er für die Gefangenen hingegeben hatte, richtete er sein Passafest mit ihm aus. Als der Tag der Auferstehung Christi angebrochen war, trieb er seinen Spott mit dem heiligen Jewstrati: Wie es im Evangelium geschrieben steht, was sie Jesus Christus, unserem Herrn, angetan und wie sie ihn verspottet haben, so schlugen sie auch diesen Gesegneten ans Kreuz. Er dankte Gott dafür und war am fünfzehnten Tage noch am Leben.

Die Juden aber sprachen zu ihm: »Erquicke dich nun an der Speise des Gesetzes, du Tor, und du wirst am Leben bleiben. Mose, der das Gesetz von Gott empfangen hatte, hat es uns gegeben. Und, siehe, in den Büchern ist gesagt: ›Verflucht ist jeder, der am Holze hängt.‹«

Da erwiderte der Mönch: »Gott hat mich der großen Gnade für würdig gehalten, heute zu leiden. Und er sagte zu mir wie auch schon zu dem Übeltäter: ›Heute wirst du mit mir im Paradiese sein.‹ Er selbst hat den Fluch des Gesetzes aufgehoben und den Segen gebracht. Mose hat von ihm gesagt: ›Ihr werdet euer Leben vor euren Augen hängen sehen.‹ Und David: ›Sie haben meine Hände und Füße angenagelt.‹ Und weiter: ›Sie teilen meine Kleider unter sich und werfen das Los um mein Gewand.‹ Von diesem Tage sagt er: ›Dies ist der Tag, den der Herr gemacht hat; laßt uns freuen und fröhlich an ihm sein.‹ Du aber und die Juden, die mit dir sind, ihr werdet heute anfangen zu klagen und zu weinen, wenn euch Gott zur Verantwortung ziehen wird wegen meines Blutes und des Blutes all der Christen; denn der Herr haßt eure Sabbate und hat eure Feste in Trübsal verwandelt, da der Anführer eurer Gesetzlosigkeit erschlagen ward.«

Als der Jude hörte, daß der am Kreuz Hängende ihn schmähte, nahm er eine Lanze und durchbohrte ihn; und so gab er seine Seele

Der ehrwürdige Jewstrati vom Höhlenkloster

dem Herrn hin. Und es war zu sehen, wie die Seele des Ehrwürdigen auf einem feurigen Wagen mit feurigen Rossen entrückt wurde. Und es war da eine Stimme, die auf griechisch sagte: »Dieser ist dazu bestimmt, ein guter Bürger der himmlischen Stadt zu sein.« Und darum wird er in eurem Seelenmeßverzeichnis Protostrator genannt.

Am selben Tage kam alsbald die Mitteilung vom Kaiser gegen die Juden, nämlich über die Vertreibung aller Juden, die Einziehung ihres Vermögens und die Tötung ihrer Ältesten. Es hatte sich folgendes ereignet: Einer der Juden, der reich und sehr tapfer war, hatte sich taufen lassen und wurde deshalb vom Kaiser empfangen. Nach wenigen Tagen machte er ihn zum Eparchen. Er aber leugnete, nachdem er das Amt übernommen hatte, insgeheim Christus und den Glauben an ihn. Im ganzen Gebiet des griechischen Kaiserreichs gab er den Juden die Freiheit, Christen als Sklaven für sich zu kaufen. Der ungläubige Eparch war, wie es der selige Jewstrati gesagt hatte, entlarvt und erschlagen worden, ebenso alle Juden, die in Korsun überwinterten. Und nachdem man sein Hab und Gut weggenommen hatte, henkte man den Juden, der dem Gesegneten das angetan hatte. »Seine Pein wird auf seinen Kopf kommen und sein Frevel auf seinen Scheitel fallen.«

Der Leib des Heiligen wurde ins Meer geworfen, wo sich viele Wunder ereignen. Getreue suchten nach seinen heiligen Gebeinen, konnten sie jedoch nicht finden, denn der Heilige wollte keinen Ruhm von den Menschen, sondern von Gott. Als die verfluchten Juden des furchterregenden Wunders gewahr wurden, ließen sie sich taufen.

VOM DEMÜTIGEN UND VIELDULDENDEN MÖNCH NIKON.

Die siebzehnte Erzählung

Ein anderer Mönch, mit Namen Nikon, war in Gefangenschaft gekommen und wurde in Ketten gehalten. Da kam jemand aus Kiew, um ihn freizukaufen. Er aber freute sich nicht darüber, obgleich er zu den Großen der Stadt gehörte. Der Christus Liebende kehrte zurück, nachdem er viele Gefangene freigekauft hatte. Als die Verwandten Nikons davon hörten, kamen sie mit großem Vermögen, um ihn loszukaufen.

Der Mönch aber sprach zu ihnen: »Verschwendet nicht unnütz euer Vermögen. Wenn Gott gewollt hätte, daß ich frei wäre, hätte er mich nicht diesen gottlosen und bösesten Menschen der ganzen Welt ausgeliefert. Er sagte: ›Ich liefere Priester der Gefangenschaft aus.‹ Haben wir Gutes empfangen von Gott und sollten das Böse nicht auch annehmen?«

Diese [Verwandten] machten ihm Vorhaltungen, kehrten aber zurück und nahmen ihre großen Reichtümer wieder mit sich.

Die Polowzer aber begannen, den Mönch recht unbarmherzig zu quälen, als sie sahen, daß ihre Wünsche sich nicht erfüllten. Obwohl er drei Jahre lang täglich gequält wurde – gebunden, ins Feuer geworfen, mit Messern geschnitten, an Händen und Füßen in Fesseln gehalten, der sengenden Sonne preisgegeben, vor Hunger und Durst dahinsiechend, mitunter einen, zwei oder auch drei Tage lang ohne Nahrung gelassen –, dankte er Gott für all das und betete ununterbrochen, auch im Winter, wenn er Schnee und Kälte ausgesetzt war. Das alles taten ihm die verfluchten Polowzer an, damit sie für ihn viel Lösegeld bekämen.

Er aber sprach zu ihnen: »Christus wird mich ohne Lösegeld aus euren Händen erlösen. Es ist mir schon angekündigt worden. Denn mir ist mein Bruder erschienen, den ihr den Juden zur Kreuzigung verkauft habt. Die aber werden verdammt sein mit denen, die gesagt haben: ›Nimm ihn, nimm ihn und kreuzige ihn! Sein Blut komme über uns und unsere Kinder.‹ Ihr aber, Verfluchte, werdet in Ewigkeit mit Judas gepeinigt als ruchlose und gottlose Verräter. Und das hat mir der heilige Gerassim gesagt: Am dritten Tag wirst du im Kloster sein auf Grund der Gebete der Heiligen Antoni und Feodossi und der heiligen Mönche und derer, die mit ihnen sind.«

Als ein Polowzer das hörte, glaubte er, daß er fliehen wolle, und zerschnitt ihm die Unterschenkel, damit er nicht fortlaufen könne, und man stellte ihn unter starke Bewachung. Am dritten Tag, als alle bewaffnet bei ihm saßen, ward er alsbald in der sechsten Stunde unsichtbar, und es war eine Stimme vom Himmel zu hören, die sagte: »Lobet den Herrn!«

Und so ward er unbemerkt in die Kirche der hochheiligen Gottesmutter des Höhlenklosters gebracht zu der Zeit, als der Kommunionsgesang begann. Alle Brüder versammelten sich um ihn und fragten ihn, wie er hierhergekommen sei. Anfangs wollte er das außergewöhnliche Wunder geheimhalten. Sie sahen aber die schweren Eisen an ihm und die unverheilten Wunden und daß der ganze

Der ehrwürdige Nikon Suchy

Körper vor Wunden eiterte und er selbst in Fesseln war. Das Blut tropfte noch aus den zerschnittenen Unterschenkeln – da glaubten sie ihm nicht.

Schließlich aber enthüllte er ihnen die Wahrheit. Er erlaubte aber nicht, daß man ihm die Eisen von den Händen und Füßen abnahm. Der Abt sprach zu ihm: »Bruder, wenn der Herr dich in der Bedrängnis hätte lassen wollen, so hätte er dich nicht von dort herausgeholt; so beuge dich also jetzt unserem Willen.« Sie nahmen sie [die Eisen] ihm ab und schmiedeten Altargerät daraus.

Viele Tage danach kam jener Polowzer, der den Gesegneten bewacht hatte, wegen eines Friedensschlusses nach Kiew und suchte auch das Höhlenkloster auf. Beim Anblick des Starzen erzählte er dem Abt und den Brüdern alles, was er über ihn wußte. Und danach kehrte er nicht mehr zurück, sondern ließ sich mit seiner Sippe taufen und wurde Mönch. Sie vollendeten in Buße hier ihr Leben, dienten ihrem Gefangenen und wurden in ihrer Vorhalle beigesetzt.

Man erzählt noch viele andere Taten des gesegneten Nikon, über die zu schreiben jetzt keine Zeit ist. Aber das eine will ich dir noch sagen.

Als dieser Gesegnete in der Gefangenschaft war, wurden einmal die Gefangenen vor Hunger und Not krank. Der Gesegnete hatte sie geheißen, nichts an Nahrung von den Heiden anzunehmen. Er aber – selbst in Fesseln – heilte alle durch sein Gebet und ließ sie unbemerkt fliehen.

Der Polowzer, der einmal dem Sterben nahe gewesen war, hatte seinen Frauen und Kindern befohlen, diesen Mönch über seinem Grab ans Kreuz zu schlagen. Der Gesegnete betete und heilte ihn, denn er sah seine spätere Reue voraus und rettete sich selbst vor dem bitteren Tode.

Dieser Nikon wird in unserem Seelenmeßverzeichnis »Suchy« genannt: Er hatte viel Blut verloren, seine Wunden eiterten stark, und er war völlig ausgezehrt.

Für Polikarp: Wie kann ich, Bruder, die heiligen Männer preisen, die in dem ehrwürdigen und gesegneten Höhlenkloster gewesen sind! Um ihres tugendhaften Lebenswandels willen haben sich Heiden taufen lassen und sind Mönche geworden. Wie sich Juden wegen des seligen Märtyrers Christi – Gerassim –, den ich vorhin schon erwähnte, taufen ließen, so sind auch um des Leidensdulders Nikon willen Polowzer Mönche geworden.

Vieles und mehr als dies hast du von mir Sünder, dem Bischof Simon, gehört, dem Geringsten unter den Bischöfen, der unwürdig ist, eine Fußbank für diese heiligen Mönche zu sein; ja, ich meine auch, die ganze Welt ist ihrer nicht würdig! Es gibt keinen Schriftkundigen, der diese Wunder beschreiben könnte. Denn der Herr sprach zu denen: »So soll euer Licht leuchten vor den Leuten, daß sie eure guten Werke sehen und unseren Vater im Himmel preisen.« Wie konnten wir uns von unserem Gelöbnis abwenden, wie konnten wir unseren Lebenswandel ändern, wir, die wir von solcher Höhe in die Tiefen des Lebens gefallen sind? Haben wir doch Vorbilder und Lehrer, die körperlosen Wesen gleichen, bewährte Anwälte und Fürsprecher beim Schöpfer, die den Engeln ähnlich sind und die Märtyrerkrone tragen!

VOM HEILIGEN KUKSCHA DEM MÄRTYRERPRIESTER UND VON PIMIN DEM FASTER.

Die achtzehnte Erzählung

Wie könnte ich diesen gesegneten und heiligen Märtyrer, den Mönch des Höhlenklosters Kukscha, übergehen! Alle wissen von ihm, wie er Dämonen vertrieb und Wjatitschen taufte, wie er Regen vom Himmel herabholte und einen See austrocknete und viele Wunder vollbrachte. Nach vielen Leiden wurde er mit einem seiner Jünger niedergemacht. Mit ihnen starb am gleichen Tage Pimin, der gesegnete Faster, der seinen Heimgang zum Herrn zwei Jahre zuvor schon vorausgesehen hatte. Auch vieles andere hatte er prophezeit und Kranke geheilt.

Er rief laut mitten in der Kirche: »Unser Bruder Kukscha ist bei Tagesanbruch getötet worden.« Und nachdem er das gesagt hatte, verschied er in der gleichen Stunde wie diese beiden Heiligen.

Nachbemerkung für Polikarp: Ich höre auf, noch viel von den Heiligen zu berichten. Wenn dir meine Worte, die du aus meinem Munde hörst, nicht genügen, so wird dich die Schrift selbst auch nicht überzeugen; wenn du das nicht glaubst, so wirst du dem auch keinen Glauben schenken, daß einer von den Toten aufersteht.

Die ehrwürdigen Kukscha und Pimin

VOM HEILIGEN AFANASSI DEM KLAUSNER, DER GESTORBEN WAR, AM ANDEREN TAG WIEDER AUFERSTANDEN IST UND NOCH ZWÖLF JAHRE LEBTE.

Die neunzehnte Erzählung

Es geschah in ebendiesem heiligen Kloster: Ein Bruder, Afanassi mit Namen, der ein heiliges und gottgefälliges Leben geführt hatte, starb nach langer Krankheit. Zwei Brüder wuschen seinen Leichnam und gingen von dannen, nachdem sie ihn, wie es bei Toten üblich ist, in Tücher eingehüllt hatten. Zufällig kamen zu ihm noch andere. Sie sahen, daß er tot war, und gingen wieder fort. Der Tote lag den ganzen Tag über unbegraben, denn er war sehr arm und besaß nichts auf dieser Welt, und man schenkte ihm daher keine Beachtung. Einem Reichen Dienste zu erweisen, sei es im Leben, sei es im Tode, danach trachtet jeder, damit er etwas erbe.

In der Nacht erschien jemand beim Abt und sprach: »Dieser Mann Gottes liegt zwei Tage unbestattet. Du aber bist guter Dinge.«

Auf Grund dieser Nachricht ging der Abt am folgenden Tage mit allen Brüdern zum Verstorbenen. Und sie fanden ihn aufrecht sitzend und bitterlich weinend. Sie fürchteten sich, als sie sahen, daß er ins Leben zurückgekehrt war.

Sie fragten und sagten zu ihm: »Wie bist du ins Leben zurückgekehrt, und was hast du gesehen?«

Er aber antwortete darauf nicht, außer: »Rettet euch!«

Sie baten ihn um Auskunft. »Es wird für uns von Nutzen sein«, sagten sie.

Er erwiderte ihnen: »Wenn ich es euch erzähle, werdet ihr mir doch nicht glauben.«

Die Brüder schworen ihm: »Wir werden alles beachten, wenn du es uns nur sagst.«

Er aber sprach: »Gehorcht in allem dem Abt! Tut zu jeder Stunde Buße und betet zu unserm Herrn Jesus Christus und zu seiner allreinen Mutter und zu den ehrwürdigen Antoni und Feodossi, auf daß ihr euer Leben hier beschließt und für würdig befunden werdet, in der Höhle mit den heiligen Vätern bestattet zu werden. Das sind die drei wichtigsten Dinge, wenn es nur einer erreicht, dies alles ordentlich zu erfüllen, allerdings ohne hochmütig zu werden. Weiter fragt mich nicht. Ich bitte euch, vergebt mir.«

Der ehrwürdige Afanassi der Klausner

Er schritt in die Höhle, versperrte hinter sich die Tür und blieb dort zwölf Jahre, ohne jemals mit jemandem zu sprechen. Als er in die Ewigkeit eingehen wollte, rief er alle Brüder zusammen und wiederholte, was er früher über den Gehorsam und die Buße gesagt hatte.

Er sprach: »Selig ist der, der für würdig befunden worden ist, hier bestattet zu werden.« Und nachdem er dies gesagt hatte, entschlief er im Frieden des Herrn.

Und es war da ein Bruder, der seit vielen Jahren ein Nierenleiden hatte. Den brachte man zu ihm. Er umfaßte den Leib des Seligen und war von Stund an genesen; und bis zu seinem Tode hatte er keinerlei Schmerzen an den Nieren oder anderswo.

Der Geheilte hieß Wawila, und er erzählte den Brüdern folgendes: »Ich lag und schrie vor Schmerzen. Da kam dieser Selige alsbald und sprach zu mir: ›Komm, ich werde dich heilen!‹ Ich wollte ihn fragen, wann und wie er hierhergekommen sei, plötzlich war er nicht mehr zu sehen.«

Seitdem verstanden alle, daß er vor dem Herrn Gefallen gefunden hatte: Denn niemals ging er hinaus, und er sah die Sonne zwölf Jahre lang nicht und weinte ohne Unterlaß Tag und Nacht, aß nur ein wenig Brot, trank nur ein wenig Wasser, und das nur einen um den andern Tag. Das habe ich von dem Wawila gehört, der von ihm geheilt worden ist.

Und wenn jemand meint, das hier Niedergeschriebene sei nicht wahr, so mag er die Viten unserer heiligen Väter Antoni und Feodossi lesen, der beiden Begründer des russischen Mönchtums, und dann wird er es glauben. Wenn er auch dann nicht überzeugt sein wird, so ist es nicht ihre Schuld. Denn es muß das Gleichnis wahr werden, das der Herr erzählt hat: »Es ging ein Säemann aus, zu säen seinen Samen. Und etliches fiel an den Weg, und etliches fiel mitten unter die Dornen.« Von denen, die von des Lebens Mühsal niedergedrückt sind, sagt der Prophet: »Das Herz dieser Menschen ist verstockt, und ihre Ohren sind taub.« Und der andere spricht: »Herr, wer hat unserem Gehör vertraut?«

Für Polikarp: Du aber, mein Bruder und mein Sohn, folge ihnen nicht nach! Nicht ihretwegen schreibe ich das hier nieder, sondern um dich zu gewinnen. Ich gebe dir den Rat: Fasse durch Frömmigkeit im heiligen Höhlenkloster festen Fuß, strebe nicht nach Macht, weder nach der Würde des Abtes noch der des Bischofs. Für dein Seelenheil genügt, wenn du dein Leben dort beschließen kannst. Du weißt selbst, daß ich dir Ähnliches aus allen Büchern erzählen kann. Es ist für mich besser und für dich nützlicher, wenn ich nur etwas von dem vielen berichte, was dieses göttliche und heilige Höhlenkloster geleistet hat und was davon überliefert ist.

VOM EHRWÜRDIGEN SWJATOSCHA, DEM FÜRSTEN VON TSCHERNIGOW.

Die zwanzigste Erzählung

Dieser gesegnete und fromme Fürst Swjatoscha, mit [Mönchs-] Namen Nikola, der Sohn Davids und Enkel Swjatoslaws, hatte die Verlockungen dieses Lebens als eitel durchschaut und erkannt, daß alles, was darinnen ist, vorüberrinnt und vergeht, die zukünftigen Güter aber unvergänglich und ewig sind und das Himmelreich unendlich, das Gott bereitet hat denen, die ihn lieben. So ließ er seinen Fürstenstand fahren, Ehre, Ruhm und Macht, da er sie für nichts erachtete, trat in das Höhlenkloster ein und wurde Mönch am 17. Februar des Jahres 6614 [1107].

Alle Mönche, die hier leben, wissen von seinem tugendhaften Wandel und von seinem Gehorsam. Drei Jahre lang tat er in der Küche Dienst für die Brüder und hackte mit eigenen Händen das Holz zum Kochen der Linsen. Oft schleppte er auch auf seinen Schultern das Brennholz vom Ufer herauf, und seine Brüder Isjaslaw und Wladimir konnten ihn nur mit Mühe von diesem Werk abbringen. Er jedoch bat in seinem tiefen Gehorsam inständig, noch ein weiteres Jahr in der Küche für die Brüder Dienst tun zu dürfen.

Da er sich nun bewährt und in allem als vollkommen erwiesen hatte, versetzte man ihn später an die Klosterpforte. Hier blieb er wiederum drei Jahre und verließ seinen Posten niemals, außer zum Kirchgang. Von dort wurde er dann zum Tischdienst beordert. Danach mußte er nach dem Willen des Abtes und aller Brüder eine eigene Zelle beziehen. Er hat sie sich selbst geschaffen – sie heißt noch heute Swjatoschas Zelle –, auch einen Garten hat er mit eigenen Händen angelegt.

Man erzählt auch von ihm, daß ihn niemand all die Jahre seines Mönchslebens jemals untätig gesehen hat. Immer hatte er irgendeine Arbeit in den Händen, so daß seine Kleidung stets Spuren dieser

Der ehrwürdige Nikola-Swjatoscha,
[einst] Fürst von Tschernigow

Arbeit trug. Unaufhörlich hatte er das Jesusgebet auf den Lippen: »Herr Jesus Christus, Sohn Gottes, erbarme dich meiner.« Nie aß er etwas Besonderes, sondern er ernährte sich lediglich vom Klosteressen. Und wenn er auch viel Besitz gehabt hatte, so hatte er doch alles zur Unterstützung der Fremden und der Armen und zum Unterhalt der Kirche hingegeben. Auch seine zahlreichen Bücher sind bis heute erhalten.

Der gesegnete Fürst Swjatoscha hatte, da er noch Fürst war, einen sehr tüchtigen Arzt, einen Syrer namens Petr. Der war mit ihm zusammen ins Kloster gekommen. Als Petr aber die selbstgewählte Armut seines Herrn sah, wie er in der Küche und an der Klosterpforte saß, verließ er ihn und ließ sich in Kiew nieder, wo er viele mit seiner Kunst behandelte.

Oft besuchte er auch den Gesegneten, und da er seine qualvollen Anstrengungen sah und sein übermäßiges Fasten, redete er auf ihn ein und sagte:

»Fürst, du solltest auf deine Gesundheit achten, daß du nicht durch zuviel Arbeit und Enthaltsamkeit deinen Körper zerrüttest. So wirst du, wenn du einmal krank geworden bist, das Joch nicht mehr tragen können, das du um Gottes willen auf dich genommen hast. Gott will kein Fasten und keine Mühsal, die über die Kraft geht, sondern nur ein reines und zerknirschtes Herz. Auch bist du solchen Zwang nicht gewöhnt, den du dir schaffst, indem du Dienste tust wie ein abhängiger Knecht. Deine frommen Brüder Isjaslaw und Wladimir nehmen an deiner elenden Lage Anstoß, daß du von der einstigen Höhe deines Ansehens und deiner geehrten Stellung in die äußerste Armut geraten bist, so daß du deinen Körper zugrunde richten und ihn durch solche Nahrung Krankheiten aussetzen mußt.

Ich wundere mich über deine Körpersäfte, die früher dickflüssig waren von wohlschmeckender Speise, jetzt aber Kräuter und trockenes Brot aufnehmen und ertragen müssen. Sieh zu, daß dich nicht eine Krankheit befällt, wenn du nicht genügend Kraft hast. Schnell kannst du dein Leben verlieren, und auch ich werde dir dann nicht mehr helfen können. Deine Brüder läßt du dann in untröstlicher Trauer zurück. Auch die Bojaren, die dir einst dienten und sich durch dich groß und bedeutend fühlten, vermissen jetzt deine Gunst. Sie haben ihre großen Paläste für die Trauer gebaut, nun sitzen sie darin kummervoll. Du aber hast nicht, wo du dein Haupt hinlegst, und sitzt hier im Dreck. Sie fürchten, du hast den Verstand verloren.

Welcher Fürst hat je so gehandelt? Etwa dein seliger Vater David oder dein Großvater Swjatoslaw? Oder wer von den Bojaren hat so gehandelt und diesen Weg gewählt außer Warlaam, der hier Abt geworden ist? Wenn du nicht auf mich hörst, wirst du deinen Richterspruch noch vor dem [Jüngsten] Gericht erhalten.«

So redete er oft auf ihn ein, wenn sie zusammen in der Küche saßen oder später an der Klosterpforte. Das tat er im Auftrag seiner Brüder.

Doch der Gesegnete antwortete: »Bruder Petr, ich habe oft darüber nachgedacht und bin zu dem Entschluß gekommen, mein Fleisch nicht zu schonen, damit ich nicht wieder einen Kampf mit mir selbst anfangen muß. Es soll sich zufriedengeben, durch viele Mühe gezähmt. Denn es steht geschrieben, Bruder Petr, daß die Kraft in der Schwachheit ihre Vollkommenheit erreicht. Die Leiden dieser Zeit sind nichts im Vergleich zur künftigen Herrlichkeit, die an uns soll offenbart werden. Ich danke dem Herrn, daß er mich befreit hat von der Sklaverei dieser Welt und mich zum Diener seiner Knechte gemacht hat, dieser gesegneten Mönche. Meine Brüder aber sollen auf sich selbst achtgeben, denn ein jeglicher wird seine Last tragen. Mögen sie es sich an meiner Herrschaft genug sein lassen.

Denn das alles habe ich um Christi willen verlassen: Weib und Kind, Haus und Herrschaft, Brüder und Freunde, Knechte und Ländereien. Dafür hoffe ich, Erbe zu sein des ewigen Lebens. Ich habe die Armut um Gottes willen auf mich genommen, damit ich ihn gewinne. Ordnest du nicht selbst in deiner Heilkunst an, auf Essen zu verzichten? Mir aber ist es Gewinn, für Christus zu sterben, und wenn ich im Dreck sitze, fühle ich mich mit Hiob als Herrscher.

Wenn nie ein Fürst vor mir so gehandelt hat, so werde ich den folgenden vorangehen. Wer ihm [Christus] nacheifern will, der folge ihm und mir. Du sorge dich um dich selbst und um die, die dich beauftragt haben.«

Wenn der Gesegnete erkrankte und der Arzt davon erfuhr, bereitete er Arznei, wie sie für jede Krankheit erforderlich war, sei es Fieberhitze oder Gallenbrand. Aber immer war der Fürst wieder gesund, bevor er kam, und ließ sich nicht von ihm kurieren. So geschah es oft.

Einmal erkrankte Petr selbst. Swjatoscha ließ ihm sagen: »Wenn du keine Arznei einnimmst, wirst du bald wieder gesund. Wenn du aber nicht auf mich hörst, wirst du viel leiden müssen.«

Jener aber hielt sich selbst für klug und wollte sich von der Krankheit selbst befreien. So nahm er seine Essenzen ein und verlor fast sein Leben. Durch das Gebet des Heiligen aber wurde er wieder gesund.

Als er wieder einmal krank wurde, schickte ihm der Heilige eine Botschaft: »In drei Tagen wirst du wieder gesund sein, wenn du dich nicht selbst kurierst.«

Der Syrer gehorchte, und am dritten Tag war er nach dem Spruch des Gesegneten wieder gesund.

Einmal ließ ihn der Heilige rufen und gebot ihm, in den Mönchsstand einzutreten, »denn nach drei Monaten werde ich von dieser Welt gehen«. Das aber sagte er, um ihm seinen eigenen Tod zu bedeuten.

Der Syrer aber wußte nicht, was mit ihm noch geschehen würde. Er fiel vor ihm auf die Knie und rief unter Tränen: »Wehe mir, mein Herr, du mein Wohltäter und mein teures Leben! Wer wird sich um mich Heimatlosen kümmern? Wer wird die große Schar der Bedürftigen nähren, wer für die Bedrängten eintreten, wer sich der Armen erbarmen? Habe ich dir nicht gesagt, mein Fürst, daß du deine Brüder in untröstlichem Kummer zurücklassen wirst? Habe ich dir nicht gesagt, Fürst, daß ich nicht so sehr durch Gottes Wort und Kraft geheilt worden bin als vielmehr durch dein Gebet? Wohin willst du jetzt gehen, du guter Hirte? Verrate mir, deinem Knecht, deine Todeswunde! Und wenn ich sie auch nicht heilen kann, so stehe mein Kopf für deinen Kopf, meine Seele für deine. Gehe nicht schweigend von mir, sondern offenbare dich mir, Herr, woher dir solche Nachricht kommt, damit ich mein Leben für dich geben kann. Wenn es dir der Herr verkündet hat, so bete zu ihm, daß ich für dich sterben darf.

Wenn du mich allein zurückläßt, wo soll ich sitzen und meinen Verlust beweinen? Etwa hier im Dreck oder an der Klosterpforte, wo du sitzt? Was kann ich von deiner Habe erben? Du bist ja selber nackt, und wenn du von hinnen gehst, wird man dich in diesem geflickten Gewand bestatten. Schenke mir dein Gebet, wie einst Elia seinen Mantel dem Elisa schenkte, daß ich die Tiefe des Herzens aufwühle und in die paradiesischen Orte eingehe im wunderbaren Hause Gottes. Wissen doch auch die wilden Tiere, wo sie sich nach Sonnenaufgang versammeln und sich lagern sollen. Der Vogel hat ein Haus gefunden und die Taube ein Nest für ihre Jungen. Du aber bist sechs Jahre im Kloster und weißt deinen Ort nicht.«

Der Gesegnete entgegnete ihm: »Es ist gut, auf den Herrn vertrauen und nicht sich verlassen auf Menschen. Weiß doch der Herr jegliche Kreatur zu ernähren. Er allein ist es, der für die Armen eintreten und sie retten kann. Ihr aber, meine [leiblichen] Brüder, weinet nicht über mich, sondern weinet über euch selbst und über eure Kinder. Ich habe in meinem Leben keine Heilkunst gebraucht. Die Toten werden das Leben nicht sehen, und Ärzte können sie nicht aufwecken.«

Er ging mit ihm hinaus in die Höhle, hob ein Grab für sich aus und sagte zu dem Syrer: »Wer von uns beiden ersehnt dieses Grab am meisten?«

Der Syrer antwortete: »Ich weiß, daß du weiterleben kannst, wenn du willst. So bestatte mich hier.«

Der Gesegnete sprach: »Es geschehe dir nach deinem Willen.« Und so wurde er Mönch.

Nun weinte er Tag und Nacht ohne Unterlaß wohl drei Monate. Der Gesegnete tröstete ihn und sprach: »Bruder Petr, willst du, daß ich dich mit mir nehme?«

Der aber entgegnete weinend: »Ich möchte, daß du mich früher gehen läßt. Ich will für dich sterben, und du sollst für mich beten.«

Da sprach der Gesegnete zu ihm: »Habe Mut, mein Sohn, und sei bereit, denn am dritten Tag wirst du von hinnen scheiden.«

Da empfing er die göttlichen und lebenspendenden unsterblichen Sakramente, legte sich auf sein Lager und bereitete sich auf seinen Tod vor. Dann streckte er die Füße aus und gab seine Seele in die Hände des Herrn.

Danach lebte der gesegnete Fürst Swjatoscha noch dreißig Jahre im Kloster und verließ es nicht, bis er in das ewige Leben einging.

Am Tage seines Todes fand sich fast die ganze Stadt ein. Als sein Bruder [Isjaslaw] davon erfuhr, schickte er zum Abt und erbat sich zum Segen das Kreuz von seinem Paramantion, dazu das Kopfkissen und den Schemel, auf dem er gewöhnlich gebetet hatte. Der Abt gab es ihm und sprach: »Dir geschehe nach deinem Glauben.« Der nahm es entgegen und hielt es in Ehren. Dem Abt übergab er drei Griwnen Goldes, denn er wollte das Gnadenzeichen seines Bruders nicht umsonst haben.

Einmal erkrankte Isjaslaw schwer. Schon hatten ihn alle aufgegeben. Da sie ihn bereits in den Händen des Todes sahen, hatten sich seine Frau, seine Kinder und alle Bojaren um ihn versammelt. Da richtete er sich etwas auf, bat um Wasser aus dem Brunnen des

Höhlenklosters und verstummte wieder. Man schickte jemanden, um das Wasser zu holen. Der Abt gab es ihm und dazu das härene Hemd Swjatoschas, des Bruders des Fürsten. Mit diesem hatte man das Grab Feodossis abgerieben. Das sollte man ihm überziehen.

Bevor aber der Bote zurück war, sagte der Fürst: »Geht schnell hinaus vor die Stadt, um die ehrwürdigen Feodossi und Nikola zu empfangen.«

Als nun der Bote mit dem Wasser und dem härenen Hemd eintraf, schrie der Fürst: »Nikola, Nikola Swjatoscha!«

Man gab ihm zu trinken und kleidete ihn in das Hemd, und sogleich wurde er wieder gesund. Und alle priesen Gott und seine Gerechten. Dieses Hemd zog er immer an, wenn er krank wurde, und so genas er jedesmal. Er wollte auch selbst zu seinem Bruder wallfahren, aber die damaligen Bischöfe hielten ihn davon ab. Auch trug er in jeder Schlacht dieses Hemd und blieb so unverletzt. Einmal jedoch, da er eine Sünde begangen hatte, wagte er nicht, das Hemd anzulegen. In dieser Schlacht fiel er. Nach seinem Vermächtnis wurde er in diesem Hemd beigesetzt.

Viele Taten werden noch von diesem Mann berichtet. Bis heute lebt der selige Fürst Swjatoscha im Gedächtnis der Mönche dieses Klosters.

An Polikarp:

Nun wende ich mich wieder an dich. Hast du Vergleichbares getan? Hast du Reichtum fahrenlassen? Aber du hattest ja keinen. Oder Ruhm? Aber du hattest keinen erworben, bist vielmehr aus der Armut heraus zu Ruhm und allem Gut gekommen. Habe diesen Fürsten vor Augen! Kein Fürst in der Rus hat gehandelt wie er, aus freiem Willen ist keiner in den Mönchsstand getreten. Dieser ist wahrhaft der Größte unter allen Fürsten der Rus! Was ist die dir angetane Zurücksetzung gegen das härene Hemd dieses Fürsten? Du bist zur Nacktheit aufgerufen – und du schmückst dich mit prachtvollen Gewändern! Und deswegen wirst du nackt sein und ohne die unverwesliche Kleidung und wirst verurteilt werden, denn du hast kein hochzeitlich Kleid an, nämlich keine Demut.

Wie schreibt doch der selige Johannes in der »Klimax«? »Der Jude dürstet nach Speise, daß er feiere gemäß dem Gesetz.« Du ahmst sie [die Juden] nach und kümmerst dich um Speis und Trank und glaubst, dadurch zu Ansehen zu kommen. Höre, was der selige Euagrios sagt: »Ein Mönch, der sündigt, wird keinen Feiertag auf Erden haben.« Füttere deinen Körper nicht, daß er dir nicht zum

Feind werde, noch strebe nach hohen Aufgaben, die über dein Maß sind. Wenn du das Ziel nicht erreichst, schlägt es dir zum Tadel aus. Sei Nachahmer der heiligen Väter, daß du nicht jenes göttlichen Ruhmes verlustig gehest. Wenn du es nicht erreichen kannst, mit den Vollendeten gekrönt zu werden, so strebe danach, mit den Gott Wohlgefälligen gepriesen zu werden.

Gestern bist du zum Mönchtum gekommen, und schon bietest du dich an und willst, bevor du ein richtiger Mönch bist, ein Bischofsamt und willst ein strenger Gesetzgeber sein; noch bevor du dich selbst unterworfen hast, willst du alle zur Demut bringen. Du trachtest nach Hohem, willst mit den Hoffärtigen befehlen und Entscheidungen fällen. Ich weiß das alles aus deinen Worten. Dein Sinnen richtet sich auf Irdisches, nicht auf Himmlisches, auf Fleischliches, nicht auf Geistiges, auf Begierden, nicht auf Enthaltsamkeit, auf Reichtum, nicht auf Armut. Du bist vom Licht abgefallen und hast dich der Finsternis ergeben, du hast das Leben verworfen und dir die ewigen Höllenstrafen bereitet. Das Schwert, das du zum Kampf gegen den Feind bekommen hast – du hast es dir selbst ins Herz gestoßen. Komm zu dir, Bruder, und denke angestrengt über dein Leben nach. Dieser heilige Ort gibt dir einen unverrückbaren Sinn und Verstand.

Nun aber, Bruder, will ich eine Geschichte von dem Mönch Jerasm erzählen, die etwas mit deinem Anliegen zu tun hat.

VOM MÖNCH JERASM, DER SEIN VERMÖGEN FÜR HEILIGE IKONEN AUSGAB UND DAFÜR DAS HEIL FAND.

Die einundzwanzigste Erzählung

Es gab einen Mönch mit Namen Jerasm im Höhlenkloster, der sehr reich war und alles, was er besaß, für kirchliche Erfordernisse aufwendete und viele Ikonen mit Beschlägen versah. Diese sind bis heute bei euch über dem Altarraum vorhanden. Danach war er so arm, daß er von niemandem beachtet wurde. Er hatte die Hoffnung fahrengelassen, daß er für seinen hingegebenen Reichtum entschädigt würde, den er für die Kirche und nicht für Almosen aufgewendet hatte. Weil es ihm der Teufel eingegeben hatte, begann er, sorglos zu leben, und verbrachte seine Tage nachlässig und unordentlich.

Er wurde sehr krank und lag schließlich acht Tage stumm darnieder, ohne etwas zu sehen, fast ohne Atem in der Brust. Am achten Tag kamen alle Brüder zu ihm und sahen sein furchtbares Ringen mit dem Tode.

Sie wunderten sich und sprachen: »Wehe, wehe der Seele dieses Bruders. Sie hat das Leben sorglos und in jeglicher Sünde verbracht, und nun erblickt sie etwas, ist in großer Erregung und kann nicht heraus.«

Jerasm aber richtete sich auf, als sei er nie krank gewesen, setzte sich hin und sagte zu ihnen: »Brüder und Väter, hört mich an, in Wahrheit verhält es sich so: Wie ihr alle wißt, bin ich ein Sünder und habe bis heute keine Buße getan. Heute sind mir jedoch die beiden Heiligen Antoni und Feodossi erschienen, und sie sprachen zu mir: ›Wir haben Gott angefleht, und der Herr hat dir Zeit zur Buße geschenkt.‹ Und ich habe die heilige Gottesmutter gesehen. Sie hatte ihren Sohn auf dem Arm, unseren göttlichen Christus. Alle Heiligen waren bei ihr, und sie sprach zu mir: ›Jerasm, weil du meine Kirche ausgeschmückt und sie mit den Ikonen erhöht hast, will ich dich im Reiche meines Sohnes preisen; Arme habt ihr allezeit bei euch. Nur tue Buße, wenn du aufgestanden bist, und nimm das Bußkleid an. Am dritten Tag werde ich dich als Geläuterten zu mir nehmen, dich, dem die Schönheit meines Hauses am Herzen lag.‹«

Und als er sich so an die Brüder gewandt hatte, begann er, die Sünden, die er begangen hatte, vor allen zu beichten, ohne sich zu schämen, denn er freute sich auf den Herrn. Er wurde in das große Schima gekleidet, und am dritten Tag ging er in wahrer Buße heim zum Herrn. Das habe ich von den heiligen und gesegneten Starzen gehört, die als Zeugen dabei waren.

Für Polikarp: Wenn du das erfährst, Bruder, so glaube nicht, er hätte alles, was er besaß, umsonst aufgewendet. Denn vor Gott zählt alles, auch die kleinste Kupfermünze. Hoffe auf die Barmherzigkeit Gottes für dein Werk. Du hast zwei Türen für diese heilige große Höhlenkloster-Kirche der heiligen Gottesmutter geschaffen. Und sie wird dir die Tür ihrer Barmherzigkeit öffnen, denn für solche [wie dich] rufen die Priester in dieser Kirche immer [im Gebet]: »Herr, heilige die, welche die Schönheit deines Hauses lieben, und verherrliche du sie mit deiner göttlichen Kraft.« Erinnere dich an jenen Patrizier, der ein Kreuz aus reinem Gold schmieden ließ. Ein Jüng-

Der ehrwürdige Jerasm

ling, der ihm nacheifern wollte, legte ein wenig von seinem Gold dazu und wurde Erbe seines Vermögens. Und du wirst auch deines Lohnes nicht verlustig gehen, wenn du dein Vermögen zum Ruhme Gottes und seiner allreinen Mutter hingeben wirst. Doch sage mit David: »Ich will mehren all deinen Ruhm.« Und der Herr spricht zu dir: »Wer mich ehrt, den will ich auch ehren.« Du selbst sprachst doch zu mir: »Es ist mir lieber, daß ich alles, was ich habe, für kirchliche Erfordernisse ausgebe, als daß es mir plötzlich durch Krieg, Diebe oder Feuer genommen wird.« Ich aber lobte deine gute Absicht. Er [der Herr] spricht: »Wenn ihr etwas versprochen habt, sollt ihr es auch tun. Es ist besser, man gelobt nichts, als daß man nicht hält, was man gelobt hat.«

Wenn es geschieht, daß durch Krieg oder Diebe etwas wegkommt, so schilt nicht und reg dich nicht auf, sondern preise Gott dafür und sage mit Hiob: »Der Herr hat's gegeben, der Herr hat's genommen.« Und nun will ich dir außerdem noch vom Mönch Arefa erzählen.

VOM MÖNCH AREFA, DEM VON DIEBEN GESTOHLENE HABE ALS ALMOSEN ANGERECHNET WURDE UND DER DESHALB DAS HEIL ERLANGTE.

Die zweiundzwanzigste Erzählung

Es lebte einst ein Mönch im Höhlenkloster mit Namen Arefa, der aus Polozk stammte. Er hatte große Reichtümer in seiner Zelle, gab aber nie einem Armen etwas, weder eine einzige Münze noch Brot. Er war so geizig und unbarmherzig, daß er selbst vor Hunger fast starb. Eines Nachts aber kamen Diebe und stahlen seinen ganzen Besitz. Arefa wollte sich vor großem Kummer um sein Gold selbst den Tod geben. Er belastete Unschuldige schwer und quälte viele zu Unrecht. Wir alle baten ihn, von den Nachforschungen Abstand zu nehmen. Er aber hörte überhaupt nicht darauf.

Die gesegneten Starzen trösteten ihn und sprachen: »Bruder, wirf deine Sorge auf den Herrn, der wird dich versorgen.«

Er aber beschimpfte alle mit harten Worten. Nach ein paar Tagen befiel ihn eine schlimme Krankheit, und es ging schon zu Ende mit ihm; aber auch jetzt hörte er nicht auf zu murren und Schmähungen auszustoßen. Doch der, der aller Herr ist und alle erlösen will, ließ ihm Engel erscheinen und eine Schar von Dämonen. Da begann er zu rufen: »Herr, erbarme dich! Herr, ich habe gesündigt. Es soll dein sein, ich will nicht mehr schimpfen.«

Von der Krankheit genesen, erzählte er uns von der Erscheinung. »Als die Engel kamen«, so sprach er, »traten auch Dämonen herein und begannen, um den gestohlenen Reichtum zu streiten. Sie [die Dämonen] sagten: ›Da er nicht dankbar war, sondern schalt, ist er jetzt unser und uns übergeben.‹ Die Engel aber sagten zu mir: ›O du verruchter Mensch! Hättest du doch Gott dafür gedankt, so wäre es dir wie Hiob angerechnet worden. Wenn jemand ein Almosen gibt, so ist das etwas Großes vor Gott, aber es sei aus freiem Willen getan. Wenn aber jemand Gott dafür dankt, daß ihm etwas mit Gewalt genommen wurde, ist das mehr als Almosengeben, denn der Teufel will durch sein Handeln den Menschen in Schimpf und Schande stürzen, der aber übergibt alles Gott in Dankbarkeit, und deshalb ist es mehr als Almosengeben.‹ Als die Engel das zu mir gesagt hatten, schrie ich auf: ›Herr, erbarme dich! Herr, vergib mir! Herr, ich habe gesündigt! Herr, alles sei dein, ich will nicht mehr schimpfen.‹ Da verschwanden die Dämonen sogleich, und die Engel frohlockten und rechneten mir das verlorene Silber als Almosen an.«

Als wir das vernahmen, priesen wir Gott, der uns solches kundgetan hatte. Die gesegneten Starzen aber sannen darüber nach und sprachen: »Wahrlich, es ist würdig und recht, in allem Gott dankbar zu sein.« Wir aber, die wir sahen, daß er [Arefa] jeden Tag Gott rühmte und pries, wunderten uns über die Wandlung in seinem Sinn und Wesen. Er, den früher niemand vom Schelten und Schimpfen abhalten konnte, ruft nun immer mit Hiobs Worten: »Der Herr hat's gegeben, der Herr hat's genommen. Wie es dem Herrn gefällt, so soll's geschehen. Der Name des Herrn sei gelobt in Ewigkeit.«

Hätte er nicht die Erscheinung der Engel gehabt und ihre Worte nicht gehört, dann hätte er nicht aufgehört zu murren. Und wir haben es geglaubt, daß es sich in Wahrheit so verhalten hat. Wenn das nicht genügt, dann dürfte es wohl auch jenen Starzen nicht gegeben haben, der – wie es im Paterikon heißt – zu Gott betete, daß Räuber über ihn kämen und ihm all das Seine nähmen. Er wurde erhört und gab alles, was da war, in ihre Hände.

Für Polikarp: So habe ich dir, Bruder, schon alle möglichen Unterweisungen gegeben. Bitte Gott, den Herrn, daß du dein Leben

Die Vision des ehrwürdigen Arefa
während seiner Erkrankung

dort in Buße und in Gehorsam gegenüber deinem Abt Akindin beschließen mögest. Wie Afanassi der Klausner bezeugt hat, stehen diese drei Dinge höher als alle Tugenden. Und jetzt werde ich dir noch ein erstaunliches Wunder berichten, das ich selbst gesehen habe. So hat es sich im heiligen Höhlenkloster zugetragen.

VON DEN ZWEI BRÜDERN –
TIT DEM POPEN UND JEWAGRI DEM DIAKON –,
DIE EINANDER FEIND WAREN.

Die dreiundzwanzigste Erzählung

Es waren zwei geistliche Brüder: Jewagri der Diakon und Tit der Pope. Sie waren einander in großer und ungeheuchelter Liebe zugetan, so daß sich alle wunderten ob ihrer Einmütigkeit und grenzenlosen Liebe. Aber der Teufel, der das Gute haßt, geht umher wie ein brüllender Löwe und sucht, welchen er verschlinge. Er stiftete Feindschaft unter ihnen und gab ihnen einen solchen Haß ein, daß einer des anderen Anblick nicht mehr ertragen mochte. Viele Male baten die Brüder sie, daß sie sich miteinander aussöhnten. Aber sie wollten nichts davon hören.

Wenn nun Jewagri in der Kirche stand und Tit mit dem Weihrauchgefäß umherging, lief Jewagri vor dem Räucherwerk davon. Lief er aber nicht davon, so ging Tit an ihm vorüber, ohne ihn zu beweihräuchern. Und so blieben die beiden lange Zeit in der Finsternis der Sünde. Tit verrichtete seinen Dienst, ohne sich auszusöhnen, und Jewagri empfing zürnend die heilige Kommunion. So weit hatte sie der Teufel gegeneinander aufgebracht.

Einst war Tit schwer erkrankt und lag schon hoffnungslos darnieder. Da begann er seine Verfehlungen zu bereuen.

Er schickte voller Demut zum Diakon und ließ sagen: »Vergib mir, Bruder, um Gottes willen, daß ich dir zürnte.«

Der aber verfluchte ihn mit harten Worten.

Die Starzen, die sahen, daß Tit im Sterben lag, schleppten Jewagri gewaltsam herbei, damit er sich mit dem Bruder aussöhne.

Als der Kranke den Bruder erblickte, richtete er sich ein wenig auf, ließ sich ihm zu Füßen niederfallen und sprach unter Tränen: »Vergib mir, Vater, und erteile mir den Segen.«

Der ehrwürdige Tit der Priester

Der aber schlug ihm das in seiner Unbarmherzigkeit und seinem Grimm vor uns allen mit folgenden Worten ab: »Niemals werde ich mich mit ihm aussöhnen, weder in diesem noch im künftigen Leben.« Dann riß er sich aus den Händen der Starzen los und fiel plötzlich um.

Als wir ihn aufrichten wollten, trafen wir auf einen Toten. Wir konnten ihm weder die Arme zurechtlegen noch den Mund schließen, als wäre er schon lange tot. Der Kranke aber stand alsbald auf, als wäre er nie krank gewesen.

Uns befiel Entsetzen ob des plötzlichen Todes des einen und der schnellen Heilung des anderen. Unter vielem Klagen begruben wir Jewagri, dessen Mund und Augen noch offen und dessen Arme noch ausgestreckt waren. Dann fragten wir Tit, was geschehen war. Und Tit erzählte uns folgendes: »Ich sah Engel, die von mir wichen«, sagte er, »und die um meine Seele weinten, und Dämonen, die über meinen Zorn frohlockten. Da begann ich den Bruder um Verzeihung zu bitten. Als ihr ihn zu mir führtet, erblickte ich den unbarmherzigen Engel, der ein flammendes Schwert trug, und als er [Jewagri] mir nicht verzieh, schlug er nach ihm, und der fiel tot um. Mir aber reichte er die Hand und hob mich auf.«

Als wir das vernahmen, fürchteten wir Gott, der spricht: »Vergebet, so wird euch vergeben.« Denn der Herr sagt: »Wer mit seinem Bruder grundlos zürnt, der ist des Gerichts schuldig.« Und Ephräm: »Wer in Feindschaft stirbt, den erwartet ein unerbittliches Gericht.«

Wenn diesem nicht um der Heiligen Antoni und Feodossi willen vergeben wird – wehe dem Menschen, der solcher Leidenschaft unterlag.

Für Polikarp: Hüte auch du dich davor, Bruder. Gib dem Dämon des Zorns keinen Raum – wer sich ihm beugt, der wird von ihm geknechtet –, sondern falle nieder und verneige dich vor dem, der dir feind ist, damit du nicht dem unbarmherzigen Engel ausgeliefert sein wirst. Der Herr bewahre auch dich vor jeglichem Zorn. Denn er sagte: »Lasset die Sonne nicht über eurem Zorn untergehen.« Er sei gepriesen mit dem Vater und dem Heiligen Geist jetzt und immerdar.

DAS ZWEITE SENDSCHREIBEN,
GESCHRIEBEN VON POLIKARP,
EINEM MÖNCH DES HÖHLENKLOSTERS,
AN DEN ARCHIMANDRITEN DES HÖHLENKLOSTERS,
AKINDIN, ÜBER DIE HEILIGEN UND GESEGNETEN
MÖNCHE DES HÖHLENKLOSTERS, UNSERE BRÜDER.

Die vierundzwanzigste Erzählung

Mit Hilfe des Herrn, der das Wort bekräftigt, [wende ich mich] an deine Hochsinnigkeit, ehrwürdiger Archimandrit der ganzen Rus, mein Vater und Herr, Akindin. Schenke mir wohlwollend Gehör, damit ich dir von dem Leben, den Taten und den Zeichen der großen und gesegneten Männer berichte, die im heiligen Höhlenkloster gelebt haben, was ich über sie von deinem Bruder Simon, dem Bischof von Wladimir und Susdal, einem ehemaligen Mönch dieses Höhlenklosters, gehört habe. Er erzählte mir Sünder vom heiligen und großen Antoni, dem Begründer des Mönchtums in der Rus, und vom heiligen Feodossi und von Leben und Taten der heiligen und ehrwürdigen Väter nach ihnen, die ihr Leben im Hause der allreinen Gottesmutter beschlossen haben. Mögest du in deinem hohen Sinn meinen unreifen und unvollkommenen Gedanken Aufmerksamkeit schenken.

Du hast mich einmal gebeten und mir empfohlen, von den Taten jener Mönche zu erzählen. Du kennst meine Unbildung und meine ungeschliffene Art. Ständig kann ich nur in Furcht, um welchen Bericht auch immer es geht, vor dir reden. Wie kann ich dabei die Zeichen und rühmenswerten Wunder verständlich wiedergeben, die sie vollbracht haben? Ein wenig von diesen rühmenswerten Wundern habe ich dir schon erzählt, aber sehr vieles habe ich aus Furcht – da ich mich vor deiner Frömmigkeit schämte – vergessen oder unverständlich berichtet. Ich habe mich bemüht, dir über unsere heiligen, gesegneten Brüder zu schreiben, damit die Mönche, die nach uns kommen, von der Gnade Gottes erfahren, die auf diesem heiligen Ort ruhte, und den himmlischen Vater preisen, der solche Leuchten im Russischen Lande im heiligen Höhlenkloster Zeugnis ablegen ließ.

Der ehrwürdige Polikarp, [hier fälschlich als]
Archimandrit des heiligen Höhlenklosters

VON NIKITA DEM KLAUSNER, DER HERNACH BISCHOF VON NOWGOROD WURDE.

Die fünfundzwanzigste Erzählung

Es war in den Tagen des ehrwürdigen Abtes Nikon ein Bruder, der hieß Nikita. Der wollte sich durch ein großes Werk hervortun, aber nicht um Gottes willen, sondern um von den Menschen gepriesen zu werden. So bat er den Abt um die Erlaubnis, als Klausner leben zu dürfen.

Dieser warnte ihn und sagte: »Mein Sohn, es wird dir nicht frommen, untätig zu sitzen, denn du bist noch jung. Es ist besser für dich, wenn du unter den Brüdern bleibst und ihnen dienst, so wirst du deinen Lohn nicht verlieren. Du hast selbst erlebt, wie unser Bruder, der heilige Issaki, der in der Höhle lebte, von den Dämonen überlistet wurde. Nur durch die große Gnade Gottes und um der Gebete der ehrwürdigen Väter Antoni und Feodossi willen, die bis heute große Wunder tun, ist er gerettet worden.«

Nikita aber sagte: »Ich werde mich durch derlei nicht verführen lassen. Ich werde Gott bitten, daß er auch mir die Gabe, Wunder zu tun, verleiht.«

Nikon antwortete ihm: »Deine Bitte geht über deine Kraft. Gib acht, Bruder, daß du dich nicht überhebst und tief fällst. Unsere Demut befiehlt dir, der heiligen Bruderschaft zu dienen. Um ihretwillen wirst du den Kranz für deinen Gehorsam erhalten.«

Nikita aber hörte nicht auf die Worte des Abtes, sondern setzte sein Vorhaben in die Tat um, verschloß den Eingang der Höhle hinter sich und verließ die Höhle nicht mehr.

Es dauerte nicht lange, so wurde er vom Teufel überlistet. Während er sang, vernahm er eine Stimme, die mit ihm betete, und nahm einen unaussprechlichen Wohlgeruch wahr, und damit wurde er überlistet. Er sagte bei sich: »Wenn das nicht ein Engel wäre, würde er nicht mit mir beten, noch wäre der Wohlgeruch des Heiligen Geistes wahrzunehmen.« Und er begann, inständig zu bitten, und sprach: »Herr, offenbare dich mir, daß ich dich wahrnehmen und dich sehen kann!«

Da ertönte eine Stimme: »Ich werde mich dir nicht offenbaren, damit du dich nicht überhebst und tief fällst, denn du bist noch jung.«

Der heilige Nikita der Wundertäter,
Bischof von Nowgorod

Der Klausner sprach unter Tränen: »Ich werde mich keinesfalls überlisten lassen, Herr, denn mein Abt hat mich belehrt, nicht auf die Verführungskünste des Teufels zu achten. Um deinetwillen werde ich alles erfüllen, was mir aufgetragen ist.«

Da gewann die seelenverderbende Schlange Macht über ihn und sagte: »Der Mensch kann, solange er im Fleische ist, mich nicht sehen. Aber siehe, ich werde dir meinen Engel schicken, der soll bei dir bleiben, und du sollst tun, was er befiehlt.«

Und sogleich stand ein Dämon vor ihm in der Gestalt eines Engels. Der Mönch fiel vor ihm nieder und verneigte sich vor ihm wie vor einem Engel.

Der Dämon sprach zu ihm: »Bete du nicht mehr, sondern lies ständig in den Büchern. Dadurch wirst du erreichen, daß du Gott nahe bist und denen, die zu dir kommen, Nützliches sagen kannst. Ich aber werde ständig zum Schöpfer um deine Erlösung beten.«

So wurde der Mönch überlistet, und er betete nicht mehr, sondern widmete sich ganz dem Lesen und der Belehrung, und immer sah er den Dämon neben sich, wie er für ihn betete, und war froh, da er ihn für einen Engel hielt, der nun an seiner Statt die Gebete verrichtete.

Mit denen, die zu ihm kamen, unterhielt er sich über das, was der Seele frommt. Er begann auch zu prophezeien und gewann großen Ruhm, denn alle wunderten sich, daß seine Worte sich bewahrheiteten.

Einmal schickte Nikita zum Fürsten Isjaslaw und ließ ihm sagen: »Heute ist Gleb Swjatoslawitsch im Sawolotschje erschlagen worden. Schicke schnell deinen Sohn Swjatopolk auf den Fürstensitz nach Nowgorod.«

Und wie er es gesagt hatte, so war es: Nach kurzer Zeit traf die Nachricht vom Tode Glebs ein. Seither verbreitete sich der Ruf, der Klausner sei ein Prophet, und die Fürsten und Bojaren richteten sich sehr nach ihm.

Ein Dämon weiß nicht, was geschehen wird. Das aber, was er selbst bewirkt hat und wozu er die Menschen angestiftet hat, zu Totschlag oder Diebstahl, das verkündet er. Wenn nun Besucher zum Klausner kamen, um Worte der Tröstung von ihm zu hören, dann erzählte der Dämon, der vermeintliche Engel, ihm alles, was ihnen zugestoßen war. Das prophezeite er, und so war es.

Niemand konnte mit ihm in der Kenntnis der Schriften des Alten Testaments wetteifern. Er kannte sie alle auswendig: die Bücher Genesis, Exodus, Leviticus, Numeri, das Buch der Richter und die

Bücher der Könige und die Prophetenbücher, alle der Reihe nach. Auch alle Bücher der Juden kannte er bestens. Die Evangelien aber und den Apostol, diese heiligen Schriften, die uns in Gnade zu unserer Festigung und Besserung gegeben wurden, die wollte er nicht sehen noch hören oder lesen, noch ließ er sich in ein Gespräch darüber ein. Auf diese Weise wurde allen deutlich, daß er vom Feind verführt worden war. Solches konnten nun die ehrwürdigen Väter nicht dulden: der Abt Nikon und Ioann, der nach ihm Abt wurde, Pimin der Faster, Issaija, der nachmals Bischof von Rostow wurde, Matwej der Seher, der heilige Issaki aus der Höhle, Agapit der Arzt, Grigori der Wundertäter, Nikola, der später Bischof von Tmutorokan wurde, Nestor der Chronist, Grigori der Kanondichter, Feoktist, der spätere Bischof von Tschernigow, Onissifor der Seher. Alle diese Gott in sich tragenden Männer kamen zu dem Verführten, beteten zu Gott und verjagten so den Dämon. Von da an sah auch er ihn nicht mehr.

Sie führten ihn aus der Höhle und befragten ihn nach dem Alten Testament und wollten dieses und jenes von ihm hören. Er aber schwor, daß er es nie gelesen habe, und die Bücher der Juden, die er vorher auswendig kannte, von denen wußte er jetzt kein Sterbenswörtchen mehr. Kurz gesagt, er wußte kein Wort mehr, und die genannten Väter mußten ihn mit Mühe wieder das Lesen lehren.

Von nun an gab er sich der Enthaltsamkeit und dem Gehorsam und einem reinen und demütigen Lebenswandel hin, so daß er alle an Tugend übertraf und zuletzt wegen seiner großen Tugend als Bischof von Nowgorod eingesetzt wurde. Auch hat er viele Wunder gewirkt. Als einmal eine Dürre war, betete er zu Gott und rief so Regen herbei, ein andermal löschte er einen Brand in der Stadt.

Auch ihn zählt man jetzt zu den Heiligen, den heiligen und seligen Nikita.

VON LAWRENTI DEM KLAUSNER.

Die sechsundzwanzigste Erzählung

Danach gab es einen anderen Bruder, Lawrenti mit Namen. Dieser wollte in Klausur gehen. Die heiligen Väter aber erlaubten ihm durchaus nicht, das zu tun. Da ging Lawrenti in Isjaslaws Kloster des heiligen Demetrios und schloß sich ein. Und der Herr schenkte ihm wegen seines harten Lebens die Gnade des Heilens.

Zu Lawrenti wurde ein Besessener aus Kiew gebracht. Der Klausner vermochte nicht, den Dämon auszutreiben, denn er war so stark, daß er einen Baum, den zehn Mann nur mit Mühe tragen konnten, allein nahm und hinwarf. Lange Zeit blieb er ungeheilt. Da befahl der Klausner, ihn in das Höhlenkloster zu bringen.

Der Besessene schrie auf: »Zu wem schickst du mich? Ich wage nicht, mich der Höhle zu nähern, wegen der Heiligen, die darin bestattet sind. Im Kloster sind es nur dreißig, die ich fürchte, mit den übrigen kann ich kämpfen.«

Die ihn hinschleppten, wußten, daß er noch nie im Höhlenkloster war und niemanden darin kannte. Sie fragten ihn: »Wer sind die, die du fürchtest?«

Der Besessene nannte sie alle mit Namen. »Diese dreißig«, sagte er, »können mich [den Dämon] mit einem einzigen Wort austreiben.«

Es waren damals insgesamt hundertachtzig Mönche in der Höhle. Man sagte zu dem Besessenen: »Wir wollen dich in der Höhle einschließen.«

Der Besessene sprach: »Welchen Nutzen hat es für mich, mit Toten zu kämpfen? Diese [dreißig] besitzen jetzt eine größere Freimütigkeit bei Gott, für ihre Mönche und die, die zu ihnen kommen, zu bitten. Aber wenn ihr meinen Kampf sehen wollt, so führt mich ins Kloster.«

Und er begann, hebräisch zu sprechen und danach lateinisch und auch griechisch und nachgerade in allen Sprachen, die er niemals gehört hatte, so daß die, die ihn führten, erschraken ob des Wechsels der Sprache und des Redens in verschiedenen Sprachen. Und vor dem Betreten des Klosters ward er geheilt und war wieder bei vollem Verstand. Der Abt kam mit allen Brüdern herbei. Der Geheilte kannte weder den Abt noch einen einzigen von den dreißig, deren Namen er während seiner Besessenheit genannt hatte.

Der ehrwürdige Lawrenti der Klausner

Die, die ihn gebracht hatten, fragten ihn: »Wer hat dich geheilt?«
Er blickte auf die wundertätige Ikone der Gottesmutter und erwiderte: »Die namentlich genannten heiligen Väter, dreißig an der Zahl, begegneten uns mit dieser, und so wurde ich geheilt.« Denn er hatte aller Namen gewußt, persönlich kannte er keinen einzigen von den Starzen. Und so priesen sie alle zusammen Gott, seine allreine Mutter und seine gesegneten Gerechten.

Mein Herr Akindin, ich habe dir das deswegen geschrieben, damit ich nicht diese herrlichen Wunder – das heißt die Zeichen, Wunder und Taten – jener gesegneten und ehrwürdigen Väter mit der Finsternis der Unkenntnis verhüllt lasse, damit auch andere vom heiligen Lebenswandel unserer Brüder erfahren und davon, daß es eine Zeit gab, in der gleichzeitig bis zu dreißig solcher Männer im Kloster waren, die mit einem Wort Dämonen austreiben konnten. Er [der Besessene] sagte, daß sich Besessene nicht der Höhle zu nähern wagen, weil die heiligen Väter, Antoni und Feodossi, und die anderen heiligen Mönche darin bestattet sind, deren Namen in das Buch des Lebens eingetragen sind.

Selig, wer würdig ist, mit ihnen bestattet zu sein! Selig und erlöst, wer würdig ist, mit ihnen aufgezeichnet zu sein! Möge der Herr auch mich mit ihnen auf Grund deiner Gebete am Tage des Gerichts seiner Gnade für würdig befinden! Amen.

VOM HEILIGEN UND GESEGNETEN AGAPIT, DEM SELBSTLOSEN ARZT.

Die siebenundzwanzigste Erzählung

Einer aus Kiew, mit Namen Agapit, wurde zur Zeit unseres seligen Vaters Antoni zum Mönch geschoren und eiferte dessen engelgleichem Lebenswandel nach, nachdem er Augenzeuge seiner guten Werke geworden war. Ebenso wie er, der Große, seine Heiligkeit verbarg und Kranke durch seine Speise heilte, während sie glaubten, daß er ihnen Heilkräuter verabreiche, und so durch seine Fürbitte gesund wurden, half dieser gesegnete Agapit den Kranken, indem er dem heiligen Starzen nacheiferte.

Wenn einer von den Brüdern erkrankte, verließ er seine Zelle – denn es gab darin nichts, was man hätte stehlen können –, ging zum kranken Bruder und war ihm zu Diensten: Er richtete ihn auf und bettete ihn, er trug ihn auf seinen Armen hinaus und gab ihm von seinem eigenen Essen, das er aus Kräutern bereitete; und so wurde der Kranke durch sein Gebet gesund. Wenn sich nach Gottes Willen die Krankheit länger hinzog – damit wollte er den Glauben und das Gebet seines Knechtes noch mehr stärken –, dann blieb der gesegnete Agapit tagaus, tagein dort und betete unablässig für ihn zu Gott, bis der Herr dem Kranken um seiner Gebete willen Gesundheit schenkte. Deshalb wurde er [Agapit] Arzt genannt, hatte ihm der Herr doch die Gabe des Heilens verliehen. Auch in der Stadt hatte es sich herumgesprochen, daß jemand im Kloster Arzt sei. Viele Kranke kamen zu ihm und wurden gesund.

Es gab zur Zeit dieses Gesegneten einen Mann – Armenier von Geburt und dem Glauben nach. Der war im Erkennen des Verlaufs einer Krankheit so erfahren wie niemand zuvor. Wenn er einen Kranken nur anschaute, wußte er schon Bescheid und sagte ihm, ob er sterben werde. Tag und Stunde nannte er ihm sogar! Sein Wort war unumstößlich, und so einen behandelte er nicht mehr. Einen dieser Kranken, der einen hohen Rang beim Fürsten Wsewolod bekleidete, brachte man ins Höhlenkloster. Der Armenier hatte ihn in die Verzweiflung getrieben, weil er ihm vorausgesagt hatte, daß er nach acht Tagen sterben werde. Der gesegnete Agapit aber gab ihm von dem Kraut, von dem er selbst aß, und machte ihn gesund. Und sein Ruhm verbreitete sich durch das ganze Land.

Der Armenier, vom Pfeil des Neides getroffen, begann den Gesegneten zu schmähen. Er sandte einen zum Tode Verurteilten ins Kloster, dem er ein tödliches Kraut hatte verabreichen lassen, damit er tot umfalle, wenn er davon vor seinen [Agapits] Augen gegessen habe. Als der Gesegnete ihn im Sterben liegen sah, gab er ihm von der Klosterspeise und machte ihn durch sein Gebet gesund. Er bewahrte damit einen dem Tode Überantworteten vor dem Ende.

Seitdem ging dieser andersgläubige Armenier gegen ihn vor; er stiftete seine Glaubensgenossen an, dem heiligen Agapit einen todbringenden Kräutertrank zu verabreichen, weil er ihn mit diesem Kraut umbringen wollte. Der Gesegnete trank unbeschadet davon, ohne Übles zu erleiden, denn der Herr weiß die Frommen vor dem Tode zu bewahren. »Wenn sie«, so heißt es, »etwas Tödliches trinken, wird's ihnen nicht schaden; auf Kranke werden sie die Hände legen, so wird's besser mit ihnen werden.«

Zu jener Zeit erkrankte der Fürst Wladimir Wsewoloditsch Monomach. Der Armenier pflegte und behandelte ihn und hatte keinerlei Erfolg; die Krankheit wurde sogar immer schlimmer. Als es mit ihm schon zu Ende ging, richtete er an Ioann, den Abt des Höhlenklosters, die Bitte, daß er Agapit veranlassen möge, zu ihm zu kommen; denn er herrschte als Fürst damals in Tschernigow. Der Abt ließ Agapit rufen und hieß ihn nach Tschernigow gehen.

Der Gesegnete erwiderte: »Wenn ich zum Fürsten gehen muß, dann muß ich auch zu allen [anderen] gehen. Ich kann nicht um des Ruhmes unter den Menschen willen das Kloster verlassen und damit mein Gelübde brechen. Ich habe vor Gott gelobt, daß ich bis zum letzten Atemzug im Kloster bleiben werde. Wenn du mich hinausjagst, gehe ich in ein anderes Land und werde erst dann zurückkehren, wenn diese Angelegenheit erledigt ist.« Er hatte nämlich noch nie das Kloster verlassen.

Als der Bote des Fürsten sah, daß der Mönch nicht mitkommen wollte, bat er darum, ihm wenigstens ein Kraut mitzugeben. Vom Abt gedrängt, gab er ihm ein Kraut von seiner Kost, damit man es dem Kranken gäbe. Und als der Fürst von dem Kraut gegessen hatte, wurde er alsbald gesund.

Wladimir kam nach Kiew und suchte das Höhlenkloster auf, weil er dem Mönch, der ihm durch das Kraut und mit Gottes Hilfe die Gesundheit geschenkt hatte, Ehre bezeigen und ihn sehen wollte – denn er hatte ihn noch niemals zu Gesicht bekommen –, und er gedachte ihn reich zu beschenken. Agapit aber hielt sich verborgen, weil er nicht wünschte, daß man ihn rühme. Da übergab der Fürst das für jenen mitgebrachte Gold dem Abt.

Später hat Wladimir einen seiner Bojaren mit vielen Geschenken zum gesegneten Agapit geschickt. Der ausgesandte Bojar fand ihn in seiner Zelle, trug die mitgebrachten Geschenke hinein und legte sie vor ihn hin.

Darauf erklärte er: »Mein Sohn! Ich habe noch nie von irgendjemandem etwas genommen. Soll ich nun meinen Lohn um des Goldes willen, das ich von niemandem begehre, verwirken?«

Und der Bojar erwiderte: »Mein Vater! Der mich gesandt hat, weiß, daß du es nicht begehrst. Aber um meinetwillen tu deinem Sohn, dem du im Namen Gottes Gesundheit geschenkt hast, den Gefallen: Nimm es und gib es den Armen.«

Da antwortete der Starez: »Um deinetwillen nehme ich es mit Freuden, als wäre es mir nütze. Sage dem, der dich gesandt hat:

›Alles, was du besessen hast, war fremdes. Wenn du scheiden mußt, kannst du nichts mitnehmen. Verteile also jetzt alles an die, die es brauchen. Denn dafür hat dich Gott vor dem Tod bewahrt; ich hätte nichts erreichen können. Und du mögest mir nicht ungehorsam sein, damit du nicht wiederum so leiden mußt.‹«

Agapit nahm nun das mitgebrachte Gold, trug es aus der Zelle, warf es weg und verbarg sich. Der Bojar sah beim Hinausgehen, daß das mitgebrachte [Gold] und die Geschenke fortgeworfen waren. Er hob alles auf, gab es dem Abt Ioann und berichtete dem Fürsten alles vom Starzen. Und alle erkannten, daß er ein [wirklicher] Knecht Gottes war. Der Fürst wagte nicht, dem Starzen ungehorsam zu sein, und verteilte der Weisung des Gesegneten gemäß all sein Hab und Gut an die Armen.

Danach erkrankte der Mönch Agapit, und der zuvor erwähnte Armenier kam ihn besuchen. Er begann, mit ihm Gespräche über die Heilkunst zu führen, und fragte, mit welchem Kraut welche Krankheit zu heilen sei. Der Gesegnete erklärte darauf: »Das, mit dem Gott Gesundheit gewährt.«

Der Armenier ersah daraus, daß jener völlig ungebildet war, und sprach zu den Seinen: »Dieser verfügt über keinerlei Wissen.«

Dann nahm er seine Hand und sagte, daß er am dritten Tag sterben würde: »Das ist gewiß, und mein Wort ist unumstößlich. Wenn es nicht so sein sollte, will ich Mönch werden.«

Der Gesegnete gab ihm wütend Bescheid: »Das also ist deine Art von ärztlicher Behandlung! Den Tod sagst du mir voraus, helfen aber kannst du mir nicht? Wenn du etwas davon verstehst, dann gib mir das Leben! Wenn du dazu nicht imstande bist, warum verhöhnst du mich, indem du erklärst, daß ich am dritten Tag sterben müsse? Mich hat der Herr wissen lassen, daß ich binnen drei Monaten sterben werde.«

Der Armenier erwiderte ihm: »Wenn du das verstanden hast, dann überlebst du keinesfalls den dritten Tag.« Er [der Gesegnete] war nämlich so sehr von Kräften gekommen, daß er sich nicht mehr allein bewegen konnte.

Zu der Zeit brachte man einen Kranken aus Kiew. Agapit stand auf, als wäre er gar nicht krank gewesen, nahm das Kraut, von dem er selbst aß, zeigte es dem Arzt und sprach: »Sieh, das ist das Kraut. Schau es dir an und erkenne es.«

Als der Arzt es betrachtet hatte, sagte er zu dem Mönch: »Das ist keines von unseren Kräutern. Ich nehme an, daß man es aus Alexandria holt.«

Da lachte der Gesegnete über seine Unwissenheit, gab dem Kranken das Kraut und machte ihn gesund. Er sagte zum Arzt: »Mein Sohn, iß auch du davon, nimm es uns nicht übel; denn wir sind arm und haben sonst nichts, womit wir dich bewirten könnten.«

Der Armenier sagte zu ihm: »Jetzt, mein Vater, haben wir [Armenier] gerade vier Fastentage in diesem Monat.«

Da fragte ihn der Gesegnete: »Wer bist du, und welchen Glauben hast du?«

Der Arzt erwiderte ihm: »Hast du nicht gehört, daß ich Armenier bin?«

Der Gesegnete sagte darauf zu ihm: »Wie konntest du es wagen, hier hereinzukommen, meine Zelle zu entweihen und meine sündige Hand zu halten? Geh fort von mir, du Andersgläubiger und Gottloser!«

In Schmach und Schande ging der Armenier von dannen. Der gesegnete Agapit aber lebte noch die drei Monate und ging nach kurzer Krankheit heim zum Herrn.

Nach seinem Tode kam der Armenier ins Kloster und wandte sich an den Abt: »Von nun an werde auch ich Mönch sein. Ich sage mich vom armenischen Glauben los und glaube aufrichtig an den Herrn Jesus Christus. Denn mir ist der selige Agapit erschienen und hat gesagt: ›Du hast versprochen, das Mönchsgewand anzulegen. Wenn du das nicht hältst, wirst du mit Leib und Seele zugrunde gehen.‹ Und so bin ich ein Glaubender. Denn wenn dieser Selige lange Zeit hier hätte leben wollen, hätte Gott ihn nicht von dieser Welt genommen; da der Herr ihn aber zu sich genommen hat, schenkte er ihm das ewige Leben. Ich denke, wie er seinem Wunsch gemäß von uns gegangen ist, weil er sich nach dem Himmelreich sehnte, hätte er auch noch mit uns leben können. So habe auch ich es begriffen: Nicht länger als drei Tage hätte er mehr leben können, und deshalb gab er sich noch drei Monate dazu; wenn ich gesagt hätte – drei Monate, hätte er noch drei Jahre gelebt. Wenn er auch tot ist, weilt er an der Stätte des ewigen Lebens, und dort lebt er.«

Und so wurde dieser Armenier im Höhlenkloster zum Mönch geschoren und beschloß sein Leben dort im rechten Bekenntnis.

Solche Taten – und noch mehr als diese – wurden von jenen heiligen Mönchen vollbracht. Wenn ich mich an ihren tugendhaften Lebenswandel erinnere, wundere ich mich, wie es geschehen konnte, daß die großen Werke unserer heiligen Väter Antoni und Feodossi unbeachtet geblieben sind. Wenn eine solche Leuchte durch unsere

Geschäftsantwort-postkarte

Verlag Styria Graz Wien Köln

Name/Vorname

Beruf

Straße

Postleitzahl und Wohnort

Nichtzutreffenden Ort bitte streichen

An den
Verlag Styria

Amsterdamer Straße 234/II
D-5000 Köln 60

Schönaugasse 64
A-8010 Graz

Was gibt es noch bei Styria?

Bitte kreuzen Sie unten Ihr Interessengebiet an. Sie erhalten dann unverbindlich Prospekte zur Information über das aktuelle Styria-Programm.

Religiöses Buch
- ☐ Religion/Theologie
- ☐ Meditation/Gebet
- ☐ Pastorale Praxis

Historisches Buch
- ☐ Geschichte/ Zeitgeschichte
- ☐ Politik
- ☐ Biographien

Edition Kaleidoskop
- ☐ Literatur
- ☐ Austriaca/Styriaca
- ☐ Wandern

Diese Karte entnahm ich dem Buch:

_____

Zum Lesen bzw. zum Kauf wurde ich angeregt durch:
○ Prospekt, ○ Anzeige, ○ Buchbesprechung, ○ Schaufenster, ○ Empfehlung des Buchhändlers, ○ Empfehlung eines Bekannten, ○ Geschenk.   (Bitte ankreuzen)

Meine Meinung zu diesem Buch:

_____

Verlag Styria · Graz Wien Köln

Der ehrwürdige Agapit, der selbstlose Arzt

Nachlässigkeit erloschen ist, wie können von ihr wieder helle Strahlen ausgehen – ich meine damit unsere ehrwürdigen Väter und Brüder? Es ist wohl so, wie unser Herr gesagt hat: »Kein Prophet gilt etwas in seinem Vaterlande.«

Ich würde dir, hochgeehrter Archimandrit, mein Herr Akindin, gern eine Darstellung von den zuvor genannten heiligen und ehrwürdigen Vätern geben – von den Wundertaten der einen, von den großen Werken der anderen, von der strengen Enthaltsamkeit wieder anderer, vom Gehorsam der einen und der Sehergabe der anderen. Und alle diese Zeichen und Wunder sind von deinem Mönch und meinem Herrn, dem Bischof Simon, glaubwürdig bezeugt. Manche halten die Darstellung wegen der Großartigkeit der Taten für fragwürdig. Der Grund für dieses Mißtrauen ist, daß sie mich, Polikarp, als Sünder kennen. Doch wenn Euer Ehrwürden die Niederschrift anordnet, [will ich dies machen,] wie ich es mit meinem Verstand begreife und wie es mein Gedächtnis hergibt. Wenn es für dich unnötig sein mag, so hinterlassen wir es doch zum Nutzen derer, die nach uns kommen, wie auch der selige Nestor in der Chronik über die seligen Väter geschrieben hat, über Damian, Jeremija, Matwej und Issaki. In der Vita des heiligen Antoni sind ihrer aller Lebensbeschreibungen enthalten, wenn auch nur mit wenigen Worten.

Ich will ausführlicher über die zuvor erwähnten Mönche berichten, nicht andeutungsweise wie bisher. Wenn ich aber schweige, werden sie von jetzt an völlig der Vergessenheit anheimfallen, und man wird auch ihre Namen nicht mehr nennen, wie es ja schon bis zum heutigen Tage der Fall war.

Das schreibe ich im fünfzehnten Jahr deines Wirkens als Abt, hundertsechzig Jahre lang hat man ihrer nicht gedacht. Erst jetzt kann man – dank deinem Betreiben –, was vergessen war, wieder hören, und das Gedenken an die, die Gott lieben, wird stets geehrt und gepriesen, wie er auch die ihm Wohlgefälligen erhöht hat. Für mich ist es etwas Erhabenes, dadurch Erquickung zu finden, und ich hoffe, daß so die Scham über mein Werk verhüllt wird, weil ich nur das erwähne, was ich gehört habe; und ich glaube und meine, daß ihre Wundertaten von mir zugänglich gemacht worden sind. Wenn, wie der Herr sagt, Freude im Himmel ist über einen Sünder, der Buße tut, um wieviel größer muß die Freude der Engel über so viele Gerechte sein, deren Lebenswandel dem der Himmlischen glich und die es wert sind, Erben ihrer [der Engel] Herrlichkeit zu werden. Sie haben sich hier nicht um den Leib gesorgt, sondern haben – wie die

Körperlosen – das Irdische gering geschätzt und alles auf dieser Welt für Kot erachtet, allein um Christus zu gewinnen. Ihn allein liebten sie, seiner Liebe lieferten sie sich aus, und all ihr Wollen ordneten sie ihm unter, damit sie über ihn zu Gott gelangten. Er schenkte ihnen auf Erden als Lohn für ihre Mühen die Gabe der Wundertätigkeit, und künftig wird er sie mit unsagbaren Ehren verherrlichen. Ohne den Heiligen Geist wird dem Menschen auf Erden nichts zuteil, wenn es ihm nicht vom Himmel gegeben wird.

Deshalb habe ich, der Sünder Polikarp, mich deinem Willen gefügt, mein Herr und Gebieter Akindin, und habe dies für dich aufgeschrieben. Doch auf deine Bitte hin erzähle ich dir noch ein wenig von unserem seligen und ehrwürdigen Vater Grigori dem Wundertäter.

VOM HEILIGEN WUNDERTÄTER GRIGORI.

Die achtundzwanzigste Erzählung

Dieser gesegnete Grigori kam zu unserem heiligen Vater Feodossi ins Höhlenkloster und wurde von ihm in das mönchische Leben eingewiesen: in Selbstlosigkeit, Demut, Gehorsam und andere Tugenden. Besonderen Eifer zeigte er im Beten und errang deshalb den Sieg über die Dämonen, so daß sie – auch schon aus der Ferne – schrien: »O Grigori, du hast uns mit deinem Gebet vertrieben.« Der Gesegnete hatte nämlich die Gewohnheit, nach jedem Bittgesang bannende Gebete zu sprechen.

Der alte Feind wollte die Vertreibung durch ihn [den Mönch] nicht hinnehmen. Da er aber keine andere Möglichkeit hatte, ihm in seiner Lebensweise zu schaden, stiftete er böse Menschen an, ihn zu bestehlen. Doch er besaß außer Büchern nichts weiter. Eines Nachts kamen also Diebe und belauerten den Starzen, damit sie, wenn er zur Morgenmesse hinausgegangen wäre, kämen und all das Seine nähmen. Grigori aber bemerkte ihr Kommen, denn er schlief ganze Nächte nicht, sondern sang und betete unablässig mitten in seiner Zelle [stehend].

So betete er auch für die, die zum Stehlen gekommen waren: »Gott, gib deinen Knechten Schlaf, damit ihr Mühen vergeblich ist, dem Teufel willfährig zu sein.«

Und sie schliefen fünf Tage und fünf Nächte, bis der Gesegnete, nachdem er die Brüder herbeigerufen hatte, sie mit den Worten weckte: »Wie lange wollt ihr mich belauern? Vergeblich ist euer Trachten, mich zu bestehlen. Geht jetzt in eure Häuser!«

Da standen sie auf, doch konnten sie nicht gehen, denn sie waren vom Hunger geschwächt. Der Gesegnete gab ihnen zu essen und ließ sie laufen. Einer von denen, die die Geschicke der Stadt bestimmten, erfuhr davon und befahl, die Diebe zu bestrafen. Grigori war bekümmert, weil sie seinetwegen Strafen ausgesetzt waren. Und er ging hin, übergab dem Mächtigen die Bücher und erwirkte die Freilassung der Diebe. Die restlichen Bücher verkaufte er und verteilte [den Erlös] mit folgenden Worten an die Armen:

»Niemand, der sie stehlen will, soll dadurch in Bedrängnis geraten. Denn der Herr hat gesagt: ›Ihr sollt euch nicht Schätze sammeln auf Erden, wo die Diebe nachgraben und stehlen. Sammelt euch aber Schätze im Himmel, wo sie weder Motten fressen noch Diebe stehlen. Denn wo euer Schatz ist, da sind auch eure Herzen.«

Die Diebe aber taten Buße wegen dieses Wunders, das an ihnen geschehen war, und kehrten auch nicht mehr zu ihrem früheren Treiben zurück, vielmehr kamen sie ins Höhlenkloster und gingen ganz in der Arbeit für die Brüder auf.

Der Gesegnete hatte ein kleines Gärtchen, wo er Kräuter und Obstbäume zog. Und wieder kamen Diebe dahin. Und als sie ihre Bündel aufgenommen hatten, um fortzugehen, konnten sie es nicht. Sie standen zwei Tage, ohne sich unter der drückenden Last rühren zu können.

Dann riefen sie laut: »Grigori, Herr, laß uns fort, wir bereuen schon unsere Sünden und wollen so etwas auch nicht mehr tun.«

Als das die Mönche hörten, kamen sie herbei und packten sie, doch sie konnten sie nicht von diesem Ort wegbringen. Und sie stellten ihnen die Frage: »Wann seid ihr denn hierhergekommen?«

Die Diebe erwiderten: »Zwei Tage und zwei Nächte stehen wir schon hier.«

Darauf sagten die Mönche: »Wir sind doch ständig hier vorbeigekommen, euch aber haben wir nicht gesehen.«

Die Diebe antworteten: »Wenn wir euch gesehen hätten, so hätten wir euch unter Tränen angefleht, daß er uns fortlasse. Da wir schon erschöpft waren, begannen wir zu schreien. Bittet jetzt den Starzen, uns laufen zu lassen.«

Grigori kam und sprach zu ihnen: »Weil ihr euer ganzes Leben müßig verbracht habt, die Früchte fremder Arbeit gestohlen habt, ohne selbst arbeiten zu wollen, sollt ihr nun hier müßig auch die restlichen Jahre bis zum Ende eures Lebens stehen.«

Sie flehten den Starzen unter Tränen an [und versprachen], daß sie eine solche Sünde nicht mehr begehen würden.

Der Starez erbarmte sich ihrer und sprach: »Wenn ihr arbeiten und mit eurer Arbeit andere ernähren wollt, so laß ich euch gehen.«

Die Diebe schworen: »In keiner Weise werden wir dir den Gehorsam verweigern.«

Grigori sagte darauf: »Gepriesen sei Gott! Von nun an werdet ihr für die heiligen Brüder arbeiten und ihnen von eurer Arbeit bringen, was sie brauchen.« Damit ließ er sie gehen.

Die Diebe aber, die nun dort einen Garten bearbeiteten, beschlossen auch ihr Leben im Höhlenkloster. Ihre Nachfahren, glaube ich, sind heute noch da.

Ein anderes Mal kamen dann drei und wollten den Gesegneten auf die Probe stellen. Zwei von ihnen baten den Heiligen, indem sie vorgaben: »Dieser [dritte] ist unser Freund; er ist zum Tode verurteilt. Wir flehen dich an, bemühe dich um seine Rettung. Gib ihm etwas, womit er sich vom Tode loskaufen kann!«

Grigori begann vor Mitleid zu weinen, denn er sah voraus, daß für den [Mann] das Ende des Lebens gekommen war. Er sprach: »Es ist schlimm für diesen Menschen, weil der Tag seines unheilvollen Endes gekommen ist.«

Darauf sagten sie: »Wenn du, Vater, uns etwas gibst, so wird er nicht sterben.« Das sagten sie, weil sie das, was sie von ihm bekämen, unter sich teilen wollten.

Grigori aber sprach: »Ich gebe euch etwas, dennoch wird er sterben.« Und er fragte sie, zu welcher Todesart er verurteilt sei.

Sie erwiderten: »Er soll an einem Baum aufgehängt werden.« Der Gesegnete antwortete: »Ihr habt das richtige Urteil über ihn gefällt. Morgen wird er hängen.«

Und er ging wieder in die Erdhöhle hinunter, wo er gewöhnlich sein Gebet verrichtete, damit sein Sinn nichts Irdisches vernähme und seine Augen auch nichts Unnützes sähen, und trug von dort die noch verbliebenen Bücher heraus. Er gab sie ihnen und sagte: »Wenn sie ungeeignet sind, bringt sie mir zurück!«

Sie aber nahmen die Bücher, fingen an zu lachen und sagten: »Wir verkaufen sie und teilen [den Erlös] unter uns.«

Da entdeckten sie die Obstbäume und sprachen zueinander: »Wir kommen heute nacht zurück und holen uns die Früchte.«

Als die Nacht hereingebrochen war, kamen die drei zurück und sperrten den Mönch in der Erdhöhle ein, wo er gerade betete. Der eine von ihnen, von dem sie gesagt hatten, daß er an einem Baum hängen werde, kletterte hinauf und begann, die Äpfel abzureißen. Er griff nach einem Ast, der aber brach ab. Die beiden [anderen] liefen vor Angst davon. Jener aber verfing sich im Fallen mit seiner Kleidung an einem anderen Ast und erwürgte sich – ohne Hilfe gelassen – an seinem Kragen.

Grigori war nun eingesperrt und konnte nicht zu den Brüdern gelangen, die schon in der Kirche waren. Als sie aus der Kirche kamen, sahen alle den Toten hängen und erschraken. Sie suchten Grigori und fanden ihn in seiner Erdhöhle eingesperrt.

Als der Gesegnete dann von dort herausgekommen war, ließ er den Toten abnehmen und sprach zu dessen Freunden: »Was ihr euch ausgedacht hattet, ist also Wirklichkeit geworden! Gott läßt sich nicht spotten! Hättet ihr mich nicht eingesperrt, hätte ich kommen und ihn vom Baum holen können, und er wäre nicht gestorben. Weil der Teufel euch angestiftet hatte, Frevelhaftes hinter einer Lüge zu verbergen, hat euch Gott seine Gnade entzogen.«

Als nun die, die ihn verspottet hatten, vernahmen, daß sich seine Worte erfüllt hatten, kamen sie herbei, fielen ihm zu Füßen und baten um Vergebung. Grigori verurteilte sie zur Arbeit für das Höhlenkloster, damit sie von da an im Schweiße ihres Angesichts ihr Brot äßen und imstande wären, auch andere mit ihrer Arbeit zu ernähren. Und so beschlossen sie ihr Leben im Höhlenkloster, wo sie mit ihren Kindern, den Knechten der hochheiligen Gottesmutter und den Anhängern unseres heiligen Vaters Feodossi gedient haben.

Es ziemt sich auch, davon zu berichten, wie der Gesegnete das tödliche Martyrium durchlitten hat. Im Kloster hatte sich folgendes ereignet: Ein Gefäß war dadurch entweiht worden, daß ein Tier hineingefallen war. Deshalb ging der gesegnete Grigori zum Dnepr hinab, um Wasser zu holen. Gerade zu dieser Zeit kam der Fürst Rostislaw Wsewoloditsch, der ins Höhlenkloster gehen wollte, um zu beten und den Segen zu empfangen; er war nämlich mit seinem Bruder Wladimir auf einem Feldzug gegen die feindlichen Polowzer. Als seine Gefolgsleute den Starzen erblickten, begannen sie, ihn zu verspotten, wobei sie ihn mit schamlosen Worten beleidigten.

Der Mönch erkannte, daß sie alle des Todes waren, und hob an: »O meine Kinder! Wo fromme Demut not täte und ihr um reiche Fürbitte bei allen nachsuchen solltet, tut ihr vielmehr Schlimmes; das

Der heilige Grigori der Wundertäter

gefällt Gott nicht! Beklagt lieber euer Ende und tut Buße für eure Sünden, damit ihr wenigstens am Tage des Jüngsten Gerichts Vergebung empfangt; denn das Urteil ist schon über euch gesprochen: Ihr alle werdet mit eurem Fürsten den Tod im Wasser finden.«

Der Fürst aber nahm sich, weil er keine Gottesfurcht hatte, die Worte des Ehrwürdigen nicht zu Herzen. Er meinte, daß dessen Prophezeiung über ihn leeres Geschwätz sei, und sagte: »Mir prophezeist du den Tod durch das Wasser, in dem ich mich doch zu bewegen weiß?«

Und der Fürst wurde zornig. Er befahl, ihm [dem Starzen] Hände und Füße zu binden, einen Stein an seinen Hals zu hängen und ihn ins Wasser zu werfen. Und so wurde er ertränkt.

Als die Brüder zwei Tage nach ihm gesucht hatten, ohne ihn zu finden, gingen sie am dritten Tage in seine Zelle, um seinen Nachlaß zu holen. Und da befand sich der Tote in der Zelle, gebunden und mit einem Stein am Hals. Seine Kleidung war noch naß, sein Antlitz leuchtete so, als wäre er noch am Leben. Es gab niemanden, der ihn gebracht haben könnte, und die Zelle war auch verschlossen gewesen. Gepriesen sei darum Gott, der Herr, der große Wunder tut um der ihm Wohlgefälligen willen. Die Brüder trugen seinen Leib hinaus und bestatteten ihn mit allen Ehren in der Höhle, wo er viele Jahre heil und unverwest blieb.

Rostislaw aber dachte nicht an seine sündhafte Verstrickung und ging in seinem Grimm auch nicht in das Kloster. Er wollte keinen Segen und wandte sich ab. Die Verdammnis begehrte er, und sie kam über ihn. Wladimir jedoch kam zum Gebet ins Kloster. Als sie bei Trepol waren, sind unsere Fürsten, nachdem die beiden Heere aufeinandergetroffen waren, vor den Feinden geflohen. Wladimir konnte dank den Gebeten und dem Segen der Heiligen den Fluß zu Pferde durchqueren. Rostislaw hingegen ertrank mit allen seinen Kriegern, wie es der selige Grigori verkündet hatte. Es heißt: »Denn mit welcherlei Gericht ihr richtet, werdet ihr gerichtet werden; und mit welcherlei Maß ihr messet, wird euch gemessen werden.« Ihr, die ihr vorsätzlich Unrecht tut, solltet das Gleichnis verstehen, das im heiligen Evangelium vom Herrn über den unbarmherzigen Richter und die bedrängte Witwe erzählt wird. Sie [die Witwe] kam häufig zu ihm, setzte ihm zu und sagte: »Schaffe mir Recht vor meinem Widersacher!« »Ich sage euch: Der Herr wird seinen Knechten ihr Recht schaffen in Kürze«; denn er hat gesagt: »Die Rache ist mein, ich will vergelten.«

Der Herr spricht: »Sehet zu, daß ihr nicht jemand von diesen Kleinen verachtet. Ihre Engel im Himmel sehen allezeit das Angesicht meines Vaters im Himmel.« »Denn der Herr ist gerecht und hat Gerechtigkeit lieb. Die Rechtgläubigen werden schauen sein Angesicht.« »Denn was der Mensch sät, das wird er ernten.« »So wird vergolten den Hoffärtigen, denen der Herr widersteht, aber den Demütigen gibt er Gnade.« Er sei gepriesen mit dem Vater und dem Heiligen Geist jetzt und immerdar und in alle Ewigkeit. Amen.

VON IOANN DEM KLAUSNER, DER BEFLISSENTLICH LEIDEN AUF SICH NAHM.

Die neunundzwanzigste Erzählung

Der Gestalt nach ähneln und in ihren Leidenschaften gleichen die auf Erden Geborenen dem ersten Menschen. Denn er hielt sich nicht zurück, als er die verlockende Schönheit der Frucht sah, war Gott ungehorsam und verfiel einem Leben voller Leidenschaft. Als er geschaffen worden war, hatte er keinen Makel an sich, da er Gottes Geschöpf ist. Gott, unser Herr, hat nämlich mit seinen allreinen, unbefleckten Händen Staub von der Erde genommen und den Menschen geschaffen, trefflich und gut. Der aber liebte, weil er Schmutz war, das Irdische, verfiel der Wollust, und seine Begierden wurden weitergegeben. Seitdem wird das Menschengeschlecht von Leidenschaft beherrscht. Es wandte sich immer neuen Begierden zu, und wir liegen ständig im Kampf mit ihnen. Einer von diesen Menschen bin ich. Ich bin von ihnen bezwungen und bin ihr Sklave. Schlimme Gedanken verwirren meine Seele, ich bin von ihnen krankhaft betroffen und habe ständig das Verlangen, Sünden zu begehen. Es gibt niemanden auf der Erde, der mir in meinen vielen Sünden gleicht. Und bis heute verharre ich darin. Nur jener eine, der unter allen die Wahrheit gefunden hat, hat sich in Gottes Willen gefügt, hat sündlos seine Gebote befolgt und Leib und Seele in Reinheit, unberührt von jeglichem leiblichen und seelischen Makel, bewahrt. Ich denke an den ehrwürdigen Ioann, der sich an einen engen Platz der Höhle zurückgezogen hatte und dort in großer Enthaltsamkeit dreißig Jahre zubrachte. Durch vieles Fasten hielt er seinen Körper im Zaum, peinigte ihn und trug am ganzen Leib schwere Eisenketten.

Zu ihm kam häufig einer der Brüder, der auf Betreiben des Teufels von fleischlicher Begierde gequält wurde. Er bat den gesegneten Ioann, für ihn zu Gott zu beten, daß der Herr ihn von den Leidenschaften befreie und von der fleischlichen Begierde erlöse. Er kam oftmals mit dieser Bitte.

Der gesegnete Ioann sagte zu ihm: »Bruder, sei standhaft und faß Mut, hab Geduld mit dem Herrn und bemühe dich, seinen Wegen zu folgen. Er wird dich nicht in seiner [des Teufels] Gewalt lassen. ›Er gibt uns nicht zum Raub in ihre Zähne.‹«

Der Bruder erwiderte dem Klausner: »Glaube mir, Vater, wenn du mir nicht Befreiung verschaffst, finde ich keine Ruhe und muß von Ort zu Ort ziehen.«

Der gesegnete Ioann sagte zu ihm: »Weshalb willst du dich dem Feind zum Fraß geben? Du gleichst einem Mann, der nahe an einem Abgrund steht; wenn der Feind kommt und ihn plötzlich in die Tiefe stößt, wird er so böse fallen, daß er nicht mehr aufstehen kann. Wenn du aber hier in diesem heiligen und gesegneten Kloster bleibst, so gleichst du dem Mann, der weit entfernt vom Abgrund steht. Wenn der Feind sich bemüht, dich in den Abgrund zu ziehen, wird er es nicht tun können, solange der Herr dich wegen deiner Standhaftigkeit aus der Grube der Leidenschaften, aus lauter Schmutz und Schlamm, herauszieht und deine Füße auf einen Fels stellen wird. Doch höre auf mich, mein Kind, laß mich dir erzählen, was mir seit meiner Jugend widerfuhr:

Ich litt sehr, weil ich von unzüchtigem Verlangen gequält wurde, und ich weiß nicht, was ich nicht alles für meine Rettung getan hätte; ich lebte zwei oder drei Tage, ohne zu essen, und so verbrachte ich drei Jahre. Vielfach aß ich die ganze Woche lang nichts und blieb nächtelang ohne Schlaf. Ich quälte mich mit großem Durst und trug schwere Eisenketten mit mir herum. Und mit einem solchen schlimmen Leiden lebte ich drei Jahre hindurch und fand auf keine Weise Ruhe. Dann ging ich in die Höhle, wo unser heiliger Vater Antoni liegt, vertiefte mich dort ins Gebet und weilte Tag und Nacht betend an seinem Grabe. Und ich hörte ihn zu mir sagen: ›Ioann, du solltest dich hierher zurückziehen. Wenn du wie ein Blinder und von Schweigen umgeben lebst, wird der Kampf ein Ende haben! Der Herr wird dir durch die Gebete seiner Heiligen helfen!‹ Bruder, seit dieser Zeit habe ich an dieser engen und traurigen Stätte meinen Platz gefunden. Und nun ist es für mich das dreißigste Jahr; erst vor wenigen Jahren habe ich Ruhe gefunden.

Mein ganzes Leben habe ich leidenschaftlich gegen die leiblichen Begierden gekämpft und ein hartes Leben geführt; das einzige, was mir vom Leben blieb, war etwas Nahrung.

Und später, als ich nicht wußte, was ich [noch] tun sollte, weil ich den Kampf gegen das Fleisch nicht mehr durchstehen konnte, kam ich auf den Gedanken, nackt zu leben und schwere Eisenketten anzulegen, die ich seitdem bis heute trage. Kälte und Eisen zehren an meinen Kräften.

Und noch etwas anderes tat ich, wovon ich Nutzen habe. Ich hob nämlich eine Grube aus, die mir bis zu den Schultern reichte. Und als die heiligen Fastentage gekommen waren, stieg ich in die Grube und schüttete mit den Händen Erde um mich herum, so daß ich nur die Arme und den Kopf frei behielt. Und so beengt verbrachte ich die ganze Fastenzeit, ohne auch nur ein Glied rühren zu können. Doch auch so hörten die fleischliche Begierde und das Brennen des Leibes nicht auf. Außerdem bereitete auch der Feind, der Teufel, mir Schrecknisse, da er mich von hier vertreiben wollte. Und ich bekam seine Bosheit zu spüren. Meine Beine in der Grube begannen von unten her zu brennen, so daß sich die Adern zusammenzogen und die Knochen krachten. Die Flamme erreichte meinen Schoß, und meine Glieder gerieten in Brand. Ich vergaß jedoch den heftigen Schmerz und freute mich für meine Seele, daß sie vor solcherart Schmutz in Reinheit bewahrt blieb. Ich wünschte, in dem Feuer – um des Herrn willen – lieber zu verbrennen als aus der Grube herauszukommen.

Und ich sah einen schrecklichen und grimmigen Drachen, der mich ganz verschlingen wollte, der Feuer spie und mich mit seinen Funken versengte. Und das tat er viele Tage, weil er mich vertreiben wollte. Als die Nacht der Auferstehung Christi angebrochen war, fiel dieser bösartige Drache plötzlich über mich her, nahm meinen Kopf und meine Arme in seinen Rachen und versengte mir die Kopf- und Barthaare, wie du jetzt noch an mir sehen kannst. Ich war schon im Schlund und schrie aus der Tiefe meines Herzens:

Gebet: ›O Herr Gott, du mein Erlöser! Warum hast du mich verlassen? Erbarme du dich meiner, Herr; denn du bist der einzige, der die Menschen liebt! Erlöse mich Sünder, du einzig unfehlbarer Gott! Befreie mich von dem Makel meiner Gesetzlosigkeit, damit ich nicht in des Teufels Netz für alle Ewigkeit verstrickt bleibe. Befreie mich aus dem Rachen dieses Widersachers! Er geht umher wie ein brüllender Löwe und will mich verschlingen! Erwecke deine Kraft und

Der ehrwürdige Ioann,
der viele Leiden auf sich nahm

komm, mich zu erlösen! Dein Blitz zucke hell auf und verjage ihn, damit er vor deinem Antlitz verschwinde!‹

Und als ich das Gebet beendet hatte, da blitzte es sofort, und dieser grimmige Drache verschwand vor mir, und ich habe ihn danach bis heute nicht wieder gesehen.

Dann erstrahlte ein göttliches Licht wie die Sonne, und ich hörte eine Stimme, die zu mir sprach: ›Ioann, Ioann! Dir wurde Hilfe zuteil. Von nun an gib acht, daß dir nichts Schlimmeres widerfahre und du nichts Böses im künftigen Leben erleidest.‹

Ich verneigte mich und sagte: ›Herr, weshalb hast du mich so schlimm leiden lassen?‹

Er antwortete mir und sprach: ›Ich habe das [diese Versuchung], deiner Leidensfähigkeit angepaßt, über dich gebracht, damit du durch das Feuer geläutert werdest wie Gold. Gott schickt keinem Menschen Versuchung über seine Kraft hinaus, daß er nicht schwach und erschöpft werde, sondern überträgt so wie ein Herr den starken und kräftigen Knechten schwere und große Aufgaben und ersinnt für die Ohnmächtigen und Schwachen kleine und leichte Werke. So wisse: Beim Kampf gegen die Leidenschaft, dessentwegen du betest, bitte den Verstorbenen [dort] drüben, daß er dir den Kampf mit dem Laster leichter macht. Er hat mehr getan als Joseph und kann denen helfen, die sich mit einer solchen Leidenschaft sehr plagen.‹

Ich, der ich seinen Namen nicht kannte, rief: ›Herr, erbarme dich meiner.‹

Später habe ich erfahren, daß das Moissi war, ein gebürtiger Ungar. Und es kam ein unbeschreibliches Licht über mich, das auch jetzt noch um mich ist. Ich brauche weder nachts noch am Tage einen Leuchter, und auch alle, die es würdig sind und zu mir kommen, ergötzen sich an diesem Licht. Sie sehen darin deutlich den Trost, der die Nacht erhellt, in der Hoffnung auf das künftige Leben. Wir haben aus Liebe zum Fleisch unseren Verstand zugrunde gerichtet. Und Christus, der uns, die wir niemals Frucht bringen, Gutes tut, schickt die Leidenschaft über uns. Ich aber, Bruder, sage dir: Bete zu diesem ehrwürdigen Moissi, und er wird dir helfen.«

Und er nahm einen Knochen von den Reliquien des Heiligen, gab ihm den und sagte: »Berühre damit deinen Körper.« Und sofort hörte da die Leidenschaft auf, seine Glieder wurden gefühllos, und seitdem hatte er keine Qualen mehr. Sie dankten gemeinsam Gott, der seine Heiligen verherrlicht, weil sie ihm im Leben wohlgefällig

waren. Diese hat er auch nach dem Tode reich mit der Gabe des
Heilens beschenkt und mit der Krone der Unvergänglichkeit geschmückt und hat sie auch seines Reiches für würdig befunden.

Er sei gepriesen mit dem Vater und dem Heiligen Geist jetzt und
immerdar und in alle Ewigkeit!

VOM EHRWÜRDIGEN MOISSI DEM UNGARN.

Die dreißigste Erzählung

Über diesen ehrwürdigen Moissi den Ungarn ist bekannt, daß er
beim heiligen Boris in Ansehen stand. Seiner Herkunft nach war er
ein Ungar, ein Bruder jenes Georgi, dem der heilige Boris einen
goldenen Halsring umgelegt hatte und der mit dem heiligen Boris zusammen an der Alta ermordet wurde, wobei man ihm den Kopf
abschlug wegen des goldenen Halsringes. Moissi allein entging dem
bitteren Tod und der grausamen Ermordung und entkam zu
Predslawa, der Schwester Jaroslaws. Dort blieb er, denn man konnte
in jenen Tagen nirgendwohin gehen, und betete aus tiefer Seele zu
Gott, bis unser frommer Fürst Jaroslaw, getrieben von heißer Liebe
zu seinen beiden Brüdern [Boris und Gleb], gegen den Gesetzlosen
[Swjatopolk] zu Felde zog und den gottlosen, hoffärtigen und verruchten Swjatopolk schlug. Der floh zu den Polen, kam mit Bolesław
zurück, vertrieb Jaroslaw und ließ sich selbst in Kiew nieder. Nun
kehrte Bolesław nach Polen zurück und führte die beiden Schwestern
Jaroslaws mit sich. Er hatte auch seine Bojaren gefangengenommen,
und mit ihnen führte er auch diesen gesegneten Moissi, an Händen
und Füßen mit schweren Eisen gefesselt, und ließ ihn streng be-
wachen, denn der war stark und wohlgestalt.

Da fiel das Auge einer vornehmen Frau auf ihn, die war schön und
jung und verfügte über großen Reichtum und weite Ländereien. Getroffen von der Schönheit seines Anblicks, wurde sie im Innersten
entflammt von dem sehnsüchtigen Verlangen, den Ehrwürdigen zu
besitzen.

Mit Schmeichelworten begann sie, ihn zu bereden, und sagte:
»O Mensch, umsonst nimmst du solche Marter auf dich, wo du doch
genügend Verstand hast, dich von diesen Fesseln und Leiden zu
befreien.«

Der ehrwürdige Moissi der Ungar

Moissi aber sprach zu ihr: »Gott hat es so gewollt.«

Da sagte die Frau zu ihm: »Wenn du mir zu Willen bist, werde ich dich befreien und dich zu einem Großen im ganzen Polnischen Land machen. Du wirst über mich verfügen können und über all meine Güter.«

Der Gesegnete aber erkannte, daß ihr Verlangen unrein war, und sprach zu ihr: »Welcher Mann, der eine Frau genommen hat und ihr zu Willen war, ist gerechtfertigt worden? Als Adam, der Erstgeschaffene, seinem Weib zu Willen war, wurde er aus dem Paradies vertrieben. Simson, der an Körperkraft allen überlegen war und ganze Heere schlug, wurde letztlich durch eine Frau den Barbaren ausgeliefert. Salomo erreichte die ganze Tiefe der Weisheit, aber als er sich einer Frau unterwarf, verehrte er Götzenbilder. Herodes hat viele Siege errungen, unterwarf sich dann aber selbst und ließ Johannes den Täufer enthaupten. Soll ich nun, der ich jetzt frei bin und noch nie eine Frau erkannt habe, mich zum Sklaven einer Frau machen?«

Sie sagte: »Ich werde dich loskaufen und dich zu einem angesehenen Mann machen. Ich werde dich als Herrn über mein ganzes Haus setzen, ich werde dich auch zu meinem Gemahl machen. Nur erfülle meinen Willen und stille das Verlangen meiner Seele und laß mich deine Schönheit genießen, denn sie entfacht meine Sehnsucht nach dir. Ich kann nicht mit ansehen, wie deine Schönheit nutzlos vergeht. Laß das Feuer meines Herzens zur Ruhe kommen, das mich verbrennt. Ich will mein Verlangen stillen und von meiner Leidenschaft ausruhen, und du sollst meine Schönheit genießen. Du wirst Herr über meinen Reichtum sein und der Erbe meines Besitzes und der erste unter den Bojaren.«

Der gesegnete Moissi aber antwortete ihr: »So wisse, daß ich deinen Willen nicht tun werde und daß ich deinen Besitz und deinen Reichtum nicht will, denn die Reinheit der Seele, besonders aber des Leibes, ist mir mehr wert als all das. Das sei ferne von mir, daß ich die fünf Jahre Mühsal vertue, die mir Gott in diesen Fesseln zu leiden geschenkt hat. Denn ich trage diese Qualen schuldlos und hoffe darauf, um ihretwillen von den ewigen Qualen befreit zu werden.«

Da die Frau nun sah, daß sie seine Schönheit so nicht gewinnen konnte, verfiel sie auf einen anderen teuflischen Plan und dachte bei sich: ›Habe ich ihn erst losgekauft, so wird er mir auch widerstrebend zu Willen sein müssen.‹

Sie schickte zu seinem Herrn und bot ihm jeden Preis, wenn er ihr Moissi verkaufe. Der erkannte die Gunst des Augenblicks und die Gelegenheit, Reichtum zu erwerben, und so verkaufte er ihr Moissi für fast tausend Griwnen Silbers.

Nun versuchte sie schamlos, ihn mit Zwang zu unehrenhaftem Tun zu verleiten. Da sie nun glaubte, Gewalt über ihn zu haben, hieß sie ihn, sich ihr zu verbinden. Sie ließ ihm seine Fesseln abnehmen und ihn in kostbare Gewänder kleiden. Auch ließ sie ihm wohlschmeckende Speisen vorsetzen und umfing ihn mit zudringlicher Liebe, um seine Begierde nach ihr zu erregen.

Der Ehrwürdige aber erkannte den Unverstand des Weibes und widmete sich noch mehr dem Gebet und dem Fasten, und wenn er aß, dann achtete er darauf, daß er lieber trocken Brot und Wasser in Reinheit zu sich nahm als köstliche Speise und Wein in Unreinheit. Er ließ nicht nur sein Gewand fahren wie Joseph, sondern alle seine Kleider und entfloh so der Sünde, da er das Leben dieser Welt für nichts achtete. Dadurch brachte er die Frau in solche Wut, daß sie beschloß, ihn Hungers sterben zu lassen. Gott aber verläßt seine Knechte nicht, die auf ihn hoffen, und so bewegte er einen Diener jener Frau zur Milde, der gab ihm heimlich Nahrung.

Die anderen aber redeten auf ihn ein und sagten: »Bruder Moissi! Was hindert dich zu heiraten? Du bist noch jung, und sie ist eine Witwe, die mit ihrem Mann nur ein Jahr zusammen war. Sie ist schöner als andere Weiber, verfügt über unermeßlichen Reichtum und große Güter in Polen. Wenn sie sich einen Fürsten zum Manne wünschte, würde der sie nicht zurückweisen. Du aber bist ein Gefangener und von ihr abhängig. Warum willst du nicht ihr Herr werden? Du sagst: ›Ich kann die Gebote Christi nicht übertreten.‹ Aber sagt denn nicht Christus im Evangelium selbst: ›Darum wird ein Mensch Vater und Mutter verlassen und an seinem Weibe hangen, und werden die zwei ein Fleisch sein. So sind sie nun nicht mehr zwei, sondern ein Fleisch.‹ Und der Apostel sagt: ›Es ist besser freien als von Begierde verzehrt werden.‹ Und den Witwen gebietet er, eine neue Ehe einzugehen. Du unterstehst doch nicht der Mönchsregel, sondern bist frei. Warum nimmst du also grausame und bittere Qualen auf dich? Oder was hast du für einen Grund zu leiden? Wenn du in diesem Elend sterben solltest, was hast du dann Löbliches getan? Wer, außer den Mönchen, hat sich den Frauen verschlossen, von den ersten Vätern bis heute? Etwa Abraham oder Isaak oder Jakob? Joseph trug zwar zunächst einen Sieg davon, ließ sich dann aber doch von einer Frau besiegen. Und selbst wenn du jetzt mit dem Leben davonkommst, so wirst du doch einmal von einer Frau beherrscht werden. Wer wird also nicht über deine Torheit lachen? Es ist daher besser für dich, dieser Frau zu Willen zu sein und frei, ja sogar Herr über alles zu werden.«

Er aber sprach zu ihnen: »Ja, liebe Brüder und Freunde, gut beratet ihr mich da! Ich erkenne wohl, daß eure Vorschläge noch besser sind als das, was die Schlange Eva im Paradies einflüsterte. Ihr wollt mir zureden, dieser Frau zu Willen zu sein, aber ich werde euern Rat nimmermehr annehmen. Und wenn ich in diesen Fesseln und unter bitteren Martern sterben muß, so hoffe ich doch auf die Gnade Gottes. Wenn all die Gerechten trotz ihrer Frauen gerettet worden sind, so bin ich doch sündig und kann mit einer Frau nicht gerettet werden. Wenn Joseph Potiphars Weib zu Willen gewesen wäre, so hätte er später nicht Herrscher im Reich werden können. So aber sah Gott sein Dulden und schenkte ihm die Herrscherstellung. Deshalb wird er durch die Geschlechter als besonnen gepriesen, obwohl er später Kinder zeugte. Ich aber will nicht die Herrschaft in Ägypten erlangen oder Ländereien besitzen oder einer der Vornehmen in Polen werden oder in ganz Rußland berühmt sein. Sondern um des himmlischen Reiches willen habe ich all das verschmäht. Wenn ich lebend aus den Händen dieser Frau freikomme, so will ich Mönch werden. Wie hat doch Christus im Evangelium gesagt? ›Ein jeglicher, der seinen Vater und seine Mutter verläßt, seine Frau und seine Kinder und sein Haus, der ist mein Jünger.‹ Soll ich nun Christus mehr gehorchen oder euch? Und der Apostel sagt: ›Wer gefreit hat, der sorgt, wie er der Frau gefalle. Wer ledig ist, der sorgt, wie er Gott gefalle.‹ Ich frage euch also: Wem soll man eher untertan sein, Christus oder dem Weibe? Es steht geschrieben: ›Ihr Knechte, seid gehorsam euern Herren zum Guten, aber nicht zum Bösen.‹ Begreift, die ihr Gewalt über mich habt, daß mich niemals die Schönheit einer Frau verführen und von meiner Liebe zu Christus abbringen wird!«

Als die Frau das erfuhr, faßte sie in ihrem Herzen einen arglistigen Gedanken. Sie setzte ihn auf ein Pferd und ließ ihn mit großem Gefolge durch die Städte und Dörfer führen, die ihr gehörten, und ihm sagen: »Alles, was dir davon gefällt, soll dir gehören. Verfüge darüber nach deinem Belieben.« Und dem Volke ließ sie sagen: »Das ist euer Herr und mein Gemahl. Verneigt euch vor ihm, wenn ihr ihm begegnet.« Es dienten ihr aber viele Knechte und Mägde.

Doch der Gesegnete verlachte die Torheit des Weibes und sprach zu ihr: »Du mühst dich vergebens. Mit den vergänglichen Gütern dieser Welt kannst du mich nicht betören und mir den geistigen Reichtum nicht rauben. Sieh das ein und mühe dich nicht umsonst!«

Die Frau aber sprach zu ihm: »Weißt du nicht, daß du mir verkauft bist? Wer wird dich aus meiner Hand befreien wollen? Lebendig werde ich dich nimmer freigeben, eher werde ich dich nach langen Qualen dem Tode ausliefern.«

Er antwortete ihr ohne Furcht: »Was du sagst, schreckt mich nicht. Der mich verkauft hat, hat die größere Sünde. Ich aber werde, so Gott will, Mönch werden.«

In jenen Tagen kam ein Mönch im Priesterrang vom Heiligen Berg, der kam auf Gottes Geheiß zum Gesegneten und nahm ihn in den Mönchsstand auf. Er belehrte ihn eingehend über die Reinheit und daß er dem Feinde widerstehen und sich von dieser lasterhaften Frau befreien solle. Danach verließ er ihn. Man suchte zwar nach ihm, konnte ihn aber nicht finden.

Da gab die Frau ihre Hoffnung auf und ließ Moissi hart züchtigen. Er mußte sich auf den Boden legen, und sie befahl, ihn mit Stöcken zu schlagen, daß sein Blut die Erde tränke.

Die ihn schlugen, sprachen zu ihm: »Unterwirf dich doch deiner Herrin und tue, was sie verlangt. Wenn du dich weigerst, werden wir deinen Körper in Stücke schlagen müssen. Glaube nicht, daß du dieser Tortur entgehen kannst. Vielmehr wirst du nach langen Qualen elend deine Seele aufgeben. Habe also Mitleid mit dir selbst und lege diese schäbigen Kleider ab und kleide dich in prächtige Gewänder. Befreie dich von den Qualen, die dich erwarten, bevor wir dir ans Leben gehen.«

Aber Moissi antwortete: »Liebe Brüder, tut, was euch aufgetragen ist, tut es ohne Zögern. Ich kann um keinen Preis dem Mönchtum und der Liebe zu Gott entsagen. Keine Qual, weder Feuer noch Schwert noch Schläge, ist imstande, mich von Gott zu trennen und von diesem hohen Mönchsstand. Dieses schamlose und verblendete Weib hat schon ihre Schamlosigkeit gezeigt, indem sie nicht nur Gott nicht fürchtete, sondern auch gegen das menschliche Schamgefühl mich schamlos zu Unreinheit und Unzucht zwingen will. Ich werde mich ihr nicht unterwerfen, noch den Willen jener Verruchten tun.«

Die Frau trug schwer an der erlittenen Schmach und überlegte, wie sie sich dafür rächen könnte. Sie schickte zu Fürst Bolesław und ließ ihm sagen: »Wie du selbst weißt, ist mein Mann im Kampf für dich gefallen, und du hast mir gestattet, einen Mann nach meiner Wahl zu nehmen. Ich liebe einen jungen Mann aus deiner Kriegsbeute. Er ist schön, und ich habe ihn freigekauft und in mein Haus aufgenommen. Ich habe viel Geld für ihn gegeben und habe alles Gold und Silber in meinem Haus und meinen gesamten Grundbesitz ihm übereignet. Er aber achtet das alles für nichts. Oft habe ich ihn durch Schläge und Hunger strafen lassen. Es hat ihm nicht genügt, fünf Jahre bei dem, der ihn zur Beute hatte, in Ketten zu liegen. Das sechste Jahr, das er bei mir verbrachte, hat er von mir viel erlitten wegen seines Ungehorsams. In seiner Verstocktheit hat er das alles selbst auf sich gezogen. Nun hat ihn irgendein Mönch zum Mönch geschoren. Entscheide nun du, wie mit ihm zu verfahren ist. Ich werde mich danach richten.«

Der Herrscher befahl sie zu sich und gebot ihr, Moissi mitzubringen. So kam denn die Frau mit Moissi zu Bolesław. Dieser empfing den Ehrwürdigen und drängte ihn, sie zur Frau zu nehmen, konnte ihn aber nicht bereden. Er sagte zu ihm: »Wer wird so fühllos sein wie du, der du solche Güter und Ehren ausschlagen willst und dich bitteren Qualen aussetzt. Wisse von nun an, daß Leben und Tod von dir selbst abhängen: Wenn du den Willen deiner Herrin tust, wirst du bei uns in Ehren stehen und große Macht haben. Wenn du dich aber weigerst, wirst du nach langen Qualen den Tod erleiden.«

Und zu der Frau sagte er: »Keiner der Gefangenen, die du gekauft hast, soll frei sein, sondern du sollst mit ihm verfahren wie eine Herrin mit ihrem Knecht, damit andere nicht wagen, ihren Herren den Gehorsam zu verweigern.«

Moissi antwortete: »Wie sagt der Herr? ›Denn was hülfe es dem Menschen, wenn er die ganze Welt gewönne, oder was kann er geben, damit er seine Seele löse?‹ Wie kannst du mir Ruhm und Ehre versprechen, der du sie bald selbst verlieren und der du armselig in die Grube fahren wirst! Dieses unreine Weib aber wird ein böses Ende nehmen.« Und so geschah es nach der Prophezeiung des Ehrwürdigen.

Die Frau aber, die nun noch größere Verfügungsgewalt über ihn hatte, fuhr fort, ihn schamlos zur Sünde zu bewegen. Einmal zwang sie ihn, sich zu ihr auf das Bett zu legen, küßte ihn und umarmte ihn, doch sie vermochte auch durch diese Verführungskünste nicht, in ihm Begierde nach ihr zu erwecken.

Der Gesegnete sprach vielmehr zu ihr: »Vergebens ist dein Mühen. Glaube nicht, daß ich ein Narr sei oder nicht fähig zu diesem Werke, aber um der Gottesfurcht willen verabscheue ich dich, da du unrein bist.«

Als die Frau das hörte, ließ sie ihm täglich hundert Schläge geben. Zuletzt befahl sie, ihm die verborgenen Glieder abzuschneiden, und sagte: »Ich werde seine Schönheit nicht schonen, daß nicht andere sie genießen.« Moissi aber lag wie tot von dem Blutverlust und atmete kaum noch.

Bolesław aber gab dem Drängen der Frau mit Rücksicht auf ihre hohe Stellung und ihre einstige Liebe nach und entfachte eine große Verfolgung und Vertreibung der Mönche aus seinem Gebiet. Gott aber rächte alsbald seine Knechte. Eines Nachts starb Bolesław ganz plötzlich, und es gab einen großen Aufruhr im ganzen Polnischen Land. Das Volk erhob sich und erschlug seine Bischöfe und Bojaren, wie es in der Chronik heißt. Damals kam auch jene Frau um.

Der ehrwürdige Moissi aber genas von seinen Wunden und kam zur heiligen Gottesmutter in das heilige Höhlenkloster mit den Wunden des Märtyrers und der Krone des Bekenners, als siegreicher Kämpfer für Christus. Gott hatte ihm die Kraft für sein Leiden geschenkt.

Einmal kam ein Bruder zu ihm, der unter seinen Trieben litt. Er bat den Ehrwürdigen um Hilfe und sagte: »Wenn ich deinen Zuspruch habe, werde ich das Gelübde bis zu meinem Tode halten können.«

Der Gesegnete sprach zu ihm: »Sprich niemals in deinem Leben ein Wort zu einer Frau.« Der versprach es mit Inbrunst. Der Heilige aber nahm seinen Stock (er konnte wegen seiner Verletzungen nur schlecht gehen) und schlug ihn damit gegen die Lenden, und von Stund an war sein Glied abgetötet, und der Bruder hatte von da an keine Anfechtungen mehr.

Diese Geschichte von Moissi wurde in die Vita des heiligen Antoni aufgenommen, denn der Gesegnete kam zur Zeit des Antoni ins Höhlenkloster. Und er verschied im Herrn und in festem Glauben, nachdem er zehn Jahre im Kloster verbracht hatte. Fünf Jahre hatte er in Fesseln in der Gefangenschaft gelitten, das sechste Jahr um seiner Reinheit willen.

Ich habe die Vertreibung der Mönche aus Polen erwähnt, die wegen des Eintritts des Ehrwürdigen in den Mönchsstand entfacht wurde, weil er Gott lieb hatte und sich ihm widmen wollte. Davon ist in der Vita unseres heiligen Vaters Feodossi die Rede. Als nämlich der Fürst Isjaslaw unseren heiligen Vater Antoni wegen Warlaam und Jefrem vertreiben wollte, warnte ihn seine Fürstin, die von Geburt eine Polin war, und sagte: »Laß davon ab und tue das nicht. Denn Ähnliches geschah auch vor einiger Zeit in unserem Land. Aus irgendeinem Grund wurden nämlich die Mönche aus unseren Grenzen vertrieben, und daraus ist ein großes Unheil in Polen entstanden.« Das war wegen Moissi geschehen, wie wir es oben beschrieben haben.

So haben wir nun das, was wir über Moissi den Ungarn und Ioann den Klausner in Erfahrung bringen konnten, hier niedergeschrieben: was Gott durch sie bewirkt hat zu seinem Ruhm und zu ihrer Verherrlichung um ihres Duldens willen und wie er ihnen deswegen die Gabe, Wunder zu tun, schenkte. Ihm sei Ruhm jetzt und immerdar und von Ewigkeit zu Ewigkeit. Amen.

VOM MÖNCH PROCHOR,
DER UNTER BETEN AUS EINEM KRAUT,
DAS MELDE HEISST, BROT MACHTE
UND AUS ASCHE SALZ.

Die einunddreißigste Erzählung

So will es Gott, der die Menschen liebt, von seinem Geschöpf: Zu jeder Zeit sorgt er sich in allen Jahren um das Menschengeschlecht und schenkt uns Nützliches. Da er unsere Buße erwartet, bringt er bald Hunger, bald Krieg über uns als Folge von Aufruhr eines Herrschers. Damit – zur Erinnerung an die zuchtlosen Taten – führt unser Herr die in ihrem nachlässigen Tun und Treiben verhafteten Menschen auf den Weg zur Tugend. Denn die, die böse und unanständige Dinge tun, werden bösen und unbarmherzigen Herrschern ausgeliefert sein, um unserer Sünden willen. Aber auch jene werden dem Gericht nicht entgehen: Wer selbst unbarmherzig ist, wird auch gnadenlos gerichtet werden.

Es geschah in der Zeit, da Swjatopolk als Fürst in Kiew herrschte. Er tat den Menschen viel Gewalt an: Die Familien angesehener Leute rottete er ohne Anlaß völlig aus und nahm vielen ihren Besitz. Deshalb ließ der Herr die Heiden die Oberhand über ihn gewinnen. Und es kam zu vielen Kämpfen durch die Polowzer. Außerdem gab es zu dieser Zeit innere Fehden, eine heftige Hungersnot und großen Mangel an allem im Lande der Rus.

Es begab sich aber zu dieser Zeit, daß ein Mann aus Smolensk, der Mönch werden wollte, zum Abt Ioann kam. Der schor ihn zum Mönch und gab ihm den Namen Prochor. Als dieser Mönch geworden war, gab er sich ganz dem Gehorsam und einer so außergewöhnlichen Enthaltsamkeit hin, daß er sogar auf das Brot verzichtete. Er sammelte Melde, zerrieb sie eigenhändig, machte sich Brot daraus und ernährte sich davon. Und dies bereitete er für ein ganzes Jahr zu, und auch im folgenden Jahr tat er dasselbe, so daß er sein ganzes Leben auch ohne Brot zufrieden war.

Der Herr sah seine Ausdauer und seine große Enthaltsamkeit und wandelte diese Bitternis für ihn in Süße, und aus Kummer erwuchs ihm Freude, wie es heißt: »Den Abend lang währet das Weinen, aber des Morgens ist Freude.« Er wurde Lobednik [Meldeesser] genannt, denn außer der Prosphore nahm er niemals Brot zu sich, keinerlei Gemüse, auch keine Getränke, nur Melde und Wasser, wie oben schon erwähnt wurde. Niemals war es ihm leid, sondern immer diente er dem Herrn mit Freuden. Er hatte auch niemals Angst, wenn der Krieg näher rückte. Sein Leben war nämlich wie das eines Vogels. Er besaß weder eine Behausung noch einen Speicher, wo er seine Güter sammeln konnte. Nicht wie jener Reiche sprach er: »Liebe Seele, du hast einen großen Vorrat auf viele Jahre; iß, trinke und habe guten Mut.« Etwas anderes nämlich als Melde hatte er nicht, die aber bereitete er immer nur für das kommende Jahr; denn er sagte zu sich: »Mensch, diese Nacht werden die Engel deine Seele von dir fordern, und wes wird die zubereitete Melde sein?« Und er hat in der Tat das Wort des Herrn erfüllt, das da lautet: »Sehet die Vögel unter dem Himmel an: sie säen nicht, sie ernten nicht, sie sammeln nicht in die Scheunen; und euer himmlischer Vater nährt sie doch.« Ihnen nacheifernd, ging der ehrwürdige Prochor leichten Schrittes seinen Weg dorthin, wo es Melde gab. Von dort trug er sie auf seinen Schultern wie auf Flügeln ins Kloster und bereitete sich sein Essen: Auf ungepflügter Erde wuchs ihm ungesät die Nahrung.

Als eine große Hungersnot nahte und allen Menschen der Hungertod drohte, verrichtete der Gesegnete weiter seine Arbeit und sammelte Melde. Ein Mann beobachtete ihn dabei und begann auch, für sich und seine Hausgenossen Melde zu sammeln, damit sie sich während der Hungerzeit ernähren könnten. Dem Gesegneten wuchs immer mehr Melde zur Nahrung heran, und in jenen Tagen nahm er noch mehr Arbeit auf sich. Er sammelte dieses Kraut, wie ich schon erzählt habe, zerrieb es eigenhändig und machte Brote und gab sie denen, die nichts hatten und vor Hunger von Kräften gekommen waren. Viele sind damals in der Hungerzeit zu ihm gekommen; er gab allen. Und allen erschienen sie süß, als wären sie mit Honig gemacht. Niemanden verlangte es so nach [wirklichem] Brot wie nach dem, das von der Hand des Gesegneten aus dem wild wachsenden Kraut bereitet war. Wenn er es jemandem mit einem Segenswort reichte, dann erschien ihm das Brot hell und rein und süß. Wenn es aber jemand heimlich nahm, dem kam das Brot wie Wermut vor.

Einer der Brüder stahl heimlich ein Brot und versuchte es ohne dessen Zustimmung zu essen. Er konnte es aber nicht essen, denn es erwies sich in seinen Händen als Wermut und war über die Maßen bitter. Und das geschah mehrmals. Er schämte sich; vor Scham konnte er dem Gesegneten seine Sünde nicht eingestehen. Da er aber hungrig war und echte Not nicht durchstehen konnte, ging er, weil er seinen Tod schon vor Augen sah, zum Abt Ioann, erzählte, was sich zugetragen hatte, und bat um Vergebung für sein Vergehen. Der Abt aber, der den Worten keinen Glauben schenken wollte, befahl einem anderen Bruder, dasselbe zu tun: heimlich ein Brot zu nehmen, damit sie erführen, ob es sich wirklich so verhalte. Ein Brot wurde gebracht, und es war von solcher Art, wie es von dem Bruder, der gestohlen hatte, erzählt worden war. Niemand konnte es wegen seiner Bitterkeit essen. Dieses Brot noch in den Händen, schickte der Abt hin, ein weiteres zu erbitten.

»Nehmt es aus seiner [Prochors] Hand«, sagte er, »wenn ihr aber von ihm fortgeht, stehlt noch ein anderes.« Die beiden wurden gebracht. Das gestohlene Brot verwandelte sich vor ihnen: Es wurde wie Staub, bitter wie auch das erste. Das Brot aber, das aus seiner Hand genommen war, war süß wie Honig. Als dieses Wunder geschehen war, wurde der Mann überall gerühmt. Er speiste viele Hungrige und half vielen.

Als aber Swjatopolk mit Wolodar und Wassilko gegen David Igorewitsch Krieg begann – und zwar ging es noch um die Blendung Wassilkos, an der auch Swjatopolk, von David Igorewitsch angestiftet, beteiligt war –, ließen sie weder Kaufleute aus Galitsch noch Schiffe aus Peremyschl durch, so daß es in der ganzen Rus kein Salz gab. So schlimm war es damals; dazu kam es noch zu gesetzlosen Plünderungen, wie der Prophet sagt: »Sie fressen mein Volk, daß sie sich nähren, aber den Herrn rufen sie nicht an.« Man sah damals Menschen in großer Bedrängnis; sie waren von Hunger und Krieg erschöpft und hatten weder Weizen noch Salz, um die Not zu überstehen.

Der gesegnete Prochor hatte damals eine eigene Zelle. Er sammelte eine Menge Asche aus allen Zellen, ohne daß jemand davon wußte. Und er verteilte davon an die, die zu ihm kamen. Durch seine Gebete wurde sie für alle reines Salz. Je mehr er verteilte, um so mehr wurde es. Er nahm nichts, jedem aber gab er unentgeltlich, soviel er nur wollte. Und es reichte nicht nur für das Kloster, sondern auch die Weltlichen, die zu ihm gekommen waren, nahmen reichlich für ihren häuslichen Bedarf. Da sah man den Markt leer werden, das Kloster aber war voll derer, die kamen, um Salz zu holen. Das erweckte den Neid der Salzhändler, weil sich ihre Wünsche nicht erfüllten. Sie meinten, sie könnten durch das Salz in jenen Tagen großen Reichtum gewinnen. Deshalb hatten sie nun großen Kummer. Sie hatten es vorher teuer verkauft – zwei Maß Salz für eine Kuna –, jetzt aber mußten sie dafür zehn Maß abgeben, und niemand wollte es nehmen.

Alle, die Salz verkauften, erhoben sich; sie gingen zu Swjatopolk und redeten dem Mönch Übles nach.

Sie sagten: »Prochor, ein Mönch, der im Höhlenkloster lebt, hat uns viel von unserem Reichtum genommen. Er gibt allen, die zu ihm kommen, uneingeschränkt Salz, wir aber sind arm geworden.«

Der Fürst wollte ihnen gefällig sein, hatte jedoch zweierlei im Sinn, ihre Unruhe beizulegen und sich selbst zu bereichern. In dieser Absicht beschloß er mit seinen Ratgebern einen hohen Salzpreis, um es selbst zu verkaufen, wenn man es dem Mönch weggenommen habe.

Er sagte den Unruhestiftern zu: »Euretwegen werde ich den Mönch berauben« und verheimlichte seine Absicht, sich selbst zu bereichern. Während er ihnen damit ein wenig gefällig sein wollte, fügte er ihnen aber um so größeren Schaden zu; denn Neid läßt nicht im voraus erkennen, daß er Nutzen bringen wird.

Der Fürst schickte also, daß man dem Mönch alles Salz nähme. Als das Salz herbeigebracht worden war, kam der Fürst, um es anzusehen zusammen mit den Unruhestiftern, die gegen den Gesegneten Vorwürfe erhoben hatten. Und alle sahen, daß sie Asche vor Augen hatten.

Sie wunderten sich sehr und sprachen: »Was hat das zu bedeuten?« Sie konnten es nicht begreifen. Weil er [der Fürst] genau wissen wollte, was es damit auf sich habe, befahl er jedoch, es drei Tage aufzubewahren, damit man dahinterkäme. Dann ließ er jemanden davon kosten, da war aber nur Asche in seinem Mund.

Wie gewöhnlich kam eine Menge Volks, um bei dem Gesegneten Salz zu holen. Sie erfuhren, daß der Starez beraubt worden war, und mußten mit leeren Händen zurückkehren. Sie fluchten dem, der das getan hatte.

Der Gesegnete sagte zu ihnen: »Wenn es weggeschüttet wird, dann gehet hin und eignet es euch an.«

Der Fürst befahl, nachdem er es drei Tage aufbewahrt hatte, es nachts hinauszuschütten. Als die Asche hinausgeschüttet worden war, verwandelte sie sich sogleich in Salz. Die Stadtbewohner erfuhren davon, kamen herbei und nahmen das Salz an sich.

Als dieses erstaunliche Wunder geschehen war, erschrak er, der Gewalt geübt hatte. Er konnte die Angelegenheit nicht verheimlichen, da sie vor allen Stadtbewohnern geschehen war. Er begann zu untersuchen, was da geschehen war.

Dann wurde dem Fürsten von der anderen Sache erzählt, die der Gesegnete vollbracht hatte, als er vielen Menschen Melde zu essen gegeben hatte, die ihnen im Mund zu süßem Brot geworden war. Einige hätten ein Brot ohne seinen Segen genommen, das dann in ihrem Munde wie Staub und bitter wie Wermut gewesen sei. Als der Fürst das hörte, schämte er sich für seine Tat. Er ging zum Abt Ioann ins Kloster und beichtete ihm. Früher hatte er Feindschaft gegen ihn gehegt, da dieser ihn wegen seiner Gier, seiner Reichtümer und seiner Gewalttätigkeit getadelt hatte. Swjatopolk hatte ihn ergreifen lassen und nach Turow verbannt. Da aber Wladimir Monomach sich gegen ihn erhoben hatte und Swjatopolk seine Empörung fürchtete, ließ er den Abt schnell mit allen Ehren in das Höhlenkloster zurückholen.

Auf das Wunder hin faßte Swjatopolk nun eine große Liebe zur Gottesmutter und zu den heiligen Vätern Antoni und Feodossi, den Mönch Prochor verehrte und pries er seitdem sehr; denn er wußte, daß er wahrhaftig ein Knecht Gottes war. Er gab außerdem Gott sein Wort, niemandem mehr Gewalt anzutun. Der Fürst schlug ihm noch folgende verbindliche Vereinbarung vor: »Wenn ich nach Gottes Willen vor dir aus dieser Welt scheiden muß, dann leg du mich mit deinen Händen ins Grab, damit dadurch dein Wohlwollen mir gegenüber offenbar werde; wenn aber du vor mir dahinscheidest und vor den unbestechlichen Richter trittst, so werde ich dich auf meinen Schultern in die Höhle tragen, damit der Herr mir die Sünde verzeihe, die ich an dir vielmals begangen habe.« Nachdem er das gesagt hatte, verließ er ihn.

Der ehrwürdige Prochor,
der sich von Melde ernährte

Der gesegnete Prochor lebte viele Jahre in rechtem Lobpreis Gottes ein gottgefälliges, reines und makelloses Leben. Später erkrankte der Heilige, während der Fürst gerade auf einem Feldzug war. Da schickte der Heilige ihm eine Nachricht und ließ sagen: »Die Stunde, da ich meinen Leib verlasse, ist nahe; wenn es noch dein Wunsch ist, komm, damit wir voneinander Abschied nehmen und du dein Versprechen erfüllst – auf daß du von Gott Vergebung empfängst – und damit du mich mit deinen Händen ins Grab legst. Siehe, ich warte auf dein Kommen. Wenn du nun zögerst, gehe ich heim. Der Kampf wird für dich nicht so glücklich ausgehen, wenn du nicht zu mir kommst.«

Als Swjatopolk das gehört hatte, entließ er sofort seine Krieger und eilte zum Gesegneten. Der Ehrwürdige belehrte den Fürsten lange über die Barmherzigkeit, über das Jüngste Gericht, über das ewige Leben und die nicht endende Höllenpein; dann erteilte er ihm den Segen und vergab ihm und küßte alle, die mit dem Fürsten waren. Er erhob die Hände und gab seinen Geist auf. Darauf nahm der Fürst den heiligen Starzen auf, trug ihn in die Höhle und legte ihn mit eigenen Händen ins Grab.

Nach dem Begräbnis des Seligen zog er in den Krieg und errang viele Siege über die gottlosen Hagarianer. Er unterwarf ihr ganzes Gebiet und brachte sie in sein Land. Das war der Sieg der Rus, der nach der Prophezeiung des Ehrwürdigen von Gott geschenkt worden ist. Seit der Zeit kam Swjatopolk immer, wenn er zum Kampf oder zur Jagd auszog, voller Dankbarkeit ins Kloster. Er verneigte sich vor der heiligen Gottesmutter und am Grabe des Feodossi, ging in die Höhle zum heiligen Antoni und zum seligen Prochor, verneigte sich vor allen ehrwürdigen Vätern und begab sich dann auf seinen Weg. Und so wurde ihm eine von Gott wohlbehütete Herrschaft beschieden. Er, der Augenzeuge war, verbreitete anschaulich die herrlichen Wunder und Zeichen Prochors und der anderen Ehrwürdigen. Mit ihnen zusammen möge [uns] allen Gnade zuteil werden in Christus Jesus, unserm Herrn. Er sei gepriesen mit dem Vater und dem Heiligen Geist jetzt und immerdar.

VOM EHRWÜRDIGEN HÖHLENMÖNCH MARKO, DESSEN WEISUNGEN DIE TOTEN GEHORCHTEN.

Die zweiunddreißigste Erzählung

Wir Sünder nehmen uns das Schrifttum der frühen Heiligen zum Vorbild. Denn sie haben Erläuterungen gegeben und unter großer Mühsal Nachforschungen in Wüsten, auf Bergen und in Erdschluchten angestellt. Sie haben den Lebensweg, die Wunder und gottgefälligen Taten der ehrwürdigen Männer beschrieben – teils nach eigenem Augenschein, teils nach dem, was sie gehört hatten. Wir haben auch vom Lebensweg, den Wundern und Taten derer vernommen, die vor jenen lebten. Davon zeugt das Paterikon, in dem die Väter zusammenfassend von jenen berichten. Beim Lesen ergötzen wir uns an den geistlichen Erzählungen.

Mir Unwürdigem aber ist es nicht gelungen, die Wahrheit zu erkennen, und ich habe auch nichts dergleichen gesehen, sondern ich folge dem, was ich gehört habe und was mir der ehrwürdige Bischof Simon erzählt hat, und das habe ich für dich, ehrwürdiger Vater, aufgeschrieben. Ich bin nicht über die heiligen Stätten gewandert, weder habe ich Jerusalem gesehen noch den Berg Sinai, so daß ich der Erzählung nichts hinzufügen könnte, wie es die Wortkünstler zur Ausschmückung zu tun pflegen. Es liege mir fern, mich zu brüsten, es sei denn wegen dieses heiligen Höhlenklosters und der heiligen Mönche, die darin gelebt haben, sowie ihrer Lebenswege und Wundertaten, an die ich gern denke; hoffe ich Sünder doch auf die Fürbitte dieser heiligen Väter. Hier beginne ich mit der Erzählung vom ehrwürdigen Marko, dem Höhlenmönch.

Der heilige Marko lebte in einer Höhle. Zu seiner Zeit wurde unser heiliger Vater Feodossi aus der Höhle in die heilige und große Kirche übergeführt. Dieser ehrwürdige Marko hat an vielen Stellen in der Höhle mit seinen Händen gegraben, und er trug auf seinen Schultern die Erde hinaus. Ganze Tage und Nächte mühte er sich im Dienst für Gott. Er hob auch viele Grabstätten für die Brüder aus. Dafür nahm er nichts; wenn ihm jedoch jemand von selbst etwas gab, nahm er es an und verteilte es an die Armen.

Als er einmal wie gewöhnlich beim Graben war, verließen ihn vor Anstrengung die Kräfte, und die Stätte blieb eng und schmal. Es begab sich, daß einer der Brüder, der krank war, an diesem Tag zu Gott heimging und keine andere Stätte außer dieser engen vorhanden war.

Der Tote wurde in die Höhle getragen, und wegen der Enge konnte man ihn nur mit Mühe und Not hineinlegen. Die Brüder murrten über Marko, denn sie konnten den Toten weder richtig herrichten noch Öl auf ihn gießen, weil die Stätte so schmal war.

Der Höhlenmönch aber verneigte sich demütig vor allen und sagte: »Verzeiht mir, Väter. Vor Schwäche bin ich nicht fertig geworden.«

Sie machten ihm jedoch noch mehr Vorhaltungen und beschimpften ihn.

Da sprach Marko zum Toten: »Da die Stätte eng ist, Bruder, besprenge dich selbst: Nimm Öl und gieß es auf dich.«

Der Tote streckte die Hand aus, erhob sich ein wenig, nahm das Öl und goß es sich kreuzförmig auf Brust und Antlitz. Das Gefäß reichte er zurück. Nachdem er sich nun vor allen zur Bestattung hergerichtet hatte, legte er sich wieder hin und entschlief. Und als dieses Wunder geschehen war, ergriff alle Furcht und Schrecken über das Vorgefallene.

Dann starb ein anderer Bruder, nachdem er viel krank gewesen war. Einer seiner Freunde wusch ihn mit einem Schwamm und ging in die Höhle, weil er die Stätte sehen wollte, wo der Leib seines Freundes bestattet werden sollte, und fragte den Gesegneten danach.

Ihm antwortete der ehrwürdige Marko: »Bruder! Geh und sag dem Bruder: ›Warte bis zum morgigen Tag, damit ich die Stätte für dich grabe. Dann kannst du aus dem Leben zur ewigen Ruhe gehen.«

Der Bruder, der ihn aufgesucht hatte, sprach zu ihm: »Vater Marko, ich habe den Leib des Toten mit einem Schwamm gewaschen. Wem heißest du mich etwas zu sagen?«

Marko aber entgegnete: »Die Stätte, siehst du, ist nicht fertig. Ich befehle dir, geh und sprich zu dem Verstorbenen: ›Der sündige Bruder Marko läßt dir sagen, Bruder, bleibe noch diesen Tag am Leben! Und morgen wirst du zu unserem Herrn gehen, nach dem dich verlangt. Sobald ich deine Begräbnisstätte fertig habe, schicke ich nach dir.‹«

Der Bruder, der den Ehrwürdigen aufgesucht hatte, gehorchte. Er kehrte ins Kloster zurück und traf dort alle Brüder, wie sie für ihn die vorgesehenen Gesänge sangen. Er stellte sich neben den Toten und sprach: »Marko läßt dir sagen, Bruder, daß die Stätte noch nicht fertig ist. Warte noch bis morgen.«

Alle waren über diese Worte erstaunt. Und als der Bruder das vor allen ausgesprochen hatte, schlug der Tote plötzlich die Augen auf.

238

Der ehrwürdige Marko der Totengräber

Seine Seele kehrte in ihn zurück, und er lebte noch diesen Tag und die ganze Nacht, die Augen geöffnet, und sprach mit niemandem ein Wort.

Am Morgen ging der Bruder, der schon zuvor gekommen war, in die Höhle, um zu erfahren, ob die Stätte nun bereitet sei. Der Gesegnete sprach zu ihm: »Geh und sag dem Verstorbenen: ›Marko läßt dir sagen, scheide aus diesem vergänglichen Leben und geh in das ewige. Denn die Stätte ist bereitet, deinen Leib aufzunehmen. Übergib Gott deinen Geist, dein Leib wird hier bei den heiligen Vätern in der Höhle beigesetzt werden.‹«

Der Bruder kehrte zurück und richtete das alles dem aus, der ins Leben zurückgerufen worden war. Darauf schloß dieser sogleich die Augen und gab seinen Geist auf vor allen, die gekommen waren, um nach ihm zu sehen. So wurde er mit allen Ehren an der oben beschriebenen Stätte in der Höhle beigesetzt. Alle staunten über dieses Wunder, wie ein Toter auf das Wort des Gesegneten hin lebendig geworden und wiederum auf sein Geheiß verschieden war.

Es gab noch zwei andere Brüder in diesem großen Höhlenkloster, die einander von Jugend an in herzlicher Liebe zugetan waren und eines Denkens und eines Willens Gott gegenüber waren. Sie baten den gesegneten Marko, ihnen eine gemeinsame Stätte herzurichten und sie dort sogleich beizusetzen, wenn der Herr es befehle.

Nach langer Zeit ging Feofil, der ältere Bruder, wegen dringender Angelegenheiten irgendwohin fort. Der jüngere aber erkrankte, ging aus dem Leben zur ewigen Ruhe und wurde an der bereiteten Stätte beigesetzt.

Nach einigen Tagen kehrte Feofil zurück. Er erfuhr, was mit seinem Bruder geschehen war, und war sehr betrübt. Er nahm einige mit sich und ging in die Höhle, um den Verstorbenen zu sehen und wo und an welcher Stätte er bestattet sei. Als er aber gesehen hatte, daß man ihn auf dem höher gelegenen Platz beigesetzt hatte, wurde er unwillig und sehr ungehalten Marko gegenüber und sagte: »Warum hast du ihn [hier] beigesetzt? Ich bin älter als er, du hast ihn aber auf meinem Platz bestattet.«

Der Höhlenmönch, ein demütiger Mann, verneigte sich vor ihm und sprach: »Vergib mir, Bruder, ich habe mich an dir versündigt.« Nach diesen Worten sagte er zu dem Verstorbenen: »Bruder, steh auf! Gib den Platz deinem Bruder, der noch nicht verstorben ist! Leg dich auf den unteren Platz.«

Da erhob sich der Tote plötzlich auf das Wort des Ehrwürdigen hin und legte sich vor allen, die mitgekommen waren, auf den unteren Platz. Ein schreckliches und furchterregendes Wunder war da zu sehen!

Dann fiel der Bruder, der wegen der Bestattung seines Bruders wider den Gesegneten im Streit gemurrt hatte, Marko zu Füßen und sprach zu ihm: »Vater Marko, ich habe gesündigt, weil ich den Bruder von seinem Platz verdrängte. Ich bitte dich, befiehl ihm, er möge sich wieder an seinen Platz niederlegen.«

Der Gesegnete antwortete ihm: »Der Herr hat den Streit unter uns beigelegt. Er tat es wegen deines Murrens, damit du mir nicht ewig feind bist und keinen Grimm wider mich hegst. Sogar der entseelte Leib bekundet dir wahrhaftige Liebe, indem er dir auch nach dem Tode dein vom Alter her begründetes Vorrecht gewährt. Ich wollte, daß du hier nicht hinauskommst, daß du dein Recht des Älteren bekommst und noch in dieser Stunde hier bestattet wirst. Aber da du noch nicht zum Scheiden bereit bist, geh also und sorge dich um deine Seele! Nach wenigen Tagen wird man dich hierherbringen. Tote auferstehen zu lassen ist doch Gottes Sache. Ich bin nur ein sündiger Mensch. Dieser Tote aber hat aus Furcht vor deinem Verdruß und deinen Vorwürfen mir gegenüber, die er nicht ertragen konnte, dir diese Hälfte der Stätte, die für euch gemeinsam bereitet war, überlassen. Gott vermag ihn aufzuerwecken. Ich aber kann nicht dem Verstorbenen sagen: ›Steh auf und leg dich wieder auf den oberen Platz!‹ Greif du ein und sprich zu ihm, ob er, wie soeben, auch auf dich hört.«

Als Feofil das vernommen hatte, war er tief bekümmert über Markos furchteinflößende Worte. Er meinte, er müsse auf der Stelle tot umfallen; er wußte nicht, ob er noch bis zum Kloster käme. In seiner Zelle angelangt, überkam ihn unstillbares Weinen. Er verteilte all das Seine, sogar das Hemd, und behielt allein die Kutte und den Umhang und erwartete seine Todesstunde. Niemand vermochte seinem bitterlichen Weinen Einhalt zu gebieten, niemand konnte ihn mehr bewegen, wohlschmeckende Speisen zu sich zu nehmen.

Bei Tagesanbruch sagte er zu sich: »Ich weiß nicht, ob ich den Abend erlebe.« Und kam die Nacht, weinte er und sprach: »Was muß ich tun, wenn ich bis zum Morgen durchkommen will? Denn viele, die aufgestanden sind, erlebten den Abend nicht, und viele, die sich auf ihr Lager niedergelegt haben, standen von diesem Lager nicht mehr auf. Wie steht es da mit mir, dem der Ehrwürdige verkündet hat, daß ich binnen kurzem scheiden werde?«

Und er flehte Gott unter Tränen an, daß er ihm Zeit zur Buße gäbe. Und so machte er es an einem jeden Tag: Er hungerte, betete und weinte – allezeit sehr in Erwartung des Todestages und der Todesstunde. Während er den Tod herbeisehnte, peinigte er seinen Leib so sehr, daß man alle seine Rippen zählen konnte. Viele, die ihn trösten wollten, erreichten nur, daß sein Wehklagen heftiger wurde. Vom vielen Weinen verlor er auch das Augenlicht. Und so verbrachte er alle Tage seines Lebens in großer Enthaltsamkeit, wobei er Gott mit seinem guten Lebenswandel wohlgefällig war.

Als der ehrwürdige Marko die Stunde des eigenen Heimgangs zum Herrn erfuhr, ließ er Feofil zu sich kommen und sagte ihm: »Bruder Feofil, vergib mir, denn ich habe dir viele Jahre Kummer bereitet. Siehe, ich verlasse jetzt diese Welt, bete für mich. Ich aber werde, wenn es mir vergönnt ist, dich nicht vergessen, auf daß der Herr uns für würdig erachte, daß wir uns dort ab und zu sehen und gemeinsam die heiligen Väter Antoni und Feodossi treffen können.«

Feofil antwortete ihm unter Tränen und sprach: »Vater Marko, warum verlässest du mich? Nimm mich mit dir oder schenke mir das Augenlicht.«

Marko aber sagte zu ihm: »Bruder! Sei darüber nicht bekümmert, daß du des Herrn wegen an den leiblichen Augen erblindetest; bist du doch mit den geistigen [Augen] zu seiner Erkenntnis sehend geworden. Ich, Bruder, war an deiner Erblindung schuld; ich kündete dir den Tod an, weil ich deiner Seele Gutes tun und deinen hoffärtigen Sinn zur Demut führen wollte. Denn Gott verstößt nicht die reuigen und demütigen Herzen.«

Feofil sagte zu ihm: »Ich weiß, Vater, daß ich meiner Sünden wegen dir zu Füßen gefallen bin und daß ich in der Höhle gestorben wäre, als du den Toten auferweckt hast. Doch der Herr hat mir um deiner heiligen Gebete willen in Erwartung meiner Buße das Leben geschenkt. Nun bitte ich dich, laß mich zusammen mit dir zum Herrn gehen oder schenke mir das Augenlicht!«

Marko aber erwiderte: »Es ist gar nicht nötig, daß du diese vergängliche Welt siehst. Bitte Gott, daß du dort seine Herrlichkeit schauen kannst. Wünsche dir auch nicht den Tod, denn er wird kommen, selbst wenn du es nicht wolltest. Aber das sei dir ein Vorzeichen für deinen Heimgang: Drei Tage vor deinem Hinscheiden wirst du das Augenlicht wiedererlangen. So wirst du zum Herrn heimgehen und dort das ewige Licht und die unbeschreibliche Herrlichkeit schauen.«

Nach diesen Worten verschied der gesegnete Marko im Herrn. Er wurde in der Höhle beigesetzt, wo er selbst das Grab für sich ausgehoben hatte.

Feofil aber begann, noch stärker zu schluchzen, denn die Trennung vom Vater hatte ihn im Herzen verwundet. Er vergoß eine Flut von Tränen, deren noch mehr wurden. Er hatte ein Gefäß, und wenn er seine Gebete verrichtete, kamen ihm die Tränen; und er stellte das Gefäß hin und weinte darüber. Viele Jahre hindurch füllte er es mit Tränen, denn er wartete jeden Tag auf das, was der Ehrwürdige vorhergesagt hatte.

Als er dann erkannt hatte, daß er in Gott sterben werde, betete er eifrig zu Gott, daß seine Tränen ihm wohlgefällig seien. Er erhob die Hände und begann, mit folgenden Worten zu beten:

Gebet: »O allmächtiger Herr, du, der Menschen Freund, Jesus Christus, mein hochheiliger König, der du nicht den Tod der Sünder willst, sondern ihre Bekehrung erwartest, und der du unser Unvermögen kennst! Du gütiger Tröster, du bist den Kranken die Gesundheit, den Sündern das Heil, den Schwachen Stärkung, den Gefallenen die Auferstehung. Ich flehe dich an, Herr, offenbare an mir Unwürdigem in dieser Stunde deine Gnade und gieße die unerschöpfliche Fülle deiner Herzensgüte aus, daß ich – dank den Gebeten der dir Wohlgefälligen, unserer großen Väter Antoni und Feodossi und aller Heiligen, die dir seit Ewigkeit beflissen gedient haben – nicht von den Fürsten der Luft durch Peinigungen versucht und ihnen untertan werde. Amen!«

Und da stand plötzlich einer vor ihm, der schön war, und sprach zu ihm: »Gut hast du gebetet. Doch weshalb rühmst du dich der Eitelkeit deiner Tränen?«

Und er nahm ein Gefäß, größer als das seine, das ganz mit Wohlgeruch erfüllt war wie von duftender Myrrhe. Er sprach: »Das ist ein Teil deiner Tränen, die du beim Gebet zu Gott aus deinem Herzen hast fließen lassen, die du mit der Hand, einem Tuch oder mit dem Gewand abgewischt hast oder die aus deinen Augen auf die Erde niederfielen. Ich habe sie in diesem Gefäß gesammelt und auf Geheiß unseres Schöpfers geborgen. Heute bin ich gesandt, dir Freude zu verkünden: Du wirst mit Freuden zu dem eingehen, der da spricht: ›Selig sind, die da Leid tragen; denn sie sollen getröstet werden.‹« Als er das gesagt hatte, wurde er für ihn unsichtbar.

Der gesegnete Feofil ließ den Abt rufen und erzählte ihm von der Erscheinung des Engels und seinen Worten. Und er zeigte ihm zwei

Feofil und der Engel
mit dem zweiten Gefäß voller Tränen

Gefäße: eins voller Tränen, das andere mit Wohlgeruch – besser denn alle Düfte. Er bestimmte, sie über seinem Leib auszugießen.

Am dritten Tage danach ging er heim zum Herrn. Er wurde in der Höhle in der Nähe des Höhlenmönchs Marko würdig bestattet. Als sie ihn aus dem Gefäß des Engels gesalbt hatten, wurde die ganze Höhle von Wohlgeruch erfüllt. Auch das Gefäß mit den Tränen gossen sie über ihm aus, denn »die mit Tränen säen, werden mit Freuden ihre Garben ernten«; wie es heißt: »die weinen und ihre Samen streuen, werden in Christus getröstet werden«. Gepriesen sei er mit dem Vater und dem Heiligen Geist jetzt [und immerdar und von Ewigkeit zu Ewigkeit. Amen].

ÜBER DIE HEILIGEN UND EHRWÜRDIGEN VÄTER FEODOR UND WASSILI.

Die dreiunddreißigste Erzählung

Wie es heißt, ist die Selbstlosigkeit die Mutter alles Guten, ebenso ist die Habsucht Wurzel und Mutter alles Übels. [Johannes] Klimakos sagt nämlich: »Wer Gefallen daran hat, Besitz anzuhäufen, der plagt sich um einer Nadel willen bis zum Tode; wer aber keinen Gefallen an Besitz hat, der gewinnt den Herrn lieb und hält seine Gebote. Ein solcher vermag nicht Besitz zu hüten, sondern er verstreut ihn gottgefällig, indem er ihn an alle Bedürftigen verteilt, wie der Herr im Evangelium gesagt hat: ›der nicht absagt allem, was er hat, kann nicht mein Jünger sein‹.«

Dieses Wort befolgte Feodor; denn er ließ alles Weltliche zurück und verschenkte seinen Reichtum an die Armen, wurde Mönch und strebte eifrig nach der Tugend. Auf Weisung des Abtes begann er, in der Höhle zu leben, die Warägerhöhle heißt. Darin verbrachte er viele Jahre voller Enthaltsamkeit.

Der Feind bereitete ihm wegen seines Besitzes, den er an die Armen verteilt hatte, Bedrängnis und nicht wenig Kummer: Er sann darüber nach, daß für ihn bei der Länge der Zeit und beim Schwächerwerden des Körpers die Nahrung im Kloster nicht ausreichen würde. In diese Versuchung hatte ihn der Feind geführt. Er hatte weder für sich eine Entscheidung getroffen noch sich des Herrn erinnert, der da gesagt hat: »Sorget euch nicht um den andern

Morgen, was wir essen und trinken oder was wir anziehen werden. Sehet die Vögel unter dem Himmel an: sie säen nicht, sie ernten nicht; und euer himmlischer Vater nährt sie doch.«

Oft verwirrte ihn der Feind, weil er ihn zur Verzweiflung bringen wollte, wegen der Armut, in die er durch die »Vergeudung« seines Reichtums an die Armen geraten war. Viele Tage grübelte er, dem der Feind wegen seiner Mittellosigkeit die Gedanken verdüstert hatte, und bekannte Freunden gegenüber offen seinen Kummer.

Einer aber von den vollkommeneren Mönchen des Klosters, Wassili mit Namen, sagte zu ihm: »Bruder Feodor, ich bitte dich, verdirb dir nicht deinen Lohn. Wenn du Besitz haben willst, gebe ich dir, was ich habe. Aber vor Gott sollst du sagen: ›Alles, was ich verteilt habe, mögen deine Almosen sein‹, und sei ohne Kummer, da du deinen Besitz empfangen hast. Aber gib acht, ob der Herr dies dulden wird.«

Als Feodor das gehört hatte, befiel ihn große Furcht vor Gottes Zorn, er erfuhr auch durch ihn [Wassili] von dem, was in Konstantinopel vorgefallen war, wo einer bereut hatte, sein Gold als Almosen verteilt zu haben, und wie er mitten in der Kirche hinstürzte und starb. Und so war er um beides gekommen, denn mit dem Gold hatte er auch das Leben verwirkt.

Als Feodor darüber nachgedacht hatte, weinte er über seine Verfehlung und pries den Bruder, der ihn von solcher Krankheit befreit hatte. Denn von solchen sagt der Herr: »Wer das Wertvolle vom Wertlosen sondert, der ist wie mein Mund.« Seitdem entstand eine große Freundschaft zwischen ihnen.

Als Feodor beim Befolgen der Gebote des Herrn gute Fortschritte machte und Gott wohlgefällige Taten vollbrachte, bereitete es dem Teufel großen Verdruß, daß er ihn nicht durch Besitz von Reichtümern hatte überlisten können. Und erneut rüstete sich der Widersacher und schmiedete neue Ränke zu dessen Untergang.

Wassili nämlich war vom Abt in irgendeiner Angelegenheit aus dem Kloster weggeschickt worden. So fand der Feind eine günstige Zeit für sein schlimmes Vorhaben. Er nahm die Gestalt von dessen Bruder [Wassili] an und trat bei dem Höhlenmönch ein.

Zu Anfang sprach er, wie es sich schickt: »Feodor, wie geht es dir jetzt? Hat der Kampf der Dämonen gegen dich aufgehört, oder quälen sie dich noch mit der Leidenschaft für Besitz, indem sie dich an das verteilte Hab und Gut erinnern?«

Feodor erkannte nicht, daß das ein Dämon war. Er glaubte, daß der Bruder so zu ihm spräche. Der Gesegnete antwortete ihm:

»Dank deinen Gebeten, Vater, komme ich jetzt gut voran. Du hast mich gestärkt. Dämonischen Eingebungen werde ich nicht [mehr] folgen. Wenn du mich nun etwas heißest, werde ich es mit Freuden tun und dir nicht ungehorsam sein. Denn ich habe großen Gewinn für meine Seele aus deinen Belehrungen gezogen.«

Der Dämon, der vermeintliche Bruder, wurde kühner, da er Gott den Herrn nicht erwähnt hatte, und sprach zu ihm: »Ich gebe dir einen anderen Rat. Damit wirst du Ruhe finden und bald Vergeltung empfangen. Bitte du ihn [Gott] nur, und er wird dir Gold und Silber in Hülle und Fülle geben. Laß aber niemanden bei dir eintreten und geh selbst auch nicht aus deiner Höhle hinaus.«

Der Höhlenmönch versprach dies. Darauf verließ ihn der Dämon.

Und siehe, der Hinterlistige gab ihm unmerklich den Gedanken an Reichtum ein, als er ihn ermunterte, Gott im Gebet um Gold zu bitten, um es – wenn er es bekäme – als Almosen zu verschenken. Und ein Dämon erschien ihm im Traum, strahlend und schön wie ein Engel, und der zeigte ihm Schätze in der Höhle. Das sah Feodor oftmals. Viele Tage danach ging er an die angegebene Stelle und begann zu graben und fand einen Schatz: viel Gold und Silber und kostbare Gefäße.

Zu dieser Zeit kam der Dämon in der Gestalt des Bruders wieder und sagte zum Höhlenmönch: »Wo ist der Schatz, der dir gegeben wurde? Der dir erschienen ist, hat mir gesagt, daß dir nach deinem Gebet viel Gold und Silber anvertraut wurde.«

Feodor aber wollte ihm den Schatz nicht zeigen. Der Dämon sprach zwar offen mit dem Höhlenmönch, insgeheim aber gab er ihm den Gedanken ein, das Gold zu nehmen und in ein anderes Land zu gehen.

Er sagte: »Bruder Feodor, habe ich dir nicht gesagt, daß du bald Vergeltung empfangen wirst? Denn er [der Herr] hat gesagt: ›Wer sein Haus verläßt oder Äcker oder Hab und Gut um meinetwillen, der wird's hundertfältig empfangen und das ewige Leben ererben.‹ Siehe der Reichtum ist schon in deinen Händen, mach mit ihm, was du willst.«

Da antwortete der Höhlenmönch: »Ich habe deshalb zu Gott gebetet, damit ich, wenn er mir etwas gibt, dies alles als Almosen verteile. Darum hat er es mir auch geschenkt.«

Der Widersacher sagte nun zu ihm: »Bruder Feodor, hüte dich davor, daß der Feind dich nicht wieder, wie schon früher, wegen dem, was du verteilst, quält! Dies hier wurde dir für das gegeben, was

Die ehrwürdigen Feodor und Wassili

du an die Armen verteilt hast. Ich wünsche, daß du es nimmst, in ein anderes Land ziehst und dir dort Äcker kaufst und was du sonst noch brauchst. Dort kannst du auch den Ränken der Dämonen entkommen und dein Seelenheil finden. Nach deinem Tode wirst du das alles überlassen, wem du willst, und dafür wird man deiner gedenken.«

Feodor sprach zu ihm: »Wäre es nicht eine Schande für mich, wenn ich – der ich die Welt und alles, was in ihr ist, verlassen habe und Gott gelobte, mein Leben in dieser Höhle zu beschließen – jetzt fliehen würde und in der Welt lebte? Wenn es dir nur recht ist, daß ich im Kloster lebe, werde ich alles tun, was du sagst.«

Der Dämon, der vermeintliche Bruder, entgegnete: »Du kannst den Schatz nicht verheimlichen. Man wird bestimmt davon erfahren und ihn dir wegnehmen. Folge meinem Rat, dem, was ich dir empfehle. Wenn es Gott nicht gefallen hätte, hätte er dich weder beschenkt noch mich davon wissen lassen.«

Da glaubte ihm der Höhlenmönch wie einem Bruder und bereitete seinen Auszug aus der Höhle vor. Er baute Wagen und Kästen. Darin wollte er den Schatz unterbringen und dann auf Geheiß des Dämons hingehen, wohin es ihm beliebte. Er [der Dämon] wollte ihm arglistig Böses tun, nämlich ihn von Gott und der heiligen Stätte und vom Hause der Allreinen und unserer ehrwürdigen Väter Antoni und Feodossi entfernen. Gott aber, der nicht will, daß auch nur ein einziger von dieser heiligen Stätte zugrunde gehe, rettete ihn um der Gebete seiner Heiligen willen.

Zu dieser Zeit kehrte Wassili, der den Höhlenmönch früher aus schlimmen Gedanken befreit hatte, von der Reise für den Abt zurück. Er kam in die Höhle, weil er den dort lebenden Bruder zu sehen wünschte, und sagte zu ihm: »Bruder Feodor, wie kommst du jetzt mit Gott zurecht?«

Feodor wunderte sich über die Frage, weil sie so klang, als hätten sie sich lange nicht gesehen. Er entgegnete: »Gestern und vorgestern – immer warst du mit mir zusammen und hast mich belehrt. Ich gehe nun, wohin du mich geheißen hast.«

Wassili aber sprach: »Erzähle mir, Feodor, was meinst du, wenn du sprichst: ›Gestern und vorgestern – immer warst du mit mir zusammen und hast mich belehrt‹? Ist das nicht etwa eine dämonische Erscheinung? Verbirg mir nichts, Bruder, um Gottes willen.«

Feodor antwortete ihm zornig: »Weshalb versuchst du mich und verwirrst meine Seele? Einmal sprichst du so, das andere Mal anders.

Welchem Wort soll man nun Glauben schenken?« Und so jagte er ihn mit harten Worten von sich.

Wassili kehrte ins Kloster zurück, nachdem er all das vernommen hatte. Der Dämon kam wieder in der Gestalt Wassilis zu ihm [Feodor] und sagte: »Du hast deinen kläglichen Verstand verloren, Bruder. Ich will dir die Kränkung nicht nachtragen, die du mir heute Nacht angetan hast. Nun aber nimm das, was du gefunden hast, und geh noch in dieser Nacht fort.« Als der Dämon das ausgesprochen hatte, verließ er ihn.

Da der Tag anbrach, kam Wassili wieder zu ihm und brachte einige von den Starzen mit. Er sagte zum Höhlenmönch: »Ich habe sie als Zeugen mitgebracht, daß es drei Monate her ist, seit wir beide uns gesehen haben, und daß ich heute den dritten Tag wieder im Kloster bin. Du aber sagst ›gestern und vorgestern‹! Da hat doch der Teufel seine Hand im Spiel. Wenn er wiederkommt, erlaube ihm nicht, mit dir zu reden, bevor du ein Gebet gesprochen hast. Dann wirst du erkennen, daß es ein Dämon ist.« Als er die Heiligen zu Hilfe gerufen hatte, sprach er ein bannendes Gebet. Er machte dem Höhlenmönch Mut und kehrte in seine Zelle zurück.

Danach wagte es der Dämon nicht, dem Höhlenmönch zu erscheinen. Feodor durchschaute die List des Teufels. Von der Zeit an verlangte er von jedem, der zu ihm kam, daß er zunächst bete, und dann erst unterhielt er sich mit ihm. Seitdem war er gegen die Feinde gewappnet und erkannte ihre Durchtriebenheit. Der Herr erlöste ihn von den vermeintlichen Bestien, und er war ihnen nicht mehr ausgeliefert, wie es vielen geht, die in der Einöde sind oder in Höhlen oder Einsiedeleien allein leben. Man braucht eine große Festigkeit, um nicht durch Dämonen ins Verderben geführt zu werden. Sie wollten auch diesen verderben, doch der Herr hat ihn errettet.

Für den Schatz, den er gefunden hatte, grub er eine tiefe Grube, legte ihn hinein und schüttete sie zu. Seit jenen Tagen bis heute weiß niemand, wo er verborgen ist.

Er selbst aber gab sich ganz der Arbeit hin, um nicht durch Müßiggang der Faulheit Vorschub zu leisten, denn sie führt zum Nachlassen der Furcht [vor Gott], und dies wiederum läßt die Dämonen dreister werden. Er richtete in der Höhle eine Mühle ein, und von da an begann er, für die heiligen Brüder zu arbeiten. Er holte Weizen aus der Kornkammer und mahlte ihn hier mit eigenen Händen. Ganze Nächte verbrachte er ohne Schlaf, unter Mühen, bei der

Arbeit und im Gebet. Am anderen Tag gab er das Mehl im Speicher ab und holte aufs neue Korn. Das tat er viele Jahre hindurch: Er arbeitete für die heiligen Brüder, und das war eine Erleichterung für die Klosterknechte. Er schämte sich dieser Arbeit nicht und betete ohne Unterlaß zu Gott, er möge die Gedanken an die Habsucht von ihm nehmen. Und der Herr befreite ihn von dieser Krankheit, so daß er nicht mehr an Reichtum dachte und Gold und Silber für Schmutz erachtete.

Viel Zeit verging, und er mühte sich sehr bei solcher Arbeit und Plackerei. Der Kellermeister, der sah, wie er sich quälte, schickte, als einmal Korn von den Dörfern gebracht wurde, fünf Fuhren zu seiner Höhle, damit er sich nicht immer die Mühe machen mußte, das Getreide selbst zu holen. Er [Feodor] schüttete das Getreide in Gefäße und begann zu mahlen und dabei den Psalter auswendig zu singen. Alsbald wurde er müde und legte sich nieder, um ein wenig auszuruhen. Da gab es plötzlich einen Donnerschlag, und die Mühlsteine begannen zu mahlen. Als der Gesegnete erkannte, daß das ein dämonisches Treiben war, stand er auf und begann, fleißig zu Gott zu beten, und sprach mit lauter Stimme: »Du allerlistigster Teufel du, Gott gebietet dir Einhalt.« Der Dämon aber hörte nicht auf, mit den Mühlsteinen zu mahlen.

Feodor rief wieder: »Im Namen des Vaters, des Sohnes und des Heiligen Geistes, der euch vom Himmel gestürzt und der Verachtung seiner Diener preisgegeben hat! Er befiehlt dir durch mich Sünder, nicht von der Arbeit abzulassen, bis du alles Getreide gemahlen hast, damit auch du den heiligen Brüdern dienstbar bist.« Nach diesen Worten begann er zu beten.

Der Dämon wagte nicht, ungehorsam zu sein, und mahlte alles Getreide bis zum Morgengrauen zu fünf Fuhren Mehl. Feodor benachrichtigte den Kellermeister, daß er jemanden nach dem Mehl schicken solle. Der Kellermeister staunte sehr über das außergewöhnliche Wunder, daß in einer einzigen Nacht fünf Fuhren ausgemahlen worden waren. Und als er die fünf Fuhren Mehl von der Höhle holte, kamen noch fünf Fuhren hinzu!

Dieses Wunder war damals und ist für die, die es heute hören, außergewöhnlich. Es geschah, was im Evangelium gesagt ist: »Es sind euch auch die bösen Geister untertan in meinem Namen.« Denn es heißt: »Ich habe euch Vollmacht gegeben, zu treten auf Schlangen und Skorpione, und über alle Gewalt des Feindes.« Auch sonst suchten die Dämonen den Gesegneten zu erschrecken, fanden aber nur Fesseln furchtbarer Fron für sich, so daß sie schrien: »Hier erscheinen wir nicht mehr.«

Feodor und Wassili trafen untereinander eine gottgefällige Vereinbarung, niemals ihre Gedanken voreinander zu verbergen, sondern nach Gottes Ratschluß [gemeinsam] Lösungen und Entscheidungen zu finden. Wassili zog in die Höhle ein, Feodor dagegen verließ sie seines Alters wegen. Er wollte sich auf dem alten Klosterhof eine Zelle bauen.

Damals war das Kloster abgebrannt, und für den Bau der Kirche und aller Zellen war Holz mit Flößen am Ufer angekommen. Fuhrleute waren gemietet worden, um es auf die Anhöhe zu fahren. Feodor aber, der niemandem zur Last fallen wollte, begann, sein Holz selbst zu tragen. Was Feodor nun für den Bau seiner Zelle hinaufgetragen hatte, warfen die Dämonen, um ihn zu ärgern, wieder von der Anhöhe herunter; auf diese Weise wollten sie den Gesegneten vertreiben.

Feodor aber sagte: »Im Namen des Herrn, unseres Gottes, der euch geheißen hat, in die Säue zu fahren! Er befiehlt euch durch mich, seinen Knecht, alles Holz, das am Ufer liegt, auf die Anhöhe zu tragen, auf daß die Diener Gottes keine Mühe haben und damit die Kirche unserer heiligen Gebieterin, der Gottesmutter, und für sich die Zellen bauen können. Hört auf, sie zu ärgern, und wisset, daß der Herr hier an dieser Stätte weilt.«

In derselben Nacht trugen die Dämonen unablässig das Bauholz vom Dnepr herauf auf die Anhöhe, bis kein einziger Baumstamm mehr unten war. Davon konnten die Kirche und die Zellen, einschließlich Dach und Fußboden, gezimmert werden, und es reichte für alles, was das Kloster brauchte.

Als die Fuhrleute am Morgen aufgestanden waren und ans Ufer kamen, um das Holz zu fahren, fanden sie am Ufer nicht ein Stück Holz mehr vor. Alles war oben. Es war aber nicht auf einen Haufen gelegt, sondern aufgeteilt je nachdem, wie es zusammengehörte: [das Holz] für das Dach, gesondert das für den Fußboden, für sich auch die Eichenstämme für die Zellen, die sich wegen ihrer Länge nur schwer tragen lassen. Alles fand man jedoch wohlbehalten auf der Anhöhe vor.

Für alle, die das gesehen oder davon gehört hatten, war es wie ein Wunder. Was da geschehen war, überstieg menschliche Kraft. Viele Andersgläubige halten dies wegen der Großartigkeit des Wunders für unwahr. Die Augenzeugen aber priesen darob Gott, der so überaus herrliche Wunder denen zuliebe tut, die ihm wohlgefällig dienen, wie der Herr gesagt hat: »Doch darüber freuet euch nicht, daß euch die Geister untertan sind. Freuet euch aber, daß eure Namen im Himmel geschrieben sind.« Das hat der Herr um der Gebete unserer heiligen Väter Antoni und Feodossi willen getan, damit man ihn preise.

Die Dämonen aber konnten die Schande nicht ertragen; denn einst wurden sie von den Ungläubigen verehrt und angebetet und für Götter gehalten, jetzt hingegen werden sie von den treuen Dienern Christi verachtet, gedemütigt und geschändet. Sie arbeiten wie gedungene Sklaven, tragen die Baumstämme die Anhöhe hinauf und müssen von den Menschen aus Furcht vor der Strafe der Ehrwürdigen ablassen; denn all ihre Betrügereien sind von Wassili und Feodor aufgedeckt worden.

Als der Dämon sich von den Menschen so geschmäht sah, schrie er auf: »Oh, ihr bösen und grimmigen Widersacher! Ich höre nicht auf! Ich werde nicht ruhen, bis zu eurem Tode mit euch zu kämpfen!«

Der Teufel wußte nicht, daß er den beiden damit zu noch größerem Ruhm verhelfen würde. Er stiftete böse Menschen an, die beiden zugrunde zu richten. Sie haben ihren Bogen gespannt, ein schlimmes Vergehen, und ihre Waffe dringt in ihr Herz ein, wovon wir später berichten werden.

Die Tagelöhner und Fuhrleute erhoben Klage gegen den Gesegneten, forderten ihren Lohn und sprachen: »Wir wissen nicht, durch welche List du das Holz auf die Anhöhe befohlen hast.«

Der ungerechte Richter aber nahm von ihnen Bestechungsgeld und bestimmte, daß sie vom Ehrwürdigen Lohn erhalten sollten, und sprach: »Mögen dir die Dämonen, die dir dienen, zahlen helfen.« Er dachte nicht an das ihn angehende Urteil Gottes, daß der ungerechte Richter selbst gerichtet werden wird.

Und wiederum entfachte der teuflische Widersacher einen Sturm gegen die Ehrwürdigen: Er fand unter den Ratgebern des Fürsten einen bösen und wütenden Mann, der auf Grund seines Wesens, seines Tuns und all seiner Bosheit nichtswürdig war. Zu diesem Bojaren ging der Dämon in Wassilis Gestalt, weil Wassili ihm bekannt war, und sagte folgendes zu ihm: »Vor mir lebte Feodor in der Höhle. Er hat dort einen großen Gold- und Silberschatz und kostbare Gefäße gefunden. Mit alledem wollte er in ein anderes Land fliehen. Ich habe ihn davon abgehalten. Jetzt aber treibt er Narreteien: Er befiehlt den Dämonen zu mahlen und das Holz vom Ufer auf die Anhöhe zu tragen; und das geschieht auch. Den Schatz aber bewahrt er vorläufig auf, um ohne mein Wissen damit fortzugehen, wohin er will. Ihr aber werdet nichts finden.«

Als der Bojar das von dem Dämon, den er ja für Wassili hielt, vernommen hatte, führte er ihn zum Fürsten Mstislaw Swjatopoltschitsch. Der Dämon erzählte dem Fürsten dasselbe und noch mehr. Er sagte: »Ergreift ihn schnell und nehmt den Schatz. Wenn er ihn nicht hergibt, so droht ihm mit Schlägen und Martern. Wenn er ihn dann immer noch nicht hergibt, so überantwortet ihn vielfachen Qualen, und wenn er ihn auch dann nicht hergeben sollte, so ruft mich. Ich werde ihn vor euch allen entlarven und die Stelle zeigen, wo der Schatz versteckt ist.« Und als der Dämon ihnen diesen bösen Hinweis gegeben hatte, ging er ihnen aus den Augen.

In der Frühe ritt der Fürst mit einer großen Zahl von Kriegern aus, als ob er zur Jagd oder gegen einen starken Kämpfer zöge, ließ den gesegneten Feodor festnehmen und ihn in sein Haus bringen. Anfangs befragte er ihn freundlich und sprach: »Sag mir, Vater, hast du einen Schatz gefunden? Dann werde ich mit dir teilen, und du wirst der Beichtvater für meinen Vater und mich sein.« Swjatopolk aber war damals in Turow.

Feodor aber sagte: »Ja, ich habe einen gefunden, und jetzt ist er in der Höhle versteckt.«

Der Fürst fragte: »Vater, ist es viel an Gold und Silber und Gefäßen? Und wer – erzählt man sich – hat ihn versteckt?«

Feodor antwortete: »In der Vita des heiligen Antoni wird erzählt, daß das ein Warägerschatz sei, weil es lateinische Gefäße sind. Deshalb heißt die Höhle bis heute die Warägerhöhle. Es ist unermeßlich viel an Gold und Silber.«

Nun sagte der Fürst: »Weshalb gibst du es nicht mir, deinem Beichtkind? Du nimm dir, soviel du willst.«

Darauf Feodor: »Ich brauche davon nichts. Befiehlst du mir, etwas zu nehmen, was mir nicht frommt? Ich brauche nichts davon, weil ich mich davon befreit habe. Ich erinnere mich nicht, sonst würde ich euch alles erzählen, weil ihr ihm [dem Reichtum] hörig seid, ich aber von ihm nicht abhängig bin.«

Da sagte der Fürst zornig zu seinen Dienern: »Ich befehle, diesen Mönch, der meine Gnade verschmäht, an Händen und Füßen zu fesseln und ihm drei Tage weder Brot noch Wasser zu geben.«

Und wieder wurde er gefragt: »Sag, wo der Schatz ist!«

Und Feodor antwortete: »Ich weiß nicht mehr, wo ich ihn verborgen habe.«

Der Fürst befahl nun, ihn grausam zu foltern, so daß sein härenes Hemd blutgetränkt war. Danach befahl er, ihn in einen großen Rauchfang zu hängen, [seine Hände] hinten zu fesseln und Feuer anzuzünden. Da wunderten sich viele über die Standhaftigkeit des Mannes, der in den Flammen verharrte, als sei er im Tau, und daß auch das Feuer sein Hemd nicht berührte.

Und jemand von den Umstehenden erzählte von dem Wunder, das Feodor vollbracht hatte. Der Fürst erschrak und sagte zum Starzen: »Weshalb richtest du dich zugrunde und gibst uns nicht den Schatz, der für uns so wertvoll ist?«

Feodor antwortete: »Ich sage dir die Wahrheit: Mich rettete damals das Gebet meines Bruders Wassili, als ich ihn [den Schatz] fand. Jetzt hat der Herr die Gedanken an die Habsucht von mir genommen, und ich weiß nicht, wo ich ihn verborgen habe.«

Der Fürst schickte eilig in die Höhle nach dem heiligen Wassili. Als der nicht kommen wollte, brachte man ihn mit Gewalt aus der Höhle herbei. Der Fürst sagte zu ihm: »Alles, was du mir befohlen hast, diesem Bösen anzutun, habe ich auch getan. Ich will dich doch wie einen Vater ehren!«

Wassili aber fragte: »Was habe ich dir zu tun befohlen?«

Darauf der Fürst: »Du hast mir von dem Schatz erzählt. Er aber hat nichts darüber gesagt, und ich habe ihn gefoltert.«

Wassili erwiderte: »Ich erkenne die Ränke des bösen Dämons, der dich überlistet und dir Lügen über mich und diesen Ehrwürdigen erzählt hat. Denn mich hast du niemals gesehen, da ich fünfzehn Jahre meine Höhle nicht verlassen habe.«

Alle, die dabeistanden, sagten darauf: »Du hast in unserer Gegenwart mit dem Fürsten gesprochen.«

Wassili entgegnete: »Euch alle hat der Dämon überlistet. Ich habe weder den Fürsten noch euch gesehen.«

Da wurde der Fürst zornig und befahl, ihn ohne Erbarmen zu schlagen. Er ertrug die Bloßstellung nicht: Berauscht vom Wein und sehr aufgebracht, ergriff er einen Pfeil und traf damit Wassili. Und nach diesem Schuß zog Wassili den Pfeil aus seinem Leib, warf ihn dem Fürsten hin und sagte: »Mit diesem Pfeil wirst du selbst verwundet werden«, was sich auch nach seiner Prophezeiung erfüllte.

Der Fürst befahl, die beiden getrennt einzuschließen, um sie am Morgen grausam zu foltern. In dieser Nacht aber beschlossen beide ihr Leben in Gott.

Als die Brüder das erfuhren, kamen sie, nahmen die Körper der beiden Gemarterten auf und setzten sie mit allen Ehren in der Warägerhöhle bei. Hier hatten sie ihre Kämpfe auszustehen gehabt, und hier wurden sie in ihren blutigen Gewändern und in den härenen Hemden bestattet, die bis heute unversehrt sind. Wie sollte Moder die befallen, denen sogar das Feuer nichts anhaben konnte?

Wenige Tage später wurde Mstislaw selbst auf der Stadtmauer von Wladimir – wie es Wassili vorausgesagt hatte – im Kampf mit David Igorewitsch getroffen. Er erkannte seinen Pfeil, mit dem er auf Wassili geschossen hatte, und sagte: »Ich sterbe heute der ehrwürdigen Wassili und Feodor wegen.«

Auf daß sich erfüllte, was der Herr gesagt hat: »Wer das Schwert nimmt, der soll durchs Schwert umkommen.« Denn er, der frevelhaft gemordet hatte, wurde auch selbst frevelhaft gemordet. Die beiden aber empfingen die Märtyrerkrone in Christus Jesus, unserem Herrn. Er sei gepriesen mit dem Vater und dem Heiligen Geist jetzt und immerdar.

VOM EHRWÜRDIGEN SPIRIDON DEM PROSPHORENBÄCKER UND VON ALIMPI DEM IKONENMALER.

Die vierunddreißigste Erzählung

Eine jegliche schlichte Seele ist heilig, sie hat kein Falsch in sich noch Arglist in ihrem Herzen. Ein solcher Mensch ist getreu gegen Gott wie gegen die Menschen, er kann gegen Gott nicht sündigen, mehr noch: er will es nicht, denn er ist ein Gefäß Gottes und wird zum Wohnsitz des Heiligen Geistes. Von diesem empfängt seine Seele wie sein Körper und Geist das Licht, wie der Herr spricht: »Ich und der Vater, wir werden zu ihm kommen und Wohnung bei ihm machen.« »Ich will unter ihnen wohnen und unter ihnen wandeln und will ihr Gott sein, und sie sollen mein Volk sein.« Und der Apostel sagt: »Brüder, ihr seid der Tempel des lebendigen Gottes, und der Geist Gottes wohnt in euch.« Solche Brüder haben auf Erden wie Engel gelebt und im Himmel freuen sie sich mit ihnen ewiglich. Denn wie sie schon im Leben von ihnen ungetrennt waren, freuen sie sich auch nach dem Tode mit ihnen. Davon werden wir am Ende dieser Erzählung berichten.

Die ehrwürdigen Spiridon und Nikodim,
Prosphorenbäcker des Höhlenklosters

Dieser ehrwürdige Spiridon war ungebildet im Reden, nicht aber hinsichtlich seines Verstandes. Er war nämlich nicht aus der Stadt zur Mönchsgemeinschaft gekommen, sondern stammte aus einem Dorf. Er nahm aber die Furcht Gottes in sein Herz auf und begann, die Schrift zu studieren, und bald konnte er den ganzen Psalter auswendig. Auf Anweisung des Abtes Pimin des Fasters buk er die Prosphoren zusammen mit einem anderen Bruder namens Nikodim, der war mit ihm eines Sinnes und von der gleichen Gesittung. Sie leisteten ihren Dienst in der Backstube untadelig viele Jahre und erfüllten rein und ohne Fehl ihre Pflichten. Der gesegnete Spiridon änderte, seit er in die Backstube gekommen war, seine strenge Lebensführung und sein geistliches Mühen nicht, sondern tat seine Arbeit mit großer Frömmigkeit und Gottesfurcht und brachte so Gott ein reines Opfer mit seinem Mühen dar. Die Frucht seiner Lippen war das lebendige und geistige Opfer, das er dem allmächtigen Gott in allem und für alle darbrachte: Ohne Unterlaß betete er den Psalter, den er täglich einmal vollständig sang. Ob er nun Holz hackte oder den Teig knetete, ständig hatte er den Psalter auf den Lippen.

Als dieser Gesegnete einst in aller Frömmigkeit seine übliche Arbeit verrichtete und den Ofen anheizte, um wie gewohnt die Prosphoren zu backen, geschah es, daß das Dach des Gebäudes Feuer fing. Da nahm er seinen Umhang und verstopfte damit das Abzugsloch des Ofens. Er verknotete die Ärmel seines Obergewandes und lief zum Brunnen, um damit Wasser zu schöpfen. Dann lief er schnell, die Brüder zu rufen, daß sie den Ofen und das Gebäude löschten. Als die Brüder herbeiliefen, sahen sie ein wundersames Ereignis, denn das Wasser lief nicht durch das Obergewand hindurch, und so konnten sie damit den starken Brand löschen.

Es würde viel Fleiß und Mühe kosten, alle zu erwähnen, die hier in diesem gesegneten Höhlenkloster in Gott verschieden sind, und sie zu loben und zu preisen und mit David zu sprechen: »Freuet euch des Herrn, ihr Gerechten; die Gerechten sollen ihn preisen. Singet ihm mit Jauchzen zum Psalter von zehn Saiten.« Denn nicht in der elften Stunde beteten sie zu Gott und taten, was ihm wohlgefällig ist, sondern von Jugend an schenkten sie sich ihm, lebten in diesem Geist viele Jahre und gingen in hohem Alter zu Gott ein. Keinen einzigen Tag und keine Stunde wichen sie von ihrer Vorschrift ab. Sie waren gepflanzt im Hause der Gottesmutter, sie grünen in den Vorhöfen unseres Gottes und tragen Frucht in hohem Alter. Zu ihnen gehörte auch dieser Gesegnete.

Der ehrwürdige Alimpi wurde von seinen Eltern zu den Ikonenmalern in die Lehre gegeben, als die griechischen Maler gegen ihren Willen durch Gottes und seiner allreinen Mutter Fügung aus Zargrad hierhergeführt wurden, um die Kirche des Höhlenklosters auszuschmücken. Das geschah in den Tagen des frommen Fürsten Wsewolod Jaroslawitsch, unter dem ehrwürdigen Abt Nikon, wie bei Simon geschrieben steht.

Damals wirkte und zeigte Gott ein seltsames Wunder in seiner Kirche. Als die Meister den Altarraum mit Mosaiken auskleideten, entstand das Bild unserer allreinen Herrin, der Gottesmutter und Ewigjungfrau Maria, gleichsam von selbst. Als nun alle im Altarraum waren und diese Mosaikarbeit auflegten, war auch Alimpi als Lehrling dabei und tat Hilfsarbeiten. Da schauten alle ein seltsames und erhabenes Wunder: Vor aller Augen erstrahlte plötzlich das Bildnis unserer Herrin, der Gottesmutter und Ewigjungfrau Maria, und leuchtete heller als die Sonne. Sie konnten diesen Anblick nicht ertragen und fielen voller Schrecken nieder. Und als sie ein wenig aufblickten, um das Wunder, das geschehen war, zu sehen, siehe, da flog eine weiße Taube aus dem Mund der allreinen Gottesmutter. Sie flog hinauf zum Bildnis des Heilands und verschwand dort. Als sie nun nachsehen wollten, ob sie vielleicht aus der Kirche hinausgeflogen sei, da kam die Taube wiederum vor aller Augen aus dem Mund des Heilands, flog durch die ganze Kirche und zu den einzelnen Heiligen. Dem einen setzte sie sich auf die Hand, dem anderen auf den Kopf. Dann flog sie herab und ließ sich hinter der wundertätigen Ikone der Gottesmutter, der Ortsikone, nieder. Die nun unten standen, wollten die Taube fangen und stellten eine Leiter an, aber sie fanden sie nicht, weder hinter der Ikone noch hinter dem Vorhang. Sie suchten sie überall und wußten nicht, wo die Taube verschwunden war. So standen sie alle da und betrachteten die Ikone. Und siehe, wiederum flog vor ihnen die Taube aus dem Mund der Gottesmutter und flog hinauf zum Bildnis des Heilands.

Da rief man den oben Stehenden zu: »Fangt sie!«

Die streckten die Hände aus, um sie zu fangen. Die Taube aber verschwand im Mund des Heilands, woher sie zuvor gekommen war. Und wiederum umleuchtete sie ein Licht, heller als die Sonne, das Menschenaugen blendet. Da fielen sie nieder und verneigten sich vor dem Herrn. Und mit ihnen war auch dieser gesegnete Alimpi, auch er durfte das Werk des Heiligen Geistes mit ansehen, das in dieser heiligen und ehrwürdigen Kirche des Höhlenklosters geschah.

Der ehrwürdige Alimpi der Ikonenmaler

Als die Kirche fertig ausgemalt war, wurde der gesegnete Alimpi unter dem Abt Nikon zum Mönch geschoren. Er hatte sich die Kunst der Ikonenmalerei vortrefflich angeeignet und war in diesem Handwerk sehr geschickt. Er hatte diese Kunst jedoch nicht erlernt, um damit Reichtümer zu erwerben, sondern übte sie aus zur Ehre Gottes als einen Dienst, daß es alle zufrieden waren. Er malte Ikonen für den Abt und alle Brüder und nahm dafür kein Entgelt. Wenn der Ehrwürdige einmal keinen Auftrag hatte, lieh er sich Gold und Silber, wie man es für Ikonen benötigt, und arbeitete für die, von denen er geborgt hatte, und gab ihnen für seine Schulden eine Ikone. Oft bat er seine Gefährten, wenn sie in einer Kirche unansehnlich gewordene Ikonen entdeckten, sollten sie ihm diese bringen. Dann besserte er sie aus und stellte sie wieder an ihren Platz.

Das alles tat er, um nie müßig zu sein. Denn die heiligen Väter haben den Mönchen aufgetragen, mit den Händen zu arbeiten, und haben solches als ein großes Werk vor Gott bezeichnet. So hat auch der Apostel Paulus gesagt: »Meine Hände haben mir und denen, die mit mir waren, gedient, auch habe ich nicht umsonst das Brot von jemand gegessen.« So teilte auch der gesegnete Alimpi den Verdienst für seine Arbeit in drei Teile: Einen Teil verwendete er für die heiligen Ikonen, den zweiten Teil für Almosen an die Armen, den dritten Teil für den Bedarf seines Leibes. So hielt er es Jahr für Jahr und gönnte sich keinen Tag Ruhe. Nachts übte er sich im Singen und im Gebet, und sobald der Tag anbrach, ging er an seine Arbeit. Nie hat ihn jemand müßig gesehen. Selbst bei der gottesdienstlichen Versammlung trennte er sich nicht von seiner Arbeit. Wegen seiner großen Tugenden und seines reinen Wandels setzte ihn der Abt als Priester ein, und auch in diesem Stande der Priesterschaft bewährte er sich und wirkte Gott wohlgefällig.

Es lebte in Kiew ein vornehmer Mann, der war aussätzig. Er hatte sich schon viel von Magiern und Ärzten kurieren lassen, hatte auch bei Andersgläubigen Hilfe gesucht, aber vergebens: sein Leiden wurde nur noch ärger. Da drängte ihn einer seiner Freunde, er solle ins Höhlenkloster gehen und die Väter bitten, daß sie für ihn beteten. So ließ er sich denn in das Kloster bringen.

Der Abt gebot ihm, von dem Brunnen des heiligen Feodossi mit einem Schwamm zu trinken, und man strich ihm damit über Kopf und Gesicht. Aber wegen seines Unglaubens brach sogleich der Ausschlag an ihm aus, so daß alle vor ihm zurückwichen wegen des Gestanks. So kehrte er in sein Haus zurück und weinte und klagte.

Lange Zeit konnte er das Haus nicht verlassen wegen des üblen Gestanks. Er sprach zu seinen Freunden: »Mein Angesicht ist voller Schande. Ich bin fremd geworden meinen Brüdern und unbekannt den Kindern meiner Mutter, denn ich bin nicht im Glauben zum heiligen Antoni und Feodossi gekommen.« Tag für Tag erwartete er seinen Tod.

Nach einiger Zeit kam er zu sich und gedachte seiner Sünden. Er ging zum ehrwürdigen Alimpi und beichtete ihm.

Der Gesegnete sprach zu ihm: »Mein Sohn, du hast gut daran getan, daß du Gott deine Sünde bekannt hast vor mir Unwürdigem. Denn der Prophet David spricht: ›Ich will dem Herrn meine Übertretungen bekennen, und er wird mir die Gottlosigkeit meines Herzens verzeihen.‹«

Er belehrte ihn eingehend über die Rettung der Seele. Dann nahm er den Farbkasten, und mit den Farben, mit denen er die Ikonen malte, bestrich er sein Gesicht und seine Eiterschwären. Und so stellte er sein wohlgestaltetes vormaliges Aussehen wieder her. Er führte ihn in die göttliche Kirche des Höhlenklosters, reichte ihm die heiligen Sakramente und hieß ihn, sich mit dem Wasser zu waschen, mit dem sich die Priester waschen. Da fielen die Schwären von ihm ab, und er war gesund.

Oh, sieh doch den Verstand des Gesegneten: Er hat es Christus gleichgetan. Denn wie der Herr den Aussätzigen geheilt hat und ihm geboten hat, sich den Priestern zu zeigen und eine Gabe für seine Reinigung zu opfern, so floh auch dieser Heilige den Ruhm. Und wie Christus den Blinden geheilt und ihn geheißen hat, zum Teich Siloah zu gehen und sich zu waschen, wodurch dieser erst wieder sehend wurde, so färbte auch dieser Gesegnete zuerst mit Farben das Bild, das wegen seines Unglaubens stank. Er erwies auch den Dienern Gottes Ehre, daß auch sie wie er des Wunders teilhaftig würden. Indem er jenen mit Wasser abwusch, wusch er nicht nur seinen körperlichen Aussatz ab, sondern auch den seiner Seele.

Der Urenkel jenes Geheilten ließ die Lade über dem heiligen Altartisch mit Gold beschlagen als Dank für diese Heilung.

Alle wunderten sich über die schnelle Heilung.

Der ehrwürdige Alimpi aber sprach zu ihnen: »Brüder! Hört auf den, der gesagt hat: ›Kein Knecht kann zwei Herren dienen.‹ So war auch dieser früher dem Feind untertan durch die Sünde der Zauberei, hernach aber kam er zu Gott. Vorher jedoch, als er nicht mehr an seine Rettung glaubte, befiel ihn noch schlimmerer Aussatz wegen seines Unglaubens. ›Bittet‹, spricht der Herr und nicht einfach ›Bittet‹, sondern ›Bittet im Glauben, und ihr werdet empfangen.‹ Als er aber Gott um Vergebung bat und mich zum Zeugen machte, erbarmte sich seiner der, dessen Gnade schnell bereit ist.«

Und er ging geheilt nach Hause, pries Gott und die allreine Mutter, die diesen geboren hat, und unsere ehrwürdigen Väter Antoni und Feodossi und den gesegneten Alimpi. Denn siehe, wir haben einen neuen Elisa, der den Syrer Naëman vom Aussatz heilte.

Und es war ein anderer Christus liebender Mann aus derselben Stadt Kiew, der hatte sich eine Kirche bauen lassen und wollte zu ihrer Verschönerung große Ikonen stiften: fünf Deesis-Darstellungen und zwei Ortsikonen. Dieser Christus liebende Mann gab nun zwei Mönchen aus dem Höhlenkloster Geld. Diese sollten mit Alimpi einen Preis ausmachen. Er sollte für die Ikonen erhalten, soviel er forderte.

Die Mönche aber sagten Alimpi davon nichts, sondern behielten das Geld, das sie von dem Mann verlangt hatten, für sich. Nun schickte der Christus Liebende zu den Mönchen und ließ fragen, ob die Ikonen fertig seien. Sie ließen sagen, Alimpi fordere noch Gold, nahmen das Gold ebenfalls in Empfang und gaben es für sich aus. Dann teilten sie dem Mann abermals im Namen des Heiligen mit, daß er noch einmal soviel verlange, wie er erhalten habe. Jener Christus Liebende aber gab es mit Freuden.

Kurz darauf ließen die Mönche wieder sagen: »Alimpi fordert noch einmal soviel.«

Der Christus Liebende erwiderte: »Und wenn er zehnmal soviel fordert, so werde ich es ihm geben, denn mir liegt allein an seinem Segen und seinem Gebet und an dem Werk seiner Hände.«

Alimpi aber wußte von all dem, was die Mönche trieben, nicht das geringste.

Nun schickte der Mann und wollte sehen, ob die Ikonen fertig seien.

Da ließen die beiden Mönche ihm mitteilen: »Alimpi hat zwar das Gold und Silber mit Wucher genommen, aber deine Ikonen will er nicht malen.«

Da kam der Christus Liebende selbst mit großem Gefolge in das Kloster und wandte sich an Abt Nikon und wollte Klage erheben gegen den ehrwürdigen Alimpi.

Der Abt ließ diesen rufen und sprach zu ihm: »Warum hast du an unserem Sohn unrecht gehandelt? Er mußte dich mehrfach bitten und hat dir gegeben, soviel du verlangtest. In anderen Fällen malst du doch umsonst.«

Der Gesegnete entgegnete: »Ehrwürdiger Vater, deine Heiligkeit weiß, daß ich nie nachlässig in diesem Werk war. Ich verstehe nicht, wovon du jetzt redest.«

Der Abt sagte: »Du hast den Preis für sieben Ikonen dreifach genommen.«

Um ihn zu überführen, ließ er die Ikonentafeln kommen und die Mönche rufen, die das Geld genommen hatten, daß sie zu seiner Überführung mit ihm rechten sollten. Die Abgesandten aber fanden die Ikonen kunstvoll gemalt vor und brachten sie vor den Abt. Und alle, die sie sahen, waren erstaunt und erschrocken, fielen zitternd zu Boden und verneigten sich vor den nicht von Menschenhand gemalten Bildern unseres Herrn Jesus Christus und seiner allreinen Mutter und seiner Heiligen. Und die Kunde von diesem Wunder verbreitete sich wie im Fluge in ganz Kiew.

Nun kamen jene Mönche, die den Gesegneten beschuldigt hatten, wußten aber davon noch nichts und begannen, gegen Alimpi Klage zu führen, und sagten: »Dreimal hast du den Preis genommen, aber die Ikonen malst du nicht.«

Da antworteten ihnen alle und sagten: »Siehe, hier sind die Ikonen, von Gott gemalt.«

Als sie das sahen, erschraken sie tief über das Wunder, das geschehen war. So wurden die beiden Mönche überführt, daß sie das Kloster bestohlen hatten; sie verloren alles und wurden aus dem Höhlenkloster vertrieben.

Sie aber ließen von ihrer Heimtücke nicht, sondern verbreiteten Verleumdungen über den Gesegneten und erzählten überall: »Wir haben die Ikonen gemalt. Der Auftraggeber aber wollte uns den Lohn nicht geben, und so hat er, um uns um unseren Lohn zu prellen, die Geschichte erfunden, daß nicht wir die Ikonen gemalt haben, sondern Gott.«

Und so lenkten sie das Volk ab, das herbeikam, um sie zu betrachten und sich vor ihnen zu verneigen, und verhinderten ihre Verehrung. Deswegen glaubten die Leute den beiden Mönchen, die solche Lügen über den gesegneten Alimpi verbreiteten.

Aber Gott verherrlicht seine Heiligen. Denn der Herr spricht im Evangelium: »Es kann die Stadt, die auf einem Berge liegt, nicht verborgen sein. Man zündet auch nicht ein Licht an und setzt es unter einen Scheffel, sondern auf einen Leuchter, so leuchtet es allen, die herzukommen.« So blieb also auch der tugendhafte Wandel dieses ehrwürdigen Alimpi nicht verborgen, und die Nachricht von dem Ikonenwunder kam auch vor den Fürsten Wladimir. Das geschah auf folgende Weise.

Durch Gottes Fügung brannte während eines Großfeuers der ganze Stadtteil Podol ab. Auch die Kirche, in der jene Ikonen waren, brannte ab. Nach dem Brand fand man die sieben Ikonen unversehrt vor, obwohl das Kirchengebäude gänzlich niedergebrannt war. Als der Fürst davon hörte, ging er hin, um dieses Wunder an den Ikonen zu sehen, die in einer einzigen Nacht durch Gottes Wink gemalt worden waren. Und er pries den Schöpfer aller Dinge, der solch herrliche Wunder bewirkt hatte durch die Gebete Antonis und Feodossis, der ihm Wohlgefälligen. Wladimir nahm eine der Ikonen, die heilige Gottesmutter, und schickte sie nach Rostow in die dortige Kirche, die er selbst hatte errichten lassen. – Sie ist noch heute da, wie ich selbst bezeugen kann.

Folgendes trug sich in meiner Gegenwart in Rostow zu: Die Kirche stürzte ein, aber jene Ikone blieb unversehrt und wurde in eine Holzkirche übergeführt. Diese fiel einer Feuersbrunst zum Opfer, aber die Ikone blieb wiederum unversehrt, und das Feuer hatte nicht einmal Spuren an ihr hinterlassen.

Laßt uns zu einer anderen Geschichte über den gesegneten Alimpi übergehen. Ein anderer Christus liebender Mann übertrug es dem Gesegneten, eine Ortsikone zu malen. Nach einiger Zeit erkrankte der gesegnete Alimpi, die Ikone aber war noch nicht fertig. Da bedrängte der Gott Liebende den Gesegneten.

Der aber sprach zu ihm: »Mein Sohn, komm nicht zu mir und bedränge mich nicht, sondern wirf deine Sorge um die Ikone auf den Herrn, der wird es nach seinem Willen fügen. Deine Ikone aber wird zu ihrem Festtag an ihrem Platze stehen.«

Da freute sich der Mann, daß die Ikone bis zum Festtag fertig sein würde. Er glaubte den Worten des Gesegneten und ging froh nach Hause. Nun kam der Gott Liebende am Vorabend des Festes des Entschlafens [der Gottesmutter] und wollte die Ikone abholen. Da sah er, daß die Ikone nicht fertig war und der gesegnete Alimpi schwerkrank darniederlag.

Ärgerlich fuhr er ihn an: »Warum hast du mir nicht mitteilen lassen, daß du krank bist? Ich hätte die Ikone einem anderen zum Malen geben können, damit der Feiertag festlich und würdig wird. So aber hast du mir Schande gebracht, da du die Ikone zurückhieltest.«

Der Gesegnete erwiderte ihm sanft: »Mein Sohn, habe ich etwa aus Trägheit so gehandelt? Ist es für Gott etwa unmöglich, die Ikone seiner Mutter durch sein Wort malen zu lassen? Ich gehe nun von dieser Welt, wie mir der Herr offenbart hat, und nach meinem Tode wird Gott dich gänzlich zufriedenstellen.«

Jener Mann aber machte sich sorgenvoll auf den Heimweg.

Als er gegangen war, trat ein hell strahlender Jüngling ein, nahm den Farbkasten und begann, die Ikone zu malen. Alimpi glaubte zunächst, daß der Auftraggeber der Ikone ihm zürne und einen anderen Maler geschickt habe, da er zuerst wie ein Mensch wirkte. Aber die Schnelligkeit seiner Arbeit erwies ihn als ein körperloses Wesen. Bald legte er Gold auf die Ikone, bald rieb er Farben auf einem Stein und malte damit, und in drei Stunden war die Ikone fertig. Da sprach er: »O Mönch, fehlt noch etwas, oder habe ich etwas falsch gemacht?«

Der Ehrwürdige sagte: »Du hast gut gearbeitet. Gott hat dir geholfen, diese Ikone kunstvoll zu malen, und hat sie durch dich fertiggestellt.« Als der Abend kam, verschwand der Jüngling mit der Ikone.

Der Auftraggeber der Ikone hatte die ganze Nacht ohne Schlaf kummervoll verbracht, da für den Festtag nun keine Ikone da war, und er nannte sich sündig und unwürdig solcher Gnade. Er erhob sich und ging in die Kirche, um dort über seine Sünden zu weinen. Als er aber die Kirchentür öffnete, sah er die Ikone an ihrem Platz strahlen. Er fiel nieder vor Furcht und glaubte, eine Erscheinung habe ihn genarrt. Als er sich von seinem Schrecken etwas erholt hatte, erkannte er, daß es wirklich die Ikone war. Zittern und Furcht überfielen ihn mit Macht, und er gedachte der Worte des Ehrwürdigen. Er lief und weckte seine Hausgenossen. Mit Freuden eilten sie mit Kerzen und Lämpchen in die Kirche. Da sahen sie die Ikone, die leuchtete heller als die Sonne. Und sie fielen nieder und verneigten sich vor der Ikone und küßten sie in der Freude ihrer Seele. Jener Gott liebende Mann aber ging zum Abt und berichtete von dem Wunder, das mit der Ikone geschehen war, und alle gingen zusammen zum ehrwürdigen Alimpi. Da sahen sie, daß er schon im Sterben lag.

Der Abt fragte ihn: »Vater, wie und von wem wurde die Ikone gemalt?«

Er aber berichtete ihm alles, was er gesehen hatte. »Ein Engel«, sagte er, »hat sie gemalt. Und siehe, dort steht er, um mich zu holen.« Und als er das gesagt hatte, gab er seinen Geist auf.

Sie bereiteten ihn für das Begräbnis vor, trugen ihn in die Kirche und sangen die üblichen Gesänge über ihm. Dann legten sie ihn in die Höhle zu den ehrwürdigen Vätern in Christus Jesus, unserem Herrn. Er sei gepriesen mit dem Vater und den Heiligen.

VOM EHRWÜRDIGEN UND VIELEN LEIDEN AUSGESETZTEN VATER PIMIN UND VON DENEN, DIE ERST VOR IHREM TODE IN DEN MÖNCHSSTAND EINTRETEN WOLLEN.

Die fünfunddreißigste Erzählung

Zu Beginn unserer Erzählung über Pimin berichten wir von seinem schweren Leiden, wie er die Krankheit dankbar und tapfer auf sich nahm.

Dieser gesegnete Pimin wurde als Kranker geboren und wuchs so heran. Durch diese Krankheit blieb er rein von jedem Makel und kannte vom Mutterleibe an keine Sünde. Viele Male bat er seine Eltern um Erlaubnis, Mönch zu werden. In ihrer Liebe zum Sohn hofften und wünschten sie, ihn zum Erben für ihren Besitz zu haben, und verboten es ihm.

Als er völlig von Kräften gekommen war, so daß sie für sein Leben fürchteten, brachten sie ihn ins Höhlenkloster, damit er durch die Gebete der Heiligen genese oder aus ihrer Hand das heilige Engelsgewand empfange.

Seine Eltern, die ihn von Herzen liebten, wollten ihr Kind nicht verlassen. Sie baten alle, für ihren Sohn zu beten, damit er von seinem Leiden genesen möge.

Die ehrwürdigen Väter bemühten sich sehr, aber sie konnten ihm nicht helfen; denn sein Gebet war stärker als das aller anderen. Doch bat er nicht um Gesundheit, sondern um eine Verschlimmerung der Krankheit, damit seine Eltern ihn nicht nach seiner Genesung aus dem Kloster herausnähmen und er somit sein Vorhaben verwirklichen könne. Sein Vater und seine Mutter saßen bei ihm und verhinderten, daß er sich zum Mönch scheren ließe. Der Gesegnete grämte sich und begann, inständig zu Gott zu beten, daß er seinen Wunsch erfüllen möge.

Und siehe, eines Nachts, als ringsum alle schliefen, traten welche mit Kerzen bei ihm ein, wo er lag – rein wie Verschnittene. Sie trugen das Evangelium bei sich, eine Kutte, einen Umhang und eine Kapuze und alles, was zur Mönchsweihe benötigt wird.

Sie sprachen zu ihm: »Willst du, daß wir dich zum Mönch scheren?«

Er willigte mit Freuden ein und sagte: »Euch hat der Herr gesandt, mein Gebieter! Ihr erfüllt meinen Herzenswunsch.«

Sie begannen dann sofort, Fragen zu stellen: »Weshalb bist du, Bruder, in Ehrfurcht hierhergekommen vor diesen heiligen Altar und zu dieser heiligen Gemeinschaft? Willst du dieses hohen engelgleichen Mönchsstandes für würdig befunden werden?«

Auch alles übrige vollzogen sie der Reihe nach, wie es vorgeschrieben ist; dann schoren sie ihn und nahmen ihn damit in den hohen Mönchsstand auf und bekleideten ihn mit Umhang und Kapuze. Als sie ihn unter allen Gesängen, wie sie dazu gehören, feierlich in den Mönchsstand aufgenommen hatten, küßten sie ihn und gaben ihm den Namen Pimin.

Sie zündeten eine Kerze an und sagten: »Vierzig Tage und Nächte lang darf diese Kerze nicht verlöschen.«

Nachdem sie dies alles getan hatten, gingen sie in die Kirche. Seine Haare nahmen sie in einem Tuch mit und legten sie auf das Grab des heiligen Feodossi.

Brüder, die in ihren Zellen waren, hatten den Gesang der Stimmen gehört und weckten ihre Nachbarn. Sie glaubten, der Abt und einige andere hätten ihn [Pimin] zum Mönch geschoren oder er sei schon gestorben. Sie gingen alle zusammen in die Zelle, in der der Kranke lag, und fanden alle in tiefem Schlaf, den Vater, die Mutter und die Knechte. Zusammen mit diesen traten sie zum Gesegneten. Sie alle spürten einen Wohlgeruch und sahen ihn froh und heiter, gekleidet in das Mönchsgewand.

Da fragten sie ihn aus: »Wer hat dich zum Mönch geschoren?« und: »Was waren das für Stimmen, deren Gesang wir gehört haben?« »Haben deine Eltern, die doch bei dir waren, nichts davon gehört?«

Der Kranke erwiderte ihnen darauf: »Ich denke, der Abt war mit Brüdern gekommen, hat mich zum Mönch geschoren und mir den Namen Pimin gegeben. Deren Gesang war es, den ihr gehört habt. Sie haben auch gesagt, daß die Kerzen vierzig Tage und Nächte lang brennen sollen. Meine Haare haben sie mitgenommen und sind in die Kirche gegangen.«

Der ehrwürdige Pimin vom Höhlenkloster

Als sie das von ihm gehört hatten, gingen sie und stellten fest, daß die Kirche verschlossen war. Nun weckten sie die Kirchendiener und fragten sie, ob noch jemand nach dem Abendgebet in die Kirche gegangen sei.

Jene aber antworteten und sprachen: »Niemand ist da hineingegangen. Die Schlüssel sind doch beim Verwalter.« Man holte die Schlüssel, und sie gingen in die Kirche und sahen seine [des Pimin] Haare in einem Tuch auf Feodossis Grab. Da verständigten sie den Abt und suchten die, die ihn [Pimin] zum Mönch geschoren hatten, fanden sie aber nicht. Nun wurde allen bewußt, daß dies Vorsehung war, die von oben, von Gott, ausgeht.

»Laßt uns über dieses Wunder hier gebührend nachdenken, ob« – so sagte er [der Abt] – »seine Aufnahme in den Mönchsstand als ordnungsgemäß gelten kann!«

Da es aber Beweise gab – die Kirche war verschlossen, die Haare befanden sich auf dem Grabe des heiligen Feodossi, und die Kerze, die eigentlich nur einen Tag hätte brennen können, brannte ununterbrochen vierzig Tage und Nächte und brannte nicht herunter –, nahmen sie von einer weiteren Mönchsweihe Abstand und sagten zu ihm: »Es genügt, Bruder Pimin, daß Gott dich beschenkt und dir einen Namen gegeben hat.«

Er [der Abt] fragte ihn: »Wie sahen denn die aus, die dich zum Mönch geschoren haben?«

Man zeigte ihm die Bücher über die Aufnahme in den Mönchsstand, ob etwas davon nicht richtig gemacht worden sei.

Pimin entgegnete: »Weshalb prüfst du mich, Vater? Du selbst kamst doch mit allen Brüdern und hast an mir vollzogen, was in diesen Büchern geschrieben steht, und du sagtest zu mir: ›Du mußt an der Krankheit leiden, wenn aber dein Ende naht, wird dir Gesundheit geschenkt werden, und du wirst mit eigenen Händen deine Liegestatt forttragen.‹ Doch bete für mich, hochwürdiger Vater, daß der Herr mir Geduld schenke.«

Der gesegnete Pimin verbrachte viele Jahre mit dieser schweren Krankheit, so daß die, die ihn betreuten, Abscheu vor ihm empfanden und ihn oftmals zwei oder drei Tage lang hungrig und durstig ließen. Er aber ertrug alles mit Freude und dankte Gott für alles.

Ein anderer, der auch an der Krankheit litt, wurde in die Höhle getragen und zum Mönch geschoren. Die Mönche jedoch, die zur Betreuung der Kranken bestimmt waren, nahmen ihn und trugen ihn zu Pimin, um beide gemeinsam zu betreuen. Sie vernachlässigten aber ihren Dienst und vergaßen sie beide. Die Kranken litten sehr unter Durst.

Da sagte Pimin zum Kranken: »Bruder, weil sich unsere Pfleger wegen des von uns ausgehenden Gestanks ekeln, kannst du wohl, wenn Gott dich genesen läßt, diesen Dienst versehen?«

Der [andere] Kranke versprach dem Gesegneten, sich bis zu seinem Tode eifrig der Krankenbetreuung zu widmen.

Pimin sagte zu ihm: »Siehe, der Herr nimmt deine Krankheit von dir. Und wenn du gesund bist, erfülle dein Versprechen und pflege mich und die, denen es so geht wie mir. Denen, die in diesem Dienst nachlässig sind, legt der Herr eine schlimme Krankheit auf, damit sie, derart gestraft, gerettet werden können.«

Da stand der Kranke sogleich auf und versorgte ihn. Die aber, die nachlässig waren und die Kranken nicht pflegen wollten, wurden alle – wie es der Gesegnete gesagt hatte – von einer Krankheit befallen. Der von der Krankheit genesene Bruder ekelte sich einmal insgeheim vor Pimin, mied ihn und ließ ihn wegen des von seinem Leib ausgehenden Gestanks Hunger und Durst leiden. Er lag für sich in einem Verschlag, und plötzlich ergriff ein Fieber von ihm Besitz, und er konnte drei Tage lang nicht aufstehen. Das Verlangen nach Wasser war für ihn unerträglich, und er begann zu schreien: »Um des Herrn willen kümmert euch um mich, sonst sterbe ich vor Durst!«

Die das in einer anderen Zelle gehört hatten, kamen zu ihm und sahen, daß er von einer Krankheit befallen war. Sie verständigten Pimin davon: »Der Bruder, der dich pflegt, liegt im Sterben.«

Da sagte der Gesegnete: »Was der Mensch sät, das wird er ernten. Denn er hat mich hungern und dürsten lassen, nun ist ihm selbst das gleiche beschieden, weil er Gott belogen hat und meinen kläglichen Zustand verabscheute. Doch hat man uns gelehrt, nicht Böses mit Bösem zu vergelten. Geht und sagt ihm: ›Pimin ruft dich! Stehe auf und komm hierher.‹«

Als sie [die Brüder] dem Kranken das ausrichteten, ward er gesund und ging sogleich zum Gesegneten, ohne daß ihn jemand zu begleiten brauchte. Der Ehrwürdige machte ihm Vorhaltungen und sagte: »Du Kleingläubiger! Siehe, du bist gesund! Versündige dich nicht mehr! Weißt du denn nicht, daß beide den gleichen Lohn erhalten, der Kranke und der ihn pflegt? Die Geduld der Armseligen ist keinesfalls vergeblich: Hier gibt es doch Kummer, Leid und Gebrechen nur kurze Zeit, dort aber Freude und Fröhlichkeit, wo keine

Krankheit, keine Traurigkeit und keine Seufzer sind, sondern das ewige Leben. Deshalb, Bruder, ertrage ich das hier. Gott, der dich durch mich von deiner Krankheit geheilt hat, er kann auch mich von dieser Liegestatt aufstehen lassen und mein Gebrechen heilen; aber ich will es nicht. ›Wer aber beharret bis ans Ende, der wird selig‹, spricht der Herr. Lieber möchte ich in diesem Leben der Verwesung anheimfallen, damit mein Fleisch dort unverweslich und der üble Gestank dort ein unbeschreiblicher Wohlgeruch sei. Gut ist doch, Bruder, der Dienst in der Kirche, an der lichten, reinen und hochheiligen Stätte, mit den Engelscharen unsichtbar einen hochheiligen Gesang Gott darzubringen – das ist höchst wohlgefällig und erbaulich. Die Kirche wird Himmel auf Erden genannt, und wer darinnen ist, meint, im Himmel zu weilen. Aber warum, Bruder, ist sie ein dunkles und übelriechendes Haus? Gibt es etwa kein Gericht vor dem [Jüngsten] Gericht und kein Leiden vor der ewigen Pein? Ein Kranker kann also mit Fug und Recht sagen: ›In meinem Leiden habe ich den Herrn gelitten, und er hat mich erhört.‹ Deshalb sagt der Apostel zu denen, die körperliche Leiden haben: ›Erduldet ihr eine Züchtigung, begegnet euch Gott als seinen Kindern, seid ihr aber ohne Züchtigung, so seid ihr Sklavinnenbrut und nicht Kinder.‹ Von diesen hat der Herr gesagt: ›Wenn ihr ausharrt, werdet ihr eure Seelen retten.‹«

Und der ehrwürdige Pimin lag mit solchem Leiden zwanzig Jahre. Bei seinem Hinscheiden erschienen drei Säulen über dem Altar und wanderten von dort auf die Kuppel der Kirche. Solches ist auch in der Chronik erwähnt. Gott wird wissen, ob er das Zeichen wegen des Gesegneten gegeben hat oder ob er damit etwas anderes beabsichtigte. An dem Tag, an dem er sterben wollte, genas der ehrwürdige Pimin. Er wandelte von Zelle zu Zelle, verneigte sich vor allen bis zur Erde, bat um Vergebung und sprach von seinem Fortgang aus diesem Leben. Er sagte zu den Brüdern: »Meine Freunde und Brüder! Steht auf und begleitet mich!«

Sogleich wich auf sein Wort hin die Krankheit von ihnen, und sie wurden gesund und gingen mit ihm mit. Er selbst betrat nun die Kirche und empfing die lebenspendenden Gaben der heiligen Kommunion. Darauf nahm er seine Liegestatt und trug sie zur Höhle, in der er noch niemals gewesen war und die er noch nie in seinem Leben gesehen hatte. Er ging hinein, verneigte sich vor dem heiligen Antoni und wies auf den Platz, an dem er bestattet werden wollte.

Er sagte: »In diesem Jahr habt ihr zwei Brüder bestattet. Den ihr ohne Bußgewand bestattet habt, werdet ihr im Bußgewand finden. Oftmals wollte er sich nämlich zum Mönch scheren lassen, und die Brüder haben ihn wegen seiner Armut, die sie ihm als Sünde anrechneten, verachtet. Er aber hat Werke aufzuweisen, die des Mönchsstandes würdig sind, und deshalb schenkte der Herr ihm das Bußgewand. Wer nämlich gute Werke aufzuweisen hat, dem wird gegeben, und von dem, der dies nicht hat – auch wenn er meint, es zu haben –, wird genommen; denn wer da hat, dem wird gegeben werden.

Dem anderen Bruder, den ihr im Bußgewand bestattet habt, dem ist es genommen worden, weil er es zu seinen Lebzeiten nicht wollte, sondern erst im Sterben sagte: ›Wenn ihr seht, daß ich scheide, dann schert mich zum Mönch.‹ Deshalb wurde ihm die Gnade entzogen. Er hatte den nicht verstanden, der da gesagt hat: ›Die Toten werden dich, Herr, nicht loben, aber wir Lebenden loben den Herrn.‹ Denn es heißt: ›Wer wird dich bei den Toten preisen?‹ Einem solchen bringt das Anlegen des Bußgewands in keiner Weise Nutzen, wenn ihn nicht gute Werke vor der Höllenqual bewahren.

Ein dritter ist hier vor langer Zeit beigesetzt worden. Sein Bußgewand ist nicht zerfallen. Es ist zu seiner Bloßstellung und Verurteilung erhalten geblieben, weil seine Taten als des Mönchsstandes unwürdig befunden wurden. Er hat sein Leben in Faulheit und in Sünden verbracht, ohne zu wissen, daß da gesagt ist: ›Welchem viel gegeben ist, von dem wird man viel fordern.‹ Wenn dies nicht durch Antonis und Feodossis Fürbitte verhütet wird, ist ein solcher dem [Jüngsten] Gericht verfallen.«

Nachdem er das dargelegt hatte, sagte er zu den Brüdern: »Jetzt sind die gekommen, die mich zum Mönch geschoren haben; sie wollen mich holen.« Nach diesen Worten legte er sich nieder und entschlief im Herrn. Er wurde in der Höhle mit großen Ehren beigesetzt.

Als man an dem [von ihm] zuvor bezeichneten Ort nachgrub, fand man – so wie es der Selige gesagt hatte – drei Mönche: einen ganz verwest, einzig die Kapuze war erhalten; ferner zwei Mönche, die erst vor kurzem verstorben waren; dem im Bußgewand Bestatteten war aber dieses weggenommen und auf den anderen gelegt worden, der nicht zum Mönch geschoren worden war. Sie wunderten sich sehr über Gottes unbeschreibliches Gericht und sprachen: »Du, Herr, vergiltst einem jeglichen nach seinen Werken!«

Hieraus, Brüder, scheint mir, ist zu entnehmen: Wer während einer Krankheit im Glauben zum Mönch geschoren wird, bittet Gott um das Leben, damit er ihm im Mönchsstand aufrichtig diene. Wenn der Herr, der Macht über Tod und Leben hat, ihn heimholt, so stellt er ihn auf eine Stufe mit den Gerechten, die erst in der elften Stunde hinzugekommen sind. Wer aber spricht: »Wenn ihr sehet, daß ich sterbe, dann scheret mich zum Mönch« – dessen Glaube und Mönchsweihe sind eitel.

VOM EHRWÜRDIGEN ISSAKI DEM HÖHLENMÖNCH.

Die sechsunddreißigste Erzählung

Wie das Gold im Feuer geprüft wird, so die Menschen, die Gott wohlgefällig sind, im Feuerofen der Demut. Denn wenn der Versucher sich nicht gescheut hat, dem Herrn in der Wüste zu nahen, um wieviel mehr wird er seine Versuchungen an den Menschen herantragen. Solches geschah auch diesem Gesegneten.

Dieser unser ehrwürdiger Vater Issaki war, als er noch in der Welt lebte, ein reicher Kaufmann und stammte aus Toropez. Da er den Entschluß gefaßt hatte, Mönch zu werden, verteilte er sein Vermögen an Bedürftige und an Klöster und kam zum großen Antoni in die Höhle und bat ihn, dort Mönch werden zu dürfen. Antoni nahm ihn auf, kleidete ihn in das Mönchsgewand und nannte ihn Issaki, sein weltlicher Name aber war Tschern.

Dieser Issaki nahm nun eine strenge Lebensführung auf und kleidete sich in ein härenes Gewand, ließ sich einen jungen Ziegenbock kaufen und ihm das Fell abziehen, zog es über das härene Gewand, und das feuchte Fell trocknete auf seinem Körper. Dann ließ er sich in der Höhle einschließen, in einem Gang in einer engen Zelle, etwa vier Ellen groß. Dort betete er zu Gott unter Tränen. Seine Speise war allein die Prosphore, und auch die nahm er nur jeden zweiten Tag zu sich. Selbst Wasser trank er nur in Maßen. Das brachte ihm der große Antoni und reichte es ihm durch ein kleines Fenster, so groß, daß man gerade mit einer Hand hindurchreichen konnte. So nahm er die Speise entgegen. Dieses Leben führte er sieben Jahre, ohne an das Licht zu gehen. Er legte sich auch nicht nieder, sondern empfing sitzend ein wenig Schlaf.

Der ehrwürdige Issaki vom Höhlenkloster

Eines Abends verrichtete er wie üblich seine Verneigungen und sang Psalmen bis zur Mitternacht, und als er müde geworden war, setzte er sich auf seinen Sitz. So saß er nun und hatte nach seiner Gewohnheit die Kerze gelöscht. Da leuchtete plötzlich ein Licht in der Höhle auf wie von einer Sonne, so daß sein Glanz einen Menschen blenden konnte. Und es traten zu ihm zwei schöne Jünglinge, deren Gesichter erstrahlten wie die Sonne, und sie sprachen zu ihm:

»Issaki, wir sind Engel. Siehe, Christus kommt zu dir mit seinen Engeln.«

Da erhob sich Issaki und erblickte eine Schar Dämonen, deren Gesichter heller als die Sonne strahlten. Einer von ihnen aber leuchtete stärker als alle, und von seinem Gesicht gingen Strahlen aus.

Die beiden sprachen zu ihm: »Issaki, das ist Christus. Fall nieder und verneige dich vor ihm!«

Issaki aber begriff nicht, daß es Teufelswerk war, noch dachte er daran, sich zu bekreuzigen, sondern trat aus seiner Zelle und verneigte sich vor dem Blendwerk wie vor Christus.

Da schrien die Dämonen auf und sprachen: »Unser bist du, Issaki!« Sie führten ihn in seine Zelle und ließen sich dort nieder und setzten sich um ihn herum. Und die Zelle wie der Höhlengang war voll von Dämonen.

Und einer der Dämonen, den sie als Christus bezeichnet hatten, sagte: »Nehmt Flöten und Trommeln und Gusli und spielt auf. Issaki soll für uns tanzen.«

Sie spielten auf mit ihren Flöten und Trommeln und Gusli und fingen an, ihren Spott mit ihm zu treiben, bis er völlig erschöpft war. Dann ließen sie ihn halbtot liegen und verließen ihn hohnlachend.

Am nächsten Morgen, als es Tag geworden und die Zeit herangekommen war, wo er sein Brot aß, kam Antoni wie üblich zum Fensterchen und sagte zu ihm: »Segne mich, Vater Issaki!« Aber er hörte keine Erwiderung noch sonst einen Laut. Antoni rief noch mehrmals, aber es kam keine Antwort. Da sagte er bei sich: »Vielleicht ist er gestorben.«

Und er schickte ins Kloster zu Feodossi und den Brüdern. Die Brüder kamen und gruben den Eingang der Zelle auf, nahmen ihn und trugen ihn hinaus, da sie ihn für tot hielten. Aber als sie ihn vor der Höhle abgesetzt hatten, sahen sie, daß er noch lebte. Der Abt Feodossi aber sagte, daß ihm solches durch Teufelswerk geschehen sei. Sie legten ihn auf ein Lager, und der heilige Antoni pflegte ihn.

In jenen Tagen geschah es, daß Isjaslaw aus Polen zurückkam. Isjaslaw aber war zornig auf Antoni wegen des Fürsten Wseslaw. Da ließ Swjatoslaw aus Tschernigow den heiligen Antoni nachts zu sich laden. Antoni ging also nach Tschernigow, und da ihm dort eine Stelle – die Boldiner Höhen – gefiel, grub er sich eine Höhle und ließ sich da nieder. Dieses Kloster der heiligen Gottesmutter besteht auf den Boldiner Höhen bei Tschernigow bis heute.

Als Feodossi erfuhr, daß Antoni nach Tschernigow ausgewichen war, zog er mit seinen Brüdern aus und ließ Issaki in seine Zelle bringen und pflegte ihn nun selbst. Der war nämlich gelähmt an Geist und Körper, so daß er sich nicht einmal auf die andere Seite legen konnte, geschweige denn aufstehen oder sich hinsetzen, sondern er konnte immer nur auf einer Seite liegen. Oft fanden sich Würmer unter seinen Lenden vom Harn und von der Nässe. Feodossi aber wusch ihn und kleidete ihn mit seinen eigenen Händen an. Und so lag er zwei Jahre, und der Heilige pflegte ihn.

Dies ist ein erstaunliches Wunder, daß er zwei Jahre lang kein Brot zu sich genommen hat noch andere Nahrung, auch kein Gemüse, auch daß er kein Wort gesprochen hat, sondern zwei Jahre lang da lag, stumm und taub.

Feodossi betete unaufhörlich für ihn zu Gott. Auch verrichtete er Tag und Nacht Gebete über ihm. Endlich, im dritten Jahr, fing er an zu sprechen. Er bat, daß man ihn auf die Füße stelle, und lernte wieder laufen wie ein Kind. Aber in die Kirche zu gehen sträubte er sich, und nur mit Gewalt konnten sie ihn in die Kirche schleppen. So gewöhnte er sich allmählich wieder an den Kirchgang.

Danach ging er auch wieder in die Trapesa. Sie wiesen ihm einen Platz abseits von den Brüdern an und legten das Brot vor ihn hin. Er aber wollte es nicht annehmen, und so gaben sie es ihm in die Hand. Feodossi aber sagte: »Legt das Brot vor ihn hin und gebt es ihm nicht in die Hand. Er soll selbst essen.«

Eine ganze Woche aß er nichts, dann aber sah er sich um und kostete von dem Brot, und so lernte er wieder essen. Auf diese Weise befreite ihn der große Feodossi von den Ränken des Teufels und seinen Verlockungen. Nun nahm Issaki seinen strengen Lebenswandel wieder auf.

Nach dem Tode Feodossis, als Stefan an seine Stelle getreten war, sagte Issaki: »Es ist dir gelungen, Teufel, mich zu verleiten, da ich immer nur an einer Stelle saß. Von nun an werde ich mich nicht wieder in der Höhle einschließen lassen, sondern ich werde dich mit Gottes Gnade besiegen, indem ich im Kloster wandle.«

Er kleidete sich wieder in sein härenes Gewand und zog ein enges Obergewand darüber und begann, das Leben eines Narren in Christo zu führen. Er half den Köchen und tat Arbeiten für die Brüder. Zur Morgenmesse ging er als erster in die Kirche und stand fest und unbeweglich. Wenn der Winter kam und die Fröste streng wurden, stand er da in zerrissenen Sandalen, so daß oft seine Füße am Stein anfroren. Er aber rührte die Füße nicht, bis die Morgenmesse zu Ende gesungen war. Nach der Morgenmesse ging er in die Küche, bereitete das Feuer vor und das Holz und das Wasser. Erst dann kamen die übrigen Köche aus der Bruderschaft.

Einer der Köche, er hieß Issaki wie jener, sagte einmal im Scherz: »Issaki, dort sitzt ein schwarzer Rabe, geh hin und fang ihn.«

Der verneigte sich vor ihm bis zur Erde, ging und fing den Raben und brachte ihm den in Gegenwart aller Köche. Da erschraken alle über das Geschehene, und man berichtete es dem Abt und den Brüdern. Und von da an verehrten ihn die Brüder.

Er aber suchte nicht Ehre von den Leuten, sondern begann, wie ein Narr in Christo zu leben und Possen zu treiben, bald mit dem Abt, bald mit der Bruderschaft, bald mit Laien. Manche schlugen ihn deswegen. Er bewegte sich auch außerhalb des Klosters und trieb dort Narreteien.

Dann ließ er sich wieder in der Höhle nieder, wo er vorher gewesen war – Antoni war ja schon tot –, und sammelte dort junge Leute aus dem Laienstand um sich, die kleidete er in Mönchsgewänder. Dafür erhielt er wiederum Schläge vom Abt Nikon, ein andermal von den Eltern der Kinder. Der Gesegnete aber trug alles in Geduld, ertrug die Schläge, die Blöße und die Kälte Tag und Nacht.

Eines Nachts zündete er den Ofen in der Höhle an. Der aber war rissig, und als das Feuer loderte, schlugen die Flammen oben durch die Ritzen. Da er nichts fand, womit man die Spalten hätte abdecken können, trat er mit bloßen Füßen auf die Flammen, bis das Feuer ausgegangen war. Dann stieg er unversehrt herab.

Vieles andere noch wird von ihm erzählt, und manches habe ich auch selbst gesehen.

So errang er den Sieg über die Dämonen wie über Fliegen und achtete ihre Schrecknisse und Erscheinungen für nichts. Er pflegte ihnen zu sagen: »Wenn ihr mich auch zunächst überlistet habt, weil ich eure Ränke und eure Hinterlist nicht kannte, so habe ich doch jetzt den Herrn Jesus Christus, meinen Gott, und hoffe auf die Gebete meines Vaters Feodossi und werde euch also besiegen.«

Oftmals trieben die Dämonen ihr Spiel mit ihm und sagten: »Unser bist du, Issaki, denn du hast dich vor unserem Anführer verneigt.«

Er aber pflegte zu antworten: »Euer Anführer ist der Antichrist, ihr aber seid Dämonen.« Und er schlug das Kreuzeszeichen vor seinem Gesicht, und so verschwanden die Dämonen.

Ein andermal wiederum kamen sie und wollten ihm Angst einjagen mit einer Erscheinung, als ob viel Volks da sei mit Hacken und Spaten, die sagten: »Wir wollen diese Höhle aufgraben und den da eingraben.«

Andere schienen zu sagen: »Geh hinaus, Issaki, sie wollen dich eingraben.«

Er aber sagte zu ihnen: »Wäret ihr Menschen, so wäret ihr tagsüber gekommen. Ihr aber seid die Finsternis und geht in der Finsternis um«, und bekreuzigte sich, und sie verschwanden.

Ein andermal wollten sie ihn in Gestalt eines Bären erschrecken oder als wilde Tiere oder als Löwe. Manchmal krochen Schlangen umher oder Frösche und Mäuse und allerlei kriechendes Gewürm, aber sie konnten ihm nichts antun.

Da sagten sie: »Issaki, du hast uns besiegt.«

Er aber antwortete: »Einmal habt ihr mich in der Gestalt Jesu Christi und der Engel verführt, die ihr eines solchen Ranges unwert seid. Jetzt erscheint ihr in eurer wahren Gestalt als wilde Tiere und Vieh, als Schlangen und allerlei kriechendes Gewürm, so wie ihr selbst seid.«

Von da an litt er nicht mehr unter den Dämonen. Er hat davon selbst berichtet: »Drei Jahre lag ich im Kampf mit ihnen.«

Danach lebte er noch strenger in Enthaltsamkeit, Fasten und Wachen. Und in diesem Lebenswandel nahte das Ende seines Lebens. Er erkrankte schwer in der Höhle, und sie trugen ihn krank in das Kloster hinüber. Dort lag er acht Tage krank, dann ging er den unausweichlichen Weg zum Herrn in aufrichtiger Reue. Der Abt Ioann und die Brüder besorgten seinen Leib und setzten ihn ehrenvoll bei den heiligen Vätern in der Höhle bei.

So also waren die Mönche im Kloster Feodossis. Sie strahlen auch noch nach dem Tode wie Leuchten und beten zu Gott für die hiesige Bruderschaft und für alle, die im Hause der Gottesmutter Dienst tun, auch für die Laien und für die, die herkommen und von ihrem Vermögen dem Kloster geben. Hier leben sie auch heute noch ein tugendhaftes Leben in Gemeinsamkeit, alle zusammen, in Gesängen und Gebeten und in Gehorsam, zum Ruhm des allmächtigen Gottes und seiner allreinen Mutter, unter dem Schutz der Gebete der heiligen Väter Antoni und Feodossi.

Möge Gott durch ihre Gebete auch uns würdig machen, daß wir den Netzen des Teufels, der uns nachstellt, entrinnen und zu Vater Antoni und Feodossi gelangen. Laßt uns also, Brüder, diese seligen Väter und Wundertäter anrufen und sie als Helfer und Fürbitter bei Gott dem Herrn gewinnen, damit wir nicht getrennt sein werden von diesen ehrwürdigen Mönchen noch verstoßen von diesem gesegneten und heiligen Ort und die Wohnstätte der unbefleckten und allreinen Jungfrau nicht verlieren, die sie selbst verheißen hat. Laßt uns streben, daß wir unsere noch verbleibenden Tage in Buße verbringen und Gott wohlgefällig werden. Mögen wir alle die Gnade empfangen und das ewige Leben in Jesus Christus, unserem Herrn. Ihm sei Ruhm und die Macht mit dem Vater und dem allheiligen und lebenspendenden Geist.

DES RECHTGLÄUBIGEN FÜRSTEN ISJASLAW FRAGE NACH DEN LATEINERN.

Die siebenunddreißigste Erzählung

Einst kam der rechtgläubige Großfürst Isjaslaw, ein Sohn Jaroslaws und Enkel Wladimirs, zu unserem heiligen Vater Feodossi, dem Abt des Höhlenklosters, und sprach zu ihm: »Vater, erzähle mir vom Glauben der Waräger, welcher Art ist er?«

Unser ehrwürdiger Vater Feodossi sprach: »Vernimm, frommer Fürst, wonach Euer Wohlgeboren uns, den ergebenen Diener, fragen. Ihr Glaube bringt Verderben, und ihre Regeln sind unrecht. Sie übernahmen die Glaubensrichtung des Sabellios und viele andere Häresien und haben die ganze Erde besudelt. Du aber, rechtgläubiger Selbstherrscher, hüte dich vor ihnen! Ihre Häresien sind folgende:

erstens – sie küssen die Ikonen nicht;

zweitens – sie küssen die Reliquien der Heiligen nicht;

drittens – sie malen das Kreuz auf die Erde, küssen es, und wenn sie dann aufstehen, treten sie es mit den Füßen;

viertens – sie essen während der Fastenzeit Fleisch;

fünftens – sie halten ihren Gottesdienst mit ungesäuerten Broten; sechstens – ihre Popen taufen durch einmaliges Eintauchen, wir aber durch dreimaliges. Wir salben den Täufling mit Myrrhe und Öl, sie aber streuen dem Täufling Salz auf die Lippen. Sie geben keine Namen nach Heiligen, sondern taufen ihn auf den Namen, wie die Eltern ihn rufen.

Deshalb muß man den Glauben der Lateiner meiden, darf ihre Bräuche nicht übernehmen, an ihrer heiligen Kommunion nicht teilnehmen und nicht auf das hören, was sie sagen, weil sie einen falschen Glauben haben und kein reines Leben führen. Sie essen gemeinsam mit Hunden und Katzen; sie saufen ihren Harn – das ist schlimm und sei verflucht. Sie essen Schildkröten, Wildpferde und Esel, auch Fleisch von erstickten Tieren und Bären und Biberfleisch. Am Dienstag der ersten Woche der Großen Fasten lassen sie Fleisch zu, ihre Mönche essen Speck, am Sonnabend aber fasten sie. Es ziemt sich für Christen nicht, ihnen ihre Töchter zur Frau zu geben, und auch nicht, ihre Töchter zu heiraten. Weder Bruder- noch Gevatterschaft darf man mit ihnen eingehen. Man soll sich nicht mit ihnen küssen und auch nicht aus einem Gefäß mit ihnen essen oder trinken. Wenn sie euch darum bitten, so gebt ihnen um Gottes willen zu essen, aber in ihre eigenen Gefäße. Wenn sie kein Gefäß bei sich haben sollten, so reicht es ihnen in dem euren und sprecht ein Gebet, nachdem ihr das Gefäß ausgewaschen habt. Um Vergebung für ihre Sünden bitten sie nicht bei Gott, sondern ihre Popen erlassen sie ihnen gegen eine Gabe. Ihre Popen gehen nicht gesetzliche Ehen mit Frauen ein, sondern treiben Unzucht mit den Mägden und versehen [dennoch] den Kirchendienst und halten sich deshalb nicht für sündig. Ihre Bischöfe halten sich Beischläferinnen. Sie ziehen in den Krieg und tragen einen Ring am Finger. Die Toten legen sie mit den Füßen nach Westen und mit dem Kopf nach Osten; die Arme legen sie seitlich an den Körper. Augen, Ohren und Nase verstopfen sie mit Wachs. Und sie nehmen ihre Schwestern zur Frau.

Sie dienen einem Toten, weil sie den Herrn für tot halten. Wir aber versehen unseren Dienst für den Lebendigen, weil wir den Herrn selbst zur Rechten des Vaters sitzen sehen. Er wird wiederkommen, zu richten die Lebenden und die Toten. Sie nämlich, die Lateiner, sind tot, weil sie einem Toten dienen. Wir aber, die wir dem lebendigen Gott ein reines und makelloses Opfer darbringen, werden das ewige Leben erlangen. So wie geschrieben steht: ›und alsdann wird er einem jeglichen vergelten nach seinen Werken‹.

Von ihrer Speise sollt ihr nicht nehmen, weil vieles bei ihnen verderbenbringend und unrecht ist. Verhängnisvoll und unheilbringend ist ihr Glaube, und sie tun das, was nicht einmal die Juden machen. Viele sind zur Sabellianischen Häresie übergetreten, die von allen Häresien die abtrünnigste und schlechteste ist, weil man sich davor nicht hüten kann. Vor den heidnischen kann man es. Die Lateiner haben das Evangelium, den Apostol und heilige Ikonen, und sie gehen in die Kirche. Aber ihr Glaube und ihre Regeln sind unrecht. Mit einer Vielzahl von Häresien haben sie ihr ganzes Land entweiht, weil Waräger im ganzen Lande sind. Rechtgläubige Christen erleiden große Not durch sie, wenn sie am gleichen Ort mit ihnen leben. Wer sich vor ihnen hütet und den reinen Glauben bewahrt, wird voller Freude zur Rechten Gottes stehen. Wer sich ihnen aber freiwillig nähert, wird mit ihnen zusammen zu seiner Linken stehen und bitterlich weinen. Es gibt kein ewiges Leben für die, die im Glauben der Lateiner oder der Sarazenen stehen. Sie werden nicht mit den Heiligen am zukünftigen Leben teilhaben. Es ziemt sich nicht, ihren Glauben zu preisen. Wenn aber jemand ihren Glauben preist, setzt er dadurch seinen herab. Wer unaufhörlich fremde Glaubensrichtungen lobt, die vom rechtgläubigen Christentum abgelehnt werden, der erweist sich als Anhänger des Doppelglaubens und steht der Häresie nahe. Du aber, mein Sohn, hüte dich vor solchem Tun und verbinde dich nicht mit ihnen, sondern meide sie. Preise ständig deinen Glauben und mühe dich darin nach Kräften um gute Werke. Sei mildtätig, du Christus Liebender, nicht nur deinen Hausgenossen, sondern auch Fremden gegenüber. Siehst du einen Nackten, so bekleide ihn. Erblickst du einen Hungrigen oder einen, der in Not ist, so erbarme dich seiner. Wenn er auch anderen Glaubens ist – ein Häretiker oder ein Lateiner –, eines jeden sollst du dich erbarmen und ihn aus seiner Not retten. Den Lohn des Herrn wirst du nicht verfehlen. Gott selbst nähret alle, die Heiden ebenso wie die Christen. Auch die Heiden und alle Andersgläubigen sind in Gottes Obhut. Im künftigen Leben jedoch werden sie des Lohnes der Seligen verlustig gehen. Wir aber, die wir im orthodoxen Glauben stehen, sind auch hier von Gott behütet und werden im künftigen Leben von unserem Herrn Jesus Christus erlöst werden. Wenn jemand in diesem heiligen Glauben um Gottes willen sterben muß, so soll er mutig nicht vom rechten Glauben ablassen, sondern für Christus sterben. Denn die Heiligen, so heißt es, sterben für den Glauben, damit sie in Christus leben.

Wenn du, mein Sohn, auf Andersgläubige triffst, die mit [Recht-]Gläubigen streiten und mit Täuschungen diese Rechtgläubigen vom orthodoxen Glauben abbringen wollen, so verbirg du im wahren Wissen um den rechten Glauben diesen nicht in dir, sondern hilf den Rechtgläubigen gegen die Ketzer. Wenn du hilfst, bist du wie ein guter Hirte, der die Schafe vor dem Rachen des Löwen rettet. Wenn du aber schweigst, so ist es, als ob du sie Christus entreißest und dem Satan überantwortest. Du wirst am Tag des [Jüngsten] Gerichts Rechenschaft über sie ablegen müssen.

Und wenn jemand zu dir sagt: ›Diesen und jenen Glauben hat Gott gegeben‹, dann frage ihn: ›Was bist du für einer, du Ketzer? Meinst du, Gott will Doppelglauben? Hast du nicht vernommen, du Verruchter und durch Irrglauben Verblendeter, was geschrieben steht – so spricht der Herr: *ein* Herr, *ein* Glaube, *eine* Taufe. Und der Herr sprach auch so: denn so gebührt es uns, alle Gerechtigkeit zu erfüllen. Und als er das alles erfüllt hatte, fuhr er wieder auf gen Himmel, nachdem er seine Jünger an alle Enden der Welt zur Verkündigung gesandt hatte. Wie ist es möglich, du Ketzer, daß du so viele Jahre dem orthodoxen Glauben angehangen und dich nun der Ketzerei und Satanslehre zugewendet hast? Vernahmst du nicht, daß der Apostel Paulus sagte: nur daß etliche da sind, die euch verwirren und wollen das Evangelium Christi verkehren. Aber wenn auch ein Engel vom Himmel euch würde das Evangelium predigen anders, als wir euch gepredigt haben, der sei verflucht. Ihr aber habt die Verkündigung des Apostels und die Weisung der heiligen Väter verworfen; ihr habt einen Irrglauben angenommen und eine verderbliche und unheilvolle Lehre. Deswegen seid ihr von uns verstoßen und mit dem Bann belegt worden. Deswegen dürfen wir nicht mit euch gemeinsam leben und nicht mit euch gemeinsam an den Sakramenten teilhaben; ihr aber dürft nicht die Kommunion empfangen oder an unserem Gottesdienst teilnehmen, denn es gibt so viele Häresien bei euch.‹«

VOM HEIMGANG
UNSERES EHRWÜRDIGEN VATERS POLIKARP,
DES ARCHIMANDRITEN DES HÖHLENKLOSTERS,
UND VOM POPEN WASSILI.

Die achtunddreißigste Erzählung

Unser seliger und ehrwürdiger Vater Polikarp, Archimandrit des Höhlenklosters, verschied am 24. Juli des Jahres 6690 [1182], am Tag der heiligen Märtyrer Boris und Gleb. Man richtete seinen Leib zur Bestattung her und setzte ihn würdig unter dem Gesang der Begräbnishymnen bei, wie er es selbst angeordnet hatte.

Nach seinem Tode gab es Unruhe im Kloster. Man konnte sich nicht auf die Wahl eines Abts als Nachfolger jenes Starzen einigen. Große Traurigkeit, Kummer und Trübsal kamen über die Brüder. Es ist nicht gut, daß eine so große Herde auch nur eine Stunde ohne Hirten sei.

Am Dienstag schlugen dann Brüder das Schlagbrett, und alle versammelten sich in der Kirche und begannen, zur heiligen Gottesmutter zu beten. Und es war wie ein Wunder, als viele wie aus einem Munde sprachen: »Wir wollen zum Popen Wassili auf die Schtschekowiza schicken, daß er unser Abt werden und der Gemeinschaft der Mönche in Feodossis Höhlenkloster vorstehen soll.«

Bei ihrem Eintreffen verneigten sich alle vor dem Priester Wassili und sagten: »Wir, alle Brüder, die Mönche, grüßen dich ehrerbietig und möchten dich zu unserem Vater und Abt haben.«

Der Pope Wassili, der sehr erstaunt war, fiel nieder, verneigte sich vor ihnen und sagte: »Väter und Brüder, an den Mönchsstand habe ich nur in meinem Herzen gedacht. Wie konntet ihr wegen der Abtswürde auf mich Unwürdigen verfallen?«

Erst nach vielem Sträuben willigte er ein. Da nahmen sie ihn gleich mit und zogen mit ihm zum Kloster. Dies geschah am Freitag.

Zu seiner Mönchsweihe kamen der Metropolit Nikifor, Lawrenti, der Bischof von Turow, und Nikola, der Bischof von Polozk, sowie alle Äbte. Der Metropolit Nikifor schor ihn eigenhändig zum Mönch. Nun wurde er der Abt und Hirte für die Mönche von Feodossis Kloster in Christus Jesus, unserem Herrn. Sein ist die Kraft und die Herrlichkeit mit dem Vater und dem allheiligen, guten und lebenspendenden Geist, jetzt und immerdar und in alle Ewigkeit. Amen.

Das Wunder von der Osternacht in der Höhle

Im Jahre 6971 [1463] geschah im Höhlenkloster folgendes Zeichen: Zur Zeit des Fürsten Semjon Alexandrowitsch und seines Bruders, des Fürsten Michail, als Nikola Archimandrit war im Höhlenkloster, war ein gewisser Dionissi, den man Schtschepa rief, für die Höhle zuständig. Er kam am Ostersonntag in die Höhle, um bei den Leibern der Entschlafenen Weihrauch zu verbreiten. Er kam auch an die Stelle, die Obschtschina heißt, und sagte, nachdem er den Weihrauch verbreitet hatte: »Väter und Brüder! Christus ist auferstanden! Heute ist Ostersonntag!« Und wie ein Donnerschlag kam zur Antwort: »Er ist wahrhaftig auferstanden.«

Dieses Buch, Paterikon genannt, ist durch die Gnade Gottes und seiner allreinen Mutter und durch die Hilfe unserer heiligen, ehrwürdigen Väter Antoni und Feodossi aus dem Höhlenkloster im Hause der allreinen Gottesmutter abgeschrieben worden, das heißt in der Lawra unserer ehrwürdigen Väter Antoni und Feodossi, dem Höhlenkloster in der von Gott geschützten Stadt Kiew, zu der Zeit, da Sigismund August als König herrschte, der edle Fürst Feodor Glebowitsch Pronski Wojewode von Kiew war, Kir Makari Metropolit von Kiew und Galitsch sowie ganz Rußland war und der höchst geschätzte Kir Ilarion Archimandrit des Höhlenklosters. Aufforderung und Gedanke kamen von dem Mönch Alexej dem Wolynier, einem Starzen des Höhlenklosters. Die Abschrift wurde im Jahre 7062 [1554], im zwölften Indiktionsjahr, am 2. Tage des Monats März, von der Hand des großen Sünders und Unwürdigsten unter den Menschen – des Schreibers Nesterez – abgeschlossen.

Wenn mir irgendwo, ihr heiligen Väter, bei der Abschrift Fehler unterlaufen sind und jemand aus diesem Buch vorlesen wird, zürnt mir um des allmächtigen Gottes und seiner allreinen Mutter willen nicht dafür. Vielmehr möge es der Betreffende nach seinem richtigen Verständnis verbessern und mir meinen Unverstand nicht vorhalten, denn ich bin ein Sünder und war nicht sehr klug. Doch wer mich verfluchen wird, den werden der allmächtige, gnädige Gott und seine allreine Mutter und die ehrwürdigen Antoni und Feodossi vom Höhlenkloster richten. Ich Sünder werde ohnedies für meine Missetaten mit den Seelen der Sünder Höllenqualen leiden müssen, falls ich nicht – ohne Grund – vor dem barmherzigen allmächtigen Gott, unserem Herrn Jesus Christus, Gnade finden werde. Verbessert es also um Gottes willen und zürnt mir Sünder nicht. Dies schrieb der Stadtschreiber Nesterez aus Sokolje, Sohn des Lukjan.

ANHANG

ERGÄNZENDE TEXTE

Chronikbericht von den Anfängen des Höhlenklosters

Im Jahre 6559 [1051]. Nachdem Jaroslaw die Bischöfe hatte zusammenkommen lassen, setzte er Ilarion, einen Russen, in der heiligen Sophien-Kathedrale als Metropoliten ein.

Doch nun wollen wir berichten, weswegen das Höhlenkloster diesen Namen bekommen hat.

Der Gott liebende Fürst Jaroslaw hing sehr an Berestowo und der dortigen Kirche der heiligen Apostel und hielt seine schützende Hand über viele Popen. Unter ihnen war auch ein Priester, Ilarion mit Namen, ein trefflicher und gelehrter Mann, der sich durch Fasten hervortat. Der ging immer wieder auf einen Hügel am Dnepr, wo jetzt das alte Höhlenkloster steht. Dort betete er; denn es war da ein großer Wald. Er grub eine kleine Höhle, zwei Klafter groß, und wenn er von Berestowo kam, sang er dort im verborgenen die Stundengebete und flehte zu Gott. Daraufhin legte es Gott dem Fürsten ans Herz, und der setzte ihn als Metropoliten in der heiligen Sophien-Kathedrale ein. Die kleine Höhle aber blieb so.

Einige Zeit danach war da ein Mann von weltlichem Stande aus der Stadt Ljubetsch, dem hatte Gott ans Herz gelegt, in die Fremde zu ziehen. Sogleich pilgerte er zum Heiligen Berge und sah die dortigen Klöster. Als er eins nach dem anderen aufsuchte und am Mönchsstand Gefallen fand, kam er in eins jener Klöster und bat den Abt, er möge ihn in den Mönchsstand aufnehmen. Der entsprach seinem Wunsch, schor ihn zum Mönch, und nachdem er ihn über die Lebensweise der Mönche mit Ermahnungen belehrt hatte, gab er ihm den Namen Antoni und sagte zu ihm:

»Geh wieder in die Rus zurück, und [mit dir] sei der Segen vom Heiligen Berge!« Er fügte hinzu: »Durch dich werden viele zu Mönchen werden.« Er segnete ihn und entließ ihn mit den Worten: »Geh hin mit Frieden.«

Antoni kam nun nach Kiew und erwog, wo ihm zu leben bestimmt sein könne. Er ging durch die Klöster, doch er fand keinen Gefallen daran, weil es Gott nicht wollte. Da zog er durch Schluchten und über Berge, immer auf der Suche nach einer Stätte, die Gott ihm weisen würde. Und er gelangte auf den Hügel, auf dem Ilarion die kleine Höhle gegraben hatte, fand Gefallen an dieser Stätte und ließ sich dort nieder.

Unter Tränen flehte er zu Gott mit den Worten: »Herr! Weise mir diese Stätte als feste Bleibe zu, und möge auf der Stätte der Segen des Heiligen Berges und meines Abts, der mich zum Mönch geschoren hat, ruhen.«

Von da an lebte er hier, betete zu Gott, aß trockenes Brot – und dies auch nur jeden zweiten Tag –, nahm ein klein wenig Wasser zu sich und grub eine Höhle. Ruhe gönnte er sich weder bei Tage noch bei Nacht; er führte ein Leben in Mühsal, wachend und betend.

Dann erfuhren gute Menschen davon, und sie kamen zu ihm und brachten ihm, wessen er bedurfte. Und er wurde als der große Antoni bekannt: Wer zu ihm kam, bat ihn um seinen Segen.

Als später der Großfürst Jaroslaw dahingeschieden war, übernahm sein Sohn Isjaslaw die Herrschaft und setzte sich auf den Kiewer Fürstenthron. Antoni wurde nun gerühmt im Russischen Lande. Isjaslaw, der von seinem Lebenswandel gehört hatte, kam mit seiner Drushina und bat um seinen Segen und seine Fürbitte.

Der große Antoni wurde allgemein bekannt und geachtet. Und es begannen Brüder zu ihm zu kommen, die nahm er auf und schor sie zu Mönchen. Es waren ihrer zwölf Brüder, die sich bei ihm eingefunden hatten; sie gruben eine große Höhle, eine Kirche und Zellen, die es bis auf diesen Tag noch in der Höhle unter dem alten Kloster gibt.

Als die Brüder zusammengekommen waren, sprach Antoni zu ihnen: »Seht, Gott hat euch, meine Brüder, zusammengeführt, und ihr seid auf Grund des Segens vom Heiligen Berge hier, mit dem der Abt vom Heiligen Berge mich zum Mönch geschoren hat; ich wiederum habe euch zu Mönchen geschoren. So ruhe auf euch vor allem der Segen Gottes, ferner aber auch der des Heiligen Berges!«

Weiter sagte er ihnen: »Ihr sollt unter euch bleiben. Ich will euch einen Abt einsetzen, selbst aber will ich ganz allein auf jene Anhöhe gehen, wie ich es auch zuvor gewohnt war, mich in die Einsamkeit zurückzuziehen.«

Als Abt setzte er ihnen Warlaam ein, ging dann selbst auf die Anhöhe und grub eine Höhle, die unter dem neuen Kloster liegt. Dort hat er seine Tage nach einem tugendhaften Leben beschlossen, ohne im Verlauf von vierzig Jahren die Höhle jemals verlassen zu haben, in der auch seine Gebeine bis auf den heutigen Tag ruhen.

Die Brüder lebten also mit einem Abt. Und weil die Zahl der Brüder zugenommen hatte, erwogen sie, außerhalb der Höhle ein Kloster zu bauen. Der Abt kam mit den Brüdern zu Antoni, und sie sprachen zu ihm:

»Vater, die Zahl der Brüder hat zugenommen, und wir können in der Höhle keinen Platz finden. Möge uns doch Gott auf deine Fürbitte hin heißen, eine kleine Kirche außerhalb der Höhle zu bauen!«

Und Antoni gebot es ihnen. Da verneigten sie sich vor ihm und bauten oberhalb der Höhle ein kleines Kirchlein zu Ehren der Himmelfahrt der heiligen Gottesmutter. Gott ließ nun auf Grund der Fürbitte der heiligen Gottesmutter die Zahl der Mönche immer größer werden, und die Brüder berieten mit ihrem Abt über den Bau eines Klosters. Auch zu Antoni gingen die Brüder und sagten:

»Vater, es werden immer mehr Brüder, und wir möchten nun ein Kloster bauen.«

Antoni, der sich darüber freute, erwiderte: »Gelobt sei Gott für alles, und die Fürbitte der heiligen Gottesmutter und der Väter vom Heiligen Berge sei mit euch.«

Nach diesen Worten schickte er einen der Brüder zum Fürsten Isjaslaw und ließ folgendes sagen: »Mein Fürst! Siehe, Gott läßt die Bruderschaft wachsen, aber es ist wenig Platz. Mögest du uns doch die Anhöhe oberhalb der Höhle geben!«

Isjaslaw vernahm das und freute sich. Er schickte einen seiner Leute hin und ließ ihnen diese Anhöhe übergeben. Nun legte der Abt mit den Brüdern den Grundstein für eine große Kirche, und sie umgaben das Kloster mit einem Palisadenzaun. Sie bauten viele Zellen, vollendeten den Bau der Kirche und schmückten sie mit Ikonen. Von da hat also das Höhlenkloster seinen Anfang genommen: Weil zunächst die Mönche in der Höhle gelebt hatten, deshalb wurde es Höhlenkloster genannt. Das Höhlenkloster ging auch vom Segen des Heiligen Berges aus.

Als der Bau des Klosters abgeschlossen war – zu der Zeit hatte Warlaam das Amt des Abts versehen –, ließ Isjaslaw das Kloster des heiligen Demetrios erbauen und holte Warlaam als Abt an das Demetrios-Kloster herüber. Er wollte es bedeutender als dieses Kloster machen und setzte seine Hoffnung auf den Reichtum. Viele Klöster wurden nämlich von Kaisern und von Bojaren und mit Reichtum erbaut, sie sind jedoch nicht von der Art wie die, welche mit Tränen, mit Fasten, mit Beten und mit Wachen errichtet worden sind. Antoni verfügte weder über Gold noch über Silber, sondern vollbrachte etwas mit Tränen und Fasten, wie ich berichtet habe.

Als Warlaam in das Demetrios-Kloster gegangen war, begaben sich die Brüder, nachdem sie sich beraten hatten, zum Starzen Antoni und sagten: »Setz einen Abt für uns ein!«

Da fragte er sie: »Wen wollt ihr?«

Sie erwiderten: »Wen Gott will und auch du.«

Und er sprach zu ihnen: »Übertrifft jemand von euch Feodossi an Gehorsam, Milde und Demut? Der soll euer Abt sein.«

Die Brüder waren erfreut, verneigten sich vor dem Starzen und bestimmten Feodossi zum Abt für die Brüder, zwanzig an der Zahl.

Als Feodossi das Kloster übernommen hatte, begann er Enthaltsamkeit zu üben, streng zu fasten, unter Tränen zu beten und viele Mönche zusammenzuholen; und er hat hundert Brüder um sich geschart. Er bemühte sich auch um eine Mönchsregel. Damals traf er auf Michael, einen Mönch aus dem Studios-Kloster, der zusammen mit dem Metropoliten Georgi von den Griechen gekommen war. Ihn begann er nach der Regel für die Studitenmönche auszuforschen. Er fand sie bei ihm und schrieb sie ab. In seinem

Der ehrwürdige Nestor, Chronist der Rus

Kloster legte er dann fest, wie die liturgischen Hymnen im Kloster zu singen seien, wie es mit dem Verneigen zu halten sei, wie die Lesungen vorzutragen seien, wie es sich mit dem Stehen in der Kirche verhalte, wie es überhaupt mit der ganzen Kirchenordnung sei, desgleichen mit dem Sitzen bei Tische, und was man an welchen Tagen essen dürfe – alles im Einklang mit der Vorschrift. Nachdem Feodossi das alles festgehalten hatte, übergab er es seinem Kloster. Und von diesem Kloster übernahmen alle Klöster die Regel, weshalb das Höhlenkloster als das älteste geehrt worden ist.

Während Feodossi im Kloster lebte, einen tugendhaften Lebenswandel führte und die Mönchsregel befolgte sowie jeden aufnahm, der zu ihm kam, bin auch ich elender und unwürdiger Knecht zu ihm gekommen; und er hat mich, als ich siebzehn Jahre alt war, aufgenommen. Ich habe das aufgeschrieben und dargelegt, in welchem Jahre das Kloster seinen Anfang genommen hat und weshalb es Höhlenkloster heißt. Über Feodossis Leben aber werden wir nochmals berichten.

Chronikbericht von den ersten Mönchen des Höhlenklosters

Im Jahre 6582 [1074] ... Nun leitete Stefan das Kloster und die gesegnete Herde, die Feodossi zusammengeführt hatte. Da waren solche Mönche, die wie Leuchten in der Rus strahlten: Die einen waren nämlich streng im Fasten, andere im Wachen, wieder andere im Verneigen und im Beugen der Knie, die einen fasteten einen und auch zwei Tage lang, andere nahmen Brot und Wasser zu sich, weitere aßen gekochtes Gemüse, andere rohes. Sie führten ein Leben in Liebe, die Jüngeren ordneten sich den Älteren unter und wagten in ihrer Gegenwart nicht zu sprechen, sondern [begegneten ihnen] stets mit Unterwürfigkeit und strengem Gehorsam. Ebenso bezeigten die Älteren auch den Jüngeren ihre Liebe, sie belehrten sie und trösteten sie wie geliebte Kinder.

War ein Bruder in irgendeine Sünde verfallen, dann trösteten sie ihn, und drei oder vier teilten in großer Liebe seine Kirchenbuße. So verhielt es sich mit der Liebe und der großen Enthaltsamkeit bei den Brüdern. Wenn irgendein Bruder das Kloster verließ, war unter allen Brüdern große Traurigkeit darüber. Sie sandten nach ihm aus und riefen den Bruder ins Kloster zurück. Alle gingen sie, verneigten sich vor dem Abt, legten beim Abt ein gutes Wort ein und nahmen mit Freuden den Bruder wieder ins Kloster auf. So also waren sie – einander zugetan, enthaltsam lebend und fastend. Einige von diesen wunderbaren Männern will ich hier erwähnen.

Da wäre als erster Damian, ein Priester, einer, der fastete und enthaltsam lebte und der bis zu seinem Tode nur Brot und Wasser zu sich genommen hat. Wenn irgend jemand ein krankes Kind brachte, das von einem Leiden betroffen war, und man es ins Kloster trug, oder wenn ein Erwachsener, der unter einer Krankheit litt, zum gesegneten Feodossi ins Kloster kam, ließ er diesen Damian für den Kranken beten. Der sprach sogleich ein Gebet und salbte ihn mit Öl.

Als er dann selbst erkrankt war und in Erwartung seines Endes geschwächt darniederlag, kam ein Engel in der Gestalt Feodossis zu ihm und verhieß ihm für seine Mühen das Himmelreich. Bald darauf kam Feodossi mit den Brüdern, und sie saßen bei ihm. Als seine Kräfte weiter nachließen, blickte er zum Abt auf und sagte: »Vergiß nicht, Abt, was du versprochen hast.«

Da begriff der große Feodossi, daß jener eine Vision gehabt hatte, und sprach zu ihm: »Bruder Damian, das, was ich dir versprochen habe, soll dir zuteil werden.«

Nun schloß er seine Augen und gab seinen Geist in Gottes Hand. Der Abt und die Brüder bestatteten dann seinen Leib.

Ebenso war auch ein anderer Bruder, Jeremija mit Namen, der sich noch an die Taufe des Russischen Landes erinnerte. Dem war eine Gabe von Gott geschenkt – er konnte prophezeien, was sein wird. Wenn er jemanden in schlimmen Gedanken versunken sah, entlarvte er ihn in aller Stille und ermahnte ihn, sich vor dem Teufel in acht zu nehmen. Hatte ein Bruder vor, das Kloster zu verlassen, und er durchschaute ihn, ging er zu ihm, deckte dessen Vorhaben auf und beruhigte den Bruder. Wenn er zu jemandem etwas sagte – sei es Gutes oder Böses –, das Wort des Starzen ging in Erfüllung.

Da war auch ein weiterer Starez, mit Namen Matwej, der besaß die Sehergabe. Einmal, als er in der Kirche auf seinem Platz stand, hob er den Blick und ließ ihn über die Brüder schweifen, die singend zu beiden Seiten standen. Da sah er einen Dämon, der in der Gestalt eines Polen in einem Umhang umherging und im Schoß [seiner Kleidung] Blüten trug, die Kletten heißen. Und während er bei den Brüdern umherging, nahm er immer wieder eine Klette aus dem Schoß und warf sie auf irgendeinen. Wenn die Blüte an einem der Sänger von der Bruderschaft hängenblieb, verließ er, nachdem er noch ein wenig verharrt hatte – am Geist geschwächt –, irgendeinen Grund vorschützend, die Kirche, ging in seine Zelle und schlief ein; und er kehrte dann vor dem Ende des Gottesdienstes nicht mehr in die Kirche zurück. Warf er aber auf einen anderen und die Blüte blieb bei dem nicht hängen, stand der unbeirrbar beim Singen, bis sie den Frühgottesdienst zu Ende gesungen hatten; dann erst ging er hinaus in seine Zelle. Der Starez, der solches sah, erzählte es seinen Brüdern.

Ein andermal hat der Starez folgendes gesehen: Als er am Frühgottesdienst, wie üblich, teilgenommen hatte, gingen sie [die Brüder] vor Morgengrauen in ihre Zellen. Der Starez aber pflegte die Kirche als letzter zu verlassen. Weil er nun ganz allein ging, setzte er sich zum Ausruhen unter das Schlagbrett; denn seine Zelle war weit weg von der Kirche. Da bemerkte er, wie eine Horde vom Tor her kam. Er hob den Blick und sah einen auf einem Schwein sitzen und die anderen um ihn herumwirbeln.

Der Starez fragte sie: »Wohin geht ihr?«

Und der Dämon, der auf dem Schwein saß, erwiderte: »[Wir kommen,] Michal Tobolkowitsch zu holen.«

Da bekreuzigte sich der Starez und ging in seine Zelle. Wie es dann Tag geworden war und der Starez zur Erkenntnis gekommen war, sprach er zum Zellendiener:

»Geh und frag nach, ob Michal in seiner Zelle ist!«

Und man gab ihm zur Antwort: »Vor kurzem, nämlich nach dem Frühgottesdienst, ist er über den Zaun gesprungen.« Von dieser Vision berichtete der Starez dann dem Abt und den Brüdern.

Zu Lebzeiten dieses Starzen war Feodossi heimgegangen, und Stefan war Abt geworden, und nach Stefan wurde es Nikon, während der Starez noch immer am Leben war.

Als er einmal im Frühgottesdienst stand, hob er den Blick, um nach dem Abt Nikon zu schauen, und sah einen Esel, der auf dem Platz des Abts stand; und ihm wurde klar, daß der Abt noch nicht aufgestanden war. Der Starez hatte auch noch viele andere Visionen und ist dann in gesegnetem Alter in diesem Kloster entschlafen.

Es gab da noch einen anderen Mönch, mit Namen Issaki. Als der noch draußen in der Welt als Laie lebte und reich war – denn er war ein Kaufmann und stammte aus Toropez –, kam ihm in den Sinn, Mönch zu werden. Er verteilte sein Hab und Gut an Bedürftige und an Klöster, ging in die Höhle zum großen Antoni und bat ihn, daß er ihn zum Mönch mache. Antoni nahm ihn auf, legte ihm die Mönchskleidung an und gab ihm den Namen Issaki, denn er hatte [bis dahin] Tschern geheißen.

Dieser Issaki nahm nun ein hartes Leben auf sich: Er kleidete sich nämlich in ein härenes Hemd, ließ sich einen Ziegenbock kaufen, zog dem Ziegenbock das Fell ab und trug es über dem härenen Hemd; so wurde das feuchte Fell an seinem Leibe trocken. Und er zog sich in die Höhle zurück, in eine winzige Zelle von vier Ellen Länge, die in einem kleinen Gang lag. Dort betete er unter Tränen zu Gott. Eine einzige Prosphore war seine Speise, und dies auch nur jeden zweiten Tag; Wasser trank er in Maßen. Der große Antoni brachte ihm das und reichte es ihm durch eine Fensteröffnung, so klein, daß nur eine Hand hineinpaßte. Auf solche Weise empfing er seine Nahrung. Sieben Jahre lang hielt er es so, ohne ans Tageslicht hinauszugehen und ohne sich auf die Seite zu legen, sondern er schlief lediglich ein wenig im Sitzen.

Einmal hatte er sich, wie gewohnt, als es Abend geworden war, zu verneigen begonnen und sang dabei Psalmen; dies ging [gewöhnlich] bis Mitternacht. Wenn es ihm Mühe bereitete, setzte er sich auf seine Liegestatt. Einmal also, als er wie üblich nun dasaß und die Kerze gelöscht hatte, erstrahlte auf einmal ein Licht in der Höhle, wie es von der Sonne ausgeht, so daß es für das menschliche Auge nicht zu ertragen war. Und zwei schöne Jünglinge, deren Gesichter wie die Sonne leuchteten, schritten auf ihn zu und sprachen zu ihm: »Issaki, wir beide sind Engel, und siehe, Christus kommt zu dir. Fall auf die Knie und verneige dich vor ihm!«

Er aber durchschaute nicht das dämonische Treiben und dachte auch nicht daran, sich zu bekreuzigen; er trat heraus und verneigte sich – gleichsam wie vor Christus – vor dem dämonischen Treiben.

Da erhoben die Dämonen ein Geschrei und sagten: »Nun bist du unser, Issaki.«

Sie brachten ihn in seine winzige Zelle, nötigten ihn zum Sitzen und begannen, sich um ihn herum zu setzen. Und die Zelle füllte sich mit ihnen und auch der kleine Höhlengang.

Der eine von den Dämonen, der Christus genannt ward, sagte: »Nehmt Flöten, Trommeln, Gusli und spielt auf! Laßt Issaki für uns tanzen!«

Nun ließen sie Flöten, Gusli und Trommeln ertönen und fingen an, ihr Spiel mit ihm zu treiben. Als sie ihn bis zur Erschöpfung gehetzt hatten, ließen sie ihn, kaum noch am Leben, zurück und gingen, nachdem sie ihn verspottet hatten, fort.

Anderntags, als es hell geworden war und die Stunde für die Brotmahlzeit gekommen war, ging Antoni wie üblich zu der kleinen Fensteröffnung und sprach: »Herr! Gib deinen Segen. Vater Issaki!« Eine Antwort kam nicht.

Und Antoni sagte: »So ist er schon heimgegangen.«

Nun sandte er ins Kloster nach Feodossi und nach den Brüdern. Als sie aufgegraben hatten, wo der Zugang versperrt war, und sie [zu ihm] gelangt waren, nahmen sie ihn in dem Glauben, er sei tot, trugen ihn hinaus und legten ihn vor der Höhle nieder. Da bemerkten sie, daß er noch am Leben war, worauf der Abt Feodossi sagte: »Dies wird auf Betreiben von Dämonen geschehen sein.«

Nun legten sie ihn auf eine Liegestatt, und Antoni sorgte für ihn.

Gerade in diese Zeit fiel die Rückkehr Isjaslaws aus Polen, und Isjaslaw ließ seinem Zorn gegenüber Antoni – wegen Wseslaw – freien Lauf. Da holte er [Swjatoslaw] durch Abgesandte Antoni bei Nacht nach Tschernigow. Die Boldiner Höhen sagten ihm [Antoni] zu, und er ließ sich dort nieder, nachdem er eine Höhle gegraben hatte. Bis auf den heutigen Tag gibt es dort auf den Boldiner Höhen ein Kloster der heiligen Gottesmutter.

Als Feodossi erfuhr, daß Antoni nach Tschernigow gegangen sei, kam er mit den Brüdern, nahm Issaki, brachte ihn in seine Zelle und sorgte für ihn. Er war nämlich körperlich so erschöpft, daß er weder fähig war, sich auf die andere Seite umzudrehen noch aufzustehen, noch zu sitzen, sondern er lag nur auf der einen Seite. Er ließ den Harn unter sich laufen, und vom Nässen und Wasserlassen krochen Würmer unter seinen Oberschenkel. Zwei Jahre lang wusch ihn Feodossi eigenhändig und umsorgte ihn. Feodossi betete auch für ihn zu Gott, und das Gebet sprach er Tag und Nacht über ihm, bis er im dritten Jahr die Fähigkeit zu sprechen wieder erlangte und wieder hörte, auch sich wie ein kleines Kind auf die Füße zu stellen begann und die ersten Schritte machte. Nun widerstrebte es ihm, in die Kirche zu gehen, doch man zerrte ihn mit Gewalt zur Kirche. Dann lernte er, in die Trapesa zu gehen, und man wies ihm einen Platz abseits von den Brüdern zu. Sie legten Brot vor ihn hin, und er nahm es nicht, es sei denn, daß man es ihm in die Hände gab.

Da sagte Feodossi: »Legt das Brot vor ihn hin, doch gebt es ihm nicht in die Hände! Er möge selbst essen.«

Eine Woche lang verschmähte er es zu essen; nachdem er sich dann allmählich umgeschaut hatte, aß er von dem Brot, und so lernte er essen. Auf solche Weise erlöste ihn Feodossi aus dem Ränkespiel des Teufels. Issaki begann nun wieder, strenge Enthaltsamkeit zu üben.

Als Feodossi heimgegangen und Stefan an seine Stelle getreten war, da sagte Issaki:»Siehe, damals, als ich stets an der gleichen Stelle saß, hattest du mich überlistet, Teufel. Jetzt aber werde ich mich nicht mehr in der Höhle einschließen, sondern ich werde den Sieg über dich davontragen, wenn ich im Kloster umhergehe.«

Nun zog er sich ein härenes Hemd an und über das härene Hemd einen Kittel aus Hanf und fing an, Narreteien zu treiben. Auch begann er, den Köchen zu helfen, indem er für die Brüder kochte. Vor allen anderen ging er zum Frühgottesdienst und stand eisern, ohne sich zu rühren. Als der Winter mit strengen Frösten kam, stand er da in seinem Schuhwerk, durchgetretenen Fellschuhen, so daß seine Füße am Stein anfroren, und er bewegte die Füße bis zum Ende des Frühgottesdienstes nicht. Und nach dem Frühgottesdienst ging er in die Küche und kümmerte sich um das Feuer, um Wasser und Brennholz; dann kamen die übrigen Köche aus dem Kreise der Brüder.

Da gab es auch einen Koch mit genau demselben Namen, Issaki, der sagte scherzend zu Issaki: »Schau, dort sitzt ein schwarzer Rabe; geh und fang ihn!«

Jener verneigte sich bis zur Erde vor ihm, ging los, fing den Raben und brachte ihn vor den Augen aller Köche zu ihm. Da erschraken sie und berichteten es dem Abt sowie den Brüdern, und die Brüder fingen an, ihn zu ehren.

Er aber, weil er keinen Ruhm von den Menschen begehrte, begann Narreteien zu treiben und fing an, bald dem Abt, bald den Brüdern, bald den Laien arg mitzuspielen, und die anderen verabreichten ihm Schläge. Und er begann betteln zu gehen, wobei er sich ebenfalls zum Narren machte. Er hielt wieder in die Höhle Einzug, in der er früher schon gewesen war – denn Antoni war bereits heimgegangen –, er sammelte Knaben um sich und legte ihnen Mönchsgewänder an. Bald bekam er [dafür] Schläge vom Abt Nikon, bald von den Eltern dieser Kinder. Alles dies erduldete er und nahm Schläge, Nacktheit und Kälte Tag und Nacht auf sich.

Eines Nachts hatte er im Ofen des kleinen Gelasses in der Höhle Feuer gemacht. Als der Ofen angeheizt war – er hatte Risse –, fing die Flamme durch die Risse zu lodern an. Da er nichts hatte, womit er sie hätte ersticken können, trat er mit den bloßen Füßen darauf. Er blieb auf der Flamme stehen, bis das Feuer im Ofen erloschen war; dann ging er hinaus.

Noch vieles andere hat man von ihm berichtet, und für manches bin ich Augenzeuge gewesen. Und auf solche Weise hat er den Sieg über die Dämonen davongetragen, daß er ihre Versuche, ihn zu erschrecken, und ihre

Trugbilder für nichts erachtete, als wären es Fliegen. Er sprach nämlich zu ihnen: »Zwar habt ihr mich einst in der Höhle überlistet, weil ich eure Ränke und eure Bosheit nicht kannte. Nun aber habe ich den Herrn Jesus Christus, meinen Gott, und die Fürbitte meines Vaters Feodossi. Ich vertraue [auf Christus], ich werde euch bezwingen.«

Denn oftmals trieben die Dämonen ihre garstigen Spiele mit ihm und sagten: »Unser bist du, und du hast dich vor unserem Ältesten und vor uns verneigt.«

Er aber erwiderte: »Euer Ältester ist der Antichrist, und ihr seid Dämonen.« Er machte das Kreuzeszeichen auf sein Gesicht, und so verschwanden sie.

Manchmal kamen sie wiederum des Nachts zu ihm und trieben – um ihn einzuschüchtern – gaukelnd ihre garstigen Spiele mit ihm, als sei da viel Volks mit Hacken und Hauen; sie sprachen: »Laßt uns diese Höhle zuschippen, und den da graben wir hier ein.«

Andere aber sagten: »Flieh, Issaki, man will dich eingraben.«

Und er erwiderte ihnen: »Wenn ihr Menschen wäret, dann würdet ihr am Tage kommen. Doch ihr seid die Finsternis und geht in der Finsternis um, und die Finsternis hat euch gepackt.«

Dann machte er das Kreuzeszeichen gegen sie, und sie verschwanden.

Ein andermal schreckten sie ihn in Gestalt eines Bären, bisweilen auch als wildes Getier, manchmal als Stier, mitunter krochen Schlangen auf ihn zu, mitunter auch Kröten, Mäuse und allerlei Gewürm. Doch sie vermochten ihm nichts anzutun und sagten zu ihm: »Issaki, du hast uns bezwungen.«

Darauf erwiderte er: »Zwar hattet ihr mich in der Gestalt von Jesus Christus und in der von Engeln besiegt, ihr, die ihr nicht würdig seid, so zu erscheinen, aber jetzt erscheint ihr – der Wahrheit entsprechend – erstmals in Gestalt von wilden Tieren, als Viehzeug, als Schlangen und Gewürm, was ihr selbst ja auch seid.«

Und seitdem ist ihm kein Unheil mehr von Dämonen zugefügt worden, wie er selbst berichtet hat: »Drei Jahre lang währte für mich dieser Kampf.«

Danach begann er, ein härteres Leben zu führen und Enthaltsamkeit zu üben in Fasten und Wachen; und mit einem solchen Lebenswandel beschloß er sein Dasein. Er erkrankte in der Höhle, und man trug ihn als Kranken ins Kloster, und vor Anbruch des achten Tages verschied er im Herrn. Der Abt Ioann und die Brüder bereiteten seinen Leib für die Bestattung vor und begruben ihn.

So waren sie, die Mönche aus Feodossis Höhlenkloster, die auch nach ihrem Tode wie Leuchten strahlen und die zu Gott für die hier weilenden Brüder beten, ebenso für die Laienbrüder und für die, die Spenden in das Kloster bringen. Darin [in diesem Kloster] führen sie alle [die Brüder] bis heute ein tugendhaftes Leben in enger Gemeinschaft, beim Kirchengesang, in Gebeten und in Gehorsam zum Ruhme Gottes des Allmächtigen, und beschirmt durch die Fürbitte Feodossis. Er [der Herr] sei gepriesen. Amen.

Chronikbericht von der Überführung der Gebeine Feodossi Petscherskis

Im Jahre 6599 [1091]. Der Abt und die Mönche berieten sich und sprachen: »Es ist nicht gut, daß unser Vater Feodossi außerhalb seiner Klosterkirche liegt; denn er hat doch den Grundstein für die Kirche gelegt und die Mönche zusammengeholt.«

Nach der Beratung ließen sie einen Platz herrichten, an dem seine Gebeine beigesetzt werden sollten. Und als das Fest des Entschlafens der Gottesmutter bis auf drei Tage herangekommen war, ordnete der Abt an, dort aufzugraben, wo seine – unseres Vaters Feodossi – Gebeine lagen. Zeuge dieser Weisung war zuerst ich Sünder. Davon werde ich berichten, der ich es nicht vom Hörensagen habe, sondern selbst derjenige war, der den Weg bereitet hat.

Als der Abt nämlich zu mir kam und sagte: »Laß uns beide in die Höhle zu Feodossi gehen!«, da bin ich mit dem Abt hingegangen, ohne daß jemand davon wußte. Wir beide schauten uns genau an, in welche Richtung zu graben sei, und bezeichneten die Stelle, wo gegraben werden müsse, neben dem Ausgang.

Dann sagte der Abt zu mir: »Weihe niemanden ein; aber nimm dir, wen du willst, daß er dir helfe.«

Ich bereitete nun an diesem Tage die Erdhacken vor, mit denen gegraben werden sollte. Und am Dienstagabend nahm ich mir zwei Brüder mit, ohne daß jemand etwas erfuhr. Ich gelangte in die Höhle, und nach dem Gesang von Psalmen begann ich mit dem Graben. Nachdem ich mich gemüht hatte, überließ ich es dem anderen Bruder; wir gruben bis Mitternacht und mühten uns ab, ohne daß ein Ende des Grabens abzusehen war. Mir kam schon die Befürchtung, daß wir möglicherweise seitwärts vorbeigraben könnten. Nun nahm ich [wieder] eine Erdhacke und fing angestrengt zu graben an, indes sich mein Freund vor der Höhle ausruhte.

Da sagte er zu mir: »Man hat ans Schlagbrett geschlagen.«

Und genau zu diesem Zeitpunkt war ich beim Graben zu Feodossis Gebeinen durchgedrungen. Als jener zu mir sprach: »Man hat ans Schlagbrett geschlagen«, da sagte ich: »Ich bin schon durchgekommen.« Da ich nun durchgegraben hatte, befiel mich Schrecken, und ich rief: »Herr, erbarme dich!«

Um diese Zeit saßen zwei Brüder im Kloster und sahen zur Höhle hinüber, ob etwa der Abt, der es verschwiegen hatte, ihn [Feodossi] gemeinsam mit jemandem in aller Heimlichkeit überführen würde. Als man an das Schlagbrett geschlagen hatte, sahen sie drei Säulen wie feurige Bogen; die standen erst und gingen dann zur Kuppel der Kirche, in der Feodossi beigesetzt wurde.

Zur gleichen Zeit sah Stefan, der an seiner Stelle Abt geworden war – derzeit war er Bischof –, von seinem Kloster aus einen großen Lichtschein hinter dem freien Felde über der Höhle. Er war der Meinung, daß sie Feodossi überführen – denn dies war ihm einen Tag zuvor mitgeteilt worden –, und war betrübt, daß sie ihn in seiner Abwesenheit überführten. Da setzte er sich aufs Pferd und ritt in Begleitung von Kliment, den er an seiner Stelle als Abt eingesetzt hatte, rasch davon. Unterwegs sahen die beiden den großen Lichtschein. In die Nähe gelangt, sahen sie viele Kerzen über der Höhle. Und sie kamen zur Höhle, sahen dort aber gar nichts. Nun gingen sie hinein in die Höhle, indes wir bei seinen Gebeinen saßen.

Als ich also durchgegraben hatte, schickte ich zum Abt: »Komm herzu, damit wir ihn herausholen.«

Der Abt kam denn auch mit zwei Brüdern. Ich erweiterte die gegrabene Öffnung, und wir krochen hinein und sahen seine Gebeine [als Reliquien] liegen. Jedoch seine Gelenke waren nicht auseinandergefallen, und die Haupthaare waren haftengeblieben. Sie legten ihn auf einen Mantel aus schwerem Gewebe und trugen ihn hinaus vor die Höhle.

Am folgenden Tage fanden sich ein die Bischöfe Jefrem von Perejaslawl, Stefan von Wladimir, Ioann von Tschernigow, [Marin von Jurjew] und die Äbte aus sämtlichen Klöstern mit den Mönchen; auch das rechtgläubige Volk kam herzu. Sie nahmen die Gebeine Feodossis – mit Weihrauch und mit Kerzen –, brachten sie und setzten sie in seiner Kirche in einem Anbau auf der rechten Seite bei; es war im Monat August, am vierzehnten Tag, einem Donnerstag, in der ersten Stunde des Tages, im vierzehnten Indiktionsjahr. Sie begingen diesen Tag festlich.

Nun werde ich noch ein wenig von einer Prophezeiung Feodossis berichten, die sich erfüllt hat. Zu seinen Lebzeiten, als Feodossi das Amt des Abtes innehatte und die ihm von Gott anvertraute Herde – die Mönche – führte, sorgte er sich nämlich nicht um diese allein, sondern auch um Laien, also um deren Seelen, wie sie gerettet werden könnten, in besonderem Maße um seine geistlichen Kinder, indem er denen, die zu ihm kamen, Trost zusprach und Belehrung erteilte, mitunter auch in ihre Häuser ging und ihnen den Segen spendete.

Als er einmal in Jans Haus gekommen war, zu Jan und seiner Frau Marija – Feodossi mochte sie nämlich gern, weil die beiden nach dem Gebot des Herrn lebten und in Liebe einander verbunden waren –, wie er also einmal zu ihnen gekommen war, da belehrte er sie über die Barmherzigkeit gegenüber den Armen, über das Himmelreich, welches empfangen werden die Gerechten, die Sünder hingegen Pein, und über die Todesstunde. Als er dann auch zu ihnen von der Bestattung des Leibes im Grabe sprach, sagte Jans Frau zu ihm:

»Wer weiß, wo man mich bestatten wird.«

Darauf erwiderte ihr Feodossi: »Wahrlich, wo ich beigesetzt werde, dort wirst auch du bestattet werden.«

Dies ist auch in Erfüllung gegangen. Denn achtzehn Jahre nach dem Heimgang des Abts hat sich dies erfüllt. In ebendiesem Jahr verschied Jans Frau, mit Namen Marija, im Monat August, am sechzehnten Tag. Und es kamen Mönche, die sangen die üblichen Gesänge, trugen sie in die Kirche der heiligen Gottesmutter und bestatteten sie gegenüber dem Grab Feodossis, auf der linken Seite. Feodossi war also am vierzehnten und sie am sechzehnten [August] beigesetzt worden.

So ist nun die Prophezeiung unseres seligen Vaters Feodossi in Erfüllung gegangen, des guten Hirten, der in aufrichtiger Treue, sanftmütig und umsichtig die geistlichen Schafe weidete, indem er sie behütete und für sie wachte und indem er für die ihm anvertraute Herde sowie für die Christenmenschen und für das Russische Land betete. Auch nach deinem Scheiden aus dieser Welt bittest du für die Gläubigen und für deine Schüler, die beim Anblick deines Sarges deiner Lehre sowie deiner Enthaltsamkeit gedenken und Gott preisen. Aber ich, dein sündiger Knecht und Schüler, weiß nicht, womit ich deinen tugendhaften Lebenswandel und deine Enthaltsamkeit rühmen könnte. Doch ein klein wenig will ich hier sagen:

»Freue dich, unser Vater und Lehrer! Nachdem du die Unrast der Welt hinter dir gelassen hast und dir das Schweigen teuer geworden war, hast du Gott in der Stille gedient, in einem Leben als Mönch. Du hast eine jede deiner Gottesgaben wieder eingebracht, hast dich durch Fasten erhöht, hast die Leidenschaften des Fleisches und den Genuß verabscheut, hast die Pracht und die Sehnsucht nach dieser Welt verworfen, indem du in die Fußstapfen der Hochgesinnten getreten bist, den Vätern im Schweigen nachgeeifert hast, dich durch Demut erhöht und dich damit geschmückt hast und indem du an den Worten der Schrift Wohlgefallen gefunden hast. Freue dich, der du dich gestärkt hast an der Hoffnung auf die ewigen Güter und sie empfangen hast, der du die Fleischeslust – die Quelle von Gesetzlosigkeit und Unruhe – überwunden hast, du Ehrwürdiger. Den Ränken des Teufels und seinem Netz bist du entflohen, du hast deine Ruhe gefunden, Vater, mit den Gerechten; du hast den Lohn deinen Mühen entsprechend empfangen, weil du ein Nachfolger der Väter geworden bist, dich an ihre Lehren, ihre Handlungsweise sowie ihre Enthaltsamkeit hieltest und ihre Regel beachtetest. Doch besonders eifertest du Theodosios dem Großen in Handlungsweise und Lebenswandel nach, indem du sein Leben zum Vorbild nahmst, an Enthaltsamkeit es ihm gleichtatest, seinen Gepflogenheiten folgtest, zu immer besseren Werken voranschrittest und die üblichen Gebete zu Gott sandtest, zu dem wohlriechenden Duft das Rauchopfer des Gebets – den angenehm duftenden Weihrauch – hinzufügend. Der du die weltliche Begierde und den Herrscher dieser Welt überwunden hast, der du den Widersacher, den Teufel, und seine Ränke zu Fall gebracht hast, du hast dich als Sieger erwiesen, du hast seinen feindlichen Pfeilen und hochmütigen Absichten widerstanden, weil du dich mit der Waffe des Kreuzes, mit dem unbesiegbaren Glauben und mit der Hilfe Gottes stark gemacht hattest.

Bitte für mich, ehrwürdiger Vater, daß ich erlöst werde aus dem Netz des Bösen und behüte mich mit deinen Gebeten vor dem Widersacher, dem Feind.«

Chronikbericht von dem Wunder, wie Feodossi Petscherski dem Bischof Nifont erschienen ist

Im Jahre 6664 [1156]. Der gesegnete Bischof Nifont von Nowgorod war – in Erwartung des Metropoliten Konstantin aus Zargrad – [ins Höhlenkloster] gekommen. Zu ihm war nämlich die Kunde gedrungen, daß der Metropolit bereits aufgebrochen sei. Da kam eine Krankheit über ihn [Nifont]. Dreizehn Tage war er krank, dann entschlief er in Frieden am fünfzehnten Tage des April, am Sonnabend der Osterwoche. Er wurde im Höhlenkloster in Feodossis Höhle bestattet; denn er hegte große Liebe zur heiligen Gottesmutter und zum Vater Feodossi.

Er hat von einer wunderbaren Erscheinung erzählt. Drei Tage vor seiner Erkrankung hat er einen Traum gesehen: Als er aus dem Frühgottesdienst gekommen war und ausruhte, »siehe, da fand ich mich in der Höhlenkloster-Kirche auf dem Platz Swjatoschas. Unter Tränen betete ich inständig zur allreinen Gottesmutter, daß ich doch den Vater Feodossi sähe. Während sich viele Brüder in der Kirche versammelten, trat einer zu mir und sagte: ›Möchtest du den Vater Feodossi sehen?‹ Und ich antwortete: ›Wenn es möglich ist, zeige ihn mir.‹ Da nahm er mich und führte mich in den Altarraum und zeigte mir dort den Vater Feodossi. Ich ging hin und verneigte mich vor ihm. Nun erhob er sich, erteilte mir den Segen, umfing mich mit seinen Armen, küßte mich und sprach zu mir: ›Gut, daß du gekommen bist, mein Bruder und Sohn Nifont, von nun an bist du untrennbar mit uns verbunden.‹ Er hielt aber eine Schriftrolle in den Händen, und als ich ihn darum bat, gab er sie mir. Ich entrollte sie und las. Und am Anfang war darauf geschrieben: ›Siehe, hier bin ich und meine Kinder, die mir Gott gegeben hat.‹ Da wachte ich auf.«

Bischof Nifont war einer, der für das ganze Russische Land eintrat. Er war ein leidenschaftlicher Eiferer in göttlichen Dingen. Klim nötigte ihn, mit ihm den Gottesdienst zu halten, worauf er ihm folgendes sagte: »Du hast nicht den Segen von der heiligen Sophia, auch nicht von der heiligen großen Synode und nicht vom Patriarchen. Darum kann ich weder mit dir Gottesdienst halten noch deiner im heiligen Gottesdienst gedenken, sondern ich gedenke des Patriarchen.«

Obwohl jener ihn peinigte und Isjaslaw sowie dessen Anhänger gegen ihn aufbrachte, vermochte er bei ihm nichts zu erreichen. Der Patriarch sandte ihm Briefe, lobte ihn und zählte ihn zu den Heiligen. Den Briefen des Patriarchen gehorchend, wurde er noch standhafter. Beide waren auch in Freundschaft mit Swjatoslaw Olgowitsch verbunden; denn Swjatoslaw war nun ohne ihn in Nowgorod geblieben.

Chronikbericht von der Wahl Wassilis zum Abt des Höhlenklosters

Im Jahre 6690 [1182] ... In demselben Jahre verschied der selige Archimandrit, der Abt des Höhlenklosters, namens Polikarp, im Monat Juli, am vierundzwanzigsten Tage, dem Feiertag für die heiligen Märtyrer Boris und Gleb. Und nachdem man seinen Leib zur Bestattung hergerichtet hatte, setzte man ihn unter dem Gesang der Begräbnishymnen bei, wie er es selbst angeordnet hatte.

Nach seinem Tode aber gab es Unruhe im Kloster. Man konnte sich nicht auf die Wahl eines Abts als Nachfolger jenes Starzen einigen. Kummer, Trauer und große Trübsal kamen über die Brüder; denn es ist nicht gut, daß ein solches Haus voller Mönche auch nur eine einzige Stunde ohne Hüter sei.

Am Dienstag schlugen dann Brüder ans Schlagbrett; sie kamen in der Kirche zusammen und beteten zuerst zur heiligen Gottesmutter. Und siehe, dann geschah das Wunder, daß viele wie aus einem Munde sprachen: »Laßt uns zum Popen Wassili auf die Schtschekowiza schicken, daß er unser Abt werde und die Herde der Mönche von Feodossis Höhlenkloster leite.«

Bei ihrem Eintreffen verneigten sie [die Abgesandten] sich vor dem Popen Wassili und sagten: »Wir, alle Brüder und Mönche, grüßen dich ehrerbietig und möchten dich als unseren Vater, als Abt haben.«

Der Pope Wassili, der äußerst erstaunt war, verneigte sich vor ihnen und sprach: »Väter und Brüder! In meinem Herzen habe ich an den Mönchsstand gedacht. Aber wie konntet ihr wegen der Abtswürde auf mich Elenden verfallen?«

Erst nach langem Sträuben sagte er ihnen zu. Da nahmen sie ihn gleich mit und brachten ihn ins Kloster. Das war am Freitag. Als der Sonntag angebrochen war, da trafen zu seiner Mönchsweihe der Metropolit Nikifor, der Bischof von Turow, Lawrenti, und Nikola, der Bischof von Polozk, sowie alle Äbte ein. Nikifor schor ihn eigenhändig zum Mönch. Da war er nun der Abt und der Hirte für die Mönche von Feodossis Kloster geworden.

Aufzeichnung über den seligen Simon, Bischof von Wladimir und Susdal

Der gesegnete Simon, Bischof von Susdal, war Mönch des Höhlenklosters zur Zeit des Archimandriten Akindin, von dem er auch in den Mönchsstand aufgenommen worden war. Er führte ein gottgefälliges Leben, indem er der Tugend der Väter nacheiferte und häufig die Viten der heiligen Väter vom Höhlenkloster las; auch ermunterte er sein Herz, beflissen den Weg aller Mühen zu durchschreiten. So schien er würdig, ein Hirtenamt zu übernehmen.

Folgendes hat sich ereignet: Ioann, der Bischof von Wladimir und Rostow, hatte aus freien Stücken seinen Bischofssitz verlassen und war nach Susdal in das Kosmas-und-Damian-Kloster als Eremit gegangen. Da bat Juri Wsewoloditsch, der Großfürst von Wladimir, inständig den Metropoliten Matwej, und so wurde Simon im Jahre 6722 [1214] in Kiew zum Bischof der von Gott beschützten Stadt Wladimir und von Susdal geweiht. Nachdem dem gesegneten Bischof Simon die Erzpriesterwürde verliehen worden war und er den Hirtenstab in seine Hände genommen hatte, trat er beflissen für die ihm von Gott anvertraute Herde ein, ohne jedoch dabei sein eigenes Ringen als Mönch zu vergessen. Er erinnerte sich oft an das Mühen und das Ringen der ehrwürdigen Väter vom Höhlenkloster und freute sich von Herzen, daß er für würdig befunden worden war, dort mit ihnen zusammenzuleben, und oft wandte er sich an sie um Unterstützung im Gebet. Unter dem Schutz und mit dem Beistand von Gottes Segen versah er sein [Bischofs-]Amt zum Guten.

Er hat auch den Lebenswandel der heiligen Väter zum Nutzen der Rechtgläubigen aufgeschrieben und beflissen Nachforschungen angestellt, ob nicht jemand Augenzeuge irgendeines Wunders war oder vom Hörensagen damit bekannt geworden ist. All dies hat er in emsiger Arbeit wie eine Biene zusammengetragen. Große Liebe und Vertrauen hegte er zur allheiligen Gottesmutter und den ehrwürdigen Vätern Antoni und Feodossi, daß man hätte meinen können, er weile mit seinen Sinnen im Höhlenkloster und lediglich leiblich sei er in seiner Eparchie zugegen; stets war er mit Geist und Seele bei den Ehrwürdigen.

Er lebte noch geraume Zeit – der Jahre seiner Bischofswürde waren es zwölf – und mühte sich sehr [im Ringen um gute Werke]. Dann ging er zur ewigen Ruhe heim zum Herrn. Sein Leib wurde – seines Vertrauens und seiner Liebe zu den Heiligen wegen – in der Höhle bei den ehrwürdigen Vätern beigesetzt, wie er es sich in seinem Sendschreiben an Polikarp gewünscht hatte. Jeder, der dies [Sendschreiben] liest, wird darin auch seine Liebe zur Arbeit und sein leidenschaftliches Streben zu Gott während seines Lebens finden.

Von den Äbten des Höhlenklosters seit seinen Anfängen

Der Begründer des Höhlenklosters, der ehrwürdige Antoni, kam nach Kiew und ließ sich dort nieder im Jahre 6520 [1012].

Er setzte Warlaam an seiner Statt als Abt ein im Jahre 6540 [1032].

Den ehrwürdigen Feodossi setzte er [Antoni] in die Abtswürde ein im Jahre 6570 [1062].

Stefan wurde als Abt eingesetzt im Jahre 6582 [1074].

Nikon wurde als Abt eingesetzt im Jahre 6585 [1077].

Ioann wurde als Abt eingesetzt im Jahre 6595 [1087].

Feoktist wurde als Abt eingesetzt im Jahre 6616 [1108].
Prochor wurde als Abt eingesetzt im Jahre 6621 [1113].
Timofej wurde als Abt eingesetzt im Jahre 6638 [1130].
Pimin wurde als Abt eingesetzt im Jahre 66.. [11..].
Akindin wurde als Archimandrit eingesetzt im Jahre 6655 [1147].
Polikarp wurde als Archimandrit eingesetzt im Jahre 66.. [11..].
Wassili wurde als Archimandrit eingesetzt im Jahre 6690 [1182].

ERLÄUTERUNGEN

Häufig wiederkehrende Begriffe

Abendgottesdienst: Dieser Gottesdienst findet bei Einbruch der Dunkelheit statt.

Archimandrit: Archimandrit war in Byzanz vom 10./11. Jahrhundert an der Abt eines oder mehrerer herausragender Klöster. In der altrussischen Literatur taucht die Bezeichnung erstmals unter dem Jahr 1108 (Hypatius-Chronik) auf, wo der Abt Feoktist des Kiewer Höhlenklosters mit diesem Titel genannt wird; damit sollte die besondere Stellung des Klosters angezeigt werden. Das Kloster legte großen Wert auf seine Sonderstellung, was auch in seinem Verhältnis zu den meist griechischen Metropoliten Kiews eine Rolle spielte.

Bojaren: Angehörige der wohlhabenden und einflußreichen Oberschicht in der Rus, vergleichbar den deutschen Edelleuten.

Fastenzeit: Auf eine dreiwöchige *Vorfastenzeit*, die mit dem Sonntag der Butterwoche (entspricht dem Sonntag Estomihi, siebenter Sonntag vor Ostern) endet, folgen die vierzig Tage der *Großen Fasten*, die bis zum Freitag vor Palmsonntag (letzter Sonntag vor Ostern) zählen. Am Sonnabend vor Palmsonntag und an diesem Sonntag wird nicht gefastet. Am Montag nach Palmsonntag beginnt schließlich das noch strengere *Fasten der Karwoche*, das in der Nacht zum Ostersonntag endet.

Griwna: Die *Griwna* war eine altrussische Geldeinheit, gewöhnlich in Form eines Barrens, mit einem Gewicht von etwa 410 g, was einem altrussischen Pfund entsprach. Allerdings war das Gewicht in den einzelnen Gebieten der Rus und in den verschiedenen Epochen unterschiedlich.

Metropolit: In der Kiewer Rus war der *Metropolit* das Oberhaupt der Orthodoxen Kirche. Er wurde von Byzanz eingesetzt, weshalb – von wenigen Ausnahmen abgesehen – dieses Amt von Griechen versehen wurde. Der Metropolitensitz war bis zum Ende des 13. Jahrhunderts Kiew.

Morgengottesdienst: Schon seit frühchristlicher Zeit liegt dieser Gottesdienst genau an der Grenze zwischen der zu Ende gehenden Nacht und dem anbrechenden Morgen.

Nachtgottesdienst: Mit dem *Abend-*, dem *Mitternachts-* und dem *Morgengottesdienst* gehört der *Nachtgottesdienst* zu den Stundengottesdiensten zwischen Abend- und Morgendämmerung. Zeitlich liegt er zwischen dem

Abendbrot der Mönche, das nach dem Abendgottesdienst eingenommen wird, und dem Mitternachtsgottesdienst. Für jeden dieser Gotttesdienste gibt es eine feste Ordnung.

Schlagbrett: Anstelle einer Glocke gab es in den Klöstern schon seit frühester Zeit das *Schlagbrett*, das entweder aus Holz oder aus Metall bestand. Es diente meistens dazu, die Mönche zu den Stundengebeten, zu den Gottesdiensten und zu den Mahlzeiten zu rufen.

Starez (Plural: *Starzen*): Ein *Starez* war ein Mönch, der auf Grund seines hohen Alters und seiner langen Erfahrung im klösterlichen Leben den jüngeren Mönchen als Vorbild diente. Ihm konnten ganz praktische Funktionen in der Verwaltung des Klosters übertragen werden; viel wichtiger war aber seine geistliche Aufgabe als Seelsorger für die jüngeren Mönche sowie als Ratgeber für Fürsten und andere Laien.

Trapesa: Die *Trapesa* entspricht dem Refektorium (Speisesaal der Mönche) in den mittel- und westeuropäischen Klöstern und befindet sich meist in einem gesonderten Gebäude mit reichem kirchlichem Schmuck innerhalb des Ensembles der Klosterbauten.

Zeitangaben

a) *Jahreszahl:* Die altrussischen Jahresangaben folgen der byzantinischen Zeitrechnung, die von einem auf der Grundlage alttestamentlicher Angaben errechneten Anfang der Welt ausgeht. Danach sei die Welt im Jahre 5509 vor Christi Geburt geschaffen worden. Wenn man aus der damals üblichen hohen Ziffer die entsprechende Jahreszahl des bei uns heute gültigen Kalenders errechnen will, muß man also in der Regel 5508 Jahre von der im Paterikon genannten Zahl abziehen. Dabei muß jedoch berücksichtigt werden, daß der Jahresanfang in jener Zeit meist auf dem 1. März lag. Demzufolge ist die Umrechnung mit der Schlüsselzahl 5508 nur bei den Monaten März bis Dezember möglich. Auf den Dezember – den zehnten Monat des alten Kalenders (vergleiche lateinisch *decem* = zehn) – folgen noch die beiden letzten Monate des alten Jahres (Januar und Februar), für die dann die entsprechende Umrechnungszahl 5507 lautet.

b) *Tages- und Monatsangaben:* Auch diese Daten spiegeln die Zeitrechnung alten Stils wider. Es sind die Angaben nach dem damals üblichen – von Julius Cäsar eingeführten – Julianischen Kalender. Die entsprechenden Daten der Zeitrechnung neuen Stils, die auf dem – von Papst Gregor XIII. im Jahre 1582 eingeführten – Gregorianischen Kalender beruhen, erhält man durch Hinzuzählen von fünf Tagen bei Angaben aus dem 10., sechs Tagen beim 11., sieben Tagen beim 12. und 13., acht Tagen beim 14., neun Tagen beim 15. und zehn Tagen beim 16. und 17. Jahrhundert.

Erläuterungen zum Text

1. Erzählung

29 *Das Väterbuch des Höhlenklosters, von der Errichtung der Kirche:* Die erste Erzählung gehört zu den ältesten Teilen der später in dieser Sammlung mosaikartig vereinigten Berichte über das Kloster.
Hauptkirche des Höhlenklosters: Damit ist die Mariä-Himmelfahrts-Kathedrale (sie wird korrekter *Mariä-Entschlafens-Kirche* genannt) gemeint. Sie wurde 1073–1078 als Kreuzkuppelkirche erbaut und 1083 bis 1089 mit kostbaren Malereien ausgestaltet. Nach dem Brand von 1718 wurde sie 1723–1729 im Stil des ukrainischen Barocks wiedererrichtet. Im zweiten Weltkrieg wurde das Bauwerk zerstört.
Archimandritenkloster: Siehe Kommentar zu *Archimandrit* (Seite 306).
Im Warägerlande: Darunter ist Skandinavien zu verstehen. Als *Waräger* wurden besonders Skandinavier bezeichnet, die als Krieger (oder Kaufleute) in den Kiewer Staat kamen. Waräger dienten damals sogar dem byzantinischen Kaiser als Leibwache und als Söldner.
Jakuns des Blinden: Jakun war der Anführer einer skandinavischen Söldnertruppe, die Jaroslaw der Weise zum Kampf gegen seinen Bruder Mstislaw, der mit Jaroslaw wegen der Erweiterung seines Herrschaftsbereichs in Fehde lag, angeworben hatte. In der entscheidenden Schlacht, über die die altrussischen Chroniken unter dem Jahr 1024 berichten, wird Jaroslaw geschlagen, und Jakun muß übers Meer fliehen. Umstritten ist, ob Jakun wirklich *blind* war. Die Chronikstelle läßt sich auch so deuten, daß er wegen seines goldgewirkten Umhangs als *schön* bezeichnet wurde.
Polowzer (auch: *Kumanen*): turkotatarisches Nomadenvolk, das aus einem östlich der Wolga gelegenen Gebiet gekommen war und seit Mitte des 11. Jahrhunderts aus den Steppengebieten am Don ständig in altrussisches Territorium einfiel. – Über die für das russische Heer unglücklich ausgegangene Schlacht gegen die Polowzer an der Alta berichten die altrussischen Chroniken ausführlich unter dem Jahr 1068.
zu dem großen heiligen Antoni: Antoni ist der erste Gründer des Höhlenklosters. Aus seiner Vita, die nicht erhalten ist, schöpfen verschiedene Erzählungen des vorliegenden Paterikons. Über Antoni wird ausführlich in der 7. Erzählung berichtet. Mit Antoni als Vertreter des Höhleneremitentums und Feodossi als Vertreter des Koinobitentums (das heißt streng geregeltes Gemeinschaftsleben unter einem Abt bei ausdrücklichem Verbot von persönlichem Eigentum) werden uns die altrussischen Prototypen des Mönchtums nahegebracht. – Antoni trägt in altrussischen Quellen mitunter den Beinamen *der Große*, darf dann aber nicht verwechselt werden mit *Antonios dem Großen*, dem Begründer des ägyptischen Eremitentums. (Über letzteren siehe Anmerkung zu Seite 55.)
werden fallen durch des Schwertes Schärfe: Siehe Lukas 21,24.

30 *Alta:* Fluß im Perejaslawler Gebiet südöstlich von Kiew.
Lateiner: Im Gegensatz zu den orthodoxen (rechtgläubigen) Christen wurden im Altrussischen die Anhänger der römischen Kirche als Lateiner bezeichnet, weil das Lateinische die Sprache ihrer Liturgie war.
Goldgriwnen: Siehe Kommentar zu *Griwna* (Seite 306).
Rüstaltar: Dieser Altar, der sich in einem besonderen Raum befindet, dient der Vorbereitung der heiligen Gaben für die Eucharistie (Abendmahl).

32 *und übergab ihn mit den Worten:* An dieser Stelle wird der Beitrag der christlichen Waräger an der Vorgeschichte des Höhlenklosters angedeutet.

33 *Rus:* Bezeichnung für den Kiewer Staat des 10. bis 13. Jahrhunderts. Ausgangspunkt war ursprünglich ein ethnischer Name, der später auf das Territorium der Kernlande des Kiewer Staates – das heißt auf das Kiewer, Tschernigower und Perejaslawler Gebiet – übertragen wurde.
gedenke an mich, wenn du in dein Reich kommst!: Siehe Lukas 23,42.
Kommt her, ihr Gesegneten meines Vaters: Siehe Matthäus 25,34.

34 *Der Herr wird dich segnen aus Zion:* Siehe Psalm 128,5.
von der Irrlehre der Lateiner gelöst: Wenn man von der 37. Erzählung, deren Zugehörigkeit zum Paterikon ohnehin als umstritten gilt, absieht, ist dies die einzige antirömische Aussage im Paterikon.
seinen eigenen Sohn Georgi: Gemeint ist Wladimir Monomachs Sohn *Juri*, der später den Beinamen *Dolgoruki* erhielt. Der ursprünglich aus dem Griechischen entlehnte Name *Georgi* ist bereits während der altrussischen Epoche im Volksmund zu *Juri* umgestaltet worden.
Tausendschaftsführer Georgi: Der Tausendschaftsführer war ursprünglich der Befehlshaber einer militärischen Einheit von 1000 Mann. Später war er der Befehlshaber eines Volksheeres aus einer Stadt bzw. einem Gebiet. Neben seiner militärischen Funktion übte er gewöhnlich auch eine administrative aus. Er entstammte meist einer der vornehmen Familien und wurde vom Fürsten ernannt. – In der Hypatius-Chronik wird unter dem Jahr 1130 ein *Tausendschaftsführer Georgi (Schimonowitsch)* aus Rostow als Förderer des Höhlenklosters erwähnt.

2. Erzählung

Ankunft der Kirchenbaumeister: In der 2. bis 4. Erzählung soll, nachdem in der 1. Erzählung vom Beitrag der Waräger die Rede war, der Anteil von Byzanz bei der Errichtung und Ausgestaltung der Kirche herausgestellt werden. Ungeachtet der genannten Beiträge von außen fällt den beiden zentralen Gestalten aus den Anfängen des Höhlenklosters – Antoni und Feodossi aus der Rus – die tragende Rolle im Geschehen um die Schaffung der Klosteranlage zu.

Zargrad: »Herrscher-« oder »Kaiserstadt«, aus dem Kirchenslawischen ins Altrussische übernommene offizielle Bezeichnung für Konstantinopel, die Hauptstadt des Byzantinischen Reiches.

35 *Verschnittene:* Söhne aus vornehmen Familien konnten sich in Byzanz der Kastration unterziehen, um am kaiserlichen Hofe eine günstige Stellung zu erhalten. Eunuchen hatten deshalb eine gute Chance am Hofe, weil bei ihnen keine Gefahr bestand, daß sie Thronanwärter werden und eine Dynastie gründen könnten. Sie wurden auch gern – wie es aus unserer Textstelle deutlich wird – vom Kaiser oder von der Kaiserin für persönliche Dienste herangezogen, da man ihnen größtes Vertrauen schenkte.

Blachernen: Vorstadt bzw. Außenbezirk von Konstantinopel in der Nähe des Hafens am Goldenen Horn, wo sich eine der Gottesmutter geweihte Kirche mit einer wundertätigen Ikone der Gottesmutter befand.

was kein Ohr gehört hat und in keines Menschen Herz gekommen ist: Siehe 1. Korinther 2,9.

der heiligen Märtyrer, des Artemios . . .: Die hier genannten Märtyrer sind alle zwischen dem 1. und 6. Jahrhundert umgekommen. Im Falle des an letzter Stelle genannten Märtyrers *Theodoros* kann nicht mit absoluter Sicherheit gesagt werden, ob es sich um *Theodoros Stratelates* handelt, da es mehrere Märtyrer gleichen Namens gibt.

37 *Ortsikone:* Die *Ortsikonen* mit der Darstellung der lokal zu verehrenden Heiligen (Gottesmutter, Christus oder weiterer heiliger Gestalten) bzw. Heilsereignisse, nach denen die Kirche auch benannt ist, befinden sich auf dem untersten Rang der Bilderwand (Ikonostas) rechts der Mitteltür (Königstür).

38 *so sei Tau auf dem ganzen Boden:* Zu dieser Stelle und dem folgenden vergleiche Richter 6,36–40.

Erhöre mich, Herr: Anspielung auf das Gottesurteil in 1. Könige 18, besonders Vers 37f. – Es ist aber auch anzunehmen, daß mit den beiden – ebenfalls im Westen (z. B. in französischen Kathedralen) bekannten – Mariensymbolen, nämlich dem brennenden Dornbusch (2. Mose 3,2ff.) und dem Vlies Gideons (Richter 6,36ff.) auf die Jungfräulichkeit der Gottesmutter, der ja die Höhlenkloster-Kirche geweiht werden soll, hingewiesen wird.

3. Erzählung

Für die heilige Kirche der Gottesmutter ist im Jahre 6581 . . . der Grundstein gelegt worden: Die altrussische Nestor-Chronik berichtet am Schluß der Eintragung für 1073 kurz über das Ereignis.

40 *Vita des heiligen Antoni:* Obwohl diese Vita bereits sehr früh verlorengegangen ist, sind zahlreiche Spuren in den altrussischen Chroniken und im Paterikon des Höhlenklosters zu finden. Man kann davon ausgehen,

daß sie gegen Ende des 11. Jahrhunderts in Tschernigow oder Tmutorokan verfaßt wurde und daß darin auch von mehreren Mönchen der Gründungszeit berichtet wurde. Die beiden Autoren des Paterikons, Simon und Polikarp, haben – ähnlich wie der Chronist Nestor – die Antoni-Vita noch gekannt, weisen aber auf sie wie auf ein schon fast vergessenes Werk hin (siehe auch die Anmerkung über Antoni zu Seite 29).
daß sich eine Feuersäule von der Erde bis zum Himmel erhob: Siehe die 8. Erzählung, Kapitel 44.
»Frohlocket«, heißt es, »und freuet euch...«: Dies ist wohl eine Anspielung auf Matthäus 5,12.
Blachernen: Siehe Anmerkung zu Seite 35.
41 *Bücher des Lebens:* Vergleiche dazu das Weltgericht in der Offenbarung des Johannes 20,11ff.
... auf einem solchen Felsen diese Kirche. Und die Pforten der Hölle sollen sie nicht überwältigen: Vergleiche Matthäus 16,18.

4. Erzählung

42 *Die Erzählung von der Ankunft der Ikonenmaler:* In der 4. und 5. Erzählung wird bereits davon berichtet, welche Wunder die Ikone der Gottesmutter bewirkte.
Abt Nikon: Nikon der Große vom Höhlenkloster, wie er auch genannt wird, gehört mit Antoni und Feodossi noch zur ersten Generation der Mönche dieses Klosters. Als Abt war er der Nachfolger Stefans. Er spielte im politischen Leben der sechziger und siebziger Jahre des 11. Jahrhunderts in der Rus eine bedeutende Rolle. Für einige Jahre mußte er sich vor dem Zorn des Großfürsten Isjaslaw in Tmutorokan in Sicherheit bringen. Als Chronist nimmt er eine herausragende Stellung ein. – Die immer wieder geäußerten Vermutungen, hinter diesem Abt Nikon verberge sich Ilarion, der ehemalige Metropolit von Kiew (1051–1054; siehe auch Anmerkung zu Seite 53), werden bis heute stark angezweifelt.
Stadt Konstantins: Konstantinopel *(Zargrad);* siehe dazu auch Anmerkung zu Seite 34.
Griechen und Abchasen: Als *Griechen* wurden damals im Altrussischen ganz allgemein die Bewohner des Byzantinischen Reiches bezeichnet, auch wenn sie nicht griechischer Nationalität waren. *Abchasen* sind Angehörige eines nordkaukasischen Volkes.
Kanew: Stadt am Dnepr, südlich von Kiew.
44 *Trepol:* Stadt am Dnepr, zwischen Kiew und Kanew an der Stugna-Mündung (heute: *Tripolje*).
Als der [einstige] Abt Stefan, [jetzt] Domestikos, der aus dem Kloster vertrieben worden war: Stefan, der nach Feodossis Tod von 1074 bis etwa 1078 Abt des Höhlenklosters war, wurde aus diesem Kloster – vermutlich

von den eigenen Mönchen – vertrieben. Die Gründe hierfür sind nicht bekannt. Er wurde dann Abt eines von ihm gegründeten Klosters (Blachernen-Kloster) auf dem Klow, einem Gelände zwischen dem alten Kiew und dem Höhlenkloster. Noch vor 1088 ist er schließlich Bischof von Wladimir-Wolynsk geworden (siehe auch die Darstellung auf Seite 126ff.).
– Als *Domestikos* wurde der Leiter eines Kirchenchores bezeichnet, der in der Klosterhierarchie eine angesehene Stellung innehatte.

45 *eine Kirche in der Art der Blachernen-Kirche:* Stefan hat offensichtlich auf dem Klow (siehe vorige Anmerkung) in seinem Blachernen-Kloster eine der Gottesmutter geweihte Kirche – ebenfalls nach dem Vorbild von Konstantinopel – erbauen lassen, die 1240 beim Tatarenansturm mit dem ganzen Kloster in Schutt und Asche fiel.

Wladimir Wsewolodowitsch Monomach: Den Beinamen *Monomach* trug er nach seinem Großvater mütterlicherseits. Seine Mutter war eine byzantinische Prinzessin, Tochter des Kaisers Konstantin IX. Monomachos.

Perejaslawl: Gemeint ist Perejaslawl Russki, südöstlich von Kiew, Zentrum eines altrussischen Fürstentums.

Wladimir ließ ... in der Stadt Rostow eine Kirche errichten, die ihr in allem glich: Mit Sicherheit läßt sich nicht sagen, um welche Kirche es sich handelt. Zwar gibt es in Rostow (nordöstlich von Moskau) eine Mariä-Himmelfahrts-Kathedrale, deren ältester Vorgängerbau (vermutlich aus dem 12. Jahrhundert) in seiner Sechs-Pfeiler-Anlage dem Bau der Höhlenkloster-Kirche glich, aber es gibt keinen Hinweis auf Wladimir als den Bauherrn. Die Kathedrale war Bischofskirche des bereits in den siebziger Jahren des 11. Jahrhunderts begründeten Bistums Rostow.

sein Sohn, der Fürst Georgi: Siehe Anmerkung zu Seite 34.

ließ er ... in der Stadt Susdal eine Kirche nach den gleichen Maßen erbauen: In den Jahren 1101–1120 ließ zunächst Wladimir Monomach im Kreml von Susdal nahe dem Fürstenpalast eine Mariä-Himmelfahrts-Kathedrale etwa nach dem Vorbild der Höhlenkloster-Kirche erbauen. Um 1148 ließ Juri Dolgoruki dann eine neue Steinkirche an der gleichen Stelle errichten. Der dritte Kirchenbau auf den Ruinen der Vorgängerkirchen, der in die Jahre 1222–1225 zu datieren ist, erhielt den Namen Mariä-Geburts-Kathedrale.

5. Erzählung

46 *Abt Nikon:* Siehe Anmerkung zu Seite 42.

Silbergriwnen ... Goldgriwnen: Siehe Kommentar zu *Griwna* (Seite 306).

48 *Abt Ioann:* Nachfolger Nikons in diesem Amt.

ließ sich zum Mönch scheren: Mit der Ablegung des Mönchsgelübdes und dem Anlegen des Mönchsgewandes gehört die Tonsurierung zu den wich-

tigen Ritualen der Aufnahme in den Mönchsstand. Die Tonsur gilt als Symbol für das Opfer, das der Betroffene bringt.
Kirche des heiligen Johannes des Täufers: Nach Aussagen der Archäologen erfolgte der Bau dieser Kirche um die Wende vom 11. zum 12. Jahrhundert. Sie schloß sich als kleines quadratisches turmähnliches Bauwerk eng an die Nordwestecke der Mariä-Himmelfahrts-Kathedrale des Höhlenklosters an.

6. Erzählung

49 *Altarschranke:* Platten aus Stein, Holz oder Metall dienten ursprünglich zur Abgrenzung von bestimmten Bereichen in der Kirche, so auch zur Trennung des Altarraumes vom übrigen Inneren der Kirche. Aus dieser niedrigen Altarschranke hat sich dann allmählich der hohe Ikonostas, die Ikonenwand der Orthodoxen Kirche mit ihrem reichen Bildprogramm, entwickelt.
Tschernigow: Stadt nordöstlich von Kiew, Bischofssitz schon seit 988.
Rostow: Siehe Anmerkung zu Seite 45.
Jurjew: Stadt südwestlich von Kiew, Bischofssitz seit dem Ende der dreißiger Jahre des 11. Jahrhunderts.
Belgorod: Stadt westlich von Kiew, Bischofssitz schon seit 988.
Diejenigen, die Nachforschungen anstellen, sind verschwunden: Der altrussische Text stimmt genau mit dem griechischen Wortlaut der Septuaginta (Psalm 63,7) überein. Die Übersetzung Luthers und die der Katholischen Kirche haben hier (Psalm 64,7) eine andere Lesart.
51 *Machet die Tore weit:* Siehe Psalm 24,7 und 9.
Wer ist dieser König der Ehre?: Vergleiche Psalm 24,8 und 10.
da alle Türen geschlossen blieben: Offensichtlich erforderte der Ritus, daß die Türen nach dem Wechselgesang von *innen* geöffnet werden mußten.
O welch eine Tiefe des Reichtums: Siehe Römer 11,33f.

7. Erzählung

52 *Erzählung des Mönches Nestor:* Der Name dieses Mönches aus dem Höhlenkloster ist vermutlich mit mehreren bedeutenden Werken der altrussischen Literatur verbunden. An hervorragender Stelle ist die nach ihm benannte Nestor-Chronik (1113) zu erwähnen, die in fast allen altrussischen Gebiets-Chroniken den Grundstock bildet. In das vorliegende Väterbuch fanden Eingang die »Erzählung... darüber, weshalb das Kloster Höhlenkloster heißt« – womit übrigens an dieser Stelle der Bericht über die Anfänge des Mönchtums in der Rus nachgeholt wird –,

ferner die Erzählungen über einige der ersten Höhlenkloster-Mönche aus dem 11. Jahrhundert: Damian, Jeremija, Matwej und Issaki; schließlich stammt auch die Erzählung »Von der Überführung der Gebeine unseres heiligen, ehrwürdigen Vaters Feodossi Petscherski« aus Nestors Feder.

der fromme Großfürst Wladimir Swjatoslawitsch: Unter *Wladimir*, der auch den Beinamen *der Heilige* trägt, erfolgte 988 die allgemeine Taufe der Kiewer Rus, ein Ereignis, dessen 1000-Jahr-Feier die Russische Orthodoxe Kirche 1988 festlich beging.

Ljubetsch: Stadt am Dnepr im Tschernigower Gebiet.

sich dort zum Mönch scheren zu lassen: Siehe Anmerkung zu Seite 48.

Zargrad: Siehe Anmerkung zu Seite 34.

zum Heiligen Berg: Für die orthodoxen Slawen – also besonders für die Russen, Ukrainer, Belorussen, Bulgaren und Serben – war der Athos, die östliche Landzunge der ins Ägäische Meer hineinragenden Halbinsel Chalkidike, mit seinen zahlreichen Klöstern ein *Heiliger Berg*. Schon zur Zeit Konstantins des Großen sollen Einsiedler auf dem Athos gelebt haben. Der Grundstein zum ersten griechisch-byzantinischen Gemeinschaftskloster wurde 963 gelegt. Seit dem 11. Jahrhundert ließen sich auf dem Heiligen Berge auch Russen nieder. Die enge Verbindung der Kirche der Rus zum Athos spielte im religiösen Leben des Kiewer Staates eine bedeutende Rolle. Noch heute besteht auf der ganzen Landzunge die alte Mönchsrepublik mit ihren 20 Klöstern, deren begrenzte Autonomie vom griechischen Staat respektiert wird.

Rus: Siehe Anmerkung zu Seite 33.

Berestowo: Unweit des Höhlenklosters gelegenes Dorf, das den Kiewer Großfürsten gehörte, mit einem Landsitz für den Fürsten, einem Kloster, einer Erlöser-Kirche und einer Kirche der heiligen Apostel.

53 *der gottlose und verruchte Swjatopolk:* Wladimirs Sohn Swjatopolk ist in der altrussischen Überlieferung mit dem Kainsmal versehen worden, weil er aus machtpolitischen Gründen seine Brüder Boris und Gleb nach dem Tod des Vaters (1015) hinterhältig umbringen ließ. Nachdem Jaroslaw der Weise, ein weiterer Bruder, ihn 1019 vernichtend geschlagen hatte, kam Swjatopolk auf der Flucht ums Leben, und es begann unter Jaroslaw eine neue Blütezeit für Kiew.

Ilarion: Der Mönchspriester *Ilarion* von der Apostel-Kirche in Berestowo, Verfasser der berühmten »Rede über das Gesetz und die Gnade« mit einer Lobrede über Wladimir den Heiligen (ca. 1049) wurde 1051 vom Großfürsten Jaroslaw als Metropolit für die Rus eingesetzt und von einer Bischofssynode gewählt. Der Patriarch von Konstantinopel verweigerte seine Zustimmung. *Ilarion* war der erste aus der Rus stammende Metropolit. Sein Amt hat er nur bis 1054 ausüben können; denn für das Jahr 1055 ist schon wieder ein Grieche in dieser Funktion bezeugt.

bei der heiligen Sophia: Von der *Hagia Sophia* (»Heilige Weisheit«) in Konstantinopel erhielt die Kiewer Metropolitan-Kirche, die *Sophien-*

Kathedrale, ihren Namen. Sie wurde in der ersten Hälfte des 11. Jahrhunderts während der Regierungszeit Jaroslaws erbaut und gilt als Juwel der frühen altrussischen Steinbaukunst.

55 *Antonios der Große:* Dieser *Antonios*, der aus Mittelägypten stammte, ist der Begründer des Eremitenlebens. Seine Lebensweise galt als Vorbild für alle Einsiedlermönche. Er erreichte ein Alter von ca. 105 Jahren. Seine Vita verdanken wir Athanasius (siehe Literaturverzeichnis).

übernahm sein Sohn Isjaslaw die Herrschaft: Noch kurz vor seinem Tode hatte Jaroslaw der Weise das Russische Land unter seine Söhne aufgeteilt. Dabei hatte er Kiew dem ältesten Sohn – *Isjaslaw* – zugesprochen (siehe den Chronikbericht von 1051, S. 289ff.).

Drushina: Bezeichnung für die Gefolgschaft eines altrussischen Fürsten, die eine Stärke von 600 bis 800 Mann erreichen konnte. Es wurde zwischen einer *älteren* und einer *jüngeren Drushina* unterschieden. Während die Mitglieder der *älteren Drushina* vom Fürsten zu Beratungen hinzugezogen wurden, womit ihr Alter, ihr Rang, ihre Abstammung und ihre Verdienste gewürdigt wurden, übernahmen die Mitglieder der *jüngeren Drushina* am Fürstenhof und in der Verwaltung des Fürstentums Funktionen und Dienstleistungen (Leibwache usw.). Im Kriegsfalle diente die Drushina als Kern des Heeres.

die sich bis zum heutigen Tage unter dem alten Kloster in der Höhle befinden: Die Beschreibung hat auch in der Gegenwart noch ihre Gültigkeit; es handelt sich um die *Fernen Höhlen* (russisch: *Dalnije peschtschery*) beim Höhlenkloster. Das unterirdische Labyrinth hat hier eine Länge von 280 Metern. Es diente später (bis ins 19. Jahrhundert hinein) als Begräbnisstätte, zunächst für die Mönche, dann auch für hochgestellte weltliche Persönlichkeiten.

einen Abt mit Namen Warlaam: Über *Warlaam* wird ausführlich in der Vita Feodossis berichtet (siehe 8. Erzählung, Kapitel 9ff.).

eine Höhle, die sich unter dem neuen Kloster befindet: Diese Höhle gehört zu der Anlage der heutigen *Nahen Höhlen* (russisch: *Blishnije peschtschery*) beim Höhlenkloster. Die Anlage hat eine Gesamtlänge von 522 Metern und enthält unter anderem neben drei unterirdischen Kirchen, deren Entstehung teilweise noch ins 11. Jahrhundert fällt, auch die Grabstätten vieler im vorliegenden Paterikon genannter Personen, wie zum Beispiel Antonis, Grigoris, des Ikonenmalers Alimpi, der heilkundigen Mönche Agapit und Damian, des Chronisten Nestor, des Abtes Nikon und der beiden Autoren des Paterikons – Simon und Polikarp.

ohne sie zu verlassen: Antoni hat diese Höhle jedoch einmal verlassen müssen. Die Chronik berichtet unter dem Jahr 1074, daß Antoni aus Furcht vor Isjaslaws Rache nach Tschernigow zu Isjaslaws Bruder Swjatoslaw fliehen mußte. Während des Aufstands der Kiewer von 1068 und der Befreiung Wseslaws aus dem Kerker hatte Antoni offensichtlich für die Aufständischen Partei ergriffen. Als dann ein Jahr später Isjaslaw nach Kiew zurückkehrte, mußte Antoni das ihm von Swjatoslaw angebotene Asyl vorübergehend annehmen.

56 *der sich über der Höhle befindet:* Dies ist genau der Ort, an dem noch heute das Höhlenkloster mit seinen zahlreichen Bauten steht.
Kloster des heiligen Demetrios: Wo dieses Kloster, das Isjaslaw nach seinem Namenspatron *(Dmitri = Demetrios)* hatte benennen lassen, einst gestanden hat, ist nicht genau bekannt; es war vermutlich nicht weit vom Höhlenkloster entfernt, möglicherweise lag es in der Nähe der Bergstation der heutigen Zahnradbahn.

57 *Er [Feodossi] erbat von ihm die Ordnung der Väter des Studios-Klosters:* In der Vita Feodossis (siehe 8. Erzählung, Kapitel 17) wird die Geschichte von der Übernahme der *Ordnung für das Kloster* anders erzählt. Der wesentliche Unterschied zwischen beiden Berichten besteht darin, daß einmal die Initiative von Konstantinopel, das andere Mal von Kiew ausging. – Im *Studios-Kloster* von Konstantinopel war Anfang des 9. Jahrhunderts unter dem Abt Theodoros die strenge Ordnung für ein gemeinschaftliches Leben eingeführt worden. Durch die Übernahme dieser Ordnung in das Höhlenkloster wird deutlich, daß sich nun auch dort die strengen Regeln des Koinobitentums (des gemeinsamen Lebens), wozu auch die Pflicht zur Arbeit und die Absage an jeglichen persönlichen Besitz gehörten, durchsetzten und daß das Eremitentum Antonischer Prägung im Kloster künftig keine Chance mehr hatte.

8. Erzählung

58 *Vita unseres ehrwürdigen Vaters Feodossi:* Diese *Vita*, die ursprünglich ein eigenes Werk war, hatte ihre größte Wirkung als Bestandteil des Paterikons. Mit ziemlicher Wahrscheinlichkeit ist sie in den achtziger Jahren des 11. Jahrhunderts entstanden, also schon bald nach Feodossis Tod.
nachdem ich zuerst das Leben... der... Leidensdulder Boris und Gleb beschrieben hatte: Vermutlich zwischen 1079 und 1085 hatte der gleiche Mönch des Höhlenklosters – Nestor – die *Vita* der beiden ersten russischen Märtyrer, *der Brüder Boris und Gleb* verfaßt, die 1015 von ihrem Bruder Swjatopolk ermordet worden waren (siehe auch die deutsche Übersetzung dieser Vita in »Altrussische Heiligenleben«, Berlin 1977, S. 64ff.)
Wenn ihr Glauben habt wie ein Senfkorn: Vergleiche dazu Matthäus 17,20 und 21,21, ferner Lukas 17,6.
Archimandrit: Siehe Kommentar, Seite 306. – Wenn dieser Titel hier schon in einem so frühen Werk der altrussischen Literatur verwendet wird, ist anzunehmen, daß er vermutlich noch nicht in Nestors Text gestanden hat, sondern durch einen späteren Abschreiber hineingekommen

ist, für den der Abt des Höhlenklosters automatisch auch *Archimandrit* war.

Viele werden kommen vom Osten: Siehe Matthäus 8,11.

Aber viele, die da sind die Letzten: Vergleiche dazu Matthäus 19,30.

60 *Antonios den Großen:* Siehe Anmerkung zu Seite 55.

seinem eigenen Namensvetter Theodosios, dem Jerusalemer Archimandriten: Aus der griechischen Namensform *Theodosios* wurde bei der Übernahme ins Slawische die Namensform *Feodossi.* Der Name bedeutet »Geschenk für Gott, Gottgeweihter«. – *Theodosios* hat im 5. Jahrhundert Klöster in Palästina und speziell in Jerusalem gegründet, lebte aber – ungeachtet seines Eintretens für den koinobitischen Lebensstil – als Einsiedler in einer Höhle. Es gibt Parallelen in der Entwicklung und Tätigkeit zwischen dem später über seiner Höhle entstandenen Kloster und dem Kiewer Höhlenkloster.

Väterbüchern: Das Paterikon stützt sich unter anderem auch auf die überlieferten Aussprüche der frühen christlichen Einsiedler-Mönche, die eine tiefe Kenntnis des menschlichen Daseins verraten und als eine Lebensanweisung zum Evangelium gelten können. Siehe dazu ausführlich das im Literaturverzeichnis genannte Werk »Weisung der Väter«.

Du böser und fauler Knecht: Siehe Matthäus 25,26f.

Was ich euch sage in der Finsternis: Siehe Matthäus 10,27.

61 *Stadien:* Im altrussischen Text steht an dieser Stelle ein Längenmaß *(poprischtsche),* das häufig dem alten griechischen Längenmaß *stadion* (= 600 Fuß) entsprach, an dieser Textstelle aber wohl mit dem altrussischen Längenmaß *Werst* (etwa 1,08 km) gleichgesetzt werden muß.

Wassiljew: Stadt südwestlich von Kiew, an der Stugna.

und er nannte es Feodossi: Zur Bedeutung des Namens siehe Anmerkung zu Seite 60 *(Theodosios).*

Herde der geistlichen Schafe ... Hirte: Mit dieser bildhaften Wendung werden auch im Altrussischen einerseits die Mönche oder die Gemeindeglieder und andererseits der Abt oder der Priester bezeichnet.

Kursk: Alte russische Stadt nordöstlich von Kiew.

Sonne der Gerechtigkeit: Vergleiche Maleachi 3,20.

62 *Du frommer Knecht:* Siehe Matthäus 25,21.

ererbet das Reich: Siehe Matthäus 25,34.

Kommt her, ihr Gesegneten meines Vaters: Siehe ebenda.

63 *heiligen Stätten:* Gemeint ist Palästina mit seinen *heiligen Stätten*, an denen Jesus Christus gelebt und gewirkt hatte. Auch zahlreiche russische Pilger sind im Mittelalter an diese Stätten gezogen.

64 *Prosphoren:* Darunter ist die »Opfergabe«, das heißt das Abendmahlsbrot der Orthodoxen Kirche zu verstehen. Der Teig besteht aus reinem Weizen und Wasser und wird gesäuert. In letzterem besteht der wesentliche Unterschied zur katholischen Kirche, wo ungesäuerter Teig zum Backen genommen wird. Auf die Oberseite der *Prosphoren* wird mit einem Brot-

stempel ein gleichschenkliges Kreuz eingedrückt, das mit griechischen Buchstaben umgeben ist, die auf Jesus Christus als den Sieger hinweisen.

der Feind hatte es ihnen eingegeben: Unter *Feind* ist im Paterikon zumeist der Teufel zu verstehen.

65 *Jesus Christus ward selbst arm:* Vergleiche 2. Korinther 8,9.

nahm er das Brot, dankte und brach's: Vergleiche Matthäus 26,26, Markus 14,22, Lukas 22,19 und 1. Korinther 11,23f.

66 *Richter:* Mit *Stadthauptmann* und *Richter* ist die gleiche Person gemeint. Zu den Verwaltungsaufgaben des *Stadthauptmanns* gehörte auch die Rechtsprechung.

67 *Wie der Heilige von seiner Mutter fort nach Kiew ging:* Hier beginnt ein neuer Lebensabschnitt für Feodossi. Bereits in den vorangegangenen Kapiteln wurde angedeutet, wie er sich allmählich auf das Mönchsleben vorbereitet hat – durch Demut, durch Arbeit und durch Armut, drei wesentliche Grundlagen, die auch auf seinem späteren Lebensweg klar erkennbar bleiben.

Wer nicht Vater und Mutter verläßt: Vergleiche Matthäus 10,37 und Markus 10,29.

Kommet her zu mir alle: Siehe Matthäus 11,28f.

68 *Wie der Heilige beim großen Antoni ankam:* Zu *Antoni* siehe Anmerkung zu Seite 29.

den großen Nikon: Über ihn siehe Anmerkung zu Seite 42.

im Jahre 6540: Die Jahresangabe ist wohl ein späterer Zusatz, da sie nicht in allen Handschriften des Paterikons zu finden ist.

Sieh an meinen Jammer: Siehe Psalm 25,18.

71 *Der Herr ist nahe allen:* Siehe Psalm 145,18f.

Frauenkloster des heiligen Nikolaus: Die Gattin Isjaslaws hatte dieses Kloster, dessen genauer Standort bisher noch nicht geklärt ist, erbauen lassen.

Kellermeister: Er bekleidete ein wichtiges Amt in der Klosterverwaltung, da er für alle wirtschaftlichen Fragen zuständig war.

72 *Denn ... wo zwei oder drei versammelt sind:* Siehe Matthäus 18,20.

Von Warlaam, dem Sohne des Bojaren Ioann: Am Beispiel *Warlaams* (und ebenso Jefrems; siehe das nächste Kapitel) wird gezeigt, daß auch Söhne aus reichen und angesehenen Familien einem Leben in Wohlstand entsagten und gegen den Widerstand ihrer Familien und des Fürsten ins Höhlenkloster gingen, um Mönche zu werden.

Es ist leichter, daß ein Kamel durch ein Nadelöhr gehe: Siehe Matthäus 19,24, Markus 10,25 und Lukas 18,25.

Wer seine Hand an den Pflug legt: Siehe Lukas 9,62.

73 *Von dem Verschnittenen:* Siehe Anmerkung zu Seite 35.

Seine Pein wird auf seinen Kopf kommen: Siehe Psalm 7,17.

74 *Darauf sprach seine Frau zu ihm:* Isjaslaws Gattin entstammte dem polnischen Herrscherhaus.

Gerade so ist es auch einmal in unserem Lande geschehen: In den dreißiger Jahren des 11. Jahrhunderts war es in Polen mehrfach zu Unruhen und Volksaufständen gekommen, die sich auch gegen die Kirche und ihre Vertreter richteten. Es gab sogar Rückfälle ins Heidentum. Die altrussische Nestor-Chronik erwähnt bereits unter dem Jahr 1030 solche Unruhen in Polen.

den geweihten Umhang ... den Helm des Heils: Zu den typischen Kleidungsstücken eines Mönchs gehörten schon seit ältester Zeit der Mantel und die Kapuze. – Hinsichtlich des *Helms des Heils* vergleiche auch Epheser 6,17 und 1. Thessalonicher 5,8.

76 *ein rechter Warlaam:* Durch diesen Vergleich soll wohl auf den Glaubenseifer und die asketische Lebensweise *Warlaams*, einer der beiden zentralen Gestalten des in der Kiewer Rus sehr bekannten Romans »Warlaam und Ioassaf«, hingewiesen werden. Dieser Roman, der aus Indien über eine persische, arabische, georgische und byzantinische Textvariante schließlich (in der christianisierten Version) in die Rus kam, erzählt von der Bekehrung des indischen Prinzen Ioassaf durch den in der Wüste lebenden Eremiten *Warlaam*. Der erbauliche Roman, der ursprünglich die Jugend Buddhas behandelte, gelangte im Mittelalter in fast alle europäischen Länder (deutscher Titel: »Barlaam und Josaphat«).

Wenn die Gerechten schreien: Siehe Psalm 34,18f.

77 *Wie ein Vogel, der sich aus dem Netz befreit hat:* Vergleiche die Sprüche Salomos 6,5.

aus dem Kloster des heiligen Menas: Ein solches Kloster hat es mit großer Wahrscheinlichkeit in Kiew nicht gegeben. Die Vermutung liegt daher nahe, daß es sich um das Heimatkloster des genannten bulgarischen Mönchs handelt, das entweder in Bulgarien oder im Byzantinischen Reich zu suchen ist.

Wie es ... Paulus und Barnabas ... getan hatten: Vergleiche Apostelgeschichte 15,36ff.

Insel von Tmutorokan: Gemeint ist das altrussische Fürstentum Tmutorokan mit der gleichnamigen Stadt auf der Halbinsel Taman (am Schwarzen Meer).

und es entstand ... ein ruhmreiches Kloster: Nachdem Nikon zunächst eine steinerne Kirche erbaut hatte, gründete er auch *ein Kloster zu Ehren der heiligen Gottesmutter*, das wohl weniger für den geringen slawischen Bevölkerungsanteil Tmutorokans als vielmehr für die dort ansässigen Ausländer (Kaukasier, Skandinavier u. a.) bestimmt war. Aus der Zeit nach 1091, als Tmutorokan kein russisches Fürstentum mehr war, fehlen jegliche Nachrichten über das weitere Schicksal des Klosters.

Bischof in Perejaslawl: Gemeint ist das Bistum von *Perejaslawl Russki* südöstlich von Kiew.

79 *Von der Priesterweihe:* Die *Priesterweihe* erfolgt durch Handauflegung und stellt die zweite Stufe der sogenannten höheren Weihen dar (Diakon,

Priester, Bischof bzw. Abt). Der Priester darf – im Gegensatz zum Diakon – selbständig den Gottesdienst halten und die Sakramente spenden. Ihm selbst war es damals nicht möglich, seinen Schritt rückgängig zu machen und den Priesterstand zu verlassen.

nachdem er ... Warlaam, den Sohn des Bojaren Ioann, eingesetzt hatte: Über *Warlaam* siehe ausführlich Kapitel 9ff.

Dort liegt noch heute sein heiliger Leib: Siehe auch die Anmerkung über *die Höhle* zu Seite 55.

Warlaam erbaute ... über der Höhle ein kleines Kirchlein zu Ehren der heiligen Gottesmutter: Mit Zustimmung von Antoni hat Warlaam als erstes über der Erde gelegenes Gotteshaus vermutlich eine kleine Holzkirche errichtet – eine *Mariä-Entschlafens-Kirche (Mariä-Himmelfahrts-Kirche).*

Die einen flochten ... Handarbeiten: Solche Arbeiten gehörten schon seit ältester Zeit zu den Pflichten der asketisch lebenden Mönche.

Stundengebeten (oder auch *Stundengottesdiensten*): Gemeint sind wohl kurze Gottesdienste mit Gesängen, Lesungen aus dem Psalter und anderen biblischen Büchern und mit Gebeten.

80 *den Psalter Davids zu singen:* Dazu gehören die auch bei uns bekannten (150) Psalmen und zusätzlich ein apokrypher Psalm, der einen Teilabschnitt aus Davids Leben beschreibt. Früher wurden ganze Psalmen oder Teile daraus wie in der Synagoge gesungen. So etwa wird Feodossi auch »psalmodiert« haben.

Kloster des heiligen Märtyrers Demetrios: Siehe Anmerkung zu Seite 56.

Wer groß sein will unter euch: Siehe Matthäus 20,26.

Der Gerechte wird grünen wie ein Palmbaum: Siehe Psalm 92,13.

81 *ein irdischer Engel:* Die asketische Lebensweise eines Mönchs galt schon in frühchristlicher Zeit als *engelgleiches* Leben.

Darum sollt ihr nicht sorgen und sagen: Siehe Matthäus 6,31ff.

zu Jefrem, dem Verschnittenen: Über ihn siehe auch oben, Kapitel 10ff.

Typikon: Schriftlich festgelegte, die Disziplin und den Gottesdienst im Kloster regelnde und gewöhnlich mit der Gründung eines Klosters verbundene Ordnung.

Studios-Kloster: Siehe Anmerkung zu Seite 57.

82 *Denn er hatte das am eigenen Leibe erfahren:* Siehe den Schluß von Kapitel 6.

Mantion: Das Wort wurde aus dem Mittelgriechischen, wo es »Mantel« bedeutete, ins Altrussische übernommen und bezeichnete dort das gewöhnliche, mantelartige Mönchsgewand. Es wird auch *kleines Schima* (sprich *S-chima*) genannt.

das große Engelsgewand (auch *großes Schima* genannt; siehe Anmerkung zu Seite 188): Es wird dem Mönch – in Verbindung mit einem erneuten Namenswechsel – bei der Übernahme der strengsten Form der Askese gegeben. Damit hat der Träger des Gewandes die höchste Stufe des orthodoxen Mönchtums erreicht. Das Gewand ist mit Kreuzen und den Leidenswerkzeugen Christi bestickt.

das Kukullion: Auch dieses Wort wurde aus dem Mittelgriechischen übernommen. Es bezeichnet die zum großen Engelsgewand gehörige Kapuze, die nur einen schmalen Sehschlitz hat und ebenfalls mit Kreuzen und den Leidenswerkzeugen Christi bestickt ist.

Palmwoche: Dies ist die sechste und damit die letzte Woche der Großen Fasten (siehe Kommentar zu *Fastenzeit*, Seite 306).

den heiligen Antonios den Großen: Siehe Anmerkung zu Seite 55.

83 *Psalter Davids:* Siehe Anmerkung zu Seite 80.

Allnächtlich ging er sämtliche Zellen der Mönche ab: Das Abgehen der Zellen gehört wie auch die im folgenden beschriebenen Ermahnungen zu den Pflichten des Abts.

84 *Buhlerei, Diebstahl...:* Vergleiche hierzu Galater 5,19ff. und Römer 1,29ff.

Wer nicht verläßt Vater und Mutter: Vergleiche Matthäus 10,37 und 19,29, Markus 10,29, Lukas 18,29f.

Wer sein Leben findet: Siehe Matthäus 10,39 und Lukas 9,24.

wie ein Hund zu dem, was er gespien hat: Vergleiche Sprüche Salomos 26,11 und 2. Petrus 2,22.

wer seine Hand an den Pflug legt: Siehe Lukas 9,62.

85 *der eine hundert, der andere sechzig, der dritte dreißig:* Vergleiche Matthäus 13,8 und 13,23.

Kloster des heiligen Erzengels Michael: Das Kloster wurde in der zweiten Hälfte des 11. Jahrhunderts auf dem Gelände von Wydubitschi, am Südrand von Kiew, im Auftrag des Fürsten Wsewolod Jaroslawitsch erbaut, der dort auch seine Sommerresidenz anlegen ließ. Vom Bau und von der Weihe der zentralen Kirche des Klosters, der Michaels-Kathedrale (1070–1088), berichtet die Nestor-Chronik.

war dem Gesegneten ... Fürst Isjaslaw zugetan: Feodossi hat versucht, mit Isjaslaw auszukommen, während Antoni und Nikon ihm das Paktieren mit den Gegnern der Rus und seine Fehden innerhalb der Rus offen vorhielten und für die Gepeinigten Partei ergriffen. Vergleiche auch Seite 114ff. in diesem Band.

86 *wartete, gerade wie der heilige Petrus:* Vergleiche Apostelgeschichte 12,13ff.

87 *zu der Stadt Wladimir:* Gemeint ist *Wladimir-Wolynsk*.

ein ... Kloster, welches Heiliger Berg genannt wird: Dieses Kloster, das um die Mitte des 11. Jahrhunderts nahe der Stadt Wladimir-Wolynsk gegründet wurde, ist unter mehreren Namen bekannt: *Swjataja gora* oder *Swjatogorski monastyr* (in der älteren Zeit) und *Sagorowa* (im 19. Jahrhundert).

88 *Kloster des heiligen Demetrios:* Siehe Anmerkung zu Seite 56.

wurde dieser ... zum Bischof von Rostow ernannt: Mit großer Wahrscheinlichkeit erfolgte die Bischofsweihe 1077/78. Über das Bistum Rostow siehe auch Anmerkung zu Seite 45.

Rostislaw, der Fürst jener Insel: Rostislaw Wladimirowitsch war Fürst von Tmutorokan (siehe Anmerkung zu Seite 77). Über seine Ermordung mit Gift berichtet die Nestor-Chronik unter dem Jahre 1066.

zum Fürsten Swjatoslaw zu gehen: Die Rede ist von *Swjatoslaw Jaroslawitsch*, dem damaligen Fürsten von Tschernigow.

kam ... mit dem Fürsten Gleb auf die Insel: Gleb, der Sohn von Swjatoslaw, war schon einmal Fürst von Tmutorokan gewesen. Laut Chronikbericht war er von Rostislaw vertrieben worden. Nun kehrt er in sein Fürstentum zurück.

unserem ehrwürdigen Vater Stefan: Über ihn siehe Anmerkung zu Seite 44.

Ekklesiarch: Der mit dieser Funktion betraute Mönch hatte die Aufsicht über die Klosterkirche und über die ordnungsgemäße Durchführung der Gottesdienste im Kloster. Dieses Amt übte Stefan offensichtlich neben dem des *Domestikos* aus.

90 *Kellermeister:* Über dieses Amt siehe Anmerkung zu Seite 71.

91 *Lernet von mir:* Siehe Matthäus 11,29.

Selig seid ihr: Siehe Matthäus 5,11f.

92 *Kunen:* Das Wort war in dieser Mehrzahlform gleichbedeutend mit »Geld«. Eine *Kuna* war eine Geldeinheit, die im 12. Jahrhundert den Wert von $1/50$ *Griwna* besaß. Ursprünglich bedeutete *Kuna* »Marderfell«.

94 *Ökonom:* Das Wort, das bereits im Altrussischen des 11. Jahrhunderts anzutreffen ist (altrussisch: *ikonom*), bezeichnet den Verwalter des kirchlichen – in unserem Falle: des klösterlichen – Besitzes. Durch zahlreiche Stiftungen und Schenkungen war das Höhlenkloster schon frühzeitig zu großem Reichtum gekommen.

Sorget nicht für den andern Morgen: Siehe Matthäus 6,34.

95 *und wirf alle deine Sorge auf den Herrn:* Vergleiche 1. Petrus 5,7.

Von Damian, dem Priester: Über ihn wird auch in der Nestor-Chronik unter dem Jahr 1074 berichtet. – *Priester:* Siehe Anmerkung zu Seite 79 *(Priesterweihe).*

98 *Kirchendiener:* Diese Funktion konnte auch von Laien, die im Kloster lebten, ausgeübt werden.

99 *Stadien:* Siehe Anmerkung zu Seite 61.

einen Strahlenkranz für die Ikone: Es handelt sich wohl um einen Beschlag aus Edelmetall, wie man ihn oft an Ikonen findet.

100 *Ggeujewitsch Sdeislaw:* Die Form des einstigen weltlichen Vaters- und Vornamens des Bojaren, der den Mönchsnamen *Kliment* trug, ist hier stark entstellt. Der Vorname könnte *Sdislaw* oder *Sdeslaw*, der Vatersname *Jurjewitsch* gelautet haben.

Evangelium: In der altrussischen Epoche waren zwei Arten von Evangelien-Handschriften im Umlauf: a) das Tetra-Evangelium, das die vier

Evangelien (von Matthäus, Markus, Lukas und Johannes) in der herkömmlichen Abfolge enthielt, b) das Aprakos-Evangelium, in dem die einzelnen Leseabschnitte aus den vier Evangelien (siehe oben) geordnet waren nach den Kalendertagen oder nur nach den Sonntagen, an denen sie vorgetragen werden sollten.

101 *Talent Gottes:* Anspielung auf Matthäus 25,14–30 und Lukas 19,12–27. In Anlehnung an das biblische Gleichnis weist *Talent* hier auf den hohen Wert der anvertrauten Sache hin. Das Wort bezeichnete im Altgriechischen die höchste Gewichts- und Geldeinheit.

oder irgendwelchen anderen Besitz: Aus diesen Andeutungen ist zu ersehen, daß der innere Verfall des durch zahlreiche Stiftungen reich gewordenen Klosters im Keim bereits zeitig einsetzte.

Denn wo euer Schatz ist: Siehe Lukas 12,34.

102 *Du Narr! Diese Nacht wird man deine Seele von dir fordern:* Siehe Lukas 12,20.

Kellermeister: Siehe Anmerkung zu Seite 71.

103 *welcher ... Brot vom Himmel gegeben hat und Wachteln hat regnen lassen:* Vergleiche 2. Mose 16,13–15.

104 *in einem Klosterdorfe:* Das Höhlenkloster hat sich allmählich zu einem der größten Grundbesitzer entwickelt. Im 18. Jahrhundert gehörten ihm unter anderem allein 200 Dörfer und Vorwerke.

eine Kirche auf den Namen des heiligen Stephanos: Eine solche Kirche ließ sich nicht mehr ermitteln. Vielleicht ist an ihre Stelle die *Nikolai-Kirche* getreten, die seit 1462 erwähnt wird und ebenfalls mit dem Krankenhaus des Klosters (siehe die folgende Anmerkung) in Verbindung stand.

Er hieß die Armen, Blinden und Lahmen und die Kranken dort verweilen: Durch seine Sozialarbeit ist das Höhlenkloster schon zeitig berühmt geworden. So lebte und wirkte in der zweiten Hälfte des 11. Jahrhunderts als Mönch der Arzt Agapit, ein gebürtiger Kiewer, im Kloster, der seine Kranken unentgeltlich behandelte (siehe auch die 27. Erzählung). In dem zum Kloster gehörenden Krankenhaus waren zu Anfang des 12. Jahrhunderts bekannte Ärzte aus Armenien und Syrien tätig, von denen sich auch die Kiewer und Tschernigower Fürsten gern behandeln ließen. Das Krankenhaus des Klosters, das im 12. Jahrhundert gegründet worden ist, war überhaupt eines der ersten in der Rus. Die dortigen Ärzte waren vertraut mit der griechischen und der orientalischen Heilkunst.

105 *du sollst ... dich nicht um den morgenen Tag sorgen:* Anspielung auf Matthäus 6,34.

der Tag des heiligen Großmärtyrers Demetrios: Am 26. Oktober (alten Stils, das ist der 8. November nach unserem Kalender) wird in der Russischen Orthodoxen Kirche dieses Heiligen gedacht.

Kloster des heiligen Demetrios: Siehe Anmerkung zu Seite 56.

106 *Vertreibung... des Abtes Stefan:* Siehe Anmerkung zu Seite 44.
der große Nikon: Siehe Anmerkung zu Seite 42.
107 *Fest des Entschlafens der heiligen Gottesmutter:* Dieses Fest wird in der Russischen Orthodoxen Kirche am 15. August (alten Stils, das ist der 28. August nach unserem Kalender) begangen. Auf den Ikonen zu dem Thema des Entschlafens der Gottesmutter liegt Maria im Zentrum der Darstellung, um sie herum sind die Apostel versammelt, neben ihr steht Christus und hält das »Seelchen« der Gottesmutter – als Wickelkind wiedergegeben – auf den Händen, und darüber wird angedeutet, wie zwei Engel die Seele zum Himmel tragen.
108 *Fürst Isjaslaw, welcher... sein Leben für seinen Bruder hingab:* In einer der großen Schlachten während der altrussischen Fürstenfehden – in der Schlacht auf der Neshatiner Flur (nicht weit von Tschernigow) – ist 1078 Isjaslaw gefallen, als er seinem Bruder Wsewolod, seinem Vorgänger und Nachfolger auf dem Kiewer Großfürstenthron, Hilfe leistete (siehe den Chronikbericht von 1078).
Beschließer: Er hatte nicht nur die Schlüsselgewalt im Kloster, sondern auch eine ökonomische Funktion.
109 *Klosterdörfer:* Siehe Anmerkung zu Seite 104.
Aber diese Art fährt nur aus: Siehe Matthäus 17,21.
110 *Er hat es ja auch bei Elia für jene Witwe getan:* Vergleiche 1. Könige 17,10–16.
111 *Sorget nichts. Sehet die Vögel unter dem Himmel an:* Siehe Matthäus 6,25f.
112 *Der Herr ist an dieser Stätte:* Vergleiche 1. Mose 28,16f.
Vita des heiligen großen Sabas: Nestor, der Verfasser der Vita Feodossis, hat vermutlich bereits die altslawische Übersetzung der *Vita Sabas'* benutzen können. *Sabas,* der zunächst als Einsiedler in Palästina lebte, hat später das nach ihm benannte Kloster bei Jerusalem gegründet. Als einer der Förderer des Koinobitentums (Gemeinschaftsleben von Mönchen in Klöstern) hat er mit seinen Vorstellungen auf die Russische Orthodoxe Kirche einen starken Einfluß ausgeübt.
113 *Wie der Heilige den christlichen Glauben vor den Juden bekannte:* Das Kapitel 46 deutet darauf hin, daß bereits im 11. Jahrhundert eine jüdische Kolonie in Kiew bestanden hat und daß die Beziehungen zwischen den Christen und den Juden gespannt, wenn nicht sogar feindlich waren. Die altrussische Hypatius-Chronik berichtet unter dem Jahre 1113, daß es unmittelbar nach dem Tode des Kiewer Großfürsten Swjatopolk Isjaslawitsch zu einem ersten Judenpogrom in der Metropole der Rus gekommen sei.
114 *daß nicht die listige Schlange eindringe:* Anspielung auf den Sündenfall in 1. Mose 3.
Die Augen des Herrn [merken] auf die Gerechten: Siehe Psalm 34,16 und auch 1. Petrus 3,12.

zu hören die, welche ihn wahrhaftig anrufen: Vergleiche Jeremia 29,12 und Matthäus 7,7.

Zwietracht unter den drei Fürsten ..., welche leibliche Brüder waren: Unter dem Jahr 1073 berichtet die Nestor-Chronik vom Ausbruch eines Streits zwischen den bis dahin zumeist einmütig handelnden Brüdern Isjaslaw, Swjatoslaw und Wsewolod. Die beiden jüngeren Brüder vertrieben Isjaslaw vom Großfürstensitz in Kiew, und Swjatoslaw, der machthungrige Anstifter des Streits, übernahm nun die Herrschaft in Kiew. Isjaslaw ging zunächst nach Polen, wo er von seinem Schwager Bolesław II. Hilfe erhoffte. Als ihm diese versagt blieb, wandte er sich an den deutschen König Heinrich IV. und schließlich sogar an Papst Gregor VII. Erst nach dem Tode Swjatoslaws konnte Isjaslaw nach Kiew zurückkehren. Feodossi hat gegen die Vertreibung Isjaslaws immer wieder seine Stimme erhoben.

Ich werde nicht zum Tische Isebels gehen: Anspielung auf 1. Könige 18,19, wo von den Tischgenossen der Phönikerin *Isebel*, der Frau Ahabs, des Königs von Israel, die Rede ist. An ihrem Tische saßen heidnische Propheten; die Propheten Jahwes, des Gottes von Israel, ließ sie jedoch verfolgen. Ihr schärfster Widersacher war der Prophet Elia.

115 *Einer setzte sich auf den Thron seines Vaters:* Es war Swjatoslaw (siehe oben).

und der andere ging wieder in sein Gebiet: Wsewolod ging wieder nach Perejaslawl Russki und Rostow.

gegen das Gesetz: Der älteste Bruder hatte Anspruch auf den Kiewer Thron.

seinen älteren Bruder als seinen Vater: Der Kiewer Großfürst wurde von den altrussischen Fürsten – unabhängig vom tatsächlichen Verwandtschaftsgrad – häufig als *Vater* angesprochen.

Die Stimme des Blutes deines Bruders schreit zu Gott: Anspielung auf 1. Mose 4,10.

Nichts von alldem haben wir mitgebracht auf diese Welt: Vergleiche 1. Timotheus 6,7, Hiob 1,21 und Prediger 5,14.

116 *sie verneigten sich, wie es sich vor einem Fürsten gebührt:* Feodossi respektierte – im Gegensatz zu Antoni und Nikon – die Staatsmacht, ließ es sich jedoch nicht verbieten, die Fürsten und die Mächtigen im Staat auf ihre Vergehen und Versäumnisse hinzuweisen.

117 *Gusli:* Es handelt sich um ein altrussisches Musikinstrument, das etwa einer kleinen liegenden Harfe glich und vorzugsweise von den Sängern aus dem Volke zur Begleitung gespielt wurde.

Maultrommeln (auch: *Brummeisen*): Auch dies ist ein altes Musikinstrument. In ein hufeisenförmiges Eisen, das mit den Zähnen gehalten wird, ist eine Stahlfederzunge eingeklemmt, die mit den Fingern gezupft wird.

118 *Nikon ... zog ... auf die schon genannte Insel:* Siehe Anmerkung zu Seite 77 *(Insel von Tmutorokan).* Über *Nikon* siehe auch die Anmerkung zu Seite 42.
ward ... diese heilige Stätte durch Tau vom Himmel ... bezeichnet: Zu dieser Schilderung vergleiche den Schluß der 2. Erzählung und die Anmerkungen zu Seite 38.
Wenn er ihn gleich nicht zu seinen Lebzeiten vollenden konnte: Feodossi starb 1074, der Bau der dreischiffigen Kreuzkuppelkirche mit ihren typischen sechs Säulen war aber erst 1078 abgeschlossen.
als Stefan die Abtswürde übernommen hatte: Über *Stefan* siehe ausführlich die Anmerkung zu Seite 44.
119 *ein Priester und ein Diakon:* Über *Priester* siehe Anmerkung zu Seite 79 *(Priesterweihe).* Der *Diakon* hat zwar auch die höheren Weihen, nimmt aber gegenüber dem Priester den unteren Rang ein. Er darf weder selbständig die Liturgie halten noch den Gläubigen die Sakramente spenden.
120 *denn für die Gerechten ist der Tod die Ruhe:* Vergleiche Weisheit Salomos 4,7.
die niederen Kleriker: Darunter sind für die damalige Zeit »Kirchendiener« zu verstehen, die zum Beispiel beim Gottesdienst verschiedene Hilfsdienste (etwa als Vorleser) leisteten. Sie hatten die sogenannten niederen Weihen erhalten.
Darauf kam der fromme Fürst Swjatoslaw: Dieser Absatz und die darauffolgende direkte Rede sind nicht in allen Handschriften des Paterikons zu finden; sie können also ein späterer Zusatz sein, der nicht von Nestor stammt.
121 *ich vertraue dieses heilige Höhlenkloster deiner Frömmigkeit an:* Die Unterstellung eines Klosters unter ein Herrscherhaus ist nach den Rechtsvorstellungen der Orthodoxen Kirche nichts Ungewöhnliches. Der folgende Satz macht deutlich, daß das Höhlenkloster auch künftig eine Sonderstellung einnehmen und sich keinem hohen Geistlichen Kiews, selbst wenn er zur Metropolitankirche – der Sophien-Kathedrale – gehören sollte, unterstellen wollte.
durch die Zollstationen der Finsternis führen: Entsprechend dieser Vorstellung wird die Seele eines Verstorbenen schon vor dem Jüngsten Gericht (gleich nach dem Tode) in einer Reihe von Stationen auf dem Weg zum Himmel geprüft. Engel geleiten sie, Dämonen prüfen auf jeder Station, ob eine bestimmte Art von Sünden begangen und ob diese durch Beichte und Buße oder durch gute Werke im Leben abgegolten wurden. Ist das nicht geschehen, wird die Seele von den Dämonen zur Hölle geführt.
Vom Scheiden des heiligen Feodossi: In der Eintragung zum Jahre 1074 berichtet auch die Nestor-Chronik von Feodossis Tod.
122 *und von der Verheißung des Heiligen:* Nachdem Feodossi zuvor noch einmal nachdrücklich Demut und Gehorsam von den Mönchen verlangt

hatte, sichert er ihnen jetzt zu, daß er für alle Sünden der Mönche dieses Klosters vor Gott die Verantwortung übernehmen wolle. Darauf basierte auch die spätere Meinung, daß jeder, der im Höhlenkloster begraben werde, seiner Sünden ledig vor Gott treten könne.

124 *obgleich alle Lande vom Kriege verheert sind:* Gemeint sind wohl die Verheerungen durch die fortwährenden Einfälle der Steppenvölker, besonders der Polowzer, in die Rus.

Wer mich ehrt, den will ich auch ehren: Siehe 1. Samuel 2,30.

Wenn ein Gerechter stirbt, so wird er ewig leben: Vergleiche Weisheit Salomos 5,16 sowie auch 3,1.

126 *mühte er sich um den Bau der Kirche:* Vergleiche dazu ausführlicher die Darstellung im Kapitel 50.

Die beiden Klöster: Gemeint sind *das alte* und *das neue Kloster*.

dazwischen ist das Haus... zur Aufnahme der Armen: Über dieses Haus wurde im Kapitel 36 bereits berichtet.

128 *Von der Vertreibung Stefans:* Vergleiche die Anmerkung zu Seite 44.

auf dem Klow: Gelände zwischen dem damaligen Kiew und dem Höhlenkloster. Das *Kloster auf dem Klow* wurde 1240 von den Tataren zerstört.

Blachernen-Kirche: Siehe die Anmerkungen zu Seite 35 und 45.

das hohe Fest der heiligen Gottesmutter am zweiten Tage des Monats Juli: An diesem Tage gedenkt die Orthodoxe Kirche der Niederlegung des verehrungswürdigen Gewandes der allheiligen Gottesmutter im Blachernen-Palast in Konstantinopel. (Der 2. Juli alten Stils entspricht dem 15. Juli nach unserem Kalender.)

Vom Abt Nikon: Über ihn siehe auch die Anmerkung zu Seite 42.

Denn dieser war... von seiner Stätte ins Kloster zurückgekommen: Am Schluß von Kapitel 49 war berichtet worden, daß Nikon zum drittenmal nach Tmutorokan in sein dortiges Kloster gegangen war. So war er bei Feodossis Tod nicht zugegen gewesen; auf die Nachricht von seinem Tode hin aber war er ins Höhlenkloster zurückgekehrt.

das heilige Engelsgewand: Siehe Anmerkung zu Seite 82.

130 *am Ende der Zeiten:* Am Ende des 7. Jahrtausends – nach der byzantinischen Überlieferung rechnete man 5508 Jahre bis zu Christi Geburt, zu denen dann die Jahrhunderte nach Christi Geburt hinzugerechnet werden müssen – erwartete man das Ende der Welt, also im Jahre 1492. Die Orthodoxe Kirche berief sich dabei darauf, daß es nur 7 Wochentage, 7 Sakramente, 7 Konzile usw. gegeben habe, weshalb man auch nur mit 7 Jahrtausenden rechnete. Feodossi hat also *am Ende der Zeiten* gelebt, weil nur noch etwa vier Jahrhunderte erwartet wurden.

9. Erzählung

131 *Nestor, Mönch des Höhlenklosters:* Die Frage, ob sich hinter allen im Paterikon genannten Mönchen mit Namen *Nestor* eine oder auch zwei Personen (Hagiograph und Chronist) verbergen, ist bis heute nicht geklärt (vergleiche auch Anmerkung zu Seite 52). – In der Nestor-Chronik wird unter dem Jahr 1091 von der Überführung der Gebeine Feodossis berichtet.
Feodossi Petscherski: Das heißt *Feodossi vom Höhlenkloster.*
Wenn das Andenken der Gerechten in Ehren gehalten wird: Siehe Sprüche 29,2 (nach dem Wortlaut der Septuaginta).
Wenn ein Gerechter stirbt: Vergleiche zu diesem gesamten Zitat Weisheit Salomos 4,7 sowie 5,16 und 3,1.
Denn der Herr wird die auch ehren: Vergleiche dazu 1. Samuel 2,30.
wie fein und lieblich ist's: Siehe Psalm 133,1.
und auch dem Hirten steht es nicht wohl an: Siehe hierzu das Gleichnis vom guten Hirten bei Johannes 10, besonders die Verse 11ff.

132 *Angriff des geistigen Tieres:* Das *geistige Tier* und der *geistige Wolf* werden schon in den Schriften der Kirchenväter (zum Beispiel bei Johannes Chrysostomos und Gregorios von Nyssa) als Umschreibung für den Teufel – oder salopp ausgedrückt: für den »inneren Schweinehund« – erwähnt.
daß ... Feodossi außerhalb des Klosters ... bleibe: Feodossi hatte auf seinem Sterbebett darum gebeten, daß er in der Höhle, in die er sich stets während der Fastenzeit zurückgezogen hatte (sie lag abseits vom Kloster in der Einsamkeit), begraben werden möchte (siehe den Schluß von Kapitel 53).
Fest des Entschlafens unserer heiligen Gebieterin, der Gottesmutter: In die große Klosterkirche des Entschlafens der Gottesmutter (Mariä-Himmelfahrts-Kirche) wurden die Gebeine Feodossis am Vortag dieses Festes (14. August alten Stils) übergeführt. Siehe auch die Anmerkungen zu Seite 107 und 29.

133 *drei Säulen wie leuchtende Bögen:* Auch in anderen mittelalterlichen Darstellungen von heiligen Personen oder historischen Ereignissen finden sich Berichte über Lichterscheinungen, die als *feurige Säulen* beschrieben werden.
und sah bei Nacht hinter dem freien Felde ein großes Leuchten: Die Entfernung zwischen dem Kloster auf dem Klow und dem Höhlenkloster war nicht groß.

134 *sahen wir seine Gebeine liegen, wie es bei einem Heiligen sein muß:* Der Chronikbericht und die vorliegende Darstellung im Paterikon weichen unter anderem darin voneinander ab, ob Feodossis Leib schon verwest war oder nicht. Während nach dem Chronikbericht offensichtlich nur das Skelett gefunden wurde, war nach dem Paterikon – man vergleiche

die Beschreibung des Kopfes – die Verwesung noch nicht eingetreten, was in einigen Höhlen auf Grund der natürlichen Gegebenheiten nichts Ungewöhnliches gewesen wäre.

Antoni von der Ros: Die *Ros* ist ein rechter Nebenfluß des Dnepr südlich von Kiew. Für die *Städte an der Ros*, die eine gewisse Sonderstellung im Kiewer Fürstentum einnahmen, wurde nach 1036 ein eigenes Bistum gegründet. Der Bischof hatte seine Residenz in Jurjew, in der zweiten Hälfte des 12. Jahrhunderts zeitweilig in Kanew. – Es ist nicht ganz klar, wie aus diesem Bistum zwei Bischöfe im Jahr 1091 ins Höhlenkloster kommen konnten; denn vor *Antoni von der Ros* wird ja *Marin von Jurjew* genannt. Letzterer ist in allen Quellen zu finden, ersterer nur in wenigen. *Antoni* soll der Nachfolger von *Marin* gewesen sein.

am vierzehnten Tage des Monats August: Dieses Datum alten Stils entspricht unserem 27. August.

um die erste Tagesstunde: Das ist die erste Stunde nach Sonnenaufgang. Sie ist also je nach Jahreszeit unterschiedlich anzusetzen.

der Abt Feoktist: Er war als Abt der Nachfolger von Ioann.

135 *Synodikon:* Es wird im Deutschen auch als *Seelenmeßverzeichnis* wiedergegeben. Dabei handelt es sich um ein Verzeichnis von Verstorbenen, derer im Gottesdienst zu gedenken ist. Wer dort eingetragen wird, gilt in dem betreffenden Kirchenbezirk als kanonisiert. Konkret bedeutet dies, daß Feodossi bereits im Jahre 1108 für den Bereich der Kiewer Metropolie heiliggesprochen wurde. Nach den beiden Märtyrer-Fürsten Boris und Gleb war er damit der dritte Heilige aus der Rus.

seine Vita: Die Lebensbeschreibung Feodossis siehe in der vorangegangenen 8. Erzählung.

ein gottesfürchtiger Würdenträger, Jan geheißen: Zu den herausragenden Persönlichkeiten der Rus gehörte in der zweiten Hälfte des 11. Jahrhunderts *Jan Wyschatitsch*, der nach dem Chronikbericht von 1106 im hohen Alter von 90 Jahren gestorben und in der Höhlenkloster-Kirche beigesetzt worden war.

und hielten so, getreu dem göttlichen Paulus, die Ehe in Ehren: Vergleiche Hebräer 13,4.

136 *Freue dich:* Beim liturgischen Lobpreis von Heiligen wird in der Regel diese Wendung gebraucht, die den Seligpreisungen der Bergpredigt entnommen ist; vergleiche besonders Matthäus 5,12.

der du den Vätern ein Lehrer wurdest: Sowohl in einer der Handschriften des Paterikons als auch im Lobpreis Feodossis innerhalb des Chronikberichts von 1091 findet sich anstelle des altrussischen Wortes für *Lehrer* das Wort für *Erbe* bzw. *Nachfolger*, was an dieser Stelle viel eher passen würde.

137 *dem großen Theodosios:* Siehe Anmerkung zu Seite 60.

das Rauchopfer der Gebete: Vergleiche Psalm 141,2 und Offenbarung 5,8.

ihren Herrscher, den Fürsten der Finsternis dieser Zeit: Vergleiche Johannes 12,31.
du stelltest dich seinen Pfeilen entgegen: Vergleiche Epheser 6,16.
Darum ... bitte für uns: Nestor, der Schreiber dieser Zeilen, bittet also Feodossi um Fürbitte, was darauf schließen läßt, daß er ihn bereits für einen Heiligen hält, obwohl die Kanonisierung 1091 noch nicht erfolgt war.

10. Erzählung

Feodossi Petscherski: Siehe Anmerkung zu Seite 131.
Georgi, Simons Sohn, der Enkel des Afrikan: Zu diesen Personen siehe die 1. Erzählung.

138 *legten ihn in ein Boot:* Von Tschernigow aus kann man auf der Desna, die oberhalb von Kiew in den Dnepr mündet, in die einstige Metropole der alten Rus gelangen.
Machet euch Freunde mit dem ungerechten Mammon: Siehe Lukas 16,9.
Wer einen Gerechten aufnimmt: Siehe Matthäus 10,41.

139 *Georgi Wladimirowitsch:* Das ist *Juri Dolgoruki*, der Sohn Wladimir Monomachs; siehe auch Anmerkung zu Seite 34.

140 *Georgi Simonowitsch, der Tausendschaftsführer:* Siehe Anmerkung zu Seite 34.
Als ich nämlich mit den Polowzern gegen Isjaslaw Mstislawitsch zog: Unter dem Jahr 1149 wird in der altrussischen Laurentius-Chronik davon berichtet, wie Juri Dolgoruki während der dauernden Fürstenfehden mit einem großen Heer, das noch durch Truppen des Steppenvolkes der Polowzer verstärkt worden war, gegen Isjaslaw Mstislawitsch zu Felde zog, ihn aus Kiew vertrieb und selbst die Großfürstenwürde von Kiew annahm.
befahl mein Vater, ihm dieses Gebet in die Hand zu legen, da er in den Sarg gebettet werden sollte: Am Schluß der 1. Erzählung bat Simon, der Vater Georgis, Feodossi um ein schriftlich fixiertes Gebet, in dem er für sich und seinen Sohn die Gnade und den Segen erheischt, desgleichen den Erlaß der Sünden für die Vorfahren. Ein solches Gebet, das auch *Sündenerlaßgebet* genannt worden ist, wurde häufig den Verstorbenen in die Hand gelegt, wovon zum Beispiel in der »Vita des Fürsten Alexander Newski« berichtet wird.

141 *darum hegen seine Urenkel Liebe zu dem heiligen Demetrios:* Damit ist sicherlich das Kiewer *Kloster des heiligen Demetrios* gemeint, das nahe dem Höhlenkloster lag, mit dem es seit seiner Gründung enge Beziehungen unterhielt; siehe auch Anmerkung zu Seite 56.

11. Erzählung

Lobpreis unseres ehrwürdigen Vaters Feodossi: Die 11. Erzählung weist in ihrem zentralen Teil deutliche Beziehungen zur byzantinischen Hagiographie auf.

Wenn der Gerechte gepriesen wird, freut sich das Volk: siehe Sprüche 29,2 (nach der Septuaginta).

142 *das Volk, das im Finstern saß:* Vergleiche Jesaja 9,1.

durch unseren von Gott gesandten Apostel, den Fürsten Wladimir: Wladimir der Heilige hat um 988 sich taufen und dann die Taufe der Bewohner der Kiewer Rus durchführen lassen. In der Nestor-Chronik wird unter diesem Jahr davon und auch ausführlich von der Taufe der Kiewer Bevölkerung im Dnepr berichtet.

Und wer Vater und Mutter, Städte und Äcker verläßt: Vergleiche Matthäus 19,29 und Markus 10,29f.

dem leichten Joch Christi: Vergleiche Matthäus 11,30.

wie man das Kreuz auf sich nimmt und Christus nachfolgt: Vergleiche Matthäus 16,24, Markus 8,34 und 10,21, Lukas 9,23.

und auf dem schmalen Wege wandelten: Vergleiche Matthäus 7,14.

von diesem aber sind Satzung und Ordnung für alle Klöster in der Rus: Siehe dazu ausführlich die 7. und die 8. Erzählung, Kapitel 17.

Wenn das Weizenkorn nicht in die Erde fällt und erstirbt: Siehe Johannes 12,24.

das Talent, welches ihm von Gott gegeben war: Siehe Anmerkung zu Seite 101.

Du frommer und getreuer Knecht: Siehe Matthäus 25,21.

Viele, die da sind die Ersten: Siehe Matthäus 19,30.

143 *Ich vergesse, was dahinten ist:* Siehe Philipper 3,13.

des Blinden Auge und des Lahmen Fuß: Siehe Hiob 29,15.

Einer trage des andern Last: Siehe Galater 6,2.

144 *als Warlaam ... vom Fürsten fortgeschickt ... war:* Siehe dazu die 8. Erzählung, Kapitel 16.

Siehe, hier bin ich und die Kinder: Vergleiche Jesaja 8,18.

der lichte Tag der Auferstehung unseres Herrn Jesus Christus: Das ist der Ostersonntag.

leuchtete heller als das Angesicht des Mose: In 2. Mose 34,29 ist beschrieben, daß ein Glanz auf Moses Angesicht gelegen hat, als er mit den beiden Gesetzestafeln vom Berg Sinai herabstieg.

145 *Pflanzer des Weinstockes Christi:* Vergleiche dazu das Gleichnis vom Weinstock bei Johannes 15,1–8.

146 *vor dem geistigen Wolf behütet:* Siehe Anmerkung zu Seite 132 *(Angriff des geistigen Tieres).*

Feuersäule, heller noch als die einst bei Mose: Vergleiche dazu 2. Mose 13,21f.

schrecktest den geistigen Amalek: Anspielung auf den Sieg Israels über die Amalekiter, siehe 2. Mose 17,8–16.
147 *Wer an mich glaubt:* Siehe Johannes 7,38f.
Wer sein Leben im Hause der allreinen Gottesmutter ... beschließt: Zu dieser Verheißung siehe auch in der Vita Feodossis dessen letzte Worte an die Brüder (8. Erzählung, Kapitel 54).
149 *Wenn nach meinem Hingehen zum Herrn dieser Ort gedeiht:* Auch davon hat Feodossi in seinen Abschiedsworten gesprochen; siehe die 8. Erzählung, Kapitel 54.
150 *Als aber unsere Sünden sich mehrten:* An der Interpretation des mit diesen Worten beginnenden Absatzes scheiden sich die Meinungen über die Entstehungszeit der ganzen Lobpreisung Feodossis (11. Erzählung). Es läßt sich nicht mit Sicherheit sagen, um welches Volk es sich handelt, das die geschilderte Bedrängnis über die Rus gebracht hat. Es kann sich um eine Notzeit im 11. Jahrhundert handeln, als die Polowzer die Rus immer öfter heimsuchten; in diesem Falle könnte ein Verfasser des Lobpreises (siehe unten) noch ein Augenzeuge von Feodossis Wirken gewesen sein. Andererseits könnten aber das beachtliche Ausmaß und der offensichtlich längere Zeitraum der Bedrückung auch für den Tatareneinfall im 13. Jahrhundert sprechen, bei dem im Jahre 1240 Kiew erobert sowie stark zerstört wurde und wonach große Teile des Reiches für lange Zeit unter dem Tatarenjoch zu leiden hatten. Mit der Frage nach der Entstehungszeit ist auch das Problem der Verfasserschaft verknüpft. Es ist nicht ganz auszuschließen, daß der Lobeshymnus aus zwei Teilen besteht, deren erster von einem Unbekannten (Schüler Feodossis?) verfaßt wurde, während als Verfasser des zweiten Teils Serapion, Bischof von Wladimir, in Frage kommen könnte. Beide Teile wären dann von einem späteren Schreiber zusammengefaßt worden.
auf daß sie sich ihrer früheren Gnade zu diesen Hürden entsinne: Die Hürden, die zum Bild vom Hirten und seiner Herde gehören, das schon öfter verwendet wurde, sollen den von Gott bzw. der Gottesmutter geschützten Raum – hier das Höhlenkloster – umschreiben.

12. Erzählung

151 *Über die ersten heiligen und gesegneten Mönche vom Höhlenkloster:* Den Chronikbericht vom Jahre 1074 über einige der ersten Mönche siehe im Anhang dieses Bandes. In der Chronik folgt der Bericht über die Wundergaben und großen Taten der Mönche auf die Darstellung von Feodossis Tod.
152 *des Priesters:* Siehe Anmerkung zu Seite 79 *(Priesterweihe).*
der sich noch an die Taufe des Russischen Landes erinnerte: Möglicherweise war Jeremija der Gewährsmann des Chronisten Nestor für einige

Nachrichten von der *Taufe der Rus im Jahre 988/89*. Dem Chronisten waren aber nicht die politischen Hintergründe der Taufe Wladimirs und des Volkes der Rus bekannt. Die byzantinischen Kaiser Basileios und Konstantin hatten sich zu jener Zeit gegen einen Thronprätendenten zu erwehren, der bereits Kleinasien in seine Gewalt bekommen hatte. Als sich Wladimir auf Bitten der Kaiser zur Hilfeleistung bereit erklärte und dafür als Gegengabe die Schwester der Kaiser als Gemahlin wünschte, bestanden die Kaiser darauf, daß Wladimir sich vorher taufen lasse. Wladimir hat dann auch selbst in den Kampf gegen den Thronprätendenten eingegriffen.

155 *sagte zu seinem Schüler:* Sowohl der Chronikbericht als auch andere Handschriften des Paterikons haben hier anstelle des Wortes für *Schüler* das näherliegende für *Zellendiener*.

13. Erzählung

156 *Wie dem gesegneten Nifont ... der heilige Feodossi erschienen ist:* Die in der 13. Erzählung geschilderten Fakten sind auch in der Hypatius-Chronik unter dem Jahr 1156, also dem Sterbejahr Nifonts, aufgezeichnet.
Metropolit Konstantin: Nachdem Juri Dolgoruki Kiew im März 1155 erobert hatte, ersuchte er den Patriarchen von Konstantinopel um die Entsendung eines neuen Metropoliten. Der Patriarch weihte nun den Griechen Konstantin im Herbst 1155 zum Metropoliten und sandte diesen hervorragenden Theologen nach Kiew, wo er im Sommer 1156 eintraf. Dort hat er während seiner kurzen Amtszeit von nicht einmal drei Jahren alle Maßnahmen seines Vorgängers Klim Smoljatitsch (siehe die drittnächste Anmerkung) mit großem Eifer wieder rückgängig gemacht. Ein Teil der Bistümer (zum Beispiel Wladimir-Wolynsk) widersetzte sich seinen harten Anweisungen, und es drohte eine Kirchenspaltung. Durch Vermittlung russischer Fürsten konnte den Wirren schließlich mit der Einsetzung eines neuen Metropoliten durch den Patriarchen von Konstantinopel ein Ende gemacht werden.
vom ökumenischen Patriarchen: Ökumenischer Patriarch (von Konstantinopel) war zu dieser Zeit Konstantin IV. Chliarenos.
Zargrad: Siehe Anmerkung zu Seite 34.
Damals bekleidete Klim das hohe geistliche Amt ... ohne den Segen des Patriarchen: In der Tat war *Klim Smoljatitsch* ohne die Zustimmung des Patriarchen von Konstantinopel von der Bischofssynode der Rus mit sechs gegen drei Stimmen gewählt und im Juli 1147 in der Kiewer Sophien-Kathedrale zum Metropoliten geweiht worden, nachdem ihn bereits zuvor der Kiewer Großfürst Isjaslaw Mstislawitsch in dieses Amt eingesetzt hatte. Isjaslaw hatte sich zu dem Schritt entschlossen, da er in

Klim, der übrigens nach Ilarion der zweite Russe in diesem Amt war, einen Kirchenvertreter sah, der bei den Fürstenfehden in der Rus und im Verkehr mit Byzanz zu ihm halten würde. Dabei hatte Isjaslaw den Zeitpunkt geschickt gewählt; denn in Konstantinopel war es im Jahre 1147 zu einer längeren Vakanz auf dem Patriarchensitz gekommen. – Der Nowgoroder Bischof Nifont gehörte zu den Bischöfen in der Rus, welche die Wahl Klims nicht anerkannten und sich direkt dem ökumenischen Patriarchen unterstellten. In seiner Eigenschaft als geistlicher Anführer der Opposition hat er gemeinsam mit Juri Dolgoruki als dem ihn unterstützenden Fürsten die Kiewer Kirchenpolitik bekämpft. Als Juri 1155, also bald nach Isjaslaws Tod, gegen Kiew zog, mußte Klim die Stadt endgültig verlassen.

mit dem Fürsten Swjatoslaw Olgowitsch: Swjatoslaw war zweimal Fürst von Nowgorod, später – in seinen letzten Lebensjahren – Fürst von Tschernigow. Seit den Nowgoroder Jahren war er mit Nifont befreundet. Beim Kampf um die Thronstadt Kiew während der Fürstenfehden war er einer der engsten Verbündeten von Juri Dolgoruki.

158 *auf dem Platz Swjatoschas:* Dieser altrussische Fürst *Swjatoslaw* hatte sich 1107 im Alter von etwa 30 Jahren aus der Welt zurückgezogen und hat dann fast 40 Jahre als Mönch im Höhlenkloster verbracht. Diesem stillen und bescheidenen Bruder ist die 20. Erzählung des Paterikons gewidmet.

Altarraum: Das ist der Raum hinter der Ikonenwand.

Siehe, hier bin ich und die Kinder: Vergleiche Jesaja 8,18.

am 8. April in der Osterwoche: Dieses Datum bereitet Schwierigkeiten. Der Ostersonntag fiel 1156, also im Sterbejahr Nifonts, auf den 15. April (alten Stils). Dann müßte der 8. April der Palmsonntag gewesen sein, wogegen aber der Zusatz *in der Osterwoche* spräche. Auch das in der Hypatius-Chronik angegebene Todesdatum – *am 15. April, dem Sonnabend der Osterwoche* – bringt keine Klarheit, weil der Sonnabend auf den 14. April fiel. Die Erste Nowgoroder Chronik nennt den *21. April*, die Moskauer Chronik (Ermitage-Handschrift) den *18. April* als Todestag. – Nifont hat in keinem Falle den neuen Metropoliten Konstantin, zu dessen Begrüßung er nach Kiew gekommen war, sehen können, da dieser erst im Sommer 1156 in der Stadt eintraf.

14. Erzählung

159 *Sendschreiben des demütigen Bischofs Simon ... an Polikarp:* Das Sendschreiben leitet ein neues Teilstück des Väterbuchs ein. Simon, der einst auch Mönch des Höhlenklosters war, erinnert Polikarp an sein Mönchsgelübde, rügt ihn wegen seiner Unbotmäßigkeit sowie seines Hochmuts und gibt ihm zu verstehen, daß er selbst nur zu gern wieder

ins Höhlenkloster zurückkehren würde. Die von Simon zusammengetragenen Mönchserzählungen, die auf das Sendschreiben folgen, sollen noch einmal die Erhabenheit des Mönchslebens herausstellen. – Es ist nicht ausgeschlossen, daß Simon die »Dialogorum libri IV« von Papst Gregor dem Großen gekannt hat, ein Werk, das mit seinen in Klöstern gesammelten Wundergeschichten ebenfalls ein Paterikon genannt werden kann. In der slawischen Übersetzung heißt es auch »Paterikon von Rom«. In Simons Sendschreiben gibt es Parallelen zu Gregors großem Werk. Einige Passagen weisen auch auf Ephräm den Syrer und Johannes Klimakos als Quellen.

Psalter: Siehe Anmerkung zu Seite 80.

Petrus ... der selbst die Kirche des lebendigen Gottes war: Vergleiche 2. Korinther 6,16.

haben ihn da nicht die Gebete der Kirche ... befreit?: Siehe Apostelgeschichte 12,3–11.

Eines bitte ich vom Herrn: Siehe Psalm 27,4.

Mein Haus wird ein Bethaus heißen: Siehe Jesaja 56,7, Matthäus 21,13, Markus 11,17 und Lukas 19,46.

160 *Denn wo zwei oder drei versammelt sind:* Siehe Matthäus 18,20.

wie es im Väterbuch geschrieben steht: Simon bezieht sich hier wahrscheinlich auf eine Stelle im Sketischen Paterikon, dem *Väterbuch der Wüstenväter* (aus der Wüste südlich von Alexandria) vom 4./5. Jahrhundert, das er aus einer slawischen Übersetzung kannte.

Ihr esset nun oder trinket: Siehe 1. Korinther 10,31.

Ihn hatte Simeï vor allen Leuten beleidigt: Zu diesem ganzen Abschnitt siehe 2. Samuel 16,5–13.

161 *wie unser Herr sich selbst erniedrigte:* Vergleiche Philipper 2,8.

welcher nicht widerschalt: Siehe 1. Petrus 2,23.

du bist vom Teufel besessen: Vergleiche Matthäus 11,18 und Lukas 7,33.

Betet für eure Feinde: Vergleiche Lukas 6,27f.

im Kloster der Heiligen Kosmas und Damian: Polikarp war einige Zeit Abt eines *Klosters der Heiligen Kosmas und Damian*, ferner auch des Demetrios-Klosters, ist dann aber bald wieder ins Höhlenkloster zurückgekehrt.

daß ein Baum ... bald verdorrt: Auch hier verwendet Simon wieder ein Zitat aus einem der älteren Paterika.

Er hat dich hinabgeschleudert wie ehedem den Satan: Vergleiche Offenbarung 12,9.

162 *Es ist gut für mich, daß du mich gedemütigt hast:* Siehe Psalm 119,71.

Niemand nimmt sich selbst eine Würde: Vergleiche Hebräer 5,4.

Rostislaws Fürstin, Werchuslawa: Werchuslawa, die Tochter von Wsewolod Jurjewitsch, war die Gattin von Rostislaw Rjurikowitsch. Die Erwähnung der Aktivität der Fürstin zeigt, daß es damals auch Frauen gab, die in kirchlichen (und politischen) Angelegenheiten Entscheidungen herbeiführten.

Silberlinge: Darunter sind im Kiewer Staat bis ins 12. Jahrhundert Silbermünzen (mit wechselndem Wert) zu verstehen.

Nastasja: Der Taufname der Fürstin *Werchuslawa* lautete sicher *Anastassija.* Simon wählte bei seiner Anrede die geläufigere, vertraulichere Namensform.

163 *was Paulus zu Timotheus sagt:* Siehe dazu 1. Timotheus 3,1–7.

Fürst Georgi: Das ist *Juri Wsewolodowitsch,* Großfürst von Wladimir (-Susdal).

wie die Apostel von Christus ... in alle Welt ausgesandt wurden: Siehe dazu Markus 16,15.

Gott machte ihn durch Unverweslichkeit berühmt: In der sehr beliebten und in über zweihundert Abschriften verbreiteten Vita Leontis, die vermutlich in der zweiten Hälfte der sechziger Jahre des 12. Jahrhunderts aufgezeichnet wurde, ist zu lesen, daß nach dem Stadtbrand von Rostow (1160) bei Ausschachtungsarbeiten für die neue Mariä-Himmelfahrts-Kirche unter anderem der Leichnam Bischof Leontis unversehrt gefunden wurde. Diese Auffindung wird mit dem Jahr 1164 angegeben. Die Bischofsweihe Leontis fällt sehr wahrscheinlich noch in die Gründungszeit des Bistums Rostow zwischen 1073 und 1076. Wie seine beiden Vorgänger, die wegen des Unglaubens der Bevölkerung nur kurze Zeit amtiert haben können, hat Leonti sich vornehmlich mit dem Heidentum auseinandersetzen müssen. Unklar bleibt, wann er den Tod fand – zumeist werden noch die siebziger Jahre des 11. Jahrhunderts (um 1076?) angenommen – und ob er von heidnischen Gruppen ermordet wurde, wie man es nach Simons Worten annehmen muß, oder nach der Bekehrung der Heiden einen friedlichen Tod fand, wie mitunter behauptet wird. Seine Kanonisation erfolgte 1194.

er war der dritte ... vom Volke der Rus, der mit den beiden Warägern die Krone [des ewigen Lebens] empfangen hat: Diese Feststellung geht davon aus, daß Leonti den Märtyrertod gefunden haben muß. Denn unter dem Jahr 983 findet sich in der Nestor-Chronik der Bericht vom Märtyrertod *zweier christlicher Waräger* durch die Hand heidnischer Einwohner von Kiew. Leonti kann aber nicht der dritte in der Reihe der christlichen Märtyrer aus der Rus sein, da zumindest die beiden im Jahre 1015 ermordeten altrussischen Fürsten Boris und Gleb mitgezählt werden müßten, es sei denn, Simon zählt hier nur die für ihren Glauben Ermordeten auf (Boris und Gleb fanden bei Thronstreitigkeiten den Tod).

Über den Metropoliten Ilarion: Zu ihm siehe Anmerkung zu Seite 53.

in der Vita des heiligen Antoni: Siehe Anmerkung zu Seite 40.

so lies die alte Rostower Chronik: Was Simon hier unter der *alten Rostower Chronik* versteht, konnte noch nicht ermittelt werden. Möglicherweise meint er ein Buch, das am Rostower Bischofssitz geführt wurde und in dem alle Bischöfe namentlich verzeichnet waren.

165 *die Kathedralkirche, die Zierde von Wladimir:* Andrej Bogoljubski hatte 1158–1160 dieses markante Bauwerk – zunächst eine dreischiffige Kirche mit sechs Pfeilern – aus Kalkstein errichten lassen. Nach dem Stadtbrand von 1185 wurde die Mariä-Himmelfahrts-Kathedrale bis 1189 noch großzügiger neu errichtet. Sie war die *Kathedralkirche* für den gesamten Nordosten des Landes und sollte sichtbarer Ausdruck des Anspruchs auf die Vormachtstellung des (Groß-)Fürstentums Wladimir(-Susdal) gegenüber Kiew sein und zugleich das neue geistliche Zentrum – den geplanten Metropolitensitz – schon vorbereiten.

und die andere Kirche in Susdal: Gemeint ist die *Mariä-Geburts-Kathedrale im Kreml von Susdal,* die auf eine etwa neunhundertjährige Geschichte zurückblicken kann (siehe Anmerkung zu Seite 45). Diese Kathedrale wurde noch von Simon ein Jahr vor seinem Tode geweiht. Er starb 1226. Demnach müßte Simons Sendschreiben zwischen 1225 und 1226 verfaßt worden sein.

ziehen sie im ganzen Lande den Zehnten ein: Der *Zehnte* ist eine Abgabe, und zwar geht es um den zehnten Teil des jeweiligen Ernteertrags, der abzuliefern war.

Der Herr kennt das Verborgene: Vergleiche Jesus Sirach 42,20.

Lawra: Damit wird ein großes Mönchskloster bezeichnet, das auch in seiner Bedeutung hervorgehoben werden soll.

15. Erzählung

166 *Und als man ihn in die Höhle getragen ... hatte:* Hier ist von *der Höhle* die Rede, die für die Bestattung der verstorbenen Mönche bestimmt war.

167 *vor dem Gesetz und nach dem Gesetz:* Unter *Gesetz* ist wahrscheinlich das durch Mose gegebene *Gesetz* zu verstehen.

Ich werde wegen der zwanzig Gerechten diese Stadt nicht verderben: Vergleiche 1. Mose 18,23ff.

16. Erzählung

168 *Vom gesegneten Jewstrati dem Faster:* Während die 15. Erzählung ein aus mehreren Paterika bekanntes Thema (Wohlgeruch eines Heiligen) in einer anderswo nicht überlieferten Variante darbot, finden wir in der 16. Erzählung zahlreiche Motive, die auch in älteren Paterika überliefert sind.

Christus aber hat uns erlöst von dem Fluch: Siehe Galater 3,13.

hat uns zu Kindern und Erben erwählt: Vergleiche Römer 8,17.

sterben wir, so sterben wir dem Herrn: Siehe Römer 14,8.

169 *von den gottlosen Hagarianern:* Nach der christlichen Vorstellung des Mittelalters, die arabischen Ursprungs ist, stammen die mohammedanischen Völker des Ostens von Ismael ab, den Abraham mit der in seinem Hause lebenden Magd *Hagar* gezeugt hatte.
Tag der Auferstehung Christi: Siehe Anmerkung zu Seite 144.
Verflucht ist jeder, der am Holze hängt: Vergleiche 5. Mose 21,23.
Heute wirst du mit mir im Paradiese sein: Siehe Lukas 23,43.
Ihr werdet euer Leben vor euren Augen hängen sehen: Vergleiche 5. Mose 28,66 (nach der Septuaginta).
Sie haben meine Hände und Füße angenagelt: Vergleiche Psalm 22,17.
Sie teilen meine Kleider unter sich: Siehe Psalm 22,19.
Dies ist der Tag, den der Herr gemacht hat: Vergleiche Psalm 118,24.
denn der Herr haßt eure Sabbate: Vergleiche Jesaja 1,13.
und hat eure Feste in Trübsal verwandelt: Vergleiche Tobias 2,6 und 1. Makkabäer 1,41.

171 *wie die Seele ... auf einem feurigen Wagen mit feurigen Rossen entrückt wurde:* Vergleiche dazu 2. Könige 2,11, wo beschrieben wird, wie Elia gen Himmel fährt.
Seelenmeßverzeichnis: Siehe Anmerkung zu Seite 135 *(Synodikon).*
Protostrator: Für eine solche slawische Wortform gibt es keine direkte griechische Vorlage. In der Forschung wird deshalb auf ein anderes Wort Bezug genommen, das etwa »der tapfere Kämpfer aus der vorderen Reihe« bedeutet.
machte er ihn zum Eparchen: Unter *Eparch* ist ein Statthalter zu verstehen.
Korsun: Die Stadt *Korsun* lag auf der Krim etwa an der Stelle, wo sich heute Sewastopol befindet. *Korsun* war bereits in antiker Zeit als griechische Kolonie unter dem Namen *Chersonesos* ein bedeutender Handelsplatz.
Seine Pein wird auf seinen Kopf kommen: Vergleiche Psalm 7,17. – Der hier geschilderte Judenpogrom läßt sich wegen der recht spärlichen Angaben weder zeitlich noch räumlich (Korsun?) bestimmen.

17. Erzählung

Vom demütigen und vielduldenden Mönch Nikon: Die Erzählung von *Nikon* läßt sich mit der vorangegangenen von Jewstrati thematisch verbinden und hat wahrscheinlich auch den gleichen historischen Hintergrund (möglicherweise den in der Nestor-Chronik beschriebenen Überfall der Polowzer auf Kiew von 1096, in dessen Verlauf die Angreifer auch ins Höhlenkloster eindrangen und dort viel Unheil anrichteten). Waren es in der 16. Erzählung Juden, die sich schließlich taufen ließen, sind es in der 17. Erzählung heidnische Polowzer, die sogar Mönche werden, nachdem sie die Wunder an den Höhlenkloster-Mönchen erlebt hatten.

172 *Haben wir Gutes empfangen von Gott:* Siehe Hiob 2,10.
Polowzer (auch *Kumanen*): Siehe Anmerkung zu Seite 29.
kreuzige ihn: Siehe Lukas 23,21.
Sein Blut komme über uns und unsere Kinder!: Siehe Matthäus 27,25.
der heilige Gerassim: Gerassim (vermutlich sein weltlicher Name) ist sehr wahrscheinlich mit *Jewstrati* aus der 16. Erzählung identisch.
Kommunionsgesang: Das *Kommunionslied* ist fester Bestandteil der Liturgie. Es besteht aus Psalmversen und endet mit einem dreimaligen »Halleluja«. Ausgangspunkt für das *Kommunionslied* war in früher Zeit der Psalm 34 und speziell der Vers 9.

174 *in ihrer Vorhalle:* Das altrussische Wort *pritvor*, das hier mit *Vorhalle* wiedergegeben ist, kann auch Seitenräume, die im Inneren der Kirche hinter den Säulen liegen, bezeichnen.
Seelenmeßverzeichnis: Siehe Anmerkung zu Seite 135 *(Synodikon).*
Suchy: Das heißt »der Trockene, Dürre, Saftlose«.

175 *So soll euer Licht leuchten:* Siehe Matthäus 5,16.

18. Erzählung

Vom heiligen Kukscha... und von Pimin: Die 18. Erzählung geht vermutlich auf Ereignisse vom Jahre 1110 ein, in dem drei Mönche des Höhlenklosters am gleichen Tage starben.
Wjatitschen: Das Siedlungsgebiet dieses ostslawischen Stammes lag am Ober- und Mittellauf der Oka und reichte im Osten in das Gebiet finnougrischer Stämme hinein. Kukscha fand bei seinen Missionsbemühungen im Gebiet der Wjatitschen den Tod.

19. Erzählung

177 *Vom heiligen Afanassi:* In dieser Wundererzählung wird gezeigt, daß dem Armen im Kloster nicht mehr die gebührende Achtung geschenkt wurde. *Afanassi* wird deshalb kurz nach seinem Tode wieder lebendig, um die Brüder an den Gehorsam, die Buße und das Gebet als die wichtigsten Dinge in ihrem Mönchsleben zu erinnern. Da Simon den Bericht von einem Augenzeugen (Wawila) gehört hat, muß man wohl annehmen, daß die Geschehnisse im zweiten Drittel des 12. Jahrhunderts anzusiedeln sind.

179 *die Viten unserer heiligen Väter Antoni und Feodossi:* Zur *Vita Antonis* siehe die Anmerkung zu Seite 40. Die *Vita Feodossis* ist als 8. Erzählung Teil des vorliegenden Väterbuchs.
Es ging ein Säemann aus: Vergleiche Lukas 8,5–7.

Das Herz dieser Menschen ist verstockt: Vergleiche Jesaja 6,10.
Herr, wer hat unserem Gehör vertraut: Siehe Jesaja 53,1 (nach der Septuaginta).

20. Erzählung

180 *Vom ehrwürdigen Swjatoscha:* Schon durch die Namensform wird er charakterisiert: Zum einen ist *Swjatòscha* ein Diminutivum zu seinem weltlichen Vornamen *Swjatoslaw,* zum anderen bedeutet das Wort im Altrussischen auch »der fromme, heilige Mann, der ein Gott wohlgefälliges Leben führt«. Aus der Erzählung – besonders aus den Gesprächen mit seinem syrischen Arzt – geht in der Tat seine große Demut hervor. Es ist aber auch das elitäre Selbstbewußtsein eines strengen Asketen herauszuhören. Im Kloster lebte Swjatoscha von 1107 bis etwa 1142.

die zukünftigen Güter: Vergleiche Hebräer 9,11.
das Gott bereitet hat denen, die ihn lieben: Siehe 1. Korinther 2,9.
am 17. Februar des Jahres 6614 [1107]: Da es sich bei der Jahresangabe 6614 – wie aus der Nestor-Chronik, wo auch von Swjatoschas Eintritt in das Höhlenkloster berichtet wird, eindeutig hervorgeht – um ein Märzjahr handelt, kann von 6614 bei Daten aus den Monaten Januar und Februar nur die Differenz von 5507 abgezogen werden, um zu unserer Jahreszählung, die mit Januarjahren rechnet, zu kommen.

Drei Jahre lang tat er in der Küche Dienst: In den alten Klöstern wurde der *Dienst in der Küche* als eine Form von Askese angesehen.

182 *das Jesusgebet:* Mit der »Belehrung Wladimir Monomachs« gehört das Paterikon zu den wenigen Denkmälern der frühen ostslawischen Literaturen, in denen die uralte Gebetsform »Herr Jesus Christus, Sohn Gottes, erbarme dich meiner« erwähnt wird. Nach dem 13. Jahrhundert war das Jesusgebet durch den starken Einfluß des byzantinischen Hesychasmus in Rußland sehr weit verbreitet.

einen sehr tüchtigen Arzt, einen Syrer: Zum christlichen Teil Syriens unterhielt die Kiewer Rus schon seit dem 10. Jahrhundert gute Beziehungen.

Du aber hast nicht, wo du dein Haupt hinlegest: Vergleiche Matthäus 8,20.
und sitzt hier im Dreck: Vergleiche Hiob 2,8.

183 *Die Leiden dieser Zeit:* Vergleiche Römer 8,18.
denn ein jeglicher wird seine Last tragen: Siehe Galater 6,5. (In Anlehnung an die Bibelstelle wurde hier das altrussische Wort *wremja* »Zeit« vom Übersetzer durch *bremja* »Last« ersetzt, zumal ein Druckfehler in der Vorlage [Ausgabe von Abramowitsch] nicht auszuschließen ist.)

Dafür hoffe ich, Erbe zu sein des ewigen Lebens: Vergleiche Titus 3,7.

damit ich ihn gewinne: Vergleiche Philipper 3,8.

Mir aber ist es Gewinn, für Christus zu sterben: Vergleiche Philipper 1,21.

wenn ich im Dreck sitze, fühle ich mich mit Hiob als Herrscher: Das Zitat bezieht sich auf Hiob 2,8. Swjatoscha vergleicht sich hier mit dem großen Dulder des Alten Testaments, der alle ihm auferlegten Prüfungen, allen Verlust, alle Leiden demütig und gottesfürchtig ertrug.

184 *Jener aber hielt sich selbst für klug:* Vergleiche dazu Römer 12,16.

wie einst Elia seinen Mantel dem Elisa schenkte: Siehe dazu 1. Könige 19,19.

Wissen doch auch die wilden Tiere: Vergleiche Psalm 104,22.

Der Vogel hat ein Haus gefunden: Siehe Psalm 84,4.

185 *Es ist gut, auf den Herrn vertrauen:* Siehe Psalm 118,8.

weinet nicht über mich: Siehe Lukas 23,28.

Die Toten werden das Leben nicht sehen: Vergleiche Jesaja 26,14.

Nun weinte er Tag und Nacht: Wie das Gebet, Fasten, Wachen, Arbeit, Demut und Enthaltsamkeit gehören mitunter auch *Tränen* zu einem asketischen Lebenswandel.

lebte... Swjatoscha noch dreißig Jahre im Kloster und verließ es nicht: Zumindest einmal muß er es doch noch verlassen haben; denn die Hypatius-Chronik berichtet unter dem Jahre 1142, daß er im Auftrage seines Bruders Wsewolod zu dessen Gegnern während der üblichen Fürstenfehden unterwegs war, um Frieden zu stiften.

Paramantion: Viereckiges Tuch mit der Darstellung des Kreuzes und anderer Marterwerkzeuge Christi, das die Mönche latzartig über ihrer Kutte auf der Brust tragen.

Dir geschehe nach deinem Glauben: Vergleiche Matthäus 9,29.

186 *Das sollte man ihm überziehen:* Im Mittelalter glaubte man daran, daß bei der Berührung von Kleidungsstücken heiliger Personen Wunderkräfte wirken könnten.

Nikola: So lautete der Mönchsname von Swjatoscha. *Nikola* ist die volkstümliche Namensform zu *Nikolai*.

aber die damaligen Bischöfe hielten ihn davon ab: In diesem Satz spiegelt sich die ablehnende Haltung der kirchlichen Hierarchie gegenüber dem Höhlenkloster, die auf das Vermächtnis Feodossis (s. die 8. Erzählung, Kap. 52) zurückzuführen ist, der das Höhlenkloster keiner geistlichen Macht, sondern dem Kiewer Großfürsten unterstellt hatte.

In dieser Schlacht fiel er: Isjaslaw ist bei der Belagerung von Belgorod am 6. März 1161 gefallen, nachdem er sich gerade erst – nun schon zum dritten Male – während der andauernden Fürstenfehden den Kiewer Großfürstenthron erstritten hatte.

Viele Taten werden noch... berichtet: Hier endet der Text der Erzählung in der Arseni-Fassung (1406) des Paterikons.

Kein Fürst in der Rus hat gehandelt wie er: Die Feodossi-Fassung (Anfang des 15. Jh.) setzt noch hinzu: *außer im Angesicht des Todes.*
du hast kein hochzeitlich Kleid an: Siehe Matthäus 22,12.
Klimax: Dieses Werk von Johannes Klimakos trägt nicht nur den Titel »Die Leiter« (griechisch: *Klimax*), sondern zeigt auch, daß der Mönch wie auf einer Leiter über die verschiedenen Stufen der Askese, der Buße, der sittlichen Vervollkommnung usw. immer höher aufsteigen muß, bis er endlich die himmlische Seligkeit erlangen kann.
187 *und willst... ein Bischofsamt:* Siehe dazu die 14. Erzählung, S. 159ff.

21. Erzählung

Vom Mönch Jerasm: Am Beispiel *Jerasms* wird gezeigt, wie groß bei den Mönchen des Höhlenklosters die Sorge um das eigene Heil war. Da Simon diese Begebenheit von Gewährsleuten aus dem Kloster, die Augenzeugen waren, gehört hat, könnte sie sich in den siebziger oder achtziger Jahren des 12. Jahrhunderts zugetragen haben.
und viele Ikonen mit Beschlägen versah: Die Ikonen benötigten wegen der starken Abnutzung bei der Kontaktverehrung – zum Beispiel bei der Berührung mit den Lippen beim Kuß – einen Schutz. Solche Beschläge bestanden aus einer dünnen gestanzten oder ziselierten *Gold- bzw. Silberauflage.* In der Regel läßt der Beschlag nur die Figuren frei, während die übrige Fläche von der Auflage bedeckt ist.
188 *Arme habt ihr allezeit bei euch:* Siehe Matthäus 26,11 u. Markus 14,7.
und nimm das Bußkleid an: Das *Bußkleid* wurde den Mönchen angelegt, die sich den strengsten Mönchsregeln unterworfen hatten und ein »engelgleiches Leben« führten.
Er wurde in das große Schima gekleidet: Schima (sprich: *S-chima*) ist der offizielle Terminus für das in der vorigen Anmerkung erwähnte *Bußkleid,* das äußere Symbol eines Mönchs, der die höchste Stufe des Mönchseins erklommen hat. Siehe auch Anmerkung zu Seite 82 *(das große Engelsgewand).*
Du hast zwei Türen... geschaffen: Sicherlich handelt es sich um Türen, die der Ausschmückung der Kirche dienten, und nicht um schlichte Eingangspforten.
Herr, heilige die, welche die Schönheit deines Hauses lieben: Dieser Satz ist Teil eines Gebets gegen Ende der Liturgie. Das Gebet – es heißt im Russischen *Saamwonnaja molitwa* – spricht der Priester, der inmitten der Kirche zwischen dem *Ambon* und der Bilderwand (Ikonostas) steht. Der *Ambon* ist eine erhöhte Tribüne im Mittelschiff der Kirche, von der vor allem liturgische Lesungen gehalten werden. Er ist aus dem Lesegestühl der Synagoge hervorgegangen.

Erinnere dich an jenen Patrizier: Die Geschichte, auf die Simon hier anspielt, steht als 281. Erzählung im »Paterikon vom Sinai«. Der Jüngling, der in der Werkstatt mit der Arbeit an dem goldenen Kreuz betraut wurde und vom eigenen Gold etwas hinzugab, wurde für diese Tat von dem Patrizier an Sohnes Statt angenommen und wurde folglich sein Erbe.

190 *Ich will mehren all deinen Ruhm:* Siehe Psalm 71,14.
Wer mich ehrt, den will ich auch ehren: Siehe 1. Samuel 2,30.
Wenn ihr etwas versprochen habt: Vergleiche Prediger 5,3f.
Der Herr hat's gegeben: Siehe Hiob 1,21.

22. Erzählung

Vom Mönch Arefa: Diese Begebenheit, die Simon offensichtlich selbst erlebt hat, kann sich um 1200 zugetragen haben. Ähnlich wie Jerasm erlangt der geläuterte *Arefa* schließlich das Heil. Aber am Beispiel von *Arefa* wird auch der Verfall des Lebens im Kloster gezeigt.
Polozk: Stadt an der Mündung der Polota in die Westliche Dwina.
wirf deine Sorge auf den Herrn: Siehe Psalm 55,23 (nach dem Wortlaut der Septuaginta Psalm 54,23).

191 *so wäre es dir wie Hiob angerechnet worden:* Das »*Buch Hiob*« des Alten Testaments berichtet von dem gleichnamigen Dulder, der schließlich vom Herrn belohnt wurde und ein gesegnetes Ende fand; vergleiche Anmerkung zu Seite 183.
Der Herr hat's gegeben: Siehe Hiob 1,21.
dann dürfte es wohl auch jenen Starzen nicht gegeben haben, der – wie es im Paterikon heißt – zu Gott betete: Simon meint wieder das »Paterikon vom Sinai«, und zwar jetzt die 294. Erzählung. Der hier erwähnte Starez hatte von einem Diebstahl bei einem anderen Starzen gehört, der das von den Dieben vergessene Gut ihnen nachbrachte und dafür als wahrer Mann Gottes bezeichnet wurde. Darauf bat er selbst um ein ähnliches Schicksal.

193 *Wie Afanassi der Klausner bezeugt hat:* Siehe die 19. Erzählung des vorliegenden Väterbuchs.

23. Erzählung

Von den zwei Brüdern: Die 23. Erzählung greift ein Motiv aus der vorangegangenen Legende wieder auf, nämlich das Motiv vom Streit der Engel und des Teufels um die Seele. Am Ende wird der todkranke, aber geläuterte Bruder wieder gesund, während der gesunde, aber unbußfertige Mönch sterben muß. Das Motiv, daß der Teufel die enge Verbundenheit zweier Mönche zerstört, ist ein beliebtes Thema in der älteren patristischen Literatur. Auch für diese Episode ist wohl die Zeit um 1200 anzusetzen, da Simon sie erlebte.

Pope: Bezeichnung für einen *Priester,* der nicht gleichzeitig Mönch ist. Das Wort, das letztlich auf das althochdeutsche *pfaffo* zurückgeht, bekam in Rußland vom 17. Jahrhundert an auch eine abwertende Bedeutung auf Grund der gesellschaftlich und bildungsmäßig unterprivilegierten Stellung dieses Priesterstandes.

Aber der Teufel... geht umher: Siehe 1. Petrus 5,8.

lief Jewagri vor dem Räucherwerk davon: Das Schwenken des Weihrauchgefäßes vor Personen oder Gegenständen bedeutet, daß der Segen gespendet wird.

195 *Vergebet, so wird euch vergeben:* Siehe Lukas 6,37.

Wer mit seinem Bruder... zürnt: Siehe Matthäus 5,22.

Ephräm: Gemeint ist *Ephräm der Syrer,* dessen Reden und Hymnen, ursprünglich in der syrischen Sprache aufgezeichnet, zumeist in griechischer, lateinischer oder armenischer Übersetzung überliefert sind. *Ephräm* war der Sohn eines heidnischen Priesters und einer Christin. Er wurde als Erwachsener getauft.

Lasset die Sonne nicht über eurem Zorn untergehen: Siehe Epheser 4,26.

24. Erzählung

196 *Das zweite Sendschreiben:* Es fällt auf, daß Polikarp, der seine Erzählungen zeitlich nach Simon aufzeichnete, das Sendschreiben (24. Erzählung) nicht an Simon richtete. Möglicherweise war Simon inzwischen gestorben. Es gibt Vermutungen, daß Simon kurz vor seinem Tode (1226) seinen Teil schrieb und Polikarp den seinigen bald danach. Die Briefform scheint überhaupt nur ein literarisches Mittel zu sein, um ein von beiden Autoren schon länger geplantes Vorhaben in geeigneter Form in die Tat umzusetzen, nämlich die Geschichten von den Höhlenkloster-Mönchen der ersten anderthalb Jahrhunderte für die späteren Mönche zur Belehrung festzuhalten. Polikarp datiert seine Niederschrift in das 15. Jahr der Abtszeit Akindins (siehe am Ende der 27. Erzählung).

der das Wort bekräftigt: Vergleiche Markus 16,20.

25. Erzählung

198 *Von Nikita dem Klausner:* In der 25. Erzählung, die auf eine Episode aus der Zeit um 1080 Bezug nimmt, werden die Gefahren aufgezeigt, denen sich ein junger Klausner – das ist ein Mönch, der sich von den anderen Brüdern zurückzieht, um eine streng asketische Lebensweise zu führen –

aussetzte. Als die schlimmste Gefahr wird dabei die der Selbstüberhebung angesehen.

wie... Issaki... von den Dämonen überlistet wurde: Siehe dazu ausführlich die 36. Erzählung. – Aus der Tatsache, daß die zeitliche Abfolge der Episoden mit Nikita und Issaki nicht auch durch eine chronologische Anordnung im Väterbuch widergespiegelt wird, schließen verschiedene Forscher, daß in der vorliegenden Fassung des Väterbuchs die ursprüngliche Reihenfolge der Erzählungen Polikarps nicht mehr erhalten geblieben ist.

200 *Er begann auch zu prophezeien:* Unter *prophezeien* ist im Paterikon nicht nur »Zukünftiges voraussagen« zu verstehen, sondern mitunter bedeutet es auch »etwas Vorgefallenes bekanntgeben, was noch niemand wissen kann«.

Heute ist Gleb Swjatoslawitsch im Sawolotschje erschlagen worden: Gleb, ein Neffe Isjaslaws, ist nach dem Bericht der Nestor-Chronik im Jahre 1078 getötet worden; seine Beisetzung erfolgte am 23. Juli des Jahres in Tschernigow. – *Sawolotschje:* Gebiet an der Nördlichen Dwina östlich von Beloosero und Onega-See.

Schicke schnell deinen Sohn Swjatopolk auf den Fürstensitz nach Nowgorod: Isjaslaws Sohn *Swjatopolk* war in der Tat von 1078 bis 1088 Fürst von Nowgorod.

die Bücher Genesis, Exodus, Leviticus, Numeri: Bei der Übersetzung ins Deutsche wurden hier bewußt die lateinischen Bezeichnungen für die ersten vier Bücher Mose verwendet, weil sie genau den altrussischen Bezeichnungen entsprechen. Das fünfte Buch Mose *(Deuteronomium)* wird von Polikarp nicht erwähnt.

201 *Apostol:* Die *Apostelgeschichte* und die *Apostelbriefe* sind in der Orthodoxen Kirche in einem eigenen Buch zusammengefaßt – dem *Apostol.* – Der russische Buchdruck begann, den kirchlichen Bedürfnissen entsprechend, mit einer 1564 in der Moskauer Druckerei von Iwan Fjodorow hergestellten Ausgabe des *Apostol.*

Pimin der Faster: Über ihn siehe die 18. Erzählung.

der heilige Issaki aus der Höhle: Ihm ist die 36. Erzählung gewidmet.

Agapit der Arzt: Über ihn berichtet ausführlich die 27. Erzählung.

Grigori der Wundertäter: Siehe zu ihm die 28. Erzählung.

Nikola, der später Bischof von Tmutorokan wurde: Von ihm, der unter dem Kiewer Großfürsten Wsewolod Jaroslawitsch zum Bischof geweiht wurde, ist nur wenig bekannt.

Nestor der Chronist: Ihm wird die Zusammenstellung der ersten Redaktion (von 1113) der nach ihm benannten altrussischen Chronik zugeschrieben, die den Grundstock vieler weiterer Chroniken der Rus bildet. Sein Name ist in der Hypatius-Chronik allerdings nur in einer einzigen Abschrift aus dem 16. Jahrhundert überliefert.

Grigori der Kanondichter: Über ihn ist noch zu wenig bekannt, als daß man ihm mit Sicherheit bestimmte Werke zuschreiben könnte.

Feoktist, der spätere Bischof von Tschernigow: Bevor er Bischof von Tschernigow wurde, war er etwa zehn Jahre lang Abt des Höhlenklosters.
Onissifor der Seher: Von ihm wird in der 15. Erzählung berichtet.
Auch hat er viele Wunder gewirkt: Die Erste Nowgoroder Chronik berichtet nur kurz von Nikitas Tod am 30. Januar 1108, und aus einer namentlichen Aufzählung der Bischöfe dieser Stadt geht hervor, daß er das Bischofsamt dreizehn Jahre lang innehatte.

26. Erzählung

202 *Von Lawrenti dem Klausner:* In der 26. Erzählung werden einige der Mönche des Höhlenklosters als stark genug bezeichnet, daß sie auch Dämonen austreiben können. In die kurze Geschichte ist das Motiv der Heilung mit Hilfe einer Ikone eingeflochten. Lawrenti könnte etwa um 1100 im Kloster gewesen sein.
in Isjaslaws Kloster des heiligen Demetrios: Siehe Anmerkung zu Seite 56.
204 *das Buch des Lebens:* Siehe Offenbarung 20,12.

27. Erzählung

Vom heiligen und gesegneten Agapit: Der Arzt *Agapit*, der mit schlichten Mitteln gute Heilerfolge erzielte, gehört noch zu der ältesten Mönchsgeneration des Klosters, da er zu Antonis Zeit aufgenommen wurde. Ihm war es nicht um Anerkennung zu tun, sondern er wollte nur den Kranken helfen. Seine Grabstätte ist noch heute in den »Nahen Höhlen« (siehe Anmerkung zu Seite 55) zu sehen. Die in der 27. Erzählung berichteten Vorgänge um diesen ersten bekannten altrussischen Arzt lassen sich zeitlich etwa um 1100 einordnen.
Der Große: Siehe Anmerkung zu Seite 29 *(zu dem großen heiligen Antoni).*
205 *das er aus Kräutern bereitete:* Das hier neutral mit *Kräutern* wiedergegebene Wort *(selije)* hat im Altrussischen einen sehr breiten Bedeutungsumfang: »Heilkräuter, Zauberkräuter, giftige Kräuter«.
Armenier von Geburt und dem Glauben nach: Es gab *armenische* Kolonien (Kaufleute, Handwerker) in den großen altrussischen Städten. Während die Kirche der Rus ein gutes Verhältnis zu den christlichen Syrern hatte, ist aus der altrussischen Literatur ein zwiespältiges Verhältnis zu den christlichen *Armeniern* – fast ähnlich wie zu den *Lateinern* (siehe Anmerkung zu Seite 30) – ablesbar. Die *Armenier* wurden gern der Häresie bezichtigt, weshalb sie auch als *Andersgläubige*

bezeichnet wurden. Das mag auf abweichende Dogmen (Monophysitismus) sowie auf unterschiedliche Bräuche in der Fastenordnung und auf die Gabe von unvermischtem Wein (also ohne Wasser) zurückzuführen sein.

Wenn sie... etwas Tödliches trinken: Siehe Markus 16,18.

207 *Alexandria:* Alexander der Große hatte 332/331 v. u. Z. die bedeutende Hafen- und Handelsstadt westlich des Nildeltas gegründet.

210 *Kein Prophet gilt etwas in seinem Vaterlande:* Siehe Lukas 4,24.

wie auch der selige Nestor in der Chronik... geschrieben hat: Der Chronist *Nestor* (siehe Anmerkung zu Seite 201) berichtet unter dem Jahr 1074 von den vier Mönchen Damian, Jeremija, Matwej und Issaki (siehe die Übersetzung des Berichts im Anhang zu den Erzählungen dieses Väterbuchs, S. 293ff).

Vita des heiligen Antoni: Siehe Anmerkung zu Seite 40.

Das schreibe ich im fünfzehnten Jahr deines Wirkens als Abt: Der russische Philologe A. A. Schachmatow hat daraus und aus dem folgenden errechnet, daß Polikarp diese Worte um 1232 geschrieben haben könnte.

hundertsechzig Jahre lang hat man ihrer nicht gedacht: Das soll wohl heißen: Entweder seit der Niederschrift der Vita Antonis oder seit Nestors Eintragung von 1074 wurde der ersten Mönche nicht mehr gedacht.

Freude im Himmel... über einen Sünder, der Buße tut: Vergleiche Lukas 15,7.

211 *die Körperlosen:* Damit sind die Bewohner der himmlischen Gefilde (Engel) umschrieben.

28. Erzählung

Vom heiligen Wundertäter Grigori: Die 28. Erzählung besteht aus zwei sehr unterschiedlichen Teilen. Im ersten Teil wird das Motiv »Diebe« – ein sehr beliebtes Motiv in den Paterika – aufgegriffen und in mehreren Episoden ausgemalt. Auch der zweite Teil benutzt ein Motiv der hagiographischen Literatur: Rostislaw als der eigentlich Schuldige an Grigoris Tod durch Ertrinken muß schließlich die gleiche Todesart erleiden. Zeitlich lassen sich die Ereignisse um 1090 einordnen.

212 *Ihr sollt euch nicht Schätze sammeln auf Erden:* Siehe Matthäus 6,19–21.

214 *Gott läßt sich nicht spotten:* Siehe Galater 6,7.

damit sie... im Schweiße ihres Angesichts ihr Brot äßen: Vergleiche 1. Mose 3,19.

Ein Gefäß war dadurch entweiht worden: Wenn ein unreines Tier, wie z. B. eine Maus oder eine Ratte, in ein geweihtes Gefäß fiel, galt es als *entweiht.*

er war . . . mit seinem Bruder Wladimir auf einem Feldzug gegen die . . . Polowzer: Die Nestor-Chronik berichtet unter dem Jahr 1093 davon, daß Wladimir Monomach, der zunächst keinen Krieg wollte, dann doch mit seinem Bruder Rostislaw den Kiewer Großfürsten Swjatopolk gegen ein starkes Heer der Polowzer unterstützte. Die Fürsten trafen sich in Kiew, um gemeinsam zum Kampf auszuziehen.

216 *das Urteil ist schon über euch gesprochen:* Vergleiche 2. Petrus 2,3.

Trepol: Siehe Anmerkung zu Seite 44.

Rostislaw hingegen ertrank: Während in der Nestor-Chronik und ebenso fast hundert Jahre später im altrussischen Igorlied voller Mitgefühl von *Rostislaws Tod in der Stugna* nach der verlorenen Schlacht berichtet wird, sieht Polikarp in dessen Tod durch Ertrinken die verdiente Strafe.

Denn mit welcherlei Gericht ihr richtet: Siehe Matthäus 7,2.

Schaffe mir Recht vor meinem Widersacher!: Siehe Lukas 18,3.

Ich sage euch: Der Herr wird seinen Knechten ihr Recht schaffen: Vergleiche Lukas 18,8.

Die Rache ist mein, ich will vergelten: Siehe 5. Mose 32,35.

217 *Sehet zu, daß ihr nicht jemand von diesen Kleinen verachtet:* Siehe Matthäus 18,10.

Denn der Herr ist gerecht: Vergleiche Psalm 11,7.

Denn was der Mensch sät, das wird er ernten: Siehe Galater 6,7.

So wird vergolten den Hoffärtigen, denen der Herr widersteht: Vergleiche 1. Petrus 5,5 und Jakobus 4,6.

29. Erzählung

Von Ioann dem Klausner: Die 29. Erzählung ist denen gewidmet, die Anfechtungen ausgesetzt sind. Polikarp läßt Ioann über seinen Kampf gegen die Leidenschaft, gegen die fleischliche Begierde, berichten. Damit wird ein häufiges Thema ägyptischer und syrischer Väter-Erzählungen aufgegriffen. Zeitlich ist Ioann sehr schwer einzuordnen; vermutlich war er im letzten Drittel des 11. Jahrhunderts im Höhlenkloster.

dem ersten Menschen: Der erste Absatz der Erzählung nimmt Bezug auf 1. Mose 1–3.

218 *Er gibt uns nicht zum Raub in ihre Zähne:* Siehe Psalm 124,6.

aus der Grube . . . aus lauter Schmutz und Schlamm: Vergleiche Psalm 40,3.

219 *die Nacht der Auferstehung Christi:* Das ist die *Nacht vom Karsamstag zum Ostersonntag.*

O Herr Gott . . . Warum hast du mich verlassen?: Vergleiche Matthäus 27,46.

Er geht umher wie ein brüllender Löwe: Vergleiche 1. Petrus 5,8.
Erwecke deine Kraft und komm: Siehe Psalm 80,3.

221 *durch das Feuer geläutert... wie Gold:* Vergleiche 1. Petrus 1,7.
den Verstorbenen [dort] drüben: Es hat den Anschein, als müsse *Moissi* schon längere Zeit tot sein. Sonst wäre Ioann sein Name noch vertraut gewesen.
Er hat mehr getan als Joseph: Hier wird auf 1. Mose 39 angespielt, auf die Versuche von Potiphars Weib, *Joseph* mit ihrer Leidenschaft zur Sünde zu verleiten. *Joseph* blieb jedoch standhaft.
Und Christus... schickt die Leidenschaft über uns: Der Satz erscheint zunächst befremdlich, ist aber wohl so zu verstehen, daß *Christus* die Menschen damit auf die Probe stellen will.

30. Erzählung

222 *Vom ehrwürdigen Moissi dem Ungarn:* Um den Kampf zur Bewahrung der Keuschheit geht es – allerdings unter ganz anderen Bedingungen – auch in der 30. Erzählung. Angeknüpft wird an das Motiv der Verführung, das schon aus 1. Mose 39 (Potiphars Weib und Joseph) bekannt ist. Vieles deutet darauf hin, daß Polikarp eine Vorlage zu seiner Erzählung in der Vita Antonis (siehe Anmerkung zu Seite 40) fand. Die dargestellten Vorgänge fallen in die Zeit zwischen 1015 und etwa 1040.
ein Bruder jenes Georgi: In der Nestor-Chronik wird unter dem Jahr 1015 geschildert, wie gemeinsam mit Boris dessen Diener *Georgi* ermordet wurde. Diesem Diener, der eine Vorzugsstellung bei Boris besaß, hatte der Fürst aus Dankbarkeit den genannten Goldschmuck geschenkt, den die vom Kiewer Großfürsten Swjatopolk ausgesandten Mörder an sich nahmen.
Predslawa: Die Schwester Jaroslaws, Boris' und Glebs hat in der Zeit nach dem Tod Wladimirs des Heiligen (1015) eine aktive Rolle gespielt. Sie unterstützte Jaroslaw gegen Swjatopolk und gewährte den Anhängern der ermordeten Brüder Asyl. So gelangte auch Moissi zu ihr.
und den gottlosen... Swjatopolk schlug: Aus der ersten großen Schlacht zwischen Swjatopolk und Jaroslaw vom Herbst 1016 ging letzterer als Sieger hervor.
kam mit Bolesław zurück: Swjatopolk, der seit ca. 1013 mit einer Tochter Bolesławs verheiratet war, zog 1018 nach erfolgreichem Kampf, in dem er von einem polnischen Heer gegen Jaroslaw unterstützt wurde, wieder in Kiew ein. Als Swjatopolk schließlich Angehörige des polnischen Heeres umbringen ließ, zog Bolesław mit seinen Leuten aus der Rus unter Mitnahme von reicher Beute und vielen Gefangenen – darunter auch Moissi sowie Predslawa mit ihrer Schwester – wieder ab.

224 *Als Adam ... seinem Weib zu Willen war:* Siehe den Bericht vom Sündenfall in 1. Mose 3.
Simson ... wurde ... durch eine Frau den Barbaren ausgeliefert: Zu *Simson* siehe Richter 14–16.
Salomo ... als er sich einer Frau unterwarf, verehrte er Götzenbilder: Dazu siehe 1. Könige 11.
Herodes ... unterwarf sich ... und ließ Johannes den Täufer enthaupten: Siehe Markus 6,14–29.

225 *Er ließ nicht nur sein Gewand fahren wie Joseph:* Potiphars Weib gelang es, *Joseph* das Gewand vom Leib zu reißen, als sie um ihn buhlte; aber *Joseph* entkam ihr (siehe 1. Mose 39,12ff.; vergleiche auch Anmerkung zu Seite 221).
und so bewegte er einen Diener jener Frau zur Milde: Auch Joseph hatte im Gefängnis Gnade vor dem Amtmann gefunden (siehe 1. Mose 39,21ff.).
Darum wird ein Mensch Vater und Mutter verlassen: Siehe Matthäus 19,5f.
Es ist besser freien als von Begierde verzehrt werden: Siehe 1. Korinther 7,9.
Und den Witwen gebietet er, eine neue Ehe einzugehen: Vergleiche 1. Timotheus 5,14.
Joseph ... ließ sich dann aber doch von einer Frau besiegen: Nachdem Joseph die Träume des Pharao zu dessen Zufriedenheit gedeutet hatte, setzte ihn der Pharao über ganz Ägypten und gab ihm die Tochter eines Priesters zur Frau, mit der Joseph Kinder zeugte (siehe 1. Mose 41,37ff.).

226 *was die Schlange Eva im Paradies einflüsterte:* Siehe 1. Mose 3,1ff.
Wenn Joseph Potiphars Weib zu Willen gewesen wäre: Vergleiche 1. Moses 39,7ff.
Ein jeglicher, der seinen Vater und seine Mutter verläßt: Vergleiche Matthäus 19,29.
Wer gefreit hat, der sorgt, wie er der Frau gefalle: Vergleiche 1. Korinther 7,32f.
Ihr Knechte, seid gehorsam: Vergleiche Epheser 6,5.

227 *In jenen Tagen kam ein Mönch ... vom Heiligen Berg:* Mit dem *Heiligen Berg* ist der Athos gemeint (siehe Anmerkung zu Seite 52; oder sollte von dem Kloster *Heiliger Berg* bei Wladimir-Wolynsk die Rede sein? – vergleiche die Anmerkung zu Seite 87). Dadurch, daß Moissi zum Mönch geweiht wurde, war er der Jurisdiktion der Römischen Kirche und der polnischen Krone entzogen.

228 *Denn was hülfe es dem Menschen:* Siehe Matthäus 16,26 und Markus 8,36f.

229 *eine große Verfolgung und Vertreibung der Mönche:* Vermutlich wird mit dieser Andeutung auf die zu dieser Zeit auch von der Römischen Kirche forcierte Ausmerzung der altslawischen Liturgie und die Ver-

folgung ihrer Vertreter auf westslawischem Gebiet hingewiesen. Rom war an der Durchsetzung der lateinischen Liturgie interessiert.
einen großen Aufruhr im ganzen Polnischen Land: Die Nestor-Chronik berichtet von Bolesławs Tod erst unter dem Jahr 1030, obwohl er bereits 1025 gestorben war. – Über die *Unruhen in Polen* während der dreißiger Jahre des 11. Jahrhunderts siehe Anmerkung zu Seite 74.
Vita des heiligen Antoni: Siehe Anmerkung zu Seite 40.
warnte ihn seine Fürstin, die von Geburt eine Polin war: Siehe dazu in der 8. Erzählung (Vita Feodossis) das Kapitel 11.

31. Erzählung

230 *Vom Mönch Prochor: Prochor* war sehr wahrscheinlich um 1100 im Höhlenkloster. Aus der Erzählung über ihn geht erneut hervor, daß das Verhältnis des Klosters zum Kiewer Großfürsten nicht immer ungetrübt war, obwohl Feodossi das Höhlenkloster den Großfürsten in seinem Vermächtnis ausdrücklich ans Herz gelegt hatte. Die Verwandlung von Melde und Asche in die wichtigsten Lebensmittel – Brot und Salz – während der durch Kriege bedingten Notzeiten ist ganz auf die altrussischen Gegebenheiten zugeschnitten, auch wenn durch Wunder geschaffene Lebensmittel in anderen Paterika keine Seltenheit sind.
in der Zeit, da Swjatopolk... in Kiew herrschte: Swjatopolk Isjaslawitsch, der 1093 auf den Kiewer Thron kam, hatte anfangs große – und, wie aus dem Chronikbericht von 1093 hervorgeht, selbst verschuldete – Schwierigkeiten, das Vertrauen und die Zuneigung der Kiewer zu gewinnen. Dazu gehörte dann auch sein zunächst gestörtes Verhältnis zum Höhlenkloster. In die Regierungszeit *Swjatopolks* fallen nach den ausführlichen Berichten der Chronik unverhältnismäßig viele Kämpfe mit den Polowzern sowie zahlreiche Machtkämpfe unter den Teilfürsten. Außerdem führten die Heuschreckenplagen von 1094, 1095 und 1103 noch zusätzlich zu bitteren Hungersnöten.
231 *Den Abend lang währet das Weinen:* Siehe Psalm 30,6.
Prosphore: Siehe Anmerkung zu Seite 64.
Liebe Seele, du hast einen großen Vorrat: Siehe Lukas 12,19.
für das kommende Jahr: Das heißt, bis zur nächsten »Ernte«.
diese Nacht werden die Engel deine Seele von dir fordern: Vergleiche Lukas 12,20.
Sehet die Vögel unter dem Himmel an: Siehe Matthäus 6,26.
232 *Als aber Swjatopolk ... gegen David Igorewitsch Krieg begann – und zwar ging es noch um die Blendung Wassilkos:* Die Nestor-Chronik berichtet unter dem Jahr 1097 ausführlich von der Blendung Wassilkos, deren Anstifter David Igorewitsch gewesen war. Swjatopolk war von David zunächst als Mitschuldiger in das Verbrechen hineingezogen

worden, hat sich aber bald darauf von der Tat distanziert. Die vorliegende Textstelle bezieht sich auf einen *Feldzug als Folge der Blendung*, bei dem David schließlich im Jahre 1099 nach Polen vertrieben wurde. Die Blendung Wassilkos hatte das ganze Land für einige Zeit in große Unruhe versetzt, weil ein solches Vorgehen gegen den politischen Gegner bis dahin in der Rus nicht bekannt war.
Sie fressen mein Volk, daß sie sich nähren: Vergleiche Psalm 14,4.

233 *Das erweckte den Neid der Salzhändler:* Auch dafür scheint es einen historischen Hintergrund zu geben. Tatsache ist, daß der Handel des Klosters generell den Unmut der Händler in Kiew hervorrufen mußte. Als wegen der andauernden Kämpfe die Salzimporte aus Polen zurückgingen, hat das Höhlenkloster wohl noch über genügend Vorräte verfügt.
Kuna: Siehe Anmerkung zu Seite 92 *(Kunen)*.

234 *Swjatopolk hatte ihn ... nach Turow verbannt:* Zu Anfang der Regierungszeit Swjatopolks war es zu einem ernsten Zerwürfnis zwischen dem Großfürsten und dem Abt Ioann, der Kritik an dem Verhalten des Herrschers geübt hatte, gekommen. Darauf hatte Swjatopolk den Abt 1095 nach Turow, wo er selbst 1088–1093 als Fürst geherrscht hatte, verbannt. Im Jahre 1098 erfolgte dann die Aussöhnung und die Rückberufung Ioanns, weil Swjatopolk die Unterstützung des Höhlenklosters dringend brauchte.

236 *Hagarianer:* Siehe Anmerkung zu Seite 169.
Das war der Sieg der Rus: Die Nestor-Chronik berichtet unter den Jahren 1103 und 1107 von sehr erfolgreichen Kämpfen der Rus gegen die Polowzer, so daß eines der beiden Jahre auch das Todesjahr von Prochor gewesen sein dürfte. Die Chronik-Eintragung von 1107 enthält im übrigen fast genau den gleichen Hinweis, wie er hier im folgenden Satz zu finden ist, daß nämlich Swjatopolk vor jedem Aufbruch zum Kampf ins Höhlenkloster kam.

32. Erzählung

237 *Vom ehrwürdigen Höhlenmönch Marko:* Marko, der für die Grabstätten der Mönche zuständig war, muß um 1091 im Höhlenkloster gewesen sein, weil die Überführung der Gebeine Feodossis in die Kirche (siehe die 9. Erzählung) zu seiner Zeit stattgefunden hat.
und das habe ich für dich, ehrwürdiger Vater, aufgeschrieben: Genau wie Simon, der ursprüngliche Briefpartner Polikarps, behält letzterer bei seinen Erzählungen die Briefform bei. Er wendet sich darin an den Abt *Akindin*, der an dieser Stelle nicht namentlich genannt wird.
Berg Sinai: Bergmassiv im Süden der Halbinsel Sinai. In diesem Bergmassiv und in seiner Umgebung lebten bereits seit dem 4. Jahrhundert christliche Mönche.

241 *Da erhob sich der Tote plötzlich:* Bei der Beisetzung der Mönche in der Höhle wurde der Leichnam nicht mit Erde bedeckt, sondern der Verstorbene wurde lediglich in das offene Grab gelegt, so daß in der Höhle der bestatteten Mönche zu erkennen war, wer in welchem Grab lag.
243 *die Trennung vom Vater:* In den meisten Handschriften ist der Text so zu lesen. Durch die Verwendung des Wortes *Vater* wird nochmals die große Verehrung zum Ausdruck gebracht, die Feofil für *Marko* hegte.
Fürsten der Luft: Teufel beziehungsweise *Dämonen.* Vergleiche auch Epheser 2,2.
Selig sind, die da Leid tragen: Siehe Matthäus 5,4.
245 *die mit Tränen säen:* Vergleiche Psalm 126,5.
die weinen und ihre Samen streuen: Vergleiche Psalm 126,6.

33. Erzählung

Über die heiligen ... Feodor und Wassili: Ähnlich wie in der 22. Erzählung geht es darum, daß ein Mönch sein Herz nicht an Besitz und Schätze hängen sollte. In der 33. Erzählung wird gezeigt, daß sonst die Dämonen Macht über ihn bekommen und böse Neider ihm nach dem Leben trachten. Nach dem erwähnten historischen Hintergrund zu schließen, waren die beiden Mönche in den neunziger Jahren des 11. Jahrhunderts im Höhlenkloster und wurden 1099 umgebracht.
ebenso ist die Habsucht Wurzel ... alles Übels: Vergleiche 1. Timotheus 6,10.
[Johannes] Klimakos sagt nämlich: Es folgt ein Zitat aus seinem Werk »Die Leiter« (griechisch *Klimax*). Siehe Anmerkung zu Seite 186 *(Klimax).*
der nicht absagt allem, was er hat, kann nicht mein Jünger sein: Siehe Lukas 14,33.
Warägerhöhle: Sie ist die älteste von allen Höhlen des Klosters. Ihr Name stammt noch aus der Zeit, als der Dnepr der Handelsweg »von den Warägern zu den Griechen« war, wie der Chronist schreibt. Die Höhle wurde vermutlich seit Ende des 11. Jahrhunderts kaum mehr genutzt, weshalb ihr heutiger Zustand am besten die damaligen Verhältnisse widerspiegelt. Der Zugang zu dieser Höhle erfolgt über die Mariä-Verkündigungs-Kirche der sogenannten *Fernen Höhlen* (siehe Anmerkung zu Seite 55). Sie besteht aus einem Gang von über 100 Meter Länge und fünf Abzweigungen, einer Zelle und drei Nischen.
Sorget euch nicht um den andern Morgen ... und euer himmlischer Vater nährt sie doch: Vergleiche Matthäus 6,34, 6,31 und 6,26.
246 *er erfuhr auch ... von dem, was in Konstantinopel vorgefallen war:* Die im folgenden aufgezeichnete Begebenheit ist der »Prolog«-Erzählung für den 19. Januar entnommen. Der »Prolog« war eine seit dem 12. Jahr-

hundert in der Rus sehr beliebte Sammlung von aus dem Griechischen übersetzten kurzen Lebensabrissen verschiedener Heiliger. Die Sammlung wurde in der Rus später noch durch erbauliche Legenden ergänzt; russische Schriftsteller des 19. Jahrhunderts, darunter L. Tolstoi und N. Leskow, haben noch gern Themen aus dem »Prolog« aufgegriffen. Der Titel des Werkes beruht eigentlich auf einem Mißverständnis: Der russische Bearbeiter der byzantinischen Vorlage hat die Überschrift des Vorworts (»Prolog«) für den Titel der ganzen Sammlung gehalten.

Wer das Wertvolle vom Wertlosen sondert, der ist wie mein Mund: Vergleiche Jeremia 15,19 (nach dem Wortlaut der Septuaginta).

247 *Wer sein Haus verläßt:* Vergleiche Matthäus 19,29 und Markus 10,29f.

251 *Kellermeister:* Siehe Anmerkung zu Seite 71.

den Psalter auswendig zu singen: Siehe Anmerkung zu Seite 80.

Es sind euch auch die bösen Geister untertan in meinem Namen: Siehe Lukas 10,17.

Ich habe euch Vollmacht gegeben: Siehe Lukas 10,19.

252 *Damals war das Kloster abgebrannt:* Polikarp meint den überraschenden Überfall der Polowzer auf das Höhlenkloster, der in der Nestor-Chronik unter dem Datum vom 20. Juli 1096 erwähnt wird. Das Kloster wurde am frühen Morgen gestürmt, an mehreren Stellen angezündet und geplündert. Einige Mönche verloren dabei auch das Leben.

der euch geheißen hat, in die Säue zu fahren: Vergleiche Lukas 8,32f.

253 *Doch darüber freuet euch nicht:* Siehe Lukas 10,20.

Sie haben ihren Bogen gespannt: Vergleiche Psalm 11,2.

daß der ungerechte Richter selbst gerichtet werden wird: Anspielung auf Psalm 82.

254 *Mstislaw Swjatopoltschitsch: Mstislaw* war ein unehelicher Sohn des derzeitigen Kiewer Großfürsten Swjatopolk, der ihm 1097 den Fürstensitz von Wladimir-Wolynsk übertragen hatte.

Turow: Stadt an der Pripjat nordwestlich von Kiew. Dort hatte Swjatopolk 1088–1093 als Fürst geherrscht. Diesen Fürstenthron muß er wohl behalten haben, als er bereits Großfürst von Kiew war. Etwa 1088 wurde die Stadt auch Bischofssitz.

Vita des heiligen Antoni: Siehe Anmerkung zu Seite 40.

lateinische Gefäße: Vergleiche Anmerkung zu Seite 30 *(Lateiner).*

256 *wurde Mstislaw selbst auf der Stadtmauer von Wladimir ... im Kampf mit David Igorewitsch getroffen:* Der Fürstensitz von Wladimir-Wolynsk hatte ursprünglich David Igorewitsch gehört. Bei den Kämpfen nach der Blendung Wassilkos (siehe Anmerkung zu Seite 232) war David aus seinem Fürstentum vertrieben worden. Im Juni 1099 versuchte David, die Stadt zurückzuerobern. Mstislaw fand bei der Verteidigung Wladimirs den Tod.

Wer das Schwert nimmt, der soll durchs Schwert umkommen: Sienhe Matthäus 26,52.

34. Erzählung

Vom ehrwürdigen Spiridon ... und von Alimpi ...: Die beiden in der 34. Erzählung vorgestellten Mönche üben Berufe aus, die für jedes Kloster der damaligen Zeit in der Rus von besonderer Bedeutung waren: Prosphorenbäcker und Ikonenmaler. Die mit ihrem Namen verbundenen Wundergeschichten haben mit ihrem Beruf zu tun. Die »schlichte Seele« *Spiridon* erlebt bei den Vorbereitungen zum Backen ein Wunder mit dem Feuer; *Alimpi,* der erste namentlich bezeugte altrussische Ikonenmaler, bekommt ungeahnte Hilfe bei der Fertigstellung von Ikonen, und seine Ikonen überstehen wie durch ein Wunder Feuersbrünste. Der Bogen wird in den beiden Teilen von den siebziger Jahren des 11. Jahrhunderts bis in die dreißiger Jahre des 12. Jahrhunderts gespannt.

Eine jegliche schlichte Seele ist heilig: Vergleiche Sprüche Salomos 11,25 (nach dem Wortlaut der Septuaginta).

Ich und der Vater: Siehe Johannes 10,30.

wir werden zu ihm kommen und Wohnung bei ihm machen: Siehe Johannes 14,23.

Ich will unter ihnen wohnen: Vergleiche 3. Mose 26,12 und 2. Korinther 6,16.

ihr seid der Tempel des lebendigen Gottes: Vergleiche 1. Korinther 3,16.

Davon werden wir am Ende dieser Erzählung berichten: Am Schluß des zweiten Teils der 34. Erzählung wird bei der Schilderung von Alimpis Tod erwähnt, daß ein Engel gekommen sei, um Alimpi zu holen.

258 *die Furcht Gottes:* Vergleiche Psalm 111,10.

Psalter: Siehe Anmerkung zu Seite 80.

Auf Anweisung des Abtes Pimin des Fasters: Entweder hatte auch der *Abt Pimin* den Beinamen *der Faster,* oder ein Schreiber hat versehentlich dem Abt diesen Beinamen von dem in der 18. und in der 35. Erzählung erwähnten *Mönch Pimin dem Faster* übertragen. Um ein und dieselbe Person kann es sich auf keinen Fall handeln, weil der *Mönch Pimin der Faster* bereits mehr als zwei Jahrzehnte tot war, als der andere *Pimin* das Amt des Abts übernahm.

Prosphoren: Siehe Anmerkung zu Seite 64.

Die Frucht seiner Lippen: Vergleiche Hebräer 13,15.

Freuet euch des Herrn, ihr Gerechten: Vergleiche Psalm 33,1f.

Psalter von zehn Saiten: Hier ist ein altes hebräisches Musikinstrument gemeint.

in der elften Stunde: Anspielung auf Matthäus 20,1–16.

Sie waren gepflanzt im Hause..., sie grünen in den Vorhöfen unseres Gottes: Vergleiche Psalm 92,14f.

259 *als die griechischen Maler ... hierhergeführt wurden ... wie bei Simon geschrieben steht:* Siehe dazu ausführlich die 4. Erzählung.

eine weiße Taube: Die Taube wird hier bildlich für den *Heiligen Geist* verwendet; vergleiche auch Lukas 3,22.

Ortsikone: Siehe Anmerkung zu Seite 37.

Vorhang (auch *Velum*): Dieser *Vorhang* hat wohl eine ähnliche Funktion wie derjenige, der im jüdischen Tempel vor dem Allerheiligsten hing. In der Orthodoxen Kirche befindet er sich hinter der Königstür (in der Mitte der Bilderwand) und gibt damit auch beim Öffnen der Türflügel den Blick in den Altarraum nicht frei. Meist ist dieser Vorhang mit kostbaren Stickereien versehen.

261 *Meine Hände haben mir und denen ... gedient:* Vergleiche Apostelgeschichte 20,34.

auch habe ich nicht umsonst das Brot von jemand gegessen: Vergleiche 2. Thessalonicher 3,8.

So teilte auch der gesegnete Alimpi den Verdienst für seine Arbeit in drei Teile: Die *Dreiteilung der Einkünfte* ist wieder ein Motiv, das bereits in den »Apophthegmata patrum« begegnet; siehe Weisung der Väter Nr. 216 (Eucharistos).

Priester: Siehe Anmerkung zu Seite 79 *(Von der Priesterweihe).*

262 *Mein Angesicht ist voller Schande:* Siehe Psalm 69,8f.

Ich will dem Herrn meine Übertretungen bekennen: Siehe Psalm 32,5 (nach dem Wortlaut der Septuaginta Psalm 31,5).

wie der Herr den Aussätzigen geheilt hat: Siehe Matthäus 8,2–4.

wie Christus den Blinden geheilt ... hat: Siehe Johannes 9,1–7.

Kein Knecht kann zwei Herren dienen: Vergleiche Matthäus 6,24.

263 *Bittet ... und ihr werdet empfangen:* Vergleiche Matthäus 7,7, Jakobus 1,6 und Markus 11,24.

wir haben einen neuen Elisa, der den Syrer Naëman vom Aussatz heilte: Siehe 2. Könige 5,1–14.

Deesis-Darstellungen: Das aus dem Griechischen übernommene Wort *Deesis* bedeutet »Fürbitte«. Die meisten *Deesis-Darstellungen* zeigen in der Mitte den thronenden Christus, zu seiner Rechten die Gottesmutter und zur Linken Johannes den Täufer, beide in der Haltung von Bittenden. Die *Deesis* kann aber noch erweitert werden um Apostel und andere Heilige. – Warum der Auftraggeber fünf *Deesis-Darstellungen,* von denen üblicherweise nur eine auf der Bilderwand erscheint, für eine kleine Kirche bestellt, bleibt unklar. Möglicherweise ist e i n e *Deesis* gemeint, auf der fünf Gestalten zu sehen sind.

Ortsikonen: Siehe Anmerkung zu Seite 37.

264 *Es kann die Stadt ... nicht verborgen sein:* Siehe Matthäus 5,14f.

265 *brannte ... der ganze Stadtteil Podol ab: Podol,* die »Unterstadt« Kiews, in der Dnepr-Niederung auf dem rechten Flußufer gelegen, ist einer der ältesten Stadtteile der einstigen Metropole. Zur Zeit der Kiewer Rus lag hier das Handelszentrum, und viele Handwerker – vor allem Töpfer, Gerber und Teersieder – hatten hier ihre Werkstätten. Mit dem Groß-

feuer meint Polikarp den in der Chronik erwähnten Brand vom Juni 1124. Zwei Tage lang hatte das Feuer gewütet und in Kiew insgesamt an die sechshundert Kirchen verbrannt. Aus dieser hohen Zahl ist zu ersehen, daß damals neben den bekannten großen Kirchen zahlreiche kleine Kirchen existierten, was inzwischen auch von den Archäologen bestätigt werden konnte.

Wladimir . . . schickte sie nach Rostow in die dortige Kirche, die er selbst hatte errichten lassen: Siehe Anmerkung zu Seite 45.

des Festes des Entschlafens [der Gottesmutter]: Siehe Anmerkung zu Seite 107.

266 *körperloses Wesen:* Siehe Anmerkung zu Seite 211 *(die Körperlosen).*

35. Erzählung

267 *Vom ehrwürdigen . . . Vater Pimin:* Mit der 35. Erzählung wendet sich Polikarp gegen zwei Mißstände seiner Zeit. Er setzt sich für die Kranken ein, daß auch sie, wenn sie es wünschen, als Mönche gleichberechtigt ins Kloster aufgenommen und gepflegt werden. Ferner wendet er sich gegen die Unsitte, das Leben zu genießen und kurz vor dem Tode noch Mönch werden zu wollen, um damit die Seligkeit zu erlangen. Die geschilderten Vorgänge lassen sich etwa um 1100 einordnen.

das heilige Engelsgewand: Mit dem Empfang des *Engelsgewandes* (Mönchskleidung) würde er zum Mönch; siehe auch Anmerkung zu Seite 82 *(das große Engelsgewand).*

268 *Verschnittene:* Siehe Anmerkung zu Seite 35. *Verschnittene* waren auf Grund des von Byzanz ausgehenden Einflusses auch in der Rus bekannt.

271 *Was der Mensch sät, das wird er ernten:* Siehe Galater 6,7.

Doch hat man uns gelehrt, nicht Böses mit Bösem zu vergelten: Vergleiche Römer 12,17.

272 *Wer aber beharret bis ans Ende, der wird selig:* Siehe Matthäus 24,13.

Erduldet ihr eine Züchtigung, begegnet euch Gott: Vergleiche Hebräer 12,6–9.

Wenn ihr ausharrt, werdet ihr eure Seelen retten: Vergleiche Lukas 21,19.

Solches ist auch in der Chronik erwähnt: Tatsächlich berichtet die Nestor-Chronik unter dem Jahr 1110 von einer *Feuersäule*, die während eines Wintergewitters in einer Februarnacht über dem Höhlenkloster zu sehen gewesen und schließlich zur Hauptkirche gegangen sei. Demzufolge wäre 1110 das Sterbejahr Pimins.

273 *Bußgewand:* Siehe Anmerkung zu Seite 188.

denn wer da hat, dem wird gegeben werden: Siehe Matthäus 25,29.

Die Toten werden dich, Herr, nicht loben: Vergleiche Psalm 115,17f. und Jesaja 38,18f.

Wer wird dich bei den Toten preisen?: Vergleiche Psalm 6,6.
Welchem viel gegeben ist, von dem wird man viel fordern: Siehe Lukas 12,48.
Du, Herr, vergiltst einem jeglichen nach seinen Werken!: Vergleiche Matthäus 16,27.
274 *die erst in der elften Stunde hinzugekommen sind:* Siehe Matthäus 20,1–16.

36. Erzählung

Vom ehrwürdigen Issaki: Die 36. Erzählung ist mit einigen Abweichungen der Nestor-Chronik entnommen, wo in der Eintragung für das Jahr 1074 über einige der ersten Höhlenkloster-Mönche berichtet wird. Die Eintragung unter diesem Jahr sagt aber nichts über die Lebensdaten der Mönche aus. Der historische Hintergrund, der für *Issaki* gegeben wird, reicht etwa von den dreißiger Jahren bis fast an das Ende des 11. Jahrhunderts. An Issakis Beispiel wird erneut deutlich gemacht, welchen Gefahren ein noch unerfahrener Mönch in der strengen Abgeschiedenheit des Eremitendaseins ausgesetzt ist. *Issaki*, der anfangs als Eremit wie sein Vorbild Antoni lebte, fügte sich später in das Gemeinschaftsleben, das von Feodossi angestrebt wird, ein, wobei er in die Rolle eines heiligen Narren schlüpft. Zum Schluß geht er jedoch wieder in seine einstige Höhle. Möglicherweise sind in dieser Erzählung zwei unterschiedliche ältere Berichte zusammengefaßt, wodurch sich mancher Widerspruch erklären ließe.
Wie das Gold... geprüft wird... im Feuerofen der Demut: Vergleiche Jesus Sirach 2,5 (nach der Septuaginta). – Sicherlich ist das Wort *Demut* ganz bewußt in den ersten Satz gestellt worden, weil es zur Zeit der Abfassung der Erzählung als vermessen galt, wenn sich ein Mönch, der gerade erst aufgenommen worden war, sofort von den anderen absonderte.
wenn der Versucher sich nicht gescheut hat, dem Herrn in der Wüste zu nahen: Siehe Matthäus 4,1–11.
Toropez: alte Handelsstadt nördlich von Smolensk, etwa auf halbem Wege zum Ilmensee. Issaki war also von einer ca. 700 km entfernten Stadt ins Höhlenkloster gekommen.
in einem Gang in einer engen Zelle: Die Zellen der Eremiten befanden sich zu beiden Seiten einer Schlucht oder eines unterirdischen Ganges, wie im vorliegenden Fall. Die schmale Gasse, an der die Zellen lagen, hieß ursprünglich im Griechischen *Laura*, wovon sich später die Bezeichnung für die großen und bedeutenden Klöster herleitete. Siehe auch Anmerkung zu Seite 165 *(Lawra)*.
Prosphore: Siehe Anmerkung zu Seite 64.

276 *Da leuchtete plötzlich ein Licht in der Höhle auf:* Die nächtliche Überlistung eines Eremiten durch dämonische *Lichtgestalten* findet sich in ähnlicher Form schon in der »Historia Lausiaca« von Palladius (siehe »Des Palladius von Helenopolis Leben der Heiligen Väter«, S. 60f.).
noch dachte er daran, sich zu bekreuzigen: Nur mit dem *Kreuzeszeichen* hätte er den Teufelsspuk entlarven können.
Gusli: Siehe Anmerkung zu Seite 117.
Die Brüder ... gruben den Eingang der Zelle auf: Hier liegt einer der Widersprüche in dieser Erzählung. Der Eingang zur Zelle war also zugeschüttet; kurz zuvor aber heißt es von Issaki: er *trat aus seiner Zelle.*
277 *daß Isjaslaw aus Polen zurückkam:* Isjaslaw, der 1068 während eines Volksaufstandes aus Kiew geflohen war, kehrte 1069 mit polnischer Unterstützung zurück. Zu den folgenden Angaben siehe Anmerkung zu Seite 55 *(ohne sie zu verlassen).*
Boldiner Höhen: Hügel bei Tschernigow.
Dieses Kloster der heiligen Gottesmutter besteht ... bis heute: Man hat Antoni oder seine Schüler auf Grund dieser Paterikon-Stelle zuweilen mit der Gründung des *Jelezki-Klosters* (ursprünglich Mariä-Himmelfahrts-Kloster) von Tschernigow in Verbindung gebracht, in dem eine Mariä-Himmelfahrts-Kathedrale steht. Die lokale Überlieferung geht jedoch davon aus, daß dieses Kloster schon 1060 (also vor Antonis Eintreffen) von Swjatoslaw Jaroslawitsch gegründet worden ist. Die Kathedrale wurde in jedem Falle frühestens Mitte des 12. Jahrhunderts errichtet.
278 *Er aber suchte nicht Ehre von den Leuten:* Vergleiche 1. Thessalonicher 2,6.
Narren in Christo: Issaki ist der erste bekannte *heilige Narr* der Rus. Die *heiligen Narren* verkörpern eine besondere Form der ostkirchlichen Askese. Durch ihr Verhalten machen sie darauf aufmerksam, daß in der Kirche und in der Welt die Dinge nicht in Ordnung sind.

37. Erzählung

280 *Des rechtgläubigen Fürsten Isjaslaw Frage nach den Lateinern:* Warum diese polemische Schrift ins Paterikon aufgenommen wurde, läßt sich unter anderem wohl dadurch erklären, daß ein Kompilator den hier erwähnten Abt *Feodossi Grek* mit dem berühmten Mitbegründer des Höhlenklosters *Feodossi Petscherski* verwechselt hat. Zwischen beiden Äbten liegt jedoch etwa ein Jahrhundert. Für wie wichtig die Auseinandersetzung mit dem Glauben der Anhänger der Römischen Kirche, die hier als *Lateiner* oder auch noch als *Waräger* bezeichnet werden, im 14./15. Jahrhundert gehalten wurde, davon zeugt die Aufnahme der polemischen Schrift gleich in zwei damals und auch

später weit verbreitete Sammlungen – in das »Paterikon« und in die »Kormtschaja kniga«, eine kirchenrechtliche Sammlung. Die Hauptquellen der 37. »Erzählung« sind in byzantinischen Schriften des 11. und 12. Jahrhunderts zu suchen, jedoch ist die auf die altrussischen Verhältnisse zugeschnittene Tendenz auch deutlich erkennbar.

Großfürst Isjaslaw, ein Sohn Jaroslaws und Enkel Wladimirs: Ebenso wie *Feodossi* noch bis in die jüngste Zeit falsch identifiziert wurde, verhält es sich auch mit dem angesprochenen Großfürsten. Der hier genannte *Isjaslaw Jaroslawitsch* würde zeitlich zu *Feodossi Petscherski* passen, zu *Feodossi Grek* gehört als Partner aber *Isjaslaw Mstislawitsch*, der um die Mitte des 12. Jahrhunderts in Kiew herrschte.

Glaubensrichtung des Sabellios: Auf dem 2. Ökumenischen Konzil (Konstantinopel 381) wurden die drei Wesenseigentümlichkeiten von Gott-Vater, Sohn und Heiliger Geist behandelt. Dabei wurden auch die Lehren von *Sabellios* (Mitte des 3. Jahrhunderts) verworfen.

Ihre Häresien sind folgende: Ein großer *Häresienkatalog* ist in den beiden Hauptquellen dieser Streitschrift, nämlich im Brief des Patriarchen Michael I. Kerullarios von Konstantinopel an Petros III., den Patriarchen von Antiochia, und in einer anonymen byzantinischen Schrift gegen die Franken, zu finden.

281 *sie halten ihren Gottesdienst mit ungesäuerten Broten:* Siehe in diesem Zusammenhang die Anmerkung zu Seite 64 *(Prosphoren).*

sie saufen ihren Harn: Vergleiche 2. Könige 18,27 und Jesaja 36,12.

Großen Fasten: Siehe Kommentar zu *Fastenzeit* (Seite 306).

und tragen einen Ring am Finger: Der *Ring am Finger* eines Bischofs gilt als Zeichen einer (mystischen) Ehe mit der Kirche.

Und sie nehmen ihre Schwestern zur Frau: Nach dem Eherecht der Orthodoxen Kirche war es einem Witwer nicht erlaubt, eine *Schwester seiner Frau* zu heiraten.

Er wird wiederkommen, zu richten die Lebenden und die Toten: So heißt es noch heute im »Nizänischen Glaubensbekenntnis«, das nach dem 1. Ökumenischen Konzil von Nikaia/Nicaea (325) benannt ist.

und alsdann wird er einem jeglichen vergelten nach seinen Werken: Siehe Matthäus 16,27.

282 *zur Sabellianischen Häresie:* Die im 3. Jahrhundert *von Sabellios vertretene Lehre,* daß der Heilige Geist vom Vater u n d vom Sohn (»filioque«) ausgeht, wurde im 4. Jahrhundert als eine *häretische Lehre* abgelehnt; siehe auch Anmerkung zu Seite 280 *(Glaubensrichtung des Sabellios).*

Apostol: Siehe Anmerkung zu Seite 201.

Waräger: Hier sind mit *Waräger* wahrscheinlich die Deutschen gemeint, die seit der engen Verbindung von Papsttum und Frankenreich von Beginn des 9. Jahrhunderts an immer wieder Einfluß auf die römische Kirchenpolitik nahmen. Ihnen wurde deshalb von Byzanz oft die Schuld am Bruch zwischen der West- und der Ostkirche zugeschoben.

Glauben der Lateiner oder der Sarazenen: Daß die *Lateiner*, also die Anhänger Roms, in einem Atemzug mit den *Sarazenen* genannt werden, erklärt sich nicht nur aus den Differenzen in Glaubensfragen, sondern auch aus der zunehmend antibyzantinischen Machtpolitik der abendländischen Kreuzfahrernationen. Tragischer Höhepunkt dieser Politik waren dann die Eroberung Konstantinopels durch die Kreuzfahrer (1203/04) mit allen damit verbundenen Greueln, die Aufteilung des Reiches und die Errichtung eines Lateinischen Kaiserreichs (1204–1261). *Lateiner* und *Sarazenen* bedrohten das Reich und den Glauben also gleichermaßen.

Anhänger des Doppelglaubens: Schon seit der Christianisierung hatte auch die Russische Kirche den Kampf gegen Anhänger eines Doppelglaubens zu führen. Waren es zunächst Menschen, die zwar offiziell getauft waren, aber insgeheim noch die alten heidnischen Bräuche pflegten, so traten später mitunter Bewohner der Kiewer Rus auf, die ungeachtet ihrer Taufe mit anderen Bekenntnissen und Religionen liebäugelten.

Denn die Heiligen ... sterben für den Glauben, damit sie in Christus leben: Vergleiche 2. Timotheus 2,11.

283 *der die Schafe vor dem Rachen des Löwen rettet:* Vergleiche Psalm 22,22.

ein Herr, ein Glaube, eine Taufe: Siehe Epheser 4,5.

denn so gebührt es uns, alle Gerechtigkeit zu erfüllen: Siehe Matthäus 3,15.

nur daß etliche da sind, die euch verwirren: Siehe Galater 1,7f.

38. Erzählung

284 *Vom Heimgang unseres ehrwürdigen Vaters Polikarp:* Die 38. Erzählung, mit der das Paterikon schließt, ist der Hypatius-Chronik entnommen, wo sie Teil der Eintragung für das Jahr 1182 ist. Möglicherweise war es der Name des *Abts Polikarp*, der die zusätzliche Aufnahme dieser Erzählung begünstigte, oder es waren die ungewöhnlichen Vorgänge bei der Suche nach einem neuen Abt, wobei das Gebet zur Gottesmutter eine entscheidende Rolle spielte.

am 24. Juli ... am Tag der heiligen Märtyrer Boris und Gleb: Das Datum (alten Stils) entspricht dem 6. August nach unserem Kalender. – Zu *Boris und Gleb* siehe die weiterführenden Hinweise in der Anmerkung zu Seite 58.

Popen: Vergleiche Anmerkung zu Seite 193. Im hier vorliegenden Falle ist der *Pope Wassili* kein Klostergeistlicher, sondern ein Weltgeistlicher.

Schtschekowiza: Anhöhe im heutigen Kiewer Stadtteil Podol (die Anhöhe wurde auch *Olegowka* genannt, weil der Kiewer Fürst *Oleg* 912 hier begraben worden sein soll). Den Namen *Schtschekowiza* erhielt die Anhöhe nach *Schtschek*, einem der drei legendären Gründer Kiews. Die Legende, die auf den ersten Seiten der Nestor-Chronik zu finden ist, berichtet von den drei Brüdern Ki, Schtschek und Choriw, die jeder auf einer Anhöhe am Dnepr lebten und *eine kleine Feste* auf den Namen ihres Bruders *Ki* erbauten, woher die Stadt *Kiew* ihren Namen habe.

286 *Schtschepa:* Wenn es sich hier nicht um eine entstellte Form des Namens *Stjopa* (Ableitung von *Stepan*) handelt, kann es ein Spitzname sein, der etwa »Holzspan« bedeutet.

Obschtschina: Sicherlich ist darunter die »Gemeinschafts-Grabstätte« zu verstehen, also die Höhle, in der die verstorbenen Mönche in offenen Gräbern beigesetzt wurden.

Christus ist auferstanden... Er ist wahrhaftig auferstanden: Im Morgengottesdienst des Ostersonntags ertönt vor der Liturgie in der Orthodoxen Kirche der Ruf *Christus ist auferstanden*, worauf die Gläubigen antworten: *Er ist wahrhaftig auferstanden*. Dies wird im Verlauf des Gottesdienstes mehrfach wiederholt.

Lawra: Siehe Anmerkung zu Seite 165.

zu der Zeit, da Sigismund August als König herrschte: Seit dem 14. Jahrhundert waren große Teile im Westen und Südwesten des einstigen Kiewer Staates, darunter auch das spätere ukrainische Territorium, an Litauen und Polen, die sich dann zu einem Reich vereinigten, gefallen. Der orthodoxe Glaube war besonders in den Polen unterstehenden Gebieten stark gefährdet. Dennoch hat das Höhlenkloster die schweren Jahrhunderte überstanden. *Sigismund August* war als polnischer König und litauischer Großfürst auch der für Kiew zuständige Herrscher. Die Ukraine kehrte erst kurz nach der Mitte des 17. Jahrhunderts in den russischen Staatsverband zurück, in dem Moskau inzwischen die Führung übernommen hatte.

Kir: Titel, der bei Vertretern der höheren Geistlichkeit in Verbindung mit dem Namen gebraucht wurde. Das Wort ist aus dem Griechischen entlehnt.

im zwölften Indiktionsjahr: Die *Indiktion* war ein fünfzehnjähriger Zyklus, der ursprünglich im spätrömischen Reich als zeitlicher Rahmen für die Erhebung von Steuern eingeführt worden war. Daraus entwickelte sich eine Form der Zeitrechnung, die über Byzanz auch in die Rus gelangte. Die Ziffer des *Indiktionsjahres* gibt jeweils die Stelle des betreffenden Jahres im laufenden *Indiktionszyklus* an. Das *Indiktionsjahr* begann stets mit dem 1. September. Der Zyklus, zu dem das Jahr 7062 [1554] als *12. Indiktionsjahr* gehörte, hatte also am 1. September 7050 [1542] begonnen.

Sokolje: das heutige Sokal in Wolynien.

Chronikbericht von den Anfängen des Höhlenklosters

289 Dieser Bericht findet sich in der *Nestor-Chronik* unter dem Jahr 1051. Darin wird von der Vorgeschichte und von den ersten Jahren des Bestehens dieses Klosters erzählt. Das Jahr 1051 sagt aber nichts über das genaue Gründungsdatum des Klosters aus. Die im Bericht beschriebenen Vorgänge sind in ähnlicher Form in der 7. Erzählung beschrieben; siehe deshalb auch den Kommentar zu den Seiten 52–57.

Chronikbericht von den ersten Mönchen des Höhlenklosters

293 In der *Nestor-Chronik* ist dieser Bericht unter dem Jahr 1074 zu finden, wo er unmittelbar auf die Schilderung von Feodossis Tod folgt. Man kann ihn als ein kleines Paterikon bezeichnen. Vielleicht bildete er zusammen mit der verschollenen Vita des Antoni den Ausgangspunkt und den Grundstock des vorliegenden großen Paterikons. Die dargestellten Begebenheiten werden in ganz ähnlicher Form in der 12. Erzählung (über *Damian, Jeremija* und *Matwej*) sowie der 36. Erzählung (über *Issaki*) geschildert; siehe deshalb auch die Kommentare zu den Seiten 151–155 und 274–280.

Chronikbericht von der Überführung der Gebeine Feodossi Petscherskis

299 Die *Nestor-Chronik* bringt diesen Bericht unter dem Jahr 1091. Er gehört sehr wahrscheinlich zu dem Kreis von Berichten und Erzählungen, die die Heiligsprechung *Feodossis* vorbereiten sollten; auch die Umbettung seiner Gebeine (Reliquien) an eine so herausgehobene Stelle hat mit Sicherheit diesem Ziel gedient. Den hier geschilderten Vorgängen ist in ähnlicher Form die 9. Erzählung gewidmet; siehe darum auch die Kommentare zu den Seiten 131–137.

300 *im vierzehnten Indiktionsjahr:* Vergleiche Anmerkung zu Seite 286.

Chronikbericht von dem Wunder, wie Feodossi Petscherski dem Bischof Nifont erschienen ist

302 Die *Hypatius-Chronik* enthält den Bericht unter dem Jahr 1156. Der Bischof *Nifont*, dessen Taufname Nikita gelautet hatte und der in der Umgebung von Kiew beheimatet gewesen sein soll, hat als Mönch zunächst im Kiewer Höhlenkloster gelebt. Nach den Eintragungen der Ersten Nowgoroder Chronik wurde er 1130 in Nowgorod als Erzbischof eingesetzt. Er wurde als aufrichtiger und makelloser Mann geschätzt,

aber auch angefeindet. Seine großen Verdienste lagen auf den Gebieten des Baues von Klöstern und Kirchen und der Förderung der Geschichtsschreibung. Auf seine Veranlassung hin wurde das Material für die erste Redaktion der Nowgoroder Sophien-Chronik zusammengetragen. Den Fürsten gegenüber riskierte er ein offenes Wort, im Streit um die Besetzung des Kiewer Metropolitensitzes vertrat er den Standpunkt des Patriarchen von Konstantinopel. Die im folgenden geschilderten Begebenheiten sind in ähnlicher Form in der 13. Erzählung zu finden; siehe deshalb den Kommentar zu den Seiten 156–158.

Chronikbericht von der Wahl Wassilis zum Abt des Höhlenklosters

303 Mit diesem Bericht schließt in der *Hypatius-Chronik* die Eintragung für das Jahr 1182. In ähnlicher Form wird in der 38. Erzählung die gleiche Begebenheit behandelt; siehe darum den Kommentar zu Seite 284.

Aufzeichnung über den seligen Simon, Bischof von Wladimir und Susdal

Diese Notiz fand sich als handschriftliche Aufzeichnung in einer Klosterbibliothek. Darin werden *Simons* enge Verbundenheit mit dem Höhlenkloster, in dem er einst als Mönch gelebt hatte, und seine Verdienste um die Überlieferung von »Wundergeschichten« aus den ersten Jahrzehnten des Klosters herausgestellt. *Simon* war 1214–1226 Bischof von Wladimir(-Susdal). Dieses Bistum war 1213/14 aus einer Teilung des Bistums Rostow-Susdal hervorgegangen, das seinerseits etwa 1073–1076 (zunächst mit Sitz in Rostow) geschaffen worden war.

304 *Ioann ... war nach Susdal in das Kosmas-und-Damian-Kloster als Eremit gegangen:* Dieser Satz ist fast wörtlich in der Moskauer Chronik (Ende des 15. Jahrhunderts) unter dem Jahr 1213 zu finden. Im folgenden Satz heißt es dort, daß Fürst Juri Wsewoloditsch an seiner Stelle Simon, den *Abt des Mariä-Geburts-Klosters* (von Wladimir), holte. Demnach war Simon zu dieser Zeit bereits im Großfürstentum Wladimir-Susdal. – Noch heute erhebt sich in Susdal hoch über dem Ufer der Kamenka eine 1725 aus Stein gebaute *Kosmas-und-Damian-Kirche*, die dort eine aus Holz errichtete Vorgängerkirche abgelöst hat. Sie steht an der Stelle, an der Bischof Ioann im 12. Jahrhundert das gleichnamige Kloster gegründet hatte.

wie er es sich in seinem Sendschreiben an Polikarp gewünscht hatte: Am Ende der 14. Erzählung *(Sendschreiben)* verleiht Simon seiner Sehnsucht nach dem Höhlenkloster lebhaft Ausdruck, und am Schluß der 15. Erzählung äußert er ganz klar den Wunsch, daß er auch im Höhlenkloster bestattet werden möchte.

Von den Äbten des Höhlenklosters seit seinen Anfängen

Die Aufstellung ist in einer handschriftlichen Sammlung des ehemaligen Kirchlich-Archäologischen Museums der einstigen Kiewer Geistlichen Akademie überliefert. Sie enthält Fehler, Ungenauigkeiten und Lücken. Siehe zum Vergleich die aus neueren Forschungsergebnissen zusammengestellte Liste der Äbte auf Seite 373ff.

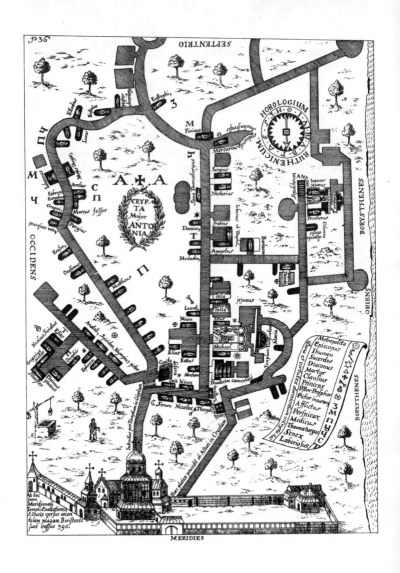

Die beiden Krypten des Kiewer Höhlenklosters,
Kupferstiche aus der lateinischen Beschreibung
des Kiewer Höhlenklosters von Johannes Herbinius,
Jena 1675

LITERATURVERZEICHNIS

Hier wird eine Auswahl der benutzten Literatur gegeben. Weitere wichtige Literatur zum Thema siehe vor allem in dem von K. ONASCH herausgegebenen Band »Altrussische Heiligenleben«.

Altrussische Heiligenleben. Herausgegeben von K. ONASCH. Aus dem Kirchenslawischen und Altrussischen übersetzt von D. FREYDANK, Berlin 1977

Die altrussische Nestorchronik Povest' vremennych let. In Übersetzung herausgegeben von R. TRAUTMANN (= Slavisch-Baltische Quellen und Forschungen, Heft 6), Leipzig 1931

Die Apokryphen nach der deutschen Übersetzung D. Martin LUTHERS, Altenburg 1972

ATHANASIUS, Vita Antonii. Herausgegeben und mit einer Einleitung versehen von A. GOTTFRIED. Übersetzt von H. PRZYBYLA, Leipzig 1986

E. BENZ, Geist und Leben der Ostkirche (= rowohlts deutsche enzyklopädie, Nr. 40), Hamburg 1957

Die Bibel oder die ganze Heilige Schrift des Alten und Neuen Testaments. Nach der Übersetzung Martin LUTHERS, Berlin–Altenburg [7]1982

F. BUBNER, Das Kiever Paterikon. Eine Untersuchung zu seiner Struktur und den literarischen Quellen (= Phil. Dissertation, Heidelberg), Augsburg 1969

Byzanz. Herausgegeben von F. G. MAIER (= Fischer Weltgeschichte, Band 13), Frankfurt am Main 1973

Chrestomatija davn'oji ukrajins'koji literatury (do kincja XVIII st.). Uporjadkuvav O. I. BILEC'KYJ, Kyjiv [3]1967

Chudožestvennaja proza Kievskoj Rusi XI–XIII vekov. Sostavlenie, perevody i primečanija I. P. EREMINA i D. S. LICHAČEVA, Moskva 1957

D. ČYŽEVŚKYJ, Studien zur russischen Hagiographie. Die Erzählung vom hl. Isaakij. – In: Wiener Slavistisches Jahrbuch 2 (1952), S. 22–49

E. DONNERT, Altrussisches Kulturlexikon, Leipzig 1985

E. DONNERT, Das Kiewer Rußland. Kultur und Geistesleben vom 9. bis zum beginnenden 13. Jahrhundert, Leipzig–Jena–Berlin 1973

H.-D. DÖPMANN, Die Russische Orthodoxe Kirche in Geschichte und Gegenwart, Berlin 1977

H. FAENSEN, Kirchen und Klöster im alten Rußland. Stilgeschichte der altrussischen Baukunst von der Kiewer Rus bis zum Verfall der Tatarenherrschaft, Leipzig 1982

H. FAENSEN – W. IWANOW, Altrussische Baukunst (= Altrussische Kunstdenkmäler), Berlin 1972

Geschichte der russischen Literatur von den Anfängen bis 1917. Herausgegeben von W. DÜWEL, H. GRASSHOFF u. a. Band 1: Von den Anfängen bis zur Mitte des 19. Jahrhunderts (Redaktion: H. GRASSHOFF), Berlin und Weimar 1986

W. GESEMANN, Vergleichende Analyse der Originalität des Kievo-Pečersker Paterikons. – In: Slavistische Studien zum IX. Internationalen Slavistenkongress in Kiev 1983. Herausgegeben von R. OLESCH u. a. (= Slavistische Forschungen, Band 40), Köln–Wien 1983, S. 129–143

Die Göttliche Liturgie unseres heiligen Vaters Johannes Chrysostomos, Leipzig 1976

L. K. GOETZ, Kievo-Pečerskij monastyr' kak kul'turnyj centr domongol'skoj Rossii – Das Kiever Höhlenkloster als Kulturzentrum des vormongolischen Russlands, Passau 1904

E. GOLUBINSKIJ, Istorija russkoj cerkvi, tom I, 1–2, Moskva ²1901–1904

N. K. GUDZIJ, Geschichte der russischen Literatur. 11.–17. Jahrhundert. Übersetzt, mit Anmerkungen und Register versehen von F. von LILIENFELD (= Slawistische Bibliothek, Nr. 10), Halle (Saale) 1959

K. GÜNTHER-HIELSCHER – V. GLOETZNER – H. W. SCHALLER, Real- und Sachwörterbuch zum Altrussischen (= Selecta Slavica 7), Neuried 1985

P. HETHERINGTON – W. FORMAN, Byzanz, Stadt des Goldes, Welt des Glaubens, Leipzig 1983

Historia Religiosa – Des Bischofs THEODORET von Cyrus Mönchsgeschichte. Aus dem Griechischen übersetzt von Dr. K. GUTBERLET (= Bibliothek der Kirchenväter, Band 50), München 1926

Istorija Kieva. Tom 1: Drevnij i srednevekovyj Kiev, Kiev 1982

Istorija russkoj literatury X–XVII vekov. Pod redakciej D. S. LICHAČEVA, Moskva ²1985

Istorija russkoj literatury v četyrech tomach. Tom pervyj: Drevnerusskaja literatura / Literatura XVIII veka. Redaktory toma D. S. LICHAČEV i G. P. MAKOGONENKO, Leningrad 1980

E. I. KAMENCEVA, Chronologija, Moskva 1967

M. K. KARGER, Drevnij Kiev. Očerki po istorii material'noj kul'tury drevnerusskogo goroda, I–II, Moskva–Leningrad 1958–1961

Kiev. Ènciklopedičeskij spravočnik. Pod redakciej A. V. KUDRICKOGO, Kiev 1982

Kyjevo-Pečers'kyj deržavnyj istoriko-kul'turnyj zapovidnyk, Kyjiv 1984

A. G. KUZ'MIN, Letopisnye istočniki poslanij Simona i Polikarpa (K voprosu o »Letopisce starom Rostovskom«). – In: Archeografičeskij eżegodnik za 1968 god, Moskva 1970, S. 73–92

H. LIETZMANN – K. ALAND, Zeitrechnung der römischen Kaiserzeit, des Mittelalters und der Neuzeit für die Jahre 1–2000 nach Christus (= Sammlung Göschen, Band 1085), Berlin 1956

Medieval Russia's Epics, Chronicles and Tales. Edited, translated, and with an Introduction by S. A. ZENKOVSKY, New York 1963

L. MUELLER, Die Isakij-Erzählung der »Nestor-Chronik«. – In: ORBIS SCRIPTUS. Dmitrij Tschižewskij zum 70. Geburtstag, München 1966, S. 559–571

L. MUELLER, Helden und Heilige aus russischer Frühzeit (= Quellen und Studien zur russischen Geistesgeschichte, Band 3), München 1984

O Bojan, du Nachtigall der alten Zeit. Sieben Jahrhunderte altrussischer Literatur. Herausgegeben von H. GRASSHOFF, K. MUELLER und G. STURM, Berlin [4]1982

K. ONASCH, Einführung in die Konfessionskunde der orthodoxen Kirchen (= Sammlung Göschen, Band 1197/1197a), Berlin 1962

K. ONASCH, Ikonen (= Altrussische Kunstdenkmäler), Berlin 1961

K. ONASCH, Liturgie und Kunst der Ostkirche in Stichworten, unter Berücksichtigung der Alten Kirche, Leipzig 1981

Des PALLADIUS von Helenopolis Leben der heiligen Väter. Aus dem Griechischen übersetzt von St. KROTTENTHALER. – In: Bibliothek der Kirchenväter, Neue Ausgabe, Band 5, Kempten und München 1912, S. 21–129

Pamjatniki Drevne-russkogo kanoničeskogo prava L. K. GETCA. Kirchenrechtliche und kulturgeschichtliche Denkmäler Altrusslands nebst Geschichte des russischen Kirchenrechts (= Kirchenrechtliche Abhandlungen, Heft 18 und 19), Stuttgart 1905

Pamjatniki literatury Drevnej Rusi. Načalo russkoj literatury. XI – načalo XII veka. Sostavlenie i obščaja redakcija L. A. DMITRIEVA, D. S. LICHAČEVA, Moskva 1978

Pamjatniki literatury Drevnej Rusi. XII vek. Sostavlenie i obščaja redakcija L. A. DMITRIEVA, D. S. LICHAČEVA, Moskva 1980

Das Paterikon des Kiever Höhlenklosters, nach der Ausgabe von D. ABRAMOVIČ neu herausgegeben von D. TSCHIŽEWSKIJ (= Slavische Propyläen, Band 2), München 1964 (– Nachdruck der Ausgabe von D. I. ABRAMOVYČ, Kyjevo-Pečers'kyj pateryk [= Pam'jatky movy ta pys'menstva davn'oji Ukrajiny, 4], Kyjiv 1930)

G. PODSKALSKY, Christentum und theologische Literatur in der Kiever Rus' (988–1237), München 1982

Polnoe sobranie russkich letopisej. Tom pervyj: Lavrent'evskaja letopis', Leningrad [2]1926

Polnoe sobranie russkich letopisej. Tom vtoroj: Ipat'evskaja letopis', S.-Peterburg [2]1908

Povest' vremennych let. Pod redakciej V. P. ADRIANOVOJ-PERETC. Čast' pervaja: Tekst i perevod; čast' vtoraja: Priloženija (= Literaturnye pamjatniki), Moskva–Leningrad 1950

Rauchspur der Tauben. Radziwiłł-Chronik. Aus dem Altrussischen übertragen und herausgegeben von H. GRASSHOFF, D. FREYDANK und G. STURM unter Mitarbeit von J. HARNEY, Leipzig und Weimar 1986

K. ROSE, Grund und Quellort des russischen Geisteslebens, Berlin 1956

M. ROTY, Dictionnaire russe-français des termes en usage dans l'Église Russe (= Lexiques de l'Institut d'études slaves 4), Paris 1980

Russische Heiligenlegenden, übersetzt und erläutert von G. APEL, E. BENZ, W. FRITZE, A. LUTHER und D. TSCHIŽEWSKIJ, herausgegeben und eingeleitet von E. BENZ, Zürich 1953

H. SACHS – E. BADSTUEBNER – H. NEUMANN, Christliche Ikonographie in Stichworten, Leipzig 1980

Septuaginta, id est Vetus Testamentum graece iuxta LXX interpretes edidit A. RAHLFS, I–II, Stuttgart [5]1952

F. SIEFKES, Zur Form des Žitije Feodosija. Vergleichende Studien zur byzantinischen und altrussischen Literatur (= Osteuropastudien der Hochschulen des Landes Hessen, Reihe III. Frankfurter Abhandlungen zur Slavistik, Band 12), Bad Homburg v. d. H. – Berlin–Zürich 1970

I. SMOLITSCH, Das altrussische Mönchtum (= Das östliche Christentum, 11), Würzburg 1940

Starodavnij Kyjiv. Redakcijna kolegija: Ja. Je. BOROVS'KYJ, V. J. DOVŽENOK, S. P. KILIJEVYČ, P. P. TOLOČKO, Kyjiv 1975

A. STENDER-PETERSEN, Geschichte der russischen Literatur. Erster Band, München 1957

P. P. TOLOČKO, Drevnij Kiev, Kiev 1983

Trudy Otdela drevnerusskoj literatury, Leningrad, 1 (1934) – 40 (1985)

D. TSCHIŽEWSKIJ, Geschichte der altrussischen Literatur im 11., 12. und 13. Jahrhundert. Kiever Epoche, Frankfurt am Main 1948

Uspenskij sbornik XII–XIII vv. Izdanie podgotovili O. A. KNJAZEVSKAJA, V. G. DEM'JANOV, M. V. LJAPON pod redakciej S. I. KOTKOVA, Moskva 1971

Weisung der Väter. Apophthegmata Patrum, auch Gerontikon oder Alphabeticum genannt. Übersetzt von B. MILLER. Herausgegeben von W. NYSSEN, Leipzig ²1982

VERZEICHNIS VON ÄBTEN DES HÖHLENKLOSTERS SOWIE VON METROPOLITEN UND (GROSS-)FÜRSTEN DER KIEWER RUS DES 11. UND 12. JAHRHUNDERTS

Äbte	Metropoliten	(Groß-)Fürsten
		Wladimir Swjatoslawitsch (980–1015)
	Feofilakt (Theophylaktos) (988–ca. 1018)	
		Swjatopolk Wladimirowitsch (1015–1019)
	Ioann (Johannes) I. (ca. 1018–ca. 1030)	
		Jaroslaw Wladimirowitsch (1019–1054)
Antoni († 1073) *Warlaam* *(ca. 1032–1062)*		
	Feopempt (Theopemptos) (ca. 1034–1040er Jahre) Ilarion (1051–1054) Jefrem (Ephraim) (1054/55–ca. 1065)	Isjaslaw Jaroslawitsch (1054–1068)
Feodossi *(1062–1074)*		
	Georgi (Georgios) (ca. 1065–ca. 1076)	
		Wseslaw Brjatschislawitsch (1068–1069) Isjaslaw Jaroslawitsch (1069–1073)

Äbte	Metropoliten	(Groß-)Fürsten
		Swjatoslaw Jaroslawitsch (1073–1076)
Stefan *(1074–1078)*		
	Ioann (Johannes) II. (1076/77–1089)	
		Wsewolod Jaroslawitsch (1077)
		Isjaslaw Jaroslawitsch (1077–1078)
Nikon *(1078–1088)*		Wsewolod Jaroslawitsch (1078–1093)
Ioann *(1088–1103)*		
	Ioann (Johannes) III. (1090–1091)	
	Nikolai (Nikolaos) (ca. 1093–ca. 1103)	Svjatopolk Isjaslawitsch (1093–1113)
Feoktist *(1103–1112)*		
	Nikifor (Nikephoros) I. (1104–1121)	
Prochor *(1112–1124)*		
		Wladimir Wsewolodowitsch (1113–1125)
	Nikita (Niketas) (1122–1126)	
Timofej *(1124–ca. 1132)*		
		Mstislaw Wladimirowitsch (1125–1132)
	Michail (Michael) I. (1130–1145)	
Pimin *(ca. 1132–1141)*		Jaropolk Wladimirowitsch (1132–1139)

Äbte	Metropoliten	(Groß-)Fürsten
		Wjatscheslaw Wladimirowitsch (1139) Wsewolod Olgowitsch (1139–1146)
Feodossi Grek (1142–1156)		
		Igor Olgowitsch (1146) Isjaslaw Mstislawitsch (1146–1149)
	Klim Smoljatitsch (1147–1155)	
		Juri Wladimirowitsch (1149–1150) Isjaslaw Mstislawitsch mit Wjatscheslaw Wladimirowitsch (1150) Juri Wladimirowitsch (1150–1151) Isjaslaw Mstislawitsch mit Wjatscheslaw Wladimirowitsch (1151–1154) Wjatscheslaw Wladimirowitsch mit Rostislaw Mstislawitsch (1154)
	Konstantin I. (1155–1158/59)	Isjaslaw Davidowitsch (1155) Juri Wladimirowitsch (1155–1157)
Akindin (ca. 1156 bis ca. 1164)		
		Isjaslaw Davidowitsch (1157–1158) Mstislaw Isjaslawitsch (1158–1159) Rostislaw Mstislawitsch (1159–1161)
	Feodor (Theodoros) (1160–1163)	

Äbte	Metropoliten	(Groß-)Fürsten
		Isjaslaw Davidowitsch (1161)
		Rostislaw Mstislawitsch (1161–1167)
Polikarp *(1164–1182)*	Ioann (Johannes) IV. (1164–1166)	
	Konstantin II. (1167–1169/70)	...
	Michail (Michael) II. (1171–?)	...
Wassili *(1182–?)*	Nikifor (Nikephoros) II. (ca. 1182–ca. 1201)	...
	Matwej (Matthaios) (ca. 1210–1220)	...
Akindin *(† nach 1231)*	...	

PERSONENREGISTER

Abel, biblische Gestalt, Sohn *Adams* 115

Abraham, biblische Gestalt 58, 167, 225, 338

Abramowitsch, Dmitri Iwanowitsch (1873–1955), russischer Literaturwissenschaftler 11, 19, 340

Adam, biblische Gestalt, Stammvater des Menschengeschlechts 224, 350

Afanassi der Klausner (12. Jh.), Mönch des Höhlenklosters 7, 21f., 177, 193, 339, 343; Abb. S. 178

Afrikan (11. Jh.), Warägerfürst 29f., 137, 330

Agapit († ca. 1095), Mönch und Arzt im Höhlenkloster 8, 23, 201, 204–208, 315, 323, 345f.; Abb. S. 209

Ahab (9. Jh. v. Chr.), biblische Gestalt, König von Israel 325

Akakios († 303), Märtyrer und Heiliger der Orthodoxen Kirche 35

Akindin (12. Jh.), ca. 1156 bis ca. 1164 Abt/Archimandrit des Höhlenklosters 305

Akindin († 1231), Abt/Archimandrit des Höhlenklosters 8, 22, 161, 193, 196, 204, 210f., 303, 344, 352

Alexander Jaroslawitsch Newski (1220–1263), Fürst von Nowgorod ab 1228, Großfürst von Wladimir-Susdal ab 1252; für seinen Sieg über die Schweden erhielt er den ehrenden Beinamen *Newski*; Heiliger der Orthodoxen Kirche 330

Alexander III., der Große (356–323 v. Chr.), ab 336 v. Chr. König von Makedonien 347

Alexej (12./13. Jh.), Bischof von Jurjew 162

Alexej der Wolynier (16. Jh.), Mönch des Höhlenklosters 24, 286

Alexios Studites (11. Jh.), 1025 bis 1043 Patriarch von Konstantinopel 16

Alimpi (ca. 1065 bis ca. 1114), Mönch und Ikonenmaler im Höhlenkloster, Heiliger der Orthodoxen Kirche 9, 23, 256, 259, 261–266, 315, 355f.; Abb. S. 260

Amalek, biblische Gestalt, Fürst der Amalekiter 146, 332

Anastas (11. Jh.), Mönch, Ökonom des Höhlenklosters z. Z. *Feodossis* 95

Andrej Jurjewitsch Bogoljubski (ca. 1111–1175), ab 1157 Großfürst von Wladimir (-Susdal) 337

Antoni (982–1073), Gründer [und Abt] des Höhlenklosters, Heiliger der Russischen Orthodoxen Kirche 5, 16, 19, 21, 25f., 29f., 32, 34f., 37f., 40, 42, 44f., 48, 51–53, 55–57, 68–74, 76, 79f., 140, 142–144, 156, 161, 163, 165–168, 172, 177, 179, 188, 195f., 198,

204, 208, 210, 218, 229, 234, 236, 242f., 249, 253, 262f., 265, 272–274, 276–278, 280, 286, 289–291, 295f., 304, 308–311, 315f., 318, 320, 325, 336, 339, 346f., 349, 351, 358f., 363; Abb. S. 17, 54

Antoni (11. Jh.), Bischof von Jurjew, auch Bischof der Städte an der Ros 49, 134, 329

Antoni († 1232), 1211–1219 und 1225–1228 Bischof von Nowgorod 162

Antonios der Große (251/52–356), Begründer des ägyptischen Eremitentums wie überhaupt des christlichen Einsiedlerlebens, Heiliger der Orthodoxen Kirche 15f., 55, 60, 82, 308, 315, 317, 321

Arefa (12./13. Jh.), Mönch des Höhlenklosters 7, 23, 190f., 343; Abb. S. 192

Arethas († 523), Märtyrer und Heiliger der Orthodoxen Kirche 35

Arseni († 1409), Bischof von Twer 24f., 341

Artemios († 362), Märtyrer und Heiliger der Orthodoxen Kirche 35, 310

Athanasios (295–373), ab 328 Patriarch von Alexandria 15

Barlaam s. *Warlaam*

Barnabas, biblische Gestalt, Levit aus Cypern 77, 319

Basileios II. (958–1025), ab 976 byzantinischer Kaiser 333

Bolesław I. Chrobry (967–1025), Herzog und ab 992 König von Polen 222, 227–229, 349, 351

Bolesław II. Śmiały (1040–1081), ab 1058 Herzog, 1076–1079 König von Polen 325

Boris Wladimirowitsch († 1015), Fürst von Rostow, als Märtyrer einer der ersten Heiligen der Russischen Orthodoxen Kirche 23, 53, 58, 222, 284, 303, 314, 316, 329, 336, 349, 361

Buddha (ca. 560–480 v. Chr.), Ehrenname eines indischen Religionsstifters und Philosophen, des Fürstensohnes Siddhartha aus der Sippe des Gautamas 319

Cäsar = *Gaius Iulius Caesar* (100–44 v. Chr.), römischer Feldherr und Staatsmann 307

Choriw, einer der legendären Gründer Kiews 362

Christus s. *Jesus Christus*

Damian († 284) Märtyrer und Heiliger der Orthodoxen Kirche 161, 304, 335, 364

Damian (11. Jh.), Mönch und Priester des Höhlenklosters 95f., 152, 210, 293f., 314f., 347, 363; Abb. S. 97

David (11./10. Jh. v. Chr.), biblische Gestalt, König von Juda und Israel, Verfasser von Psalmen 80, 83f., 114, 159f., 169, 190, 258, 262, 320

David Igorewitsch († 1113), mit Unterbrechungen 1085–1100 Fürst von Wladimir(-Wolynsk) 232, 256, 351f., 354

David Swjatoslawitsch (1053–1123), Fürst von Smolensk, ab 1097 von Tschernigow 180, 183

Demetrios von Saloniki († ca. 306), wegen seines Eintretens für die Christen gefoltert und hingerichtet, Märtyrer und Heiliger der Orthodoxen Kirche 19, 56, 80, 87f., 105, 141, 162, 202, 293, 316, 320f., 323, 330, 335, 346

Dionissi, auch *Schtschepa* (15. Jh.), Mönch des Höhlenklosters 286, 362

Elia (9. Jh. v. Chr.), biblische Gestalt, Prophet 110, 184, 324f., 338, 341

Elisa, biblische Gestalt, Prophet 184, 263, 341, 356

Ephräm der Syrer (ca. 306 – ca. 373), Kirchenlehrer in Nisibis und Edessa, Diakon, Bibelkommentator und Hymnendichter 195, 335, 344

Euagrios Pontikos (ca. 346–399), griechischer Kirchenschriftsteller, Lektor und Diakon, lebte als Prediger in Konstantinopel, schließlich als Einsiedler in Ägypten, schrieb u. a. über das Mönchtum 186

Eucharistos, zentrale Gestalt aus einer sehr alten Wanderlegende von einem in christlicher Vollkommenheit lebenden Laien 356

Euthymios der Große († 473), einer der Hauptvertreter des palästinensischen Koinobitentums, Heiliger der Orthodoxen Kirche 15

Eva, biblische Gestalt, Mutter des Menschengeschlechts 226, 350

Feodor († 1099), Mönch des Höhlenklosters, Märtyrer und Heiliger der Orthodoxen Kirche 8, 245–247, 249–256

Feodor (11. Jh.), Mönch des Höhlenklosters, Kellermeister 71, 90, 103, 353; Abb. S. 248

Feodossi († 1074), ab 1062 Abt des Höhlenklosters, Heiliger der Russischen Orthodoxen Kirche 5–7, 9, 14, 16, 18, 20f., 24–26, 29f., 32, 34f., 40, 42, 44f., 48, 51, 55, 57f., 60–68, 70f., 76, 79–83, 85–88, 90–96, 98–121, 123–126, 128, 130–137, 139–147, 150–152, 155f., 158, 161, 165f., 168, 172, 177, 179, 186, 188, 195f., 198, 204, 208, 211, 214, 229, 234, 236f., 242f., 249, 253, 261–263, 265, 268, 270, 273, 276f., 279f., 284, 286, 291, 293–304, 308f., 311, 314, 316–318, 320, 324–333, 339, 341, 351f., 358–360, 363; Abb. S. 17, 59

Feodossi (15. Jh.), nordrussischer Bearbeiter einer Fassung des Paterikons 342

Feodossi Grek († 1156), Mönch griechischer Herkunft, ab 1142 Abt des Höhlenklosters 280, 359f.

Feofil (11. Jh.), Mönch des Höhlenklosters 240–243, 353; Abb. S. 244

Feoktist († 1123), 1103–1112 Abt des Höhlenklosters, ab 1113 Bischof von Tschernigow 134, 163, 201, 305f., 329, 346

Fjodorow, Iwan (ca. 1525–1583), Diakon, Begründer des russischen und ukrainischen Buchdrucks 345

Friand (11. Jh.), Sohn des *Afrikan* 29

Georg, auch *Georgios* († um 303), römischer Soldat unter Kaiser Diokletian, Märtyrer und Heiliger der Orthodoxen Kirche 18

Georgi († 1015), Gefolgsmann ungarischer Herkunft von *Boris Wladimirowitsch* 222, 349

Georgi, auch *Georgios* (11. Jh.), ca. 1065 bis ca. 1076 Metropolit von Kiew 57, 291

Georgi Simonowitsch, auch *Schimonowitsch*, Tausendschaftsführer zur Zeit des Kiewer Großfürsten *Juri Dolgoruki* 33f., 137f., 140, 309, 330

Georgi Wladimirowitsch s. *Juri Wladimirowitsch Dolgoruki*

Georgi Wsewolodowitsch s. *Juri Wsewolod(ow)itsch*

Gerassim s. *Jewstrati der Faster*

German (11. Jh.), 1078–1096 Bischof von Nowgorod 163

Ggeujewitsch Sdeislaw s. *Kliment* (Bojar)

Gideon, biblische Gestalt, Richter in Israel 310

Gisel, Innokenti (ca. 1600–1683), aus Königsberg, ab 1656 Archimandrit des Höhlenklosters 11

Gleb Swjatoslawitsch (ca. 1046 bis 1078), Sohn von *Swjatoslaw Jaroslawitsch*, Fürst von Tmutorokan, später von Nowgorod 88, 200, 322, 345

Gleb Wladimirowitsch, mit Taufnamen *David* († 1015), Fürst von Murom, als Märtyrer einer der ersten Heiligen der Russischen Orthodoxen Kirche 23, 53, 58, 222, 284, 303, 314, 316, 329, 336, 349, 361

Gregor I., der Große (540–604), lateinischer Kirchenschriftsteller, 579–585 Gesandter des Papstes in Byzanz, ab 590 Papst 335

Gregor VII. (ca. 1023–1085), ab 1073 Papst 325

Gregor XIII. (1502–1585), ab 1572 Papst 307

Gregorios von Nyssa (ca. 331 – ca. 394), griechischer Kirchenlehrer, ab 371 Bischof von Nyssa, Heiliger der Orthodoxen Kirche 328

Grigori der Kanondichter (11. Jh.), Mönch des Höhlenklosters 201, 345

Grigori der Wundertäter (11. Jh.), Mönch des Höhlenklosters 8, 23, 201, 211–214, 216, 315, 345, 347; Abb. S. 215

Hagar, biblische Gestalt, Magd im Hause *Abrahams*, Mutter *Ismaels* 338

Heinrich IV. (1050–1106), ab 1056 deutscher König und ab 1084 Kaiser 325

Herodes Antipas (1. Jh. v. Chr. bis 1. Jh. n. Chr.), biblische Gestalt, 4 v. Chr. – 39 n. Chr. Tetrarch von Galiläa und Peräa 159, 224, 350

Hiob, biblische Gestalt 143, 183, 190f., 331, 341, 343

Igor Swjatoslawitsch (1151–1202), Fürst von Nowgorod-Sewersk 348

Ilarion (11. Jh.), 1051–1054 Metropolit von Kiew, Schriftsteller 53, 163, 289, 311, 314, 334, 336

Ilarion (11. Jh.), Mönch des Höhlenklosters 93f.

Ilarion (16. Jh.), Archimandrit des Höhlenklosters 286

Ioann (11. Jh.), Bojar, Vater des *Warlaam* 72, 74, 79, 87, 103, 318, 320

Ioann (11. Jh.), Bojar 5, 46, 48

Ioann (11./12. Jh.), 1088–1103 Abt des Höhlenklosters 48, 201, 206f., 231f., 234, 279, 298, 304, 312, 352

Ioann († 1112), Bischof von Tschernigow 49, 134, 300

Ioann (12./13. Jh.), 1190–1213 Bischof von Rostow und Wladimir(-Susdal) 304, 364

Ioann der Klausner (11./12. Jh.), Mönch des Höhlenklosters, Heiliger der Orthodoxen Kirche 8, 23, 217f., 221, 230f., 348; Abb. S. 220

Ioann II., auch *Johannes Prodromos* († 1089), ab 1076/77 Metropolit von Kiew 48f.

– *Ioassaf*, Romanheld 319

Irene († 304), Märtyrerin aus der Zeit Kaiser Diokletians, Heilige der Orthodoxen Kirche 18

Isaak, biblische Gestalt, Sohn *Abrahams* 58, 225
Isebel (9. Jh. v. Chr.), biblische Gestalt, Gattin des Königs *Ahab* 114, 325
Isjaslaw Davidowitsch († 1161), Sohn von *David Swjatoslawitsch*, 1151 Fürst von Tschernigow, 1154/55, 1157/58 und 1161 Großfürst von Kiew 182, 185, 341
Isjaslaw Jaroslawitsch, mit Taufnamen *Dmitri* (1024–1078), ab 1054 – mit Ausnahme von zwei Zeiträumen in den Jahren 1068/69 und 1073–1077 – Großfürst von Kiew 9, 19, 26, 39, 55f., 73f., 85–87, 91, 99f., 108, 114, 117, 200, 202, 229, 277, 280, 290f., 296, 311, 315f., 318, 320, 324f., 345f., 359f.
Isjaslaw Mstislawitsch (ca. 1100 bis 1154), Fürst u. a. von Kursk, Turow, Wladimir(-Wolynsk), Perejaslawl (Russki), 1146–1149, 1150, 1151 bis 1154 Großfürst von Kiew 140, 156, 302, 330, 333f., 360
Ismael, biblische Gestalt, Sohn *Abrahams* 338
Issa(i)ja (11. Jh.), Mönch des Höhlenklosters, 1077–1090 Bischof von Rostow 49, 88, 163, 201; Abb. S. 89
Issaki (11. Jh.), weltlicher Name: *Tschern*, Mönch des Höhlenklosters, Heiliger der Russischen Orthodoxen Kirche 9, 24, 198, 201, 210, 274, 276–279, 295–298, 314, 345, 347, 358f., 363; Abb. S. 275
Issaki (11. Jh.), Mönch und Koch im Höhlenkloster 278, 297
Jahwe, Synonym für den Gott Israels 325

Jakob, biblische Gestalt, Sohn *Isaaks* 58, 112, 225
Jakobos († 421), Märtyrer und Heiliger der Orthodoxen Kirche 35
Jakobus († 44), biblische Gestalt, Apostel 348
Jakun (11. Jh.), Anführer einer Warägertruppe 29f., 308
Jan Wyschatitsch (ca. 1016–1106), Kiewer Heerführer 135f., 300, 329
Jaroslaw Wladimirowitsch, der Weise, mit Taufnamen *Juri* (978–1054), Sohn *Wladimirs des Heiligen*, Fürst von Nowgorod, ab 1019 Großfürst von Kiew 18f., 29, 38, 53, 55, 68, 222, 280, 289f., 308, 314f., 349, 360
Jefrem (11./12. Jh.), 1090–1119 Bischof von Susdal 163
Jefrem (auch *Ephraim*) *der Verschnittene* (11./12. Jh.), Mönch des Höhlenklosters, 1089–1104 Bischof von Perejaslawl (Russki), ab 1095 Titularmetropolit 72, 77, 81, 134, 163, 229, 300, 320; Abb. S. 78
Jerasm (12. Jh.), Mönch des Höhlenklosters 7, 187f., 342; Abb. S. 189
Jeremia (7./6. Jh. v. Chr.), biblische Gestalt, Prophet 325 und öfter
Jeremija (10./11. Jh.), Mönch des Höhlenklosters 152, 210, 294, 314, 332, 347, 363; Abb. S. 153
Jesaja (8. Jh. v. Chr.), biblische Gestalt, Prophet 331 und öfter
Jesus Christus († 30) 16, 21, 30, 33f., 37f., 40, 45, 51f., 58, 60f., 63, 65, 68, 70, 74, 76f., 82f., 85–88, 91, 95f., 99–101; 105, 108–111, 113f., 117–119, 121–123, 126, 130f., 137, 142–147, 151, 158, 163, 168f., 171f., 174, 177, 182f., 188,

208, 211, 219, 221, 225f., 229, 236, 243, 253, 256, 262–265, 267, 276, 279f., 282–284, 286, 295f., 298, 307, 310, 317f., 321, 324, 327, 331, 336f., 340f., 348f., 356, 361f.

Jesus Sirach (2. Jh. v. Chr.), jüdischer Schriftsteller, Verfasser eines apokryphen Buches des Alten Testaments 337 und öfter

Jewagri der Diakon (12./13. Jh.), Mönch des Höhlenklosters 7, 23, 193, 344

Jewstrati der Faster († ca. 1097), weltlicher Name: *Gerassim*, Mönch des Höhlenklosters, Märtyrer der Orthodoxen Kirche 7, 22, 168f., 171f., 174, 337–339; Abb. S. 170

Johannes (1. Jh.), Apostel, Verfasser des *Johannes*-Evangeliums, der *Johannes*-Briefe und wahrscheinlich auch der Offenbarung des *Johannes* 311, 323 und öfter

Johannes der Täufer (1. Jh.), biblische Gestalt 48, 224, 313, 350, 356

Johannes Klimakos, auch *Klimax* († ca. 670), 40 Jahre lang Einsiedler am Fuße des Sinai, schließlich Abt eines Sinai-Klosters, Heiliger der Orthodoxen Kirche 186, 245, 335, 342, 353

Johannes I. Chrysostomos (ca. 345 bis 407), 398–404 Patriarch von Konstantinopel, Kirchenvater, Heiliger der Orthodoxen Kirche 328

Josaphat s. *Ioassaf*

Joseph, biblische Gestalt, Sohn *Jakobs* 221, 225f., 349f.

Judas, biblische Gestalt 172

Juri (auch *Georgi*) *Wladimirowitsch Dolgoruki* (1090–1157), Fürst von Wladimir(-Susdal), 1149/50 sowie 1150/51 und ab 1155 Großfürst von Kiew, Gründer Moskaus 34, 45, 139, 309, 312, 330, 333f.

Juri (auch *Georgi*) *Wsewolod(ow)itsch* (1189–1238), ab 1218 Großfürst von Wladimir(-Susdal) 163, 304, 336, 364

Kain, biblische Gestalt, Sohn *Adams*, Mörder seines Bruders *Abel* 115

Kassian (15. Jh.), Mönch des Höhlenklosters 24f.

Ki, einer der legendären Gründer Kiews 362

Klim (auch *Kliment*) *Smoljatitsch* († 1164), 1147–1155 Metropolit von Kiew 156, 302, 333f.

Kliment (auch *Ggeujewitsch Sdeislaw*) (11. Jh.), Bojar des Fürsten *Isjaslaw Jaroslawitsch* 99f., 322

Kliment (11. Jh.), Abt des Klosters auf dem Klow 134, 300

Konon (11. Jh.), Mönch des Höhlenklosters 125

Konstantin I. († 1159), ab 1155 Metropolit von Kiew 156, 302, 333f.

Konstantin IV. Chliarenos (12. Jh.), 1154–1157 Patriarch von Konstantinopel 333

Konstantin I., der Große (ca. 280 bis 337), ab 306 römischer und ab 324 byzantinischer Kaiser, Gründer Konstantinopels 42, 311, 314

Konstantin VIII. (960–1028), ab 1025 byzantinischer Kaiser 333

Konstantin IX. Monomachos († 1055), ab 1042 byzantinischer Kaiser 312

Kosmas († 284), Märtyrer und Heiliger der Orthodoxen Kirche 161, 304, 335, 364

Kukscha († 1110), Mönch des Höhlenklosters, Missionar bei den Wjatitschen, Märtyrer und Heiliger der Orthodoxen Kirche 7, 175, 339; Abb. S. 176

Kyrillos von Skythopolis (ca. 524 bis ca. 569), palästinensischer Mönch und Hagiograph 16, 26

Lasar (12./13. Jh.), bis ca. 1225 Bischof von Smolensk 162

Laurentius = *Lawrenti* (14. Jh.), Susdaler Mönch, Chronist der *Laurentius*-Chronik von 1377 330

Lawrenti (12. Jh.), 1182–1194 Bischof von Turow, Heiliger der Orthodoxen Kirche, möglicherweise mit dem danach genannten identisch 163, 284, 303

Lawrenti der Klausner (12. Jh.), Mönch des Höhlenklosters, dann Klausner im *Demetrios*-Kloster 8, 202, 346; Abb. S. 203

Leonti I. (11. Jh.), Bischof von Rostow, Heiliger der Orthodoxen Kirche 163, 336

Leontios († ca. 75), Märtyrer und Heiliger der Orthodoxen Kirche 35

Leskow, Nikolai Semjonowitsch (1831–1895), russischer Schriftsteller 354

Luka (11./12. Jh.), 1088–1113 Bischof von Belgorod 49, 163

Lukas (1. Jh.), Evangelist 308, 323 und öfter

Lukjan (16. Jh.), Vater des Schreibers *Nesterez* 286

Luther, Martin (1483–1546), Reformator und Begründer des deutschen Protestantismus 313

Makari (16. Jh.), 1543–1564 Metropolit von Moskau und ganz Rußland 286

Maleachi (5. Jh. v. Chr.), biblische Gestalt, Prophet 317

Maria, biblische Gestalt, Mutter von *Jesus Christus* 37, 81, 118, 259, 308, 310, 320, 324, 328, 336–338, 353, 359, 364

Marija (11. Jh.), Gattin von *Jan Wyschatitsch* 135f., 300

Marin (11. Jh.), ab 1091 Bischof von Jurjew 134, 163, 300, 329

Marko (11. Jh.), Mönch und Totengräber im Höhlenkloster 8, 23, 237f., 240–243, 245, 352, 353; Abb. S. 239

Markus (1. Jh.), Evangelist 318, 323 und öfter

Matthäus (1. Jh.), Apostel und Evangelist 309, 323 und öfter

Matwej (11. Jh.), Mönch des Höhlenklosters 152, 155, 201, 210, 294, 314, 347, 363; Abb. S. 154

Matwej, , auch *Matthaios* († 1220), ab ca. 1210 Metropolit von Kiew 304

Menas († 304), Märtyrer und Heiliger der Orthodoxen Kirche 77, 319

Michael (11. Jh.), Mönch aus dem Studios-Kloster in Konstantinopel 57, 291

Michael I. Kerullarios (11. Jh.), 1043–1058 Patriarch von Konstantinopel 360

Michael Alexandrowitsch (auch *Olelkowitsch*) († 1481), Bruder von *Semjon Alexandrowitsch*, litauischer Fürst, in Kiew hingerichtet 286

Michal Tobolkowitsch (11. Jh.), Mönch des Höhlenklosters 155, 295

Mina († 1116), ab 1105 Bischof von Polozk 163

Moissi der Ungar (11. Jh.), Mönch des Höhlenklosters, Heiliger der Orthodoxen Kirche 8, 23, 221f., 224f., 227–230, 349f.; Abb. S. 223

Mose (ca. 13. Jh. v. Chr.), biblische Gestalt 144, 146, 169, 310 und öfter

Mstislaw Swjatopolkowitsch, auch *Swjatopoltschitsch* (ca. 1070 bis 1099), ab 1097 Fürst von Wladimir(-Wolynsk) 23, 254, 256, 354

Mstislaw Wladimirowitsch († 1036), Sohn von *Wladimir Swjatoslawitsch*, Fürst von Tschernigow und Tmutorokan 29, 308

Naëman, biblische Gestalt 263, 356

Nesterez (16. Jh.), Schreiber aus Sokolje 286

Nestor (ca. 1056 – ca. 1114), Mönch des Höhlenklosters, Hagiograph und Chronist, Heiliger der Orthodoxen Kirche 6, 18, 24–26, 52, 57f., 130–132, 136f., 201, 210, 310, 313, 314, 315, 316, 319, 320, 322, 324, 325, 326, 328, 330, 331, 332, 336, 338, 340, 345, 347, 349, 351, 352, 354, 357, 358, 362, 363; Abb. S. 292 (Alle Belege für *Nestor* sind von uns hier zusammengefaßt, ohne damit die Diskussion über die Person *Nestors* beeinflussen zu wollen.)

Nifont, mit Taufnamen *Nikita* († 1156), Mönch des Höhlenklosters, ab 1130 Bischof von Nowgorod 6, 9, 156, 158, 163, 302, 333, 334, 363; Abb. S. 157

Nikifor (auch *Nikephoros*) *II.* (12./13. Jh.), ca. 1182 – ca. 1201 Metropolit von Kiew 284, 303

Nikita der Klausner († 1108), Mönch des Höhlenklosters, ab 1096 Bischof von Nowgorod, Heiliger der Orthodoxen Kirche 8, 198, 200f., 344, 345, 346; Abb. S. 199

Nikodim (11./12. Jh.), Mönch und Prosphorenbäcker im Höhlenkloster, Heiliger der Orthodoxen Kirche 258; Abb. S. 257

Nikola s. *Swjatoslaw Davidowitsch*

Nikola (11. Jh.), Mönch des Höhlenklosters 125

Nikola (11. Jh.), Bischof von Tmutorokan 163, 201, 345

Nikola (12. Jh.), Bischof von Polozk 284, 303

Nikola (15. Jh.), um 1463 Archimandrit des Höhlenklosters 286

Nikolai (11. Jh.), 1054–1072 Bischof von Perejaslawl (Russki) 163

Nikolaus der Wundertäter (4. Jh.), Bischof von Myra (Kleinasien), Heiliger der Orthodoxen Kirche 71, 318

Nikon der Große († 1088), Mönch und ab 1078 Abt des Kiewer Höhlenklosters, Heiliger der Orthodoxen Kirche 5, 42, 46, 68, 71–74, 77, 88, 91, 106, 118, 128, 155, 198, 201, 259, 261, 263, 278, 295, 297, 304, 311, 312, 315, 318, 319, 324, 325, 326, 327; Abb. S. 129

Nikon, Suchy (11. Jh.), Mönch des Höhlenklosters, Heiliger der Orthodoxen Kirche 7, 171, 174, 338; Abb. S. 173

Oleg »der Zauberkundige« († 912), 879 Nachfolger von Rjurik als altrussischer Fürst, ab 882 Fürst von Kiew 362

Onissifor († 1148), Mönch des Höhlenklosters, Heiliger der Orthodoxen Kirche 166f., 201, 346

Pachomios der Große (282–346), Begründer des Koinobitentums in

Ägypten, Heiliger der Orthodoxen Kirche 15
Palladius (ca. 364 – ca. 430), Bischof von Helenopolis 359
Paulus († ca. 67), biblische Gestalt, Apostel 77, 135, 163, 261, 283, 319, 329, 336
Pawel (11. Jh.), Mönch des Höhlenklosters, später Abt in einem anderen Kloster 116
Petr (11./12. Jh.), Arzt aus Syrien, lebte zunächst in Kiew, später als Mönch im Höhlenkloster 182f., 185
Petros III. (11. Jh.), Patriarch von Antiochia 360
Petrus († ca. 67), biblische Gestalt, Apostel, Verfasser des 1. *Petrus*-Briefes 86, 159, 321 und öfter
Pimin (12. Jh.), ca. 1132–1141 Abt des Höhlenklosters 166f., 258, 305, 355
Pimin der Dulder († 1110), Mönch des Höhlenklosters 9, 23, 267f., 270–272, 357; Abb. S. 269
Pimin der Faster († 1110), Mönch des Höhlenklosters, Märtyrer und Heiliger der Orthodoxen Kirche, möglicherweise mit dem zuvor genannten identisch 7, 175, 201, 339, 345, 355; Abb. S. 176
Polikarp († 1182), ab 1164 Abt/Archimandrit des Höhlenklosters, Heiliger der Orthodoxen Kirche 9, 284, 303, 305, 361
Polikarp (12./13. Jh.), Mönch des Höhlenklosters 7f., 20–25, 159, 162, 165, 174f., 179, 186, 188, 191, 195f., 210f., 304, 311, 315, 334, 335, 344, 345, 347, 348, 352, 354, 357, 364; Abb. S. 197
Polyeuktos († 259), Märtyrer und Heiliger der Orthodoxen Kirche 35

Potiphar, biblische Gestalt 226, 349, 350
Predslawa Wladimirowna (10./11. Jh.), altrussische Fürstin, Tochter *Wladimirs des Heiligen* 222, 349
Prochor († 1103 oder 1107), Mönch des Höhlenklosters 8, 23, 230 bis 234, 236, 341, 352; Abb. S. 235
Prochor (11./12. Jh.), Weltgeistlicher, 1112–1124 Abt des Höhlenklosters 305
Pronski, Feodor (auch *Semjon*) *Glebowitsch II.* († ca. 1555), Kiewer Wojewode 286
Rostislaw Rjurikowitsch († 1218), Fürst von Tortschesk 162, 335
Rostislaw Wladimirowitsch († 1066), Fürst von Tmutorokan 88, 322
Rostislaw Wsewolod(ow)itsch (1070 bis 1093), Fürst von Perejaslawl (Russki) 23, 214, 216, 347f.
Sabas (439–532), einer der Hauptvertreter des palästinensischen Koinobitentums, Heiliger der Orthodoxen Kirche 15, 26, 112, 324
Sabellios (2./3. Jh.), von unbekannter Herkunft, möglicherweise aus Libyen, Häretiker, kam ca. 215 nach Rom, wurde von Papst Calixtus I. aus der Kirche ausgeschlossen 280, 360
Sacharija (11. Jh.), Sohn des Bojaren *Ioann*, Mönch des Höhlenklosters 46, 48
Salomo (10. Jh. v. Chr.), biblische Gestalt, Sohn *Davids*, ca. 970–930 v. Chr. König von Israel 131, 224, 319 und öfter
Samuel, biblische Gestalt, Prophet 328 und öfter

Schachmatow, Alexej Alexandrowitsch (1864–1920), russischer Sprachwissenschaftler 347

Schimon s. *Simon*

Schtschek, einer der legendären Gründer Kiews 362

Schtschepa s. *Dionissi*

Semjon Alexandrowitsch, auch *Simeon Olelkowitsch* († 1470), letzter, ab 1455 in Kiew herrschender Fürst 286

Serapion († 1275), Archimandrit des Höhlenklosters, ab 1273/74 Bischof von Wladimir(-Susdal), Verfasser von Predigten an die »Brüder und Kinder« 332

Sergi (11. Jh.), Bojar in Kiew 5, 46; Abb. S. 47

Sigismund (auch *Zygmunt*) *II. August* (1520–1572), König von Litauen (ab 1544) und von Polen (ab 1548) 286, 362

Simeï, biblische Gestalt 160, 335

Simon, auch *Schimon* (11. Jh.), Waräger, Sohn des Fürsten *Afrikan* 29f., 32–34, 140, 159; Abb. S. 31

Simon († 1226), Mönch des Höhlenklosters, Abt des *Mariä*-Geburts-Klosters in Wladimir(-Susdal), ab 1214 Bischof von Wladimir(-Susdal), Heiliger der Orthodoxen Kirche 7, 9, 20–25, 137, 165, 168, 175, 196, 210, 237, 259, 303f., 311, 315, 330, 334, 335, 336, 337, 339, 342–344, 352, 355, 364; Abb. S. 164

Simson, biblische Gestalt 224, 350

Sofroni (11. Jh.), Abt des Michaels-(Wydubizki-)Klosters bei Kiew 85

Spiridon (11./12. Jh.), Mönch und Prosphorenbäcker im Höhlenkloster, Heiliger der Orthodoxen Kirche 9, 23, 256, 258, 355; Abb. S. 257

Stefan († 1094), Mönch und 1074–1078 Abt des Höhlenklosters, später u. a. Bischof von Wladimir(-Wolynsk), Heiliger der Orthodoxen Kirche 44, 88, 106, 118, 121f., 126, 128, 130, 133f., 155, 163, 277, 293, 295, 297, 299, 300, 304, 311, 312, 322, 324, 326, 327; Abb. S. 127

Stephanos († ca. 34), biblische Gestalt, Märtyrer und Heiliger der Orthodoxen Kirche 104, 323

Swjatopolk Isjaslawitsch (1050 bis 1113), Fürst von Polozk, von Nowgorod und 1088–1093 von Turow, ab 1093 Großfürst von Kiew 134f., 200, 230, 232–234, 236, 254, 324, 345, 348, 351, 352, 354

Swjatopolk Wladimirowitsch (ca. 980 bis ca. 1019), ab 1015 Großfürst von Kiew, verheiratet mit der Tochter des polnischen Königs *Bolesław I.*, Mörder seiner Brüder *Boris* und *Gleb* 23, 53, 222, 314, 316, 349

Swjatoscha s. *Swjatoslaw Davidowitsch*

Swjatoslaw (auch *Sjwatoscha*) *Davidowitsch*, mit Mönchsnamen: *Nikola* (ca. 1080–1142), Fürst von Tschernigow, ab 1107 Mönch des Höhlenklosters 7, 22, 158, 180, 182f., 185f., 302, 334, 340, 341; Abb. S. 181

Swjatoslaw Jaroslawitsch (1027 bis 1076), Fürst von Tschernigow, ab 1073 Großfürst von Kiew 26, 29, 38–40, 88, 116, 118, 120, 123, 180, 183, 277, 296, 315, 316, 322, 325, 326, 359

Swjatoslaw Olgowitsch († 1164), Sohn von *Oleg Swjatoslawitsch,* Urenkel von *Jaroslaw dem Weisen,* Fürst von Nowgorod (1135–1138 und 1139–1141) und Tschernigow (ab 1154) 156, 158, 302, 334

Theodoretos von Kyrrhos († ca. 460), griechischer Kirchenschriftsteller und Bischof 23

Theodoros (759–826), ab 798 Abt des Studios-Klosters in Konstantinopel, Heiliger der Orthodoxen Kirche 316

Theodoros Stratelates († 319), Märtyrer und Heiliger der Orthodoxen Kirche 35, 310

Theodosios (ca. 424–529), Einsiedler und Klostergründer in Palästina, Archimandrit und (452/53) Patriarch von Jerusalem, Heiliger der Orthodoxen Kirche 15f., 26, 60, 137, 301, 317, 329

Timofej (11./12. Jh.), 1124 bis ca. 1132 Abt des Höhlenklosters 305

Timotheus († 96), biblische Gestalt, Mitarbeiter des *Paulus,* Adressat der beiden *Timotheus*-Briefe 163, 336 und öfter

Tit der Pope († 1190), Mönch des Höhlenklosters, Heiliger der Orthodoxen Kirche 7, 193, 195; Abb. S. 194

Titus (1. Jh.), biblische Gestalt, Mitarbeiter des *Paulus* 340

Tobias, Hauptgestalt eines Buches des Alten Testaments 338

Tolstoi, Lew Nikolajewitsch (1828 bis 1910), russischer Schriftsteller 354

Tschern s. *Issaki*

Tschiżewskij, Dmitri Iwanowitsch (1894–1977), ukrainischer Literaturwissenschaftler 11

Warlaam, Romanheld 319

Warlaam († ca. 1065), Sohn des Bojaren *Ioann,* Abt des Höhlenklosters und später des *Demetrios*-Klosters in Kiew, Heiliger der Orthodoxen Kirche 16, 55f., 71, 74, 76, 79f., 87, 144, 183, 229, 290f., 304, 315, 318, 319, 320, 331; Abb. S. 75

Wassili († 1099), Mönch des Höhlenklosters, Märtyrer und Heiliger der Orthodoxen Kirche 8, 245f., 249f., 252–256, 353; Abb. S. 248

Wassili (12. Jh.), Bojar 137f.

Wassili (12. Jh.), Weltgeistlicher, ab 1182 Abt/Archimandrit des Höhlenklosters 9, 284, 303, 305, 361, 364

Wassilko Rostislawitsch (ca. 1067 bis 1124), Fürst von Terebowl, wurde 1097 geblendet 232, 351f., 354

Wawila (12./13. Jh.), Mönch des Höhlenklosters 179, 339

Werchuslawa Wsewolodowna, mit Taufnamen *Anastassija* (12./13. Jh.), altrussische Fürstin 162, 335

Wladimir Davidowitsch († 1151), ab 1139 Fürst von Tschernigow 180, 182

Wladimir Swjatoslawitsch, der Heilige, mit Taufnamen *Wassili* († 1015), ab 970 Fürst von Nowgorod, ab 980 Großfürst von Kiew, ließ sich und sein Volk 988 taufen 19, 52f., 142, 280, 314, 331, 333, 349, 360

Wladimir Wsewolodowitsch Monomach, mit Taufnamen *Wassili* (1053–1125), Fürst von Tschernigow, später von Perejaslawl (Russki), ab 1113 Großfürst von

Kiew 34, 45, 206, 214, 216, 234, 265, 312, 330, 340, 348, 357
Wolodar Rostislawitsch († 1124), Fürst von Tmutorokan, später von Peremyschl 232
Wseslaw Brjatschislawitsch († 1101), ab 1044 Fürst von Polozk, 1068/69 Großfürst von ʿKiew 277, 296, 315
Wsewolod Davidowitsch (12. Jh.), Fürst von Murom 341
Wsewolod Jaroslawitsch (1030 bis 1093), Fürst von Perejaslawl (Russki) und Rostow, 1077 und nach Unterbrechung ab 1078 Großfürst von Kiew 29, 45, 105, 205, 259, 321, 324, 325, 345
Wsewolod III. Jurjewitsch, der Große Horst (1154–1212), ab 1177 Großfürst von Wladimir (-Susdal) 335
Zeruja, biblische Gestalt 160

ABBILDUNGSVERZEICHNIS

13 Titelblatt der ersten gedruckten altrussischen Ausgabe von 1661
17 Die ehrwürdigen Feodossi und Antoni
31 Simon hat eine Offenbarung von der Errichtung der Höhlenkloster-Kirche
36 Die Erlebnisse der Kirchenbaumeister aus Konstantinopel
39 Die Wunder im Zusammenhang mit dem Baubeginn der Höhlenkloster-Kirche
43 Die Ankunft der Ikonenmaler aus Konstantinopel
47 Sergi und das Wunder vor der Gottesmutter-Ikone
50 Die Weihe der Kirche
54 Der ehrwürdige Antoni vom Höhlenkloster
59 Der ehrwürdige Feodossi vom Höhlenkloster
75 Der ehrwürdige Warlaam vom Höhlenkloster
78 Jefrem, der Bischof von Perejaslawl
89 Der heilige Issaija, Abt des Demetrios-Klosters auf dem Klow und später Bischof von Rostow, der für die Armen und die Witwen sorgte
97 Der ehrwürdige Damian, Priester und Heilkundiger
127 Der ehrwürdige Stefan, Abt des Höhlenklosters
129 Der ehrwürdige Nikon, Abt des Höhlenklosters
148 Titelblatt des ursprünglichen ersten Teils des Väterbuches
153 Der ehrwürdige Jeremija, der mit Seherkraft begabt war
154 Der ehrwürdige Matwej, der mit Seherkraft begabt war
157 Nifont, Bischof von Nowgorod
164 Der heilige Simon, Bischof von Susdal und Wladimir
170 Der ehrwürdige Jewstrati vom Höhlenkloster
173 Der ehrwürdige Nikon Suchy
176 Die ehrwürdigen Kukscha und Pimin
178 Der ehrwürdige Afanassi der Klausner
181 Der ehrwürdige Nikola-Swjatoscha, [einst] Fürst von Tschernigow
189 Der ehrwürdige Jerasm
192 Die Vision des ehrwürdigen Arefa während seiner Erkrankung

194 Der ehrwürdige Tit der Priester
197 Der ehrwürdige Polikarp, [hier fälschlich als] Archimandrit des heiligen Höhlenklosters
199 Der heilige Nikita der Wundertäter, Bischof von Nowgorod
203 Der ehrwürdige Lawrenti der Klausner
209 Der ehrwürdige Agapit, der selbstlose Arzt
215 Der heilige Grigori der Wundertäter
220 Der ehrwürdige Ioann, der viele Leiden auf sich nahm
223 Der ehrwürdige Moissi der Ungar
235 Der ehrwürdige Prochor, der sich von Melde ernährte
239 Der ehrwürdige Marko der Totengräber
244 Feofil und der Engel mit dem zweiten Gefäß voller Tränen
248 Die ehrwürdigen Feodor und Wassili
257 Die ehrwürdigen Spiridon und Nikodim, Prosphorenbäcker des Höhlenklosters
260 Der ehrwürdige Alimpi der Ikonenmaler
269 Der ehrwürdige Pimin vom Höhlenkloster
275 Der ehrwürdige Issaki vom Höhlenkloster
285 Das Wunder von der Osternacht in der Höhle
292 Der ehrwürdige Nestor, Chronist der Rus
366/ Die beiden Krypten des Kiewer Höhlenklosters, Kupferstiche
367 aus der lateinischen Beschreibung des Kiewer Höhlenklosters von Johannes Herbinius, Jena 1675

Die Wiedergabe der Holzschnitte aus der 1661 in der Druckerei des Kiewer Höhlenklosters hergestellten Ausgabe des Väterbuches erfolgte nach dem Original aus dem Besitz der Staatlichen Historischen Bibliothek der Ukrainischen Sowjetrepublik, Kiew (Zwischenaufnahmen: Zentralbibliothek der Akademie der Wissenschaften der Ukrainischen Sowjetrepublik, Kiew). Die Umzeichnung der beiden Lagepläne nach *Herbinius* besorgte Hans-Ulrich Herold, Halle.

CIP-Titelaufnahme der Deutschen Bibliothek

Das Väterbuch des Kiewer Höhlenklosters /
hrsg. von Dietrich Freydank u. Gottfried Sturm
unter Mitarb. von Jutta Harney.
[Aus d. Altruss.-Altkirchenslaw. übers. von Waldtraut Förster...]. –
Graz; Wien; Köln: Verl. Styria, 1989
Einheitssacht.: Kievo-Pečerskij paterik ‹dt.›
ISBN 3-222-11866-3
NE: Freydank, Dietrich [Hrsg.]; EST

1. Auflage
© 1988 by Koehler und Amelang, Leipzig
Lizenzausgabe für den Verlag Styria, Graz–Wien–Köln, 1989
Printed in the German Democratic Republic
Reproduktion: BS Rudi Arndt, Berlin
Satz und Druck: Graphischer Betrieb Jütte, Leipzig
Buchbinderische Verarbeitung:
Buchbinderei Südwest, Leipzig
Gestaltung: Horst Albrecht, Berlin
ISBN 3-222-11866-3